KCA 한국상담학회 상담학 총서 — 09

성격의 이해와 상담 2판

Understanding of Personality in Counseling

이수연 · 권해수 · 김현아 · 김형수 · 문은식
서경현 · 유영달 · 정종진 · 한숙자 공저

학지사

2판 발간사

2013년 상담학 총서가 출간된 후 어느덧 5년이라는 시간이 흘렀다. 1판 발간 당시에는 상담학 전체를 아우르는 상담학 총서 발간에 대한 필요성을 절감하며 한국상담학회 제6대 김성회 회장과 양명숙 학술위원장이 주축이 되어 학술위원회에서 13권의 총서를 발간하기로 하고 대표 저자 선생님들과 여러 간사의 헌신적인 노력으로 상담학 총서를 출간하였다. 이를 계기로 상담학 총서는 상담의 이론뿐 아니라 상담의 실제 그리고 반드시 알아야 할 상담학 연구 등 다양한 영역의 내용을 포괄하여 상담학이 독립된 학문으로 자리 잡을 수 있도록 기초를 다졌다. 이러한 첫걸음은 상담학에 대한 독자의 균형 있고 폭넓은 이해를 도와 상담학의 정체성을 확립하는 디딤돌이 되었다.

이번에 발간되는 상담학 총서는 앞서 출간된 『상담학 개론』『상담철학과 윤리』『상담이론과 실제』『집단상담』『부부 및 가족 상담』『진로상담』『학습상담』『인간발달과 상담』『성격의 이해와 상담』『정신건강과 상담』『심리검사와 상담』『상담연구방법론』『상담 수퍼비전의 이론과 실제』의 개정판과 이번에 새롭게 추가된 『중독상담학 개론』『생애개발상담』으로 구성되어 있다. 이처럼 여러 영역을 아우르는 총서는 상담학을 접하는 다양한 수요자의 특성과 전문성에 맞추어 활용될 수 있다는 장점이 있다. 각각의 총서는 상담학을 처음 공부하는 학부생들에게는 상담의 이론적 기틀 정립에 도움을 주고 있으며, 대학원생들에게는 인간을 보다 깊이 이해하고 상담학의 체계적인 연구 방법을 배울 수 있도록 한다. 또한 전문 상담자들에게는 상담의 현장에서 부딪힐 수 있는 다양한 어려움과 문제점을 해결할 수 있도록 구체적인 방안을 제공하는 실용서로 자리매김하고 있다. 이처럼 상담학 총서의 발간은 상담학의 학문적 기틀 마련과 전문 상담자의 전문성 향상이라는 학문과 실용의 두 가지 역할을 포괄하고 있어 상담학의 발전에 크게 기여하였다고 자부한다.

최근 우리 사회는 말로 표현하기 힘든 여러 가지 사건과 사고로 심리적인 어려움을 겪었고, 소통과 치유의 필요성은 날로 커지고 있다. 이에 따라 상담자의 전문성 향상에 대한 목소리가 높아지고 있으나, 이러한 때에도 많은 상담자는 아직도 상담기법만 빨리 익히면 성숙한 상담자로 성장할 수 있을 것이라 생각하여 기법 배우기에만 치중하는 아쉬움이 있다. 오랜 시간과 정성으로 빚어 낸 전통 장의 깊은 맛을 손쉽게 사 먹을 수 있는 시중의 장맛이 따라갈 수 없듯이, 전문 상담자로서의 전문성을 갖추기 위해서는 힘든 상담자의 여정을 견뎌 내는 시간이 필요하다. 선배 상담자들의 진득한 구도자적 모습을 그리며 성숙한 상담자가 되기 위해 노력하는 많은 분께 상담학 총서가 든든한 버팀목이 되었으면 한다.

1판의 경우 시작이 있어야 발전이 있다는 책무성을 가지고 어려운 난관을 이겨 내며 2년여의 노력 끝에 출판하였지만 좀 더 다듬어야 할 필요성이 제기되고 있었다. 이에 쉽지 않은 일이지만 편집위원들과 다시 뜻을 모아 각각의 총서에서 시대적 요구를 반영하고 새롭게 다듬어야 할 부분을 수정하며 개정판을 준비하였다. 개정되는 상담학 총서는 기다림이 빚는 우리의 장맛처럼 깊이 있는 내용을 담기 위해 많은 정성과 애정으로 준비하였다. 그러나 아직 미흡한 점이 다소 있을 수 있음을 양해 바란다. 부디 이 책이 상담을 사랑하는 의욕적인 상담학도들의 지적 · 기술적 호기심을 채워 줄 뿐 아니라 고통에서 벗어나 치유를 이루어야 하는 모든 사람에게 하나의 빛이 되기를 기원한다.

바쁜 일정 중에서도 함께 참여해 주신 여러 편집위원과 간사님들 그리고 상담학 총서의 출판을 맡아 주시고 물심양면으로 지원해 주신 학지사 김진환 사장님과 최임배 부사장님을 비롯하여 더 좋은 책이 될 수 있도록 그 많은 저자에게 일일이 전화와 문자로 또는 이메일로 꼼꼼한 확인을 마다하지 않은 학지사 직원 여러분께도 진심으로 감사를 전한다.

2018년 7월

한국상담학회 제9대 회장 천성문

1판 발간사

대화와 상호작용을 통해 도움을 주고받는 것이 상담이라고 정의한다면, 상담은 인류의 시작과 함께 시작되었다고 볼 수 있다. 그러나 우리나라에서 현대적 개념의 상담이 시작된 것은 1952년 미국 교육사절단이 정신위생이론을 소개한 이후부터라고 할 수 있을 것이다. 1953년 대한교육연합회 내부기관으로 중앙교육연구소가 설립되었고, 이 기관의 생활지도연구실을 중심으로 가이던스, 카운슬링, 심리검사가 소개되면서 상담에 대한 관심이 대단히 높아졌다.

상담에 대한 이러한 관심은 주로 교육학과나 심리학과를 중심으로 시작되어 그 밖의 분야까지 확산되었다. 1961년 중 · 고등학교 교도교사 100여 명이 '전국 중 · 고등학교 카운슬러 연구회'를 창립하였고, 이 연구회가 발전하여 1963년의 '한국카운슬러협회' 창립으로 이어졌다. 그리고 심리학회에서 1964년에 창립한 임상심리분과회의 명칭을 1974년에 '임상 및 상담심리분과회'로 변경하면서 상담심리가 그 이름을 드러냈다. 상담학이 교육학이나 심리학 등 특정 학문의 하위 학문으로 머물러 있는 한 발전이 어렵다는 공감대 아래, 2000년에 그 당시 이미 학회 활동을 하고 있던 대학상담학회, 집단상담학회, 진로상담학회 등이 주축이 되어 상담학의 독립화와 전문화 및 대중화를 목표로 한국상담학회를 창립하게 되었다.

현재 한국상담학회의 회원만 1만 4,000명이 넘는 등 상담의 대중화는 급물살을 타고 있다. 이러한 추세와 더불어 많은 대학에서 상담학과를 신설하고 있고, 전문상담사를 모집하는 기관도 늘어나고 있다. 그러나 아직도 상담학을 독립된 학문으로 인정하지 않는 사람들이 많고, 전문상담사들이 수혜자들의 요구 수준을 완전히 충족시키지 못하고 있다는 지적이 있다. 이러한 문제에 대해 한국상담학회에서는 수련 시간을 늘리고 전문상담사의 전문적 수준을 높이는 등 전문상담사의 자격관리를 철저히 함은 물론 상담학의 이론적 틀을 확고히 하려는 노력을 여러 방면에서 계속해 왔다.

그 노력 중 하나가 상담학 총서 발간이다. 우리나라에 상담학이 도입된 지 60년이 넘었고, 최초의 상담 관련 학회인 한국카운슬러협회가 창립된 지 50년이 다 되었지만 어느 기관이나 학회에서도 상담학 전체를 아우르는 총서를 내지 못한 것에 대해 전문상담인들의 아쉬움이 컸다. 상담학 총서 발간에 대한 필요성은 제4대 회장인 김형태 한남대학교 총장께서 제의하였으나, 학회 내의 여러 사정상 그동안 이루어지지 못하고 있던 차에 본인이 회장직을 맡으면서 학술위원회에 상담학 총서의 발간을 적극적으로 요구했다.

이에 따라 양명숙 학술위원장이 주축이 되어 학술위원회에서 13권의 총서를 발간하기로 하고 운영위원회의 위임을 받아 준비에 들어갔다. 가급적 많은 회원이 참가할 수 있도록 하기 위해 자발적 참여자를 모집하였고, 이들이 중심이 되어 저서별로 대표 저자를 선정하고 그 대표 저자가 중심이 되어 집필진을 변경 또는 추가하여 최종 집필진을 완성한 후 약 2년간에 걸쳐 상담학 총서의 발간을 추진했다. 그 사이 13권 각각의 대표 저자들이 여러 번의 회의를 했고, 저자들이 교체되는 등의 많은 어려움도 있었다. 그러나 양명숙 학술위원장을 비롯하여 학술위원이자 총서 각 권의 대표 저자인 고홍월, 김규식, 김동민, 김봉환, 김현아, 유영권, 이동훈, 이수연, 이재규, 임은미, 정성란, 한재희 교수와 여러 간사의 헌신적인 노력으로 상담학 총서를 출간하게 되었다. 이에 관련된 모든 분께 감사드린다.

상담학 총서 중 일부는 이전에 같은 제목으로 출판되었던 것도 있지만 처음

출판되는 책들도 있다. 처음 시도된 분야도 있고, 다수의 저자가 참여하다 보니 일관성 등에서 부족함도 있을 것이다. 그러나 시작이 있어야 발전이 있기에 시작을 하였다. 이후 독자들의 조언을 통해 더 나은 책으로 거듭나기를 기대한다. 이번 상담학 총서 발간은 상담학의 발전을 위한 하나의 초석이 될 것으로 확신한다.

끝으로, 상담학 총서의 출판을 맡아 주시고 물심양면으로 지원해 주신 학지사 김진환 사장님과 최임배 전무님을 비롯하여, 더 좋은 책이 될 수 있도록 그 많은 저자에게 일일이 전화로 문자로 또는 메일을 통해 꼼꼼하게 확인하는 것을 마다하지 않은 학지사 직원 여러분께 진심으로 감사드린다.

2013년 2월

한국상담학회 제6대 회장 김성회

2판 머리말

『성격의 이해와 상담』의 초판이 출간된 지 어언 5년이 지났다. 이 책은 상담학의 이론적 틀을 확립하고 상담의 대중화와 전문성 신장에 기여하고자 하는 취지로 한국상담학회에서 발간한 상담학 총서 13권 중의 하나였다. 그동안 저자들은 이 책을 학부와 대학원 과정에서 성격심리 관련 강의의 교재로 활용하는 가운데 독자들의 다양한 피드백을 접할 수 있었으며, 나아가 초판에서 미흡했던 부분을 재확인할 수 있었다. 기존 성격심리 이론의 기본 개념적 체제뿐만 아니라 새롭게 소개되고 있는 연구 결과와 적용 경향을 반영할 수 있는 재집필의 필요성을 느끼고 있던 중에 마침 한국상담학회와 학지사에서 상담학 총서의 전면적인 개정을 제안하였다. 개정판은 초판의 기본 형식 및 체제를 유지하되 내용면에서 몇 가지 부분을 보완하였다.

첫째, 성격이론의 개념 부분에서 이론적 설명을 추가하였다. 기본 개념에 대한 이해를 도모하기 위해 설명과 예시를 보완하였다.

둘째, 상담에의 적용 부분을 보완하였다. 성격이론의 개념이 상담 장면의 내담자를 이해하고 나아가 중재개입 전략을 수립하는 데 어떻게 활용될 수 있는지를 보다 구체적으로 기술하였다.

셋째, 최근 동향 부분에서는 국내외 성격심리 분야에서 소개된 최신 연구결과뿐만 아니라 임상적용 경향을 소개하였다.

넷째, 가능한 한 최근 자료를 토대로 인용 자료와 참고문헌을 재정리하였다.

강의와 연구로 바쁜 일정 중에서도 개정판 집필에 적극적으로 동참해 주신 저자들께 다시 한 번 감사의 마음을 전한다. 또한 개정판의 집필을 격려하고 지원해 주신 한국상담학회 학술위원회와 학지사 김진환 사장님을 비롯한 편집부 여러분께도 감사의 말씀을 드린다.

2018년 9월 압독벌에서

대표 저자 이수연

1판 머리말

상담의 궁극적인 목적은 내담자의 부적응 문제를 해결하고 긍정적인 적응을 조력하는 데 있다. 한 개인의 긍정적인 성장과 발달은 개인내적인 성격적 차원과 분리되어 설명될 수 없다고 보았을 때, 성격에 대한 이해는 곧 상담 실제를 위한 기초로서 매우 중요한 영역이 된다.

개인의 성격을 이해하고 그 발달과정을 설명하고자 했던 노력은 멀리 동서양의 고대까지 거슬러 올라갈 수 있다. 이후 근대와 현대에 접어들어 보다 더 과학적이고 체계적인 성격연구 방법이 소개되면서 초기 성격 이론들은 정신역동적 접근, 현상학적 접근, 행동주의적 접근, 인지적 접근, 생물학적 접근 등을 통해 그 흐름을 이어 오고 있다.

『성격의 이해와 상담』은 주요 성격 이론을 소개하는 전문서적으로서 상담학 분야의 전문가들을 염두에 두고 집필되었다. 특히 상담을 공부하는 학부생과 대학원생 그리고 상담 관련 현장 전문가 등이 성격 이해를 위한 기본서로 활용할 수 있도록 구성되었다.

먼저, 성격 이해를 위한 전통적인 접근부터 현대 신경과학적 접근에 이르기까지 각 접근별로 대표적인 성격 이론들을 소개하였다. 그러나 이 책은 단순히 성격 이론의 주요 개념만을 기술하였던 기존의 성격 이론서와는 달리, 상담학의 토대 위에서 성격에 대한 이해를 접목시키려는 시도가 담겨 있다.

각 성격 이론 내에서 건강한 성격과 부적응 성격을 어떻게 정의하고 있는지, 각 성격 이론이 상담 실제 장면에 어떻게 적용될 수 있는지, 또한 각 이론 체계가 어떻게 개념적으로 혹은 임상적으로 발전되고 있는지에 관한 최근 동향을 포함하고 있다. 따라서 개념 위주의 여타 성격 이론서와는 차별화된 내용을 접할 수 있을 것으로 기대된다.

이 책이 상담학 총서 중의 한 권으로 출판된 것을 집필진들과 함께 기뻐하며, 그동안 도움을 주신 많은 분들께 감사를 드린다. 상담학의 위상 정립과 상담학도들의 전문성 제고를 위해 상담학 총서의 출판을 기획하고 추진해 주신 김성회 회장님과 양명숙 학술위원장께도 감사를 표한다. 상담학 발전을 위한 일념으로 바쁜 일정을 쪼개어 집필에 동참해 주신 동료 집필진에게도 고마움을 전한다. 그분들이 없었더라면 이 책이 출간되지 못했을 것이다. 또한 상담학 총서의 발간을 맡아 주신 학지사 김진환 사장님과 편집 진행을 담당해 주신 이현구 과장님께도 감사의 말씀을 드린다.

2013년 봄이 오는 즈음에
대표 저자 이수연

[차례]

과 성격의 관련성을 주장한 서구의 초기 성격 이론의 성격유형론적 관점을 다시 조명할 수 있는 계기가 될 것으로 보인다. 이 장에서는 그 밖에도 얼굴의 골격을 통해 성격 특징을 밝혀내려는 골상학, 필적을 통한 성격 이해를 강조한 필적학, 신체형을 통해 성격을 파악하고자 하는 접근 등과 함께, 체질과 성격의 관련성을 주장한 동양의 오태인론, 음양이십오인론, 아유르베다 체질론, 사상의학적 관점 등이 소개된다.

1. 성격의 본질과 상담

1) 성격의 정의

성격(性格, personality)의 어원은 희랍어와 라틴어의 어원을 지닌 'persona'에서 유래되었다. Persona는 '~을 통하여'에 해당되는 'through'의 의미를 지닌 'per'와 '말하다.'에 해당되는 'speak'의 의미를 지닌 'sonare'가 합성된 것이다. 원래 가면, 외관, 역할, 개인적 특성의 총합, 개인의 존엄성 등을 뜻하는 단어다. 당시에는 무대 위의 배우들이 연극을 할 때 사용하던 가면을 뜻하는 용어로 사용되었지만, 점차 그 의미가 변형되어 개인의 외형적인 행동이나 모습 혹은 개인이 지닌 전체적인 인상을 뜻하는 용어로 변용되었다. 오늘날에는 한 개인을 다른 사람들과 구별될 수 있게 해 주는 전체적인 인상을 의미하는 보편적인 개념으로 사용되고 있다(이재창, 정진선, 문미란, 2008; Phares, 2008).

이러한 일상적인 개념에 비해 성격의 의미를 보다 학문적인 용어로 정의 내리는 것은 어렵다. 심리학자들이 제시하는 성격에 대한 정의는 심리학자의 수만큼이나 많은 것 같다. 성격이란 용어는 지성, 능력, 행위, 정서, 관념, 습관, 태도, 신체적 특징 등 많은 요소를 포함하고 있는 광범위하고 포괄적인 개념이며 여러 가지 의미로 사용되고 있다. 따라서 성격의 의미와 개념을 한마디로 표현하는 데에는 한계가 있을 수밖에 없다(이재창 외, 2008). 교육학자와 심리학자를 비롯하여 다양한 분야의 전문가들이 각자 자신의 학문적 배경에 따라 나름대로 성격을 정의하고 그에 따라 성격의 속성을 연구하고 있기 때문에 성격의 정의에 대한 통일된 견해를 찾아보기는 어렵다.

그러나 대표적인 성격심리학자들이 성격에 대해 정의한 내용을 살펴봄으로써 핵심적인 요소들을 파악할 수 있다. 먼저 올포트(Allport)는 성격을 환경에 대한 개인의 적응을 결정하는 심리신체 체계로 파악하고 개인 내에 있는 역동적 조직으로 보았다. 올포트는 성격을 논의할 때에는 각 개인의 정신과 신체를 모두 다루어야 한다고 했다. 성격은 각 개인의 특징적인 요소인 독특성을 지니며, 사고와 행동을 비롯하여 인간의 모든 행동에 영향을 미치며, 정적인 존재가 아니라 끊임없이 발달하고 변화하는 역동적인 특징을 가지고 있다는 점을 강조했다. 커텔(Cattell)은 성격이란 특정 상황에서 개인이 어떻게 행동할 것인가를 예측할 수 있게 해 주는 것이며, 내현적 · 외현적인 모든 행동과 연관이 있다고 했다. 한편 아이젱크(Eysenck)는 성격을 환경에 대한 개인의 적응을 결정하는 개인의 특성, 기질, 지능, 신체의 비교적 지속적이고 안정적인 조직이라고 정의하였으며, 설리번(Sullivan)은 인간 생활을 특성화하는 대인관계 상황에서의 비교적 안정적인 양상이라고 하였다(Liebert & Liebert, 2002). 퍼빈(Pervin, 1996)은 성격을 사람들의 삶에 방향과 일관된 양식을 제공하는 인지, 정서 및 행동들의 복합적인 조직으로 파악했다. 성격은 신체처럼 구조와 과정으로 구성되어 있는데 천성과 양육을 반영한다. 또한 성격은 과거의 영향을 포함하고 있는데, 이는 현재 및 미래의 구성뿐만 아니라 과거의 기억을 포함하고 있다. 대부분의 성격심리학자들은 성격을 '개인의 지속적이고 독특한 인지, 정서, 행동 패턴에 기여하는 심리적 속성'으로 이해하고 있다. 여기에서 '지속적'이라는 의미는 성격이 한 개인의 전 생애에서 시간과 상황에 걸쳐 비교적 일관된 속성임을 뜻한다. '독특한'이라는 표현은 성격이 각 개인을 서로 구별해 주는 심리적 특성임을 뜻하며, '인지, 정서, 행동 패턴에 기여한다.'라는 것은 성격이 개인의 정신생활과 사회적 행동에 이르기까지 모든 측면을 포괄한다는 것을 의미한다(Cervone & Pervin, 2013). 이러한 학자들의 견해를 토대로 리버트와 리버트(Liebert & Liebert, 2002)

는 성격을 보다 포괄적으로 기술하여, "성격이란 사회적 환경과 물리적 환경에 대한 행동 반응에 영향을 주는 육체와 마음을 가진 특정 개인의 독특하며 역동적인 특성들의 조직이다. 이 특성들 중에서 어떤 특성은 특정 개인에게만 있으며 다른 특성은 소수의 사람, 다수의 사람 또는 모든 사람이 공유한 것일 수 있다."라고 정의하였다.

2) 성격의 특징

성격의 정의를 좀 더 명확하게 기술하기 위해 성격의 특징을 살펴보기로 한다(이재창 외, 2008).

첫째, 성격은 행동의 객관적인 특징을 드러낸다. 성격이라는 개념은 객관적인 기술 개념(descriptive concept)으로서 몰가치적(沒價値的)으로 사용된다. 예를 들어, 어떤 사람을 두고 '사교적인 성격이다.' 혹은 '비사교적인 성격이다.'라고 하는 것은 그 사람의 행동 특징을 일컫는 표현이다. 있는 그대로의 객관적인 행동 특성을 뜻하는 것으로서 어떤 도덕적인 관점이나 행동적인 규범이 배제되어 있다.

둘째, 성격은 연속성과 일관성을 지닌다. 성격은 개인의 기본적 행동 경향성(behavioral tendency)의 의미를 갖고 있다. 따라서 개인의 행동의 특성인 동시에 개인의 다양한 행동을 공통적으로 나타내게 한다. 예를 들어, 비사회적인 성격의 특징을 교우관계에서 적극적인 관계를 맺지 못하며, 처음 만나는 사람과도 인간관계를 쉽게 맺지 못하며, 그 밖에 다른 모든 사회적 상황으로부터 도피하려는 경향을 지닌 것으로 표현하듯이, 성격은 어떤 상황에서나 동일하게 나타나는 지속적이고 연속적인 행동의 특징을 갖고 있다. 이러한 점에서 성격은 '예견적 개념(豫見的 槪念)'이라고도 볼 수 있으며, 어떤 행동이 일어날 확률(probability of behavior)이라고도 볼 수 있다.

셋째, 성격은 현장에서의 독자적인 적응을 결정하는 역동성을 지닌다. 동일한 상황에 처했을 때, A라는 사람은 낙관적인 태도로 대처하는 반면 B라는 사람은 소극적인 방식으로 행동할 수 있다. 이처럼 성격은 동일한 환경에 대한 개인의 독특한 적응 방식과 독자성을 규정짓는 힘의 크기와 방향을 뜻한다. 개인 행동에 독자적인 일관성이 내포되어 있는 것은 개인의 욕구체계에 자기 특징의 동기 유발이 작용한 데서 기인한다. 또한 개인마다 지각 판단과 행동의 기준이 되는 준거체제(frame of reference)가 다르기 때문이다. 두 사람의 욕구체계를 비교했을 때, A는 성취 동기가 강하고 B는 친화 동기가 강하기 때문에 동일한 환경에서도 각자 독자적인 적응 양태를 나타내게 된다. 동일한 현상에 대해 A는 긍정적인 시각에서 판단하고 B는 부정적인 시각에서 판단하여 각자의 준거체제에 따른 독자적인 적응을 하게 된다.

넷째, 성격은 행동 특징의 단순한 집합이 아니라 융합과 구조의 형태를 지닌다. 성격은 개인의 독특한 반응을 결정하는 개인 내부의 심리역동적 체제다. 체제란 동일한 조직을 뜻하며 개인적 특성의 융합과 구조를 뜻한다. 예를 들어, 한 아동이 자기보다 나이가 어린 아동에게는 지배적인 태도를 나타내고 자기보다 나이가 많은 연장자에게는 복종적인 태도를 보일 때, 이것은 얼핏 모순된 두 개의 행동이라고 볼 수 있다. 그러나 그 개인의 내면세계를 살펴보면 열등감이라는 공통된 심리역동적 구조가 이러한 상이한 행동을 유발했을 수 있다. 따라서 한 개인을 충분히 이해하기 위해서는 단순히 행동적 특성을 열거하는 것에 그칠 것이 아니라 성격 특성의 기본 구조를 파악하는 것이 중요하다.

다섯째, 성격은 행동을 설명하는 매개변수(媒介變數, intervening variable)이며 가정적 개념(假定的 概念)이다. 성격은 독립변수로서 간주되는 사회 상황 및 유기체의 제 조건과 종속변수인 개인 행동의 독자성의 관련성을 유용하게 설명하는 데 필요한 매개변수에 해당된다. 이러한 측면에서 볼 때, 성격심리학은 동기, 욕구, 습관 등과 같은 매개변수를 규명하여 환경 내에서 개인의 독특한 행동을 파악하는 데 그 궁극적인 목적이 있다.

3) 성격의 기능

카프라라와 서번(Caprara & Cervone, 2005)은 성격심리학자들이 각자의 다양한 이론적 배경에도 불구하고 성격의 기능에 관한 공통된 가정을 갖고 있다고 주장하면서 다음의 세 가지 상위 이론적(meta-theoretical) 가정을 제시하였다.

첫째, 성격은 심리적 구조와 과정의 복잡체이며, 그 조직은 다수의 하위체제 간의 협응적(synergistic) 상호작용의 산물이다. 하위체제들은 독립성과 상호 의존성의 정도가 서로 다른 상태에서 기능한다. 성격의 결정인자라고 할 수 있는 신경생리학적 기제는 비교적 독립적으로 작용하는 유전자 정보에 담겨져 있다. 그러나 개체 발생과정에서 신경 구조의 발달은 유전적 정보뿐만 아니라 후천적인 유기체적 경험에 의해서도 영향을 받는다. 성격 발달은 유기체와 환경 간의 상호 의존성을 내포한다.

둘째, 성격은 행위자인 동시에 구조이며, 환경과의 지속적인 상호작용(reciprocal interaction)을 통해 발달하고 기능한다. 행위자로서 가능성은 사회와의 상호작용을 통해 발달한다. 발달과정을 통해 개인적 능력이 함양되면 이와 더불어 개인적 경험에 대한 통제력도 강화된다. 따라서 개인은 자신의 가능성을 발달시키는 데 있어서 인과적 주체로서의 역할을 한다. 외현적 행동뿐만 아니라 내적인 정신생활도 쌍방적 영향의 과정에 따른다. 개인이 자신의 행동을 조절하는 내적인 신념과 표준은 타인의 행동을 관찰하거나 환경에서의 피드백과 같은 외적인 요소들에 의해 형성된다. 과거를 재해석하고 미래를 계획하는 내적인 대화도 문화적 의미체제에 의해 형성된다. 전통적으로 분리되었던 정서와 사고 영역은 정의적 과정과 인지적 과정이 서로 영향을 미친다는 점을 인정함으로써 통합될 수 있다.

셋째, 성격은 응집성과 연속성을 지니고 있다. 따라서 한 개인을 전체적으로 조망하고 전 생애에 걸쳐 성격의 조직을 파악해야 한다. 성격의 기본 구조는 개별적인 행동보다는 인지, 정서, 행동의 패턴들을 분석함으로써 밝혀질 수 있다. 개인의 행위는 자신의 정체성과 연속성의 의미를 유지하려는 노력에 해당된다.

위기나 일상생활 속의 전환 경험은 응집력 있는 자기 이미지를 유지하는 데 장애가 될 수 있다. 이때 효율적인 성격 기능을 위해 자신의 목표와 목표 추구 전략을 수정하는 능력이 요구된다. 적응적인 개인은 일관성과 다양성, 안정과 변화, 적응과 자기 주도 간의 상충되는 요구들을 적절하게 융합할 수 있을 뿐만 아니라 새로운 기회를 활용하기 위해 자신의 목표와 계획을 수정할 수도 있다. 삶의 목표가 변화된다 하더라도 발달과정에 대한 진술 방식을 개발하고 수정함으로써 지속적인 정체성을 유지할 수 있게 된다.

이렇듯 성격 이론가들마다 성격에 대한 상이한 정의와 그 특징을 기술하고 있지만, 성격이란 한 개인의 보다 기본적이고 지속적인 어떤 속성을 뜻한다는 점에서는 같은 견해를 갖고 있다. 성격에 대한 다양한 정의의 공통적인 관점을 정리하면, 첫째, 성격은 어떤 가설적 구조나 조직체(organization)로 정의된다. 행동은 최소한 부분적으로는 성격에 의해 조직되고 통합되는 것으로 이해된다. 즉, 행동을 관찰하여 추론한 것을 기초로 추상화(abstraction)한 것이 곧 성격이다. 둘째, 성격을 정의할 때 개인차의 의미를 강조한다. 성격을 통해 각 개인의 뚜렷한 독특성이 나타나며, 또한 성격 연구를 통해 다른 사람과 구분되는 한 개인의 특수한 자질(properties) 및 복합적 자질이 더욱 분명해질 수 있다. 셋째, 성격을 생활사적 또는 발달사적 견해로 조망한다. 성격이란 유전 및 생물학적 경향성, 사회적 경험 그리고 변화하는 환경과 같은 다양한 내외적 요인에 따라 변하는 진화적 과정이다(Hjelle & Ziegler, 2000).

4) 성격과 상담

성격에 대한 이해는 개인의 심리적인 삶의 질을 향상하는 데 실제적으로 적용될 수 있다. 성격 이론은 적응된 성격, 즉 건강한 성격이 무엇인지, 그리고 그러한 성격은 어떻게 형성되는지에 주된 관심을 둔다. 정신분석 이론은 개인이 무의식 안에 억압된 내용의 지배에서 벗어날 때 비로소 적응이 이루어질 수 있다고 보는 반면, 사회학습 이론에서는 욕구 생성과 욕구 충족 기대감이 동시에 존재할 때 적응적 성격이 된다고 본다. 이렇듯 성격심리학자들에 의해 다양하게 논의된 이론적 접근은 정신건강, 적응, 일탈, 이상 등의 특성에 대해 저마다 독특한 관점을 제공하며, 나아가 개인의 부적응 문제와 일탈 행동을 변화시키기 위해 어떠한 개입 전략과 대안을 선택해야 하는지에 관한 개념적 틀을 제공해 준다. 또한 성격 연구를 통해 축적된 지식은 우울이나 불안 등과 같은 병리적인 문제를 다루는 데 유용한 상담 기법을 탐색하고 개인의 성장과 발달을 촉진시키기 위한 근거를 제공한다. 이와 같이 성격 발달 및 변화에 관련된 개념, 방법 및 변화의 결과는 개인의 성장과 발달을 궁극적인 목적으로 하는 상담 개입적 접근에 유용하게 활용될 수 있다.

2. 성격에 대한 초기 관점

1) 체액과 기질

성격 연구의 역사는 고대 그리스 시대에 시작되었으며 크게 두 가지 접근으로 분류된다. 하나는 히포크라테스(Hippocrates)와 갈렌(Galen)을 중심으로 하는 유형(type) 연구로, 인간 행동의 요인 탐구에 초점을 둔다. 다른 하나는 테오프라스투스(Theophrastus)에 의해 시작되어 후일 올포트, 커텔, 아이젱크 등에 의해 발전된 특질(traits) 연구로, 인간 행동의 외적 요인을 중심으로 그 특질을 설명하는 데 비중을 둔다. 한편 성격심리학자들은 정서 반응의 특성 혹은 기분에서의 개인차로 정의되는 기질(temperament)에 대해서도 오랫동안 관심을 가져왔다. 케이건(Kagan, 1994)은 기질이 비교적 안정적이고 차별화된 정서적인 특성이나 행동적인 특성으로서, 유년기의 양상은 뇌신경화학의 차이를 포함한 선천적인 생물학의 영향을 받는다고 하였다. 이처럼 기질의 차이는 주로 선천적이고 생물학적인 토대를 갖는 것으로 생각되었다.

고대 그리스인들은 자연이 공기(따뜻하고 습기찬), 땅(차고 건조한), 불(뜨겁고 건조한), 물(차고 습기찬)이라는 네 가지 요소로 구성되었다고 믿었다. 히포크라테스는 인간의 신체 내에는 이 네 가지 요소에 각각 대응하는 네 가지 체액, 즉 혈액(blood), 흑담즙(black bile), 황담즙(yellow bile), 점액(phlegm)이 있다고 보았다. 네 가지 체액 중에서 어떤 체액이 우세하는가에 따라 성격이 결정되는데, 감정과 행동은 이들 체액의 과잉이나 결핍에 의해 영향을 받는다. 갈렌은 히포크라테스의 체액론에 근거하여 체액의 특성에 의해 개인의 성격적 특성이 결정된다고 주장했다. 체액에 따른 4대 기질(temperament)은 다혈질(sanguine), 흑담즙질(melancholic), 황담즙질(choleric), 점액질(phlegmatic)인데, 이들 기질은 서로 독립되어 있다. 기질의 개인차는 네 가지 체액 중에서 어떤 것이 더 우세한가에 달려 있다. 갈렌이 제시한 주요 성격적 특징을 살펴보면, 다혈질은 혈액 강도에 의해서 결정된 특성으로 항상 기운이 넘치고 쾌활하며 낙천적이고 활동적인 지도력을 발휘한다. 흑담즙질 혹은 우울질은 흑담즙의 과잉 분비로 인해 우울하고 조용하며 사색가의 기질을 나타낸다. 황담즙질은 담즙의 분비가 과다하여 매우 불안정하고 성마른 성격이 되기 쉽다. 점액질은 점액의 분비가 많으며 행동이 느긋하고 온화하며 냉담한 기질을 보인다(권석만, 2017). 흑답즙이 많이 분비되면 우울증이 나타나는 것처럼, 질병도 이 네 가지 체액 중에서 어느 하나가 과도하게 분비될 때 발병하는 것으로 여겨졌다.

이와 같은 갈렌의 주장은 매우 초보적인 성격 이론으로 간주되기도 하지만 몇 가지 측면에서 현대 성격 연구자들에게 성격을 이해하는 틀을 제공했다는 점에서 의의가 있다. 첫째, 행동 특성을 특질에 의해 기술하였다. 둘째, 이 특질은 다른 특질과도 밀접한 관련이 있고 비교적 안정적이다. 셋째, 이 특질은 선천적으로 타고난 것으로서 개인의 생리학적, 신경학적, 생화학적 구조에서도 쉽게 확인될 수 있다(이현수, 2001).

철학자 칸트(Kant)는 1798년 출판한 『인류학(Anthropologie)』에서 다혈질, 흑담즙질, 황담즙질 그리고 점액질의 특징을 좀 더 체계화하였고, 혈액 작용의 강약과 그 변화의 속도를 조합하여 네 가지 기질을 구체적으로 기술하였다. 다혈질은 주의가 부족하고 희망에 가득 차 있다. 현재 당면한 일을 매우 중요시하지만 시간이 지나면 금방 잊어버린다. 수행 가능성을 미리 고민하지 않고 약속하는 편이기 때문에 약속한 것을 지키지 못하는 경우가 많다. 선천적으로 나쁜 성품을 타고난 것은 아니지만 자신의 잘못을 좀처럼 뉘우치지 못한다. 일을 할 때 쉽게 지쳐 버리는 경향이 있지만 게임 같은 활동에는 지속적으로 몰입하기도 한다. 흑담즙질 혹은 우울질은 자신과 관련된 일을 매우 중시한다. 자신이 한 약속을 꼭 지켜야 한다는 강박관념 때문에 쉽게 약속을 하지 못한다. 인간관계를 맺게 되면 불안해지고 상대방을 신뢰하지 못한다. 황담즙질은 성미가 급하여 곧잘 화를 내지만 또 한편으로는 금방 누그러지는 편이다. 특별한 이유도 없이 짜증을 잘 낸다. 업무를 맡으면 매우 활동적이고 분주하기는 하지만 그러한 활동이 장시간 지속되지는 않는다. 다른 사람에게 명령하기를 좋아하지만 반면에 자존심이 강하여 다른 사람의 지시를 받고 일을 수행하는 것에 대해서는 반감이 심하다. 자애심이 강하고, 공개적으로 인정받고 칭찬받는 것을 좋아한다. 점액질의 특성은 정서 결핍이다. 동작은 빠르지도 느리지도 않다. 자신의 생각과 감정을 쉽게 표현하지 않으므로 친해지는 데 시간이 오래 걸리는 편이다. 서서히 인간관계를 형성하지만, 일단 관계를 맺고 나면 오랫동안 지속된다. 본능적으로 행동하지 않고 이성적으로 행동한다(이현수, 2001).

근대 이후에는 이러한 고대의 체액병리설이 부정되기는 했지만 그 기본 사상은 성격의 심리학적 · 현상학적 기술에 여전히 적용되어 오고 있다. 분트(Wundt)는 정서 환기의 속도와 강도에 따라 기질이 변화한다고 생각하여 정서 반응의 느림과 빠름, 강함과 약함에 따라 [그림 1-1]과 같이 네 가지 기질을 분류하였다(박아청, 2008).

기질론은 성격 분석을 위한 몇 가지 이론적 차원을 제시하기 때문에 현대에 와서도 유형론(typology)으로 재연구되고 있다. 또한 기질 유형에 따라 한 개인의 성격을 파악하고자 했던 고대의 4대 기질론은 생리적 · 생화학적 신체 작용에 근거를 두고 있다는 점에서 성격 이론의 새로운 연구 동향과 접목될 수 있는 가능성이 높다. 오늘날 생리학과 정신병리학의 발달과 함께 성격의 생리학적 근거가 재강조됨에 따라 새로운 성격유형론적 관점을 제시할 것으로 보인다.

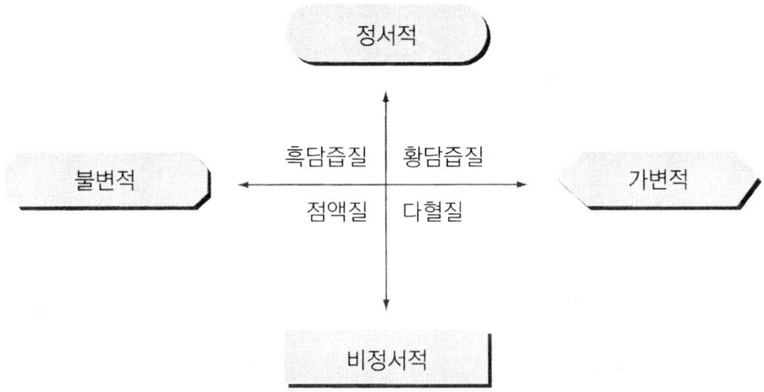

[그림 1-1] 두 가지 차원에 따른 네 가지 기질

출처: 박아청(2008), p. 18.

2) 골상학과 성격

골상학은 인상학의 한 범주에 속한다고 볼 수 있다. 인상학(人相學, physiognomy)은 겉으로 드러난 모습, 특히 얼굴의 형상이나 특징을 통해 개인을 이해하고자 하는 접근이다. 아리스토텔레스(Aristoteles)가 이와 관련된 저서 『인상학(Physiognomonica)』을 집필했다고 전해질 정도로 고대에서는 개인의 성품을 이해하는 하나의 주된 방식으로 여겨졌다. 중세 시기 동안 크게 주목을 받지 못했지만 13세기에 접어들어 다시 대중의 관심을 끌게 되었으며, 18세기 영국에서는 과학적인 근거 없이 무조건 인상학을 맹신하는 자를 처벌하는 법률을 만들 정도였다. 스위스의 라바터(Lavater)는 18세기 말 인상학자로 명성을 얻으면서 『인상학 단편(Physiognomische Fragmente zur Beförderung der Menschenkenntnisse und Menschenliebe)』을 출판하였다(박아청, 2008).

골상학(骨相學, phrenology)은 얼굴의 골격을 통해 성격 특징을 밝혀내려는 인상학의 일종이다. 인상학보다 늦게 발전하였으나 비교적 과학적인 체계를 갖추고 있다. 독일의 개두술(cranioscopy) 전문가이며 뇌생리학자였던 갈(Gall)은 개인의 정서적 · 행동적 기능의 원인을 뇌의 특정 영역에서 찾으려는 시도로 골상

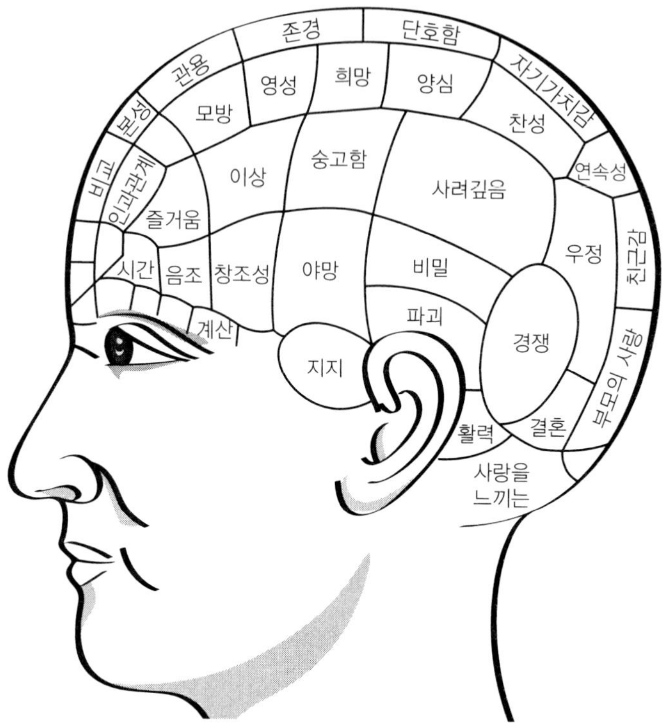

[그림 1-2] 갈의 골상학적 관점에서 본 뇌의 성격 기능

출처: Pervin, Cervone, & John(2006), p. 409.

학을 창시하였다. 그의 견해는 19세기 초 무렵 널리 알려졌지만 그 이후에는 비과학적인 치료와 미신 행위로 지탄받았다. 갈은 다양한 사례를 수집하여 자신의 이론을 증명하고자 했다. 임상 장면에서 환자들이 죽기 전에 보여 주었던 능력, 성격, 특성들의 차이점과 사후 해부검사로 관찰된 뇌의 차이점을 관련시키고자 하였으며, 특히 성격과 두개골의 융기의 관련성을 연구하였다. 골상학을 통한 그의 성격 연구는 뇌의 특정 부분과 성격 기능의 관련성을 찾으려고 했던 초기의 진지한 노력으로 간주되며, 오늘날 신경과학 영역의 한 부분으로 접목되고 있다(Pervin, Cervone, & John, 2006). 이와 같이 인상학이나 골상학에서는 신체의 여러 특징이 서로 관련되어 있으며 일관성이 있다고 가정하면서, 신체적 표현은 통일적이고 조화적이며 내적인 성격을 드러낸다고 주장했다.

3) 필적학과 성격

필적학(筆跡學, graphology)은 서상학(書相學) 혹은 필상학(筆相學)이라고도 한다. 현대의 필적학은 필적에 관한 종합적인 학문으로 확립되어 글씨를 쓸 때의 동작과 행동의 생리학적 · 심리학적 연구, 필적과 성격의 관계에 대한 연구와 응용, 필적에 의한 개인 식별의 연구와 응용, 글씨를 쓰기 위한 필기 재료의 화학적 · 물리학적 연구와 응용 등 여러 세부 영역에 걸쳐 있다. 필적학은 점술에 속하는 기술로서 오랜 역사를 지닌다. 필적에 특징이 담겨 있다는 생각은 이미 2세기경의 문헌에서도 언급되었지만, 필적과 성격 간의 구체적인 관련성을 기술한 최초의 문헌은 1622년 이탈리아 볼로냐 대학교의 교수였던 발도(Baldo)가 출판한 서적이다. 이 무렵 나폴리의 의사 세베리노(Severino)도 필적학에 관한 논문을 발표하였다. 그 후 철학자 라이프니츠(Leibniz)는 필적이 필자의 성격을 나타낸다고 주장하였으며, 라바터의 『인상학 단편』에도 필적에 의한 성격 이해에 관한 내용이 포함되어 있다(박아청, 2008).

18세기 말부터 프랑스에서는 필적학의 연구가 활발하게 이루어졌다. 1875년 미숑(Michon)은 『필적학 체계(Système de graphologie)』를 저술하면서 필적학이라는 용어를 최초로 공식적으로 사용하였다. 그의 제자였던 끄레퓨-자맹(Crepieux-Jamin)도 1879년에 『필적과 성격(L'écriture et le Caracterere)』을 저술하였다. 필적을 형태, 크기, 방향, 강도, 속도, 필순, 조화의 일곱 가지 차원에서 분류하여 각각의 필적 특징으로부터 성격 특징을 파악하고자 했다. 이전까지는 단순한 호기심과 취미의 대상에 불과했던 필적학이 보다 체계적인 수준으로 정착되는 계기가 되었다. 그 후 프랑스의 비네(Binet), 독일의 프레어(Preyer), 이탈리아의 롬브로소(Lombroso) 등이 성격과 관련된 필적 연구에 관심을 두었다.

독일의 클라게스(Klages)는 필적학을 현대 성격심리학의 중요한 영역으로 발전시켰다. 그는 1910년에 『필적학의 제 문제(Die Probleme der Draphologie)』라는 저서를 통해 지금까지의 기관인상학(Organphysiognomik)에 대하여 기능인상학(Funktionshysiognomik)의 우위를 주장하였다. 그리고 글을 쓰는 속도, 압력, 글자의 크기, 폭, 기울기, 글자와 글자의 결합 등의 여러 특징과 그에 대응하는 정신 활동을 연구하였다. '글은 곧 사람'이라는 말이 있듯이, 필적으로 성격을 파악할 수 있다고 믿는 필적학은 현대에도 많은 관심을 끌고 있다. 오늘날 필적학은 성격 측정방법의 한 가지로 투사법의 범주에 속한다. '뇌적(腦跡)', 즉 뇌의 궤적이라고도 일컬어지는 필적은 단순히 심리학적 측면에서뿐만 아니라 신경생리학적인 측면에서도 검토가 필요한 영역으로 받아들여지고 있다.

4) 체형과 성격

20세기 초에 독일의 정신과 의사인 크레치머(Kretschmer)는 융(Jung)의 정상 성격 특징과 대조되는 이상 성격 특징의 영역을 제시하면서, 신체형의 특징은 심리적 이상과 밀접한 관련이 있다고 주장했다. 이러한 관점에 근거하여 그는 체형과 성격 간의 관련성에 대해 보다 과학적인 연구를 시도했다. 체형 측정방법을 고안하여 인간의 기본적인 체형을 비만형(pyknic), 근육형(athletic) 그리고 쇠약형(asthenic)의 세 가지 유형으로 분류하였다. 비만형은 살이 찌고 둥근 체격으로 몸통에 비해 뚱뚱한 것이 특징이다. 중키 정도로 동그스름한 모습이며 어깨 사이에 얹어 놓은 듯한 짧고 두꺼운 목 위에 부드럽고 넓은 얼굴을 갖고 있다. 근육형은 근육질이고 강건한 체격을 갖고 있다. 두개골, 근육 및 피부가 건장하게 발달되어 있다. 넓게 퍼진 어깨와 탄탄한 가슴을 지니고 있으며 신체 하단 부분이 점점 작아지는 몸통 형태다. 쇠약형은 마르고 가는 체형으로 신체적인 두께에 결핍이 있다. 좁은 어깨와 얇은 근육을 가진 마른 팔과 섬세하고 약한 뼈를 갖고 있다. 길고 좁고 판판한 가슴과 빈약한 위를 갖는다.

크레치머는 이러한 세 가지 체형에 따라 정신과적 장애의 발병률에 차이가 있다고 보고하면서, 비만형은 조울증, 쇠약형은 정신분열병과 각각 관련이 있다고 주장했다(Pervin et al., 2006). 크레치머의 성격기질 유형론은 성격 형성에 있어서 체형과 체격의 중요성을 강조하고 있으므로 생물학적 접근에 속한다고 볼 수 있다. 성격을 인간 행동의 다양한 표현에 대한 총체적인 반응으로 간주하고, 기질을 개인 생체 내의 생리적 기초와 밀접하게 관련된 성격의 하위 구조로 보았다.

크레치머는 『체형과 성격(Korperbau und Charakter)』에서 3기질 유형론을 소개하였다. 기질을 체형에 연결 지어 순환기 기질(avklothymie), 분열성 기질(schiezothymie) 그리고 점착성 기질(viskose)로 분류하고 체형과 기질은 공통의 생물학적 기초를 지닌다고 보았다. 순환기 기질 혹은 조울기질은 사교적이고 개방적이며 사람을 좋아한다. 명랑하고 유머 감각이 있지만 동시에 조용하고 침착하기도 하다. 주변 사람과의 갈등을 유발하지 않으려고 노력하며, 현실과 환경에 융합하는 동조적인 특징을 지닌다. 분열성 기질은 순환기 기질과는 반대로 폐쇄적이고, 주변 사람과의 접촉을 꺼리며, 자기만의 세계에 몰입하는 경향이 있다. 민감하고 신경질적이며 흥분하기 쉽다. 또한 온화하고 무관심하며 둔감함을 동시에 지니고 있다. 한편 점착성 기질 혹은 점액기질은 한 가지 일이나 상태에 고착하기 때문에 변화하거나 동요되는 경우가 적다. 신중하고 질서를 좋아하며, 끈기가 강하고, 약속이나 규칙을 준수하는 경향이 있다. 안정되어 있지만 세밀함이 부족하다. 주변 사람에게 공손하지만 때로는 격노하기도 한다(박아청, 2008).

그 후 크레치머는 비만형과 외향성 그리고 쇠약형과 내향성을 연결 짓는 등 체형과 정상적인 성격 간의 관련성을 가정하였지만 그러한 관련성을 증명해 주는 실제적인 자료는 제시하지 못했다. 크레치머의 연구는 방법론적 한계를 내포하고 있었는데, 예를 들어 조울증이 정신분열병보다 나중에 일어나는 경향이 있고 나이가 들수록 더 살이 찌는 경향이 있다는 사실을 고려하지 못하였다. 그러나 그의 초기 연구는 이후 체형심리학 연구의 기초가 되었다(Pervin et al., 2006).

한편 미국의 의사였던 셸던(Sheldon)은 유전과 생물학적 결정인자가 개인의 발달에 결정적 역할을 한다고 가정하였다. 그는 귀납적 방법에 의한 기질론을 소개하면서 체형과 성격에 대한 크레치머의 연구를 더욱 발전시켰다. 셸던은 체형의 분류에 멈추지 않고 체형과 행동을 결정하는 생물학적 성분을 변별하고, 이를 배엽(胚葉)의 분화라는 발생학적 근거에 연결시켰다. 그는 기질을 결정하는 유전적이고 기본적인 생물학적 구조, 즉 특정 신체생리와 체형이 존재한다고 믿었다.

신체적 특징에 따라서는 세 가지 체형으로 구분했다. 내배엽형(endormorphy)은 부드럽고 살이 찐 비만 경향성이 강한 체형이다. 부드러움과 둥근 특징은 골격과 근육이 미발달되었으며 표면적과 부피의 비율이 낮다는 의미다. 이 체형은 소화기관이 잘 발달되었으며, 구조의 기능적 요소들이 태아기의 내배엽층에서 주로 발달되었다고 본다. 중배엽형(mesomorphy)은 튼튼하고 각이 지고 근육질 체형에 해당된다. 신체는 강하고 거칠며, 상해에 잘 견디고, 격렬하고 가혹한 신체적 요구에 맞도록 갖추어져 있다. 이 체형의 우세한 부분은 태아기의 중배엽층으로부터 발달된다고 믿어졌다. 마지막으로, 외배엽형(ectomorphy)은 가슴이 판판하고, 가늘고, 허약하며, 마른 체형이다. 다른 두 체형과 달리 부피에 비해 더 큰 표면적을 갖고 있으며, 주요 기능적 요소들이 태아기의 외배엽층으로부터 발달되었다고 본다. 이러한 세 가지 체형 분류는 크레치머가 주장했던 세 가지 체형과 대체로 일치한다. 셸던은 체형을 측정하는 객관적인 방법도 개발하였는데, 검사 결과를 통해 체형 형태가 결정된다.

또한 셸던은 각 체형 집단에 속하는 개인들의 특성 평가를 토대로 세 가지 차원의 기질을 정의하였다. 먼저 내장긴장형(visceratonia)은 편안한 것을 좋아하고 사교적이며 먹는 것을 좋아한다. 자세가 이완되어 있고, 반응이 느리며, 일정한 감정 상태를 유지하고, 대인관계에서도 너그럽고 여유롭다. 신체긴장형(somatotonia)은 신체적 모험과 스릴을 즐기고, 근육이나 왕성한 신체 활동에 대한 욕구가 강한 편이다. 공격적이고 다른 사람의 감정에 둔감하다. 대뇌긴장형(cerebrotonia)은 억제하고, 소심하며, 내향적이다. 비밀스럽고, 자각적이며, 대인관계를 두려워하고, 혼자 있는 것을 좋아한다(Hall & Lindzey, 1998).

실제로 셸던은 200명의 피험자들을 대상으로 체형과 기질의 상관관계를 검

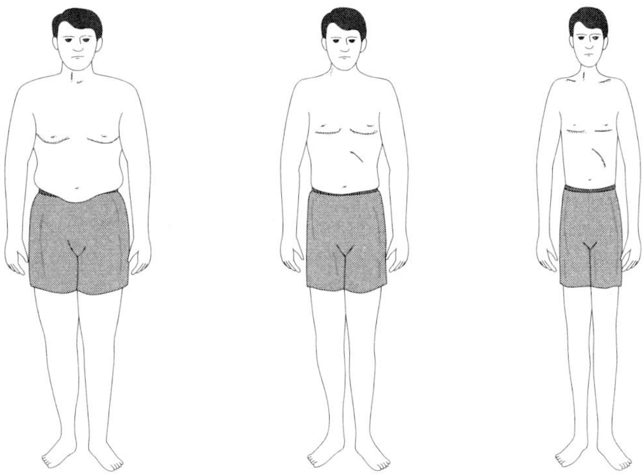

[그림 1-3] 셸던의 세 가지 신체 체형에 따른 기질

출처: 박아청(2008), p. 70.

증하였다. 그 결과, 내배엽형은 내장긴장형과 .79의 상관을 보였고, 중배엽형은 신체긴장형과 .82의 상관을, 외배엽형은 대뇌긴장형과 .83의 상관을 보였다. 이 연구는 방법론적인 제한점으로 인해 비판받으며 객관적인 연구 성과로 인정받지 못했다(Pervin et al., 2006). 그러나 셸던의 연구방법론적인 결함에도 불구하고, 신체 특징과 성격이 부분적으로는 생물학적 요인에 의해 결정된다고 하는 기본 관점은 성격심리 분야에서 오랫동안 영향을 미치고 있다.

5) 동양의학의 유형론

서양뿐만 아니라 동양에서도 일찍이 인간을 몇 가지 유형으로 분류하여 그 특징에 따라 인간을 이해하려는 관점이 존재하였다. 동양의학의 체질론은 기원전 3세기경에 완성된 것으로 추정되는 『황제내경(黃帝內經)』이 그 효시라고 할 수 있다. 『내경·통천론(內經·通天論)』의 오태인론에서는 인간을 음양생리 면에서 체형, 성질, 음양 편승 등에 따라 태양인(太陽人), 소양인(少陽人), 태음인(太陰人), 소음인(少陰人), 음양화평지인(陰陽和平之人)의 다섯 가지 유형으로 분류하였다. 『음양이십오인론(陰陽二十五人論)』에서는 인간을 금(金), 수(水), 목(木), 화(火), 토(土)의 오행인(五行人)으로 분류하고, 오음(五音)과 연관 지어 이를 다시 스물다섯 가지 체질로 세분하였다. 한편 인도 아유르베다의 체질론은 인간을 하나의 소우주로 보고 대우주로부터 분리되어 존재할 수 없다고 하였다. 건강과 질병의 문제도 우주와 인간의 상호작용으로 규정하여 인간의 외형, 성정, 맥, 음식, 약물 등을 이용하여 분류하였다. 이와 같이 동양의학의 유형론은 신체 외형과 성격 중심으로 구분되어 전해 왔다(노환옥, 유정희, 이의주, 2010).

6) 사상의학과 성격

우리나라의 경우는 한방의학에서 전통으로 유래되고 있는 사상의학적 관점에서 성격을 이해할 수 있다. 이제마(李濟馬)는 1894년에 발표한 저서『동의수세보원(東醫壽世保元)』에서 사상의학론(四象醫學論)을 중심으로 한국인의 성격 유형을 주장하였다. 이 이론은 한의학 최초의 원전인『내경(內經)』과 실제 임상 경험을 기초로 한 것으로 동양철학적 논리에 근거한다.

이제마는『주역(周易)』의 태극설에 의한 태양(太陽), 소양(少陽), 태음(太陰), 소음(少陰)의 사상(四象)을 인체에 적용하여 기질과 성격의 차이에 따라 사람의 체질을 네 가지로 나누고 그에 적합한 치료방법을 제시한 사상의학(四象醫學)을 정립했다. 허파가 크고 간이 작은 사람은 태양인이라 하고, 간이 크고 허파가 작은 사람은 태음인, 비장이 크고 콩팥이 작은 사람은 소양인, 그리고 콩팥이 크고 비장이 작은 사람은 소음인이라 하였다. 사상의학에서는 인간이 태어나면서부터 네 가지 체질 범주를 벗어날 수 없는 존재라고 본다. 개인의 체질 차이는 각 장기(臟器)의 크고 작은 것과 강하고 약한 것의 상호 균형에 따라 구분된다. 간장형인 태양인(太陽人), 호흡기와 심장형인 태음인(太陰人), 위장형인 소음인(少陰人), 그리고 신장형인 소양인(少陽人)으로 분류하고 있다.

개인의 거동, 식성, 심리 상태까지도 체질 요인에 의해 좌우된다고 보는 전인적인 사상의학 사상은 체질에 따라 사람마다 독특한 체질생리와 병리설이 성립되고, 같은 병에도 약의 구별이 생기고, 심지어는 성격의 구성도 체질적인 요소가 좌우한다고 본다. 네 가지 체질 유형별로 성격 특징을 기술하면 〈표 1-1〉과 같다(박아청, 2008). 모든 사람이 사상체질 중 어느 한 가지를 갖고 태어나는 것은 그 개인이 희로애락의 성품 가운데 어느 성품을 받아서 태어났는가에 의해

표 1-1 사상의학에서 본 체질별 성격 특징

	태양인(간장형)	태음인(심장형)	소음인(위장형)	소양인(신장형)
장기의 특징	폐는 강하고 간은 약함	폐는 약하고 간은 강함	비장은 약하고 신장은 강함	비장은 강하고 신장은 약함
성격과 장단점	단기, 착상이 기발하고 솔직하고 비타협적이다.	웅장한 계획과 포용력이 있고 욕심이 많다.	내성적, 섬세, 치밀, 사색적, 양심적, 비겁, 무기력, 우유부단	외향적, 사무에 민첩, 비판적, 표현적, 체념적, 경박
품성과 체형	단아하며 용모와 체구가 단정하고 깔끔하다.	의젓하다. 피부는 약하나 대체로 골격의 발육이 좋으며 용모는 원형, 타원형에 가깝다.	얌전하며 체세는 앞으로 굽고, 근육이 비교적 적고 뼈는 굵다. 살이 연하며 여믄 맛이 적다.	상체의 발육이 좋으며 머리의 앞뒤가 나오고 하지와 뼈가 가늘다. 보행에 있어 자세가 곧고 바르나 안정감이 없다.
기질	자존심이 강하고 감성적이며 번의가 잦은 영웅적인 기질, 천재형, 발명가, 전략가, 혁명가	호걸풍, 낙천가, 겁쟁이, 실업가, 정치가	종교가, 교육가, 지사형, 꽁생원	사무원, 상업인, 신경질적인 군인
행동과 태도	의욕 과잉으로 주위와의 화동이 뛰어난 경우가 많다.	언행이 듬직하고 거동이 무거우며, 또한 체력이 좋아 활동적일 수도 있다.	게을러서 실내에 들어앉기를 좋아하며 치밀하여 정리정돈과 청결을 좋아한다.	잠시도 안정된 거동을 잡지 못한다.

출처: 박아청(2008). p. 82

결정된다. 각자가 타고난 성정(性情), 즉 성격은 이미 선천적으로 정해진 것이므로 매사에 경계하면서 자신의 성정을 다스려야 한다고 했다. 사단론(四端論)에서는 태양인은 성미가 급하고 슬픔이 깊으니 경계해야만 하고, 소양인은 슬픔이 심하고 성냄이 깊으니 경계해야만 하며, 태음인은 함부로 즐기고 기쁨에 빠지기 쉬우니 경계해야만 하고, 소음인은 함부로 기뻐하고 즐기는 것이 심하니 경계해야만 한다고 하였다.

제2장

프로이트의 정신분석적 이론

| 김형수 |

신경증 환자를 치료하는 과정에서 발견한 사실들을 바탕으로 지그문트 프로이트(Sigmund Freud, 1856~1939)에 의해 시작된 정신분석학은 심리상담의 초석이며 기초가 되는 이론으로 이후 여러 주요 이론가와 임상가에게 깊은 영향을 주었다. 정신분석 상담은 정신분석 이론에서 나온 정신분석 지향적 심리상담을 의미하며, 따라서 성격 이론, 성격 연구, 성격 평가, 변화 절차 등을 포함한다(Michels, 1988). 정신분석학은 성격발달 모형인 동시에 인간에 대한 철학이자 심리상담의 한 방법을 포함하며, 심리상담 과정에서 인간의 기본적인 성격 구조를 이해하고 수정하는 절차를 선구적으로 제시하였다. 그리하여 프로이트의 이론은 다른 이론들을 비교 평가하는 기준점이 되고 있다.

정신분석이 기대고 있는 두 가지 기본 가정은 결정론과 무의식이다. 즉, 인간의 행동은 어렸을 때의 경험에 따라 그리고 사람 내면에 있는 힘에 의해 크게 좌우되며, 빙산의 대부분이 물속에 잠겨 보이지 않듯이 마음의 대부분은 의식할 수 없는 무의식 속에 잠겨 있다는 것이다. 정신분석적 입장을 지니는 모든 이론은 '행동과 대인관계를 하도록 하는 인간 내부의 의식되지 않는 힘'을 강조한다.

18세기와 19세기 물리학적 · 생물학적 발견에 따른 지적 풍토에 기반하여 프로이트 역시 심리적 삶도 보편적 힘이 이끈다고 생각하였으며 그 요체는 욕구, 즉 인간의 마음에 있는 타고난 힘이라고 보았다.

프로이트는 정신분석 과정을 통해 내담자들이 자신의 내적 욕구를 자각하고 의식적으로 이해하게 될 때 증상이 줄어들거나 사라지는 것을 수없이 경험하였다. 그에게 있어서 정신분석적 치료란 것은 결국 '자유'와 동의어로 간주되었다. 그리고 이때 자유는 플라톤적 전통에 따라 '진실'을 찾는 것을 의미한다. 여기서 진실이란 내담자 자신에 대한 진실을 의미한다. 진실과 자유가 통한다는 진리는 너 자신을 알라는 말로 대표되는 델피의 신탁만큼이나 유래가 깊은 것으로 정신분석학 전반에 자리를 잡고 있다. 정신분석적 상담은 어렸을 때 형성된 무의식적 갈등을 자유연상이나 꿈의 해석 등의 방법을 통해 의식화하여 내담자로 하여금 자신에 대한 통찰을 얻도록 하는 과정이 핵심이다(이장호, 2001).

프로이트는 의식의 세 수준인 의식, 전의식, 무의식을 제시하였으며, 이들과 성격을 구성하게 되는 요소인 원초아, 자아, 초자아의 관계 그리고 발달과정에 대해서 말하였다. 이 장에서는 프로이트의 생애와 정신분석에서 제시하는 주요 개념 및 성격의 정의, 성격 형성과정, 그리고 성격의 병리성 여부에 대한 관점을 소개하고, 프로이트가 보는 인간 변화 관점에 따라 어떻게 상담 기법을 적용할 수 있는지를 살펴보고자 한다.

1. 프로이트의 생애

프로이트는 1856년 3월 6일 오스트리아 모라비아의 프라이베르크에서 3남 5녀의 장남으로 태어났다. 출생 당시 프로이트는 줄리어스 시저처럼 대망막(수도사 모자 모양으로 머리를 둘러싼 얇은 표피)을 가지고 있었기 때문에 위대한 사람이 될 운명을 지닌 자라는 기대 속에서 성장하게 되었다.

프로이트의 생애 전반기를 차지한 19세기는 물리학, 생물학, 철학 분야에서 위대한 영향을 준 인물들의 사상이 지적 홍분을 일으키는 시대였다. 그리고 이러한 사고가 프로이트에게도 영향을 주었다. 거기에는 인간이 진화에 따른 자연적 결과이며 모든 생명체는 '생존 의지와 번식 충동'에 의해 동기화된다는 찰스 다윈(Charles Darwin)의 관점, 인간 동기의 핵심에 '무의식적이고 비합리적이며 원시적인 힘이 작용한다.'는 아르투르 쇼펜하우어(Arthur Schopenhauer)와 프리드리히 니체(Friedrich Nietsche) 등의 철학적 관점이 포함된다.

젊은 프로이트는 여러 방면에 다 흥미를 가지고 있었지만 유대인의 전통 때문에 직업 선택의 제한을 받았다. 결국 그는 17세에 심리학과 의학을 공부하기 위해 오스트리아의 비엔나 대학교에 입학하여 의사가 되었다. 그리고 비엔나 대학교에서 의사 자격을 획득한 후 29세에 프랑스 신경학자인 장 샤르코(Jean Charcot)와 만나 최면치료의 임상적 입증과정을 경험하면서 신체적으로 설명할 수 없는 증상이 심리적 원인에 의해 발생할 수 있다는 점에 관심을 갖게 되었다.

30대에 들어서 프로이트는 마음의 본질과 기능을 이해하려는 노력을 본격적으로 시작하였으며, 히스테리 증상이 억압된 기억으로부터 자신을 보호하려는 방어라는 이론을 최초로 제시했다. 1895년에 요제프 브로이어(Josef Breuer)와 공동으로 『히스테리에 대한 연구(Studies on Hysteria)』를 출판하였는데 이 책에서 '억압된 기억을 밖으로 말하고 이를 의식적으로 이해하게 하는' 히스테리 치료방법을 기술하였다. 이 과정에서 프로이트는 많은 환자가 아동기 성적 유혹에 대해 언급하였기 때문에 히스테리에 대해 말함으로써 찾아서 드러내게 되는 '억압된 생각'은 결국 성적인 주제라는 아이디어를 갖게 되었다. 1900년 이후 거의 40년간 프로이트는 21권의 책을 저술하며 연구 성과를 알리고 저변을 확대하기 위해 왕성한 활동을 하였다.

프로이트는 정신분석학의 분야에서 어느 정도 만족할 만한 연구 성과를 거두었다고 생각하고 1902년 이후 각고의 노력 끝에 아들러(Adler)와 융(Jung) 및 자신의 제자들과 함께 '비엔나 정신분석학회'를 창설하였다. 프로이트는 1909년 융을 비롯한 몇몇 제자와 함께 미국의 클라크 대학에 초청되어 일상생활의 정신병리학에 대하여 강연하였고, 귀국하고 1910년 이후 국제적 명성도 얻었다.

프로이트

프로이트는 성격이 외곬으로 독선적이고 게다가 독재적인 기질까지 가지고 있었다. 한때 동료나 제자였던 아들러, 융, 슈테겔(Schtegel) 등은 프로이트의 유별난 성격과 정신분석 이론에 대한 견해 차이로 인해서 서로 결별하게 된다. 아들러와 융은 처음부터 프로이트에게 배우지도 않았고, 따라서 원래 프로이트의 제자들은 아니었다.

비엔나에서 의대를 나온 아들러는 후에 개인심리학의 학파를 창립하였는데, 처음에 프로이트를 추종하다가 이후 결별하였다. 스위스의 정신분석학자이자 분석심리학의 창시자인 융 역시 초기에 프로이트를 추종하다가 이론상의 차이로 결별하였다. 융과 프로이트의 관계는 아들과 아버지의 관계처럼 끈끈하였다. 1912년 융이 미국 강연에서 성을 지나치게 확대해서 해석하고 있는 프로이트의 정신분석 이론을 반박한 이후로 두 사람 사이는 멀어지게 되었다. 융의 이와 같은 태도에 대해서 프로이트는 자식이 적대감을 가지고 아버지를 제거하려는 심층의식의 갈등에 융이 휩싸여 있다고 생각하였다.

프로이트는 1913년 『토테미즘과 금기(Totem and Taboo)』를 출판하였다. 이 책에서 프로이트는 원시사회의 가족관계를 분석하면서 오이디푸스 콤플렉스의 중요성을 다시 강조하였다. 이 책의 출판을 계기로 근친상간적 환상의 의미를 축소시키려고 한 융은 프로이트와 결정적으로 헤어질 수밖에 없었다. 프로이트는 이러한 성적 충동의 원천적 억압을 일컬어 오이디푸스 콤플렉스라고 했으며, 오이디푸스 콤플렉스가 인간의 문화, 종교, 예술, 정치, 사회의 시초에 이미 뿌리내리고 있다고 보았다. 프로이트는 자신의 성충동 이론이 근본적으로 옳다고 확신하고 있었음에도 불구하고 노이로제와 성의 명백한 관계 같은 것에 대해서는 어느 정도 의심을 갖고 있었다.

시간이 갈수록 프로이트는 갈등과 억압의 문제를 명쾌하게 설명하기 위해서 성충동 이론 이외의 더 많은 것이 필요하다는 것을 깨닫게 되었다. 프로이트는 상담자가 환자의 심층 의식의 충동을 꺼내어 환자로 하여금 그것을 알게 함으로써 환자를 정상 상태로 만드는 것이 다른 어떤 것보다 중요하다는 것을 잘 알고 있었다. 프로이트는 치료 시에 환자가 치료에 대해서 매우 강하게 저항한다는 사실에 주목하였다. 환자가 의사에게 나타내는 적대감이나 저항은 일종의 전이이며 은폐된 성충동의 간접적인 외적 표현이라고 보았다. 만일 환자가 의사에게 적대감도 나타내지 않고 저항하지도 않는다면 전이가 나타나지 않아 치료가 곤란해질 수 있다고 보았다. 프로이트에 의하면, 사람들은 누구나 자아이상을 소유하고 있다. 자아이상은 가장 정상적인 것으로서 사람들이 살아 나가는 데 있어서 삶의 목표 역할을 담당한다. 그러나 자아이상이 왜곡된 것이거나 개인 당사자와 지나치게 거리가 먼 것일 경우 비정상적인 성격이 형성될 수 있다. 따라서 프로이트는 우리가 정상적으로 사랑하는 것은 자아이상을 실현하는 것이면서 동시에 질병에 걸리지 않고 자신의 삶을 건강하게 만드는 행동이라고 여겼다(강영계, 2001).

프로이트는 여생을 그의 정신분석 이론을 정교히 이론화하고 확장하는 데 바쳤다. 생의 후반기에 그는 죽음에 대한 과도한 공포와 기타 여러 가지 심리적 곤란을 겪고 있었다. 이 시기에 그는 자기분석(self-analysis)이라는 어려운 과제를 수행하였다. 자신의 꿈이 주는 의미를 탐색하면서, 그는 성격 발달의 역동성에 대한 통찰을 갖게 되었다. 프로이트는 자기분석 끝에 심적 외상 이론을 포기하고, 유아 성욕과 오이디푸스 콤플렉스에 대해 인식하게 되었다.

그는 자신의 아동기 기억과 경험을 검토하여 분석에서 그가 환자와 함께 작업하면서 그들의 문제를 통해 관찰한 그의 이론을 임상적으로 정교하게 다듬었다. 프로이트는 매우 창조적이고 생산적이었으며 하루에 18시간씩 일하곤 하였다. 특히 생애 후기의 20년간 그는 서른세 차례의 수술을 받았다. 그는 늘 고통스러웠으나 꾸준히 분석과 저술 활동을 지속하였다. 그는 1939년 83세에 런던에서 사망하였다. 정신분석의 시조로서의 프로이트는 지적 거인이다. 그는 인간 행동을 이해할 수 있는 새로운 관점을 제시하고 적용 가능한 기법을 개발하였다. 그의 이론은 지금까지 발달된 성격과 심리치료의 이론 중 가장 포괄적인 이론이라 할 수 있다(이현림, 2000; Corey, 1996).

2. 성격의 정의

기술 또는 예언될 수 있는 안정적이고 일관된 개인차, 그리고 심리적 환경에 대처하고 변형시키는 개인의 독특한 양식을 의미하는 성격을 어느 관점에서 규명하는가를 선택할 때, 정신분석은 동기적 수준, 즉 다양한 성격 측면 아래에 자리 잡고 있을 수도 있는 무의식적인 동기, 갈등 및 방어를 통해서 설명하고 있다. 프로이트는 인간의 모든 동기를 넓은 의미에서 성이라고 말하였다. 모든 인간 행동은 리비도 에너지의 해방인 쾌락을 추구하지만 사회는 우리가 쾌락 추구 욕구를 완전히 만족시키거나 우선적으로 만족시키지 못하게 한다.

프로이트의 성격 이론은 성욕을 직접적으로 표현하지 못하도록 하는 사회 속에서 이 욕구, 즉 추동을 처리하는 방식에 대한 것이며, 어떤 사람이 초기 발달의 어떤 단계에 심리적으로 매여 있는지를 의미하는 고착의 관점에서 이해하려고 하였다. 즉, 초기 특정 심리성적 단계에서 아동이 자신의 선천적 자질과 부모의 반응성에 따른 상호작용으로 인해 지나치게 욕구가 좌절되거나 만족될 경우, 아동은 그 단계에 고착되며 성격은 이러한 고착의 영향이 장기적으로 표현되는 것으로 보았다. 결국 보기에 따라서 성격은 성욕 만족과 사회 제약의 독특한 타협의 결과일 수 있다(Liebert & Liebert, 1998).

프로이트가 인간 이해에서 기여한 주요한 부분 중 하나는 인간의 내면이 통일성을 지니고 있으나 동시에 분할되어 서로 갈등한다는 점을 일깨운 것이다. 프로이트는 인간의 성격, 즉 됨됨이를 이해하기 위해서 정신 구조에 대한 개념을 제시하고 있다. 즉, 우리의 행동과 대인관계를 좌우하는 무의식적 소망을 이해하기 위해서는 성격을 구성하는 정신적인 구조를 이해해야 한다는 관점을 제시하였다. 세 집행자인 원초아, 자아, 초자아는 생애 초기의 경험을 통해서 형성되며 마지막 단계인 초자아는 대략 6세 전후에 완성된다고 보았다. 이 세 집행자는 의식의 세 층과 밀접하게 연결되어 있다. 무의식 층에 주로 자리한 원초아는 개인의 자각 밖의 정신과정 주체다. 자아는 현저하게 의식적이며, 초자아는 의식과 무의식 과정의 혼합이다. 비록 세 개의 부분이 상호작용할지라도 각각은 나름의 특징을 지닌다.

이와 더불어 인간의 본질적인 성격 구조는 서로 구별되면서도 상호작용하는 두 가지 차원, 즉 성격 조직의 발달 수준과 그 수준 내에서의 방어 양식을 평가함으로써 이해할 수 있게 된다. 첫 번째 차원은 한 사람의 개별화 정도 혹은 정신병리의 심각성 정도를 개념화하며, 두 번째 차원은 그 사람의 성격 유형을 밝혀 준다(McWilliams, 1994). 자아심리학의 발달과 함께 성격은 특정 유형의 방어의 작동을 표현하는 것으로 이해되었다.

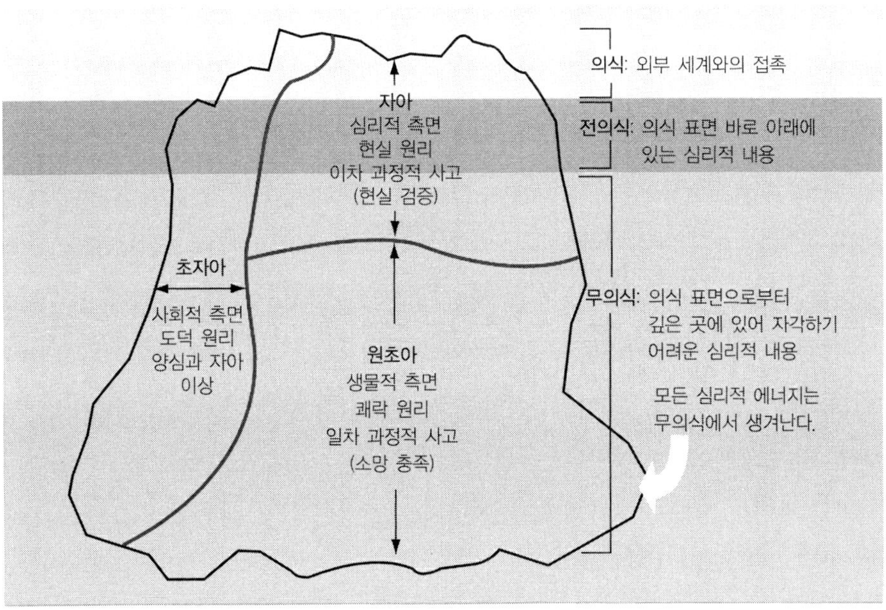

[그림 2-1] 성격의 구조

1) 성격 구조

프로이트에 의하면, 성격은 원초아, 자아, 초자아로 구성된다. 이러한 체제는 서로 밀접한 관계가 있고 행동은 이들 간의 상호작용의 결과다.

원초아(id)의 경우, 프로이트는 이를 성격의 기본체제로 규정하고 본능과 같이 태어날 때부터 내재되어 있다고 보았다. 원초아는 다른 두 체제인 자아와 초자아에 연료를 공급하는 심리 에너지의 저장소라고 볼 수 있다. 그리고 원초아는 긴장을 감소시키는 역할을 한다. 원초아는 긴장을 참을 수 없기 때문에 긴장을 즉시 해소하여 유기체가 다시 항상성을 유지하도록 한다. 이러한 긴장 감소의 원리를 '쾌락의 원리'라고 한다. 그러므로 원초아는 외부 현실이나 도덕과는 관계없이 고통을 감소시키고 쾌를 증가시킴으로써 유기체의 욕구를 만족시키도록 기능한다.

프로이트는 이들 충동이나 본능을 삶의 본능인 성 본능과 죽음의 본능인 공격 본능의 범주로 구분하였다. 이 본능들은 비합리적이고 무의식적이다. 긴장을 방출하기 위해서 원초아는 바라는 대상에 대한 내적인 심상이나 환상을 형성한다. 예를 들면, 배고픈 유아는 어머니의 젖가슴에 대한 내적 표상을 떠올릴 수 있다. 그 결과로 나타나는 심상은 소망 충족으로 간주되는데, 이것은 프로이트가 정상적인 꿈과 정신장애자들의 환각 특징이라고 믿었던 것과 유사하다. 프로이트는 욕구를 만족시키기 위해 직접적이고 합리적이며 현실을 무시하는 시도로서 욕구에 기반한 이러한 생각을 일차 과정 사고(primary process thinking)라고 불렀다. 일차 과정 사고에서 다루는 정신적 심상은 그 자체로 긴장을 감소시킬 수 없기 때문에 자아가 발달하게 되는 것이다(Mischel, Shoda, & Smith, 2004).

반면 자아(ego)는 원초아의 파생물이다. 원초아가 외부 현실을 무시하고 무의식 수준에서 기능한다면, 자아는 객관적인 현실 세계와 교섭하기 위해 존재한다. 프로이트는 원초아의 한 부분이 자극을 수용하는 기관과 자극에 대항하여 보호물로 작용하는 기능을 하고 원초아와 외부 세계 간의 조정자로 작용하게 되는데 바로 이 부분이 자아라고 하였다. 자아의 책임은 어떤 본능을 만족시켜야 할지 결정을 내리고 원초아, 초자아 그리고 현실 세계 간의 갈등을 중재하는 일이다.

자아가 작동하기 위해서는 원초아에서 정신 에너지를 빌려와야 한다. 정신 에너지의 양이 한정되어 있기 때문에 자아로 에너지가 넘어가면 넘어간 에너지만큼의 에너지가 원초아에서 빠져나간다. 따라서 아동은 만족을 더 잘 기다릴 수 있게 된다. 자아는 이런 과정을 통해서 유기체의 행동을 합리적으로 통제할 수 있게 된다. 그리고 유기체의 욕구를 만족시키기 위해 합리적이고 지적인 방법을 사용한다. 즉, 자아는 '현실의 원리'에 의해 작동된다. 현실의 원리는 자아가 적절한 대상과 환경 조건이 발견될 때까지 현실을 검증하고 긴장 방출을 지연시키도록 요구한다. 자아는 고차적인 인지적 정신과정의 사용을 통해서 현실적이고 논리적인 생각과 계획을 수반하는 '이차 과정 사고'를 하게 된다. 즉, 원초아가 성과 공격 본능에 대해서 소망 충족적인 심상과 직접 만족과 같은 일차 과정 사고를 하는 반면, 중재자인 자아는 원초아와 세계 사이를 매개하고 현실 검증을 하며 이용 가능한 행동에 대한 다양한 과정을 고려하여 결정한다.

프로이트는 자아가 세상의 유일한 희망이며 생물학적 충동에 의해 좌우되는 인간의 비합리성과 원시성으로부터 벗어날 수 있게 해 주는 내면의 한 부분이라고 생각하였다. 프로이트는 원초아가 있는 곳에 자아가 있어야 한다고 생각했으며 충동성에 지배되는 인간을 합리성과 통찰로 이끌기 위한 길을 정신분석 과정이 제시한다고 믿었다(Mischel et al., 2004).

초자아(superego)의 경우, 프로이트는 이를 부모나 사회의 가치관에 대한 내적 표상으로 자신을 넘어서는 성격 구조의 마지막 영역으로 보았다. 초자아는 이상을 추구하며 유용성보다는 옳고 그름, 즉 도덕적 가치와 일치하는지 여부에 따라 판단한다. 초자아의 기준에 따라 행동과 사고가 수용될 수 있을 때 우리는 긍지와 만족감, 가치감을 경험하며 그렇지 못할 때는 죄책감을 느낀다.

초자아는 6세 전후 오이디푸스 콤플렉스(Oedipus conplex)라는 결정적 경험을 통해서 완성된다. 초자아 형성과정은 음식 섭취 방식처럼 부모의 가치를 받아들이는 일종의 합병(incorporation)과정이다. 합병과정은 네 살경에 시작해서 오이디푸스 콤플렉스를 경험하면서 방어적 동일시 과정을 통해 동성 부모의 도덕적 가치를 흡수하고 내재화하는 것이다. 아동은 부모가 주는 사랑과 따뜻함, 편안함 때문에 부모를 소중하게 여긴다. 아동의 좋은 행동은 부모로부터 보상을 받고 나쁜 행동은 처벌을 받는다. 그러므로 처벌받는 행동은 양심의 일부가 되고 긍정적인 행동은 자아상의 일부가 된다. 연합과정을 통해서 아동은 부모의 도덕적 규준이나 이상도 소중하게 받아들이는 것이다(Mischel et al., 2004). 초자아는 죄책감을 들게 하는 '양심'과 자부심으로 보상을 주는 '자아상'의 두 가지 하위체제로 구성된다. 초자아는 원초아의 충동을 억제하고 자아가 도덕적 목표를 현실적인 것으로 대체하여 이상적인 것이 되도록 한다. 심리 에너지의 저장소인 원초아는 쾌락의 원리에 따라 욕구를 만족시키려고 한다. 반면에 자아는 초자아 및 외부 세계와 원초아의 충동을 중재한다(이현림, 2000). 이상의 내용을 요약하면 〈표 2-1〉과 같다.

ooo 표 2-1 정신 구조

구조	의식	내용과 기억
원초아	무의식적	• 기본적인 충동(성과 공격) • 결과와 관계없이 즉각적인 만족을 추구 • 즉각적, 비합리적, 충동적
자아	현저하게 의식적	• 현실 검증 • 원초아의 충동과 초자아의 도덕률 사이를 중재 • 공간과 시간을 합리적이고 논리적으로 고려 • 안전과 생존을 추구
초자아	의식적 및 무의식적	• 이상과 도덕 • 관습적이며 부모로부터 내면화됨 • 양심, 지시, 비판, 금지

2) 성격 발달

고전적 정신분석에서는 생후 약 5년간의 생활 경험 속에 적응성의 근원이 있다고 본다. 프로이트의 관점에서 발달은 리비도의 발달과 퇴행의 과정이다. 리비도의 만족이 곤란하게 되면 욕구좌절(frustration)이 생겨 퇴행이 일어난다. 이 퇴행이 그때까지의 발달단계의 어디까지 되돌아가느냐를 결정하는 요인이 고착이다. 다음은 성격 발달에 관련된 프로이트의 심리성적 발달 이론이다.

(1) 구강기(口腔期)

생후 1년간으로 입, 입술, 그리고 구강 부위를 통해 만족을 얻는 시기다. 이 시기에 적절한 만족을 얻지 못하면 자신과 타인 그리고 주변 세계에 대해 불신감을 갖게 된다. 결국 남과 접촉하는 것을 두려워하게 되고, 외부 세계로부터 고립된 나머지 타인과 깊은 인간관계를 형성할 수 없게 된다. 구강기 고착 모습에는 과식, 과음, 과도한 흡연, 수다, 비평, 빈정거림 등이 포함된다.

(2) 항문기(肛門期)

1~3세로 대변훈련과 관련된 시기다. 대소변 훈련을 시킬 때 부모가 보이는 감정이나 태도, 반응은 유아의 성격 형성에 큰 영향을 미친다. 이 시기에 아동은 분노 · 적대감 등의 부정적 감정을 수용하는 것을 배우며, 실수를 해 보고 실수해도 괜찮다는 것을 알게 됨으로써 자신을 독립적이고 개별적인 존재로 여기게 된다. 반면 지나치게 엄격한 배변훈련은 아동을 강박적이고 의존적인 성격으로 만든다고 본다. 항문기 고착은 항문기 강박, 폭발성격으로 구분된다. 항문기 강박성격은 배설을 참는 근육수축 쾌감에 고착된 것으로 청결, 질서에 대한 강박적 욕구를 보이거나 인색함을 갖게 된다. 반면 항문기 폭발성격은 배설 후 근육이완 쾌감에 고착된 것으로 지저분하고 낭비벽이 강한 성격적 일면을 갖게 된다.

(3) 남근기(男根期)

3~5세로 성기가 주요 관심의 대상이 되는 시기다. 이 나이의 아동들은 자신의 육체에 대해 호기심을 갖게 되며 이성과의 차이점을 발견하려고 한다. 이 시기에 아동은 자신의 육체나 성적 발견을 자연스럽고 긍정적인 것으로 받아들일 필요가 있다. 이성 쪽 부모에 대해 성적인 유대감정을 느끼는 오이디푸스 콤플렉스가 형성되는 것도 이 시기다. 아들의 경우 어머니에 대한 접근 감정 때문에 아버지로부터의 처벌을 두려워하게 되고, 이 두려움을 덜기 위해 아버지를 숭배 또는 모방하는 동일시 현상이 생긴다고 본다. 그리고 이러한 동일시의 기제를

통해 남성이나 여성으로서의 역할을 학습하게 되고, 부모의 가치를 내면화함으로써 초자아가 발달하게 된다고 보는 것이다. 남성의 남근기 고착 모습에는 남성성과 힘에 대한 지나친 과시와 강조가 포함된다. 여성의 경우는 히스테릭한 성격, 지나친 여성성의 강조, 애교, 교태 등의 모습을 보인다.

(4) 잠복기(潛伏期)

5, 6~11, 12세로 특별한 관심의 대상이나 정욕의 출구가 잘 나타나 보이지 않는 시기다. 약 6세가 되면 성적인 본능 또는 욕망이 줄어들어 보이고 일종의 '조용한' 기간이 몇 년간 지속된다. 이 기간에 아동은 학교에 들어가며 새로운 학습 환경에 부딪히게 된다. 비록 성적인 본능은 억압되지만, 이전 단계의 성적인 기억들은 그대로 남아 있는 셈이며 장차의 성격 형성에 영향을 미치는 것으로 본다.

(5) 성기기(性器期)

12세 전후의 사춘기에서 시작되는 기간이다. 이 기간은 이성과의 성욕 발산을 지향하는 것이 특징이며, 처음에는 자기애(自己愛)적 행동으로 출발하여 점차 사회화한다. 즉, 이성에 대해 매력을 느끼며 입맞춤, 포옹 및 성교 행위 등을 통해 성기기 이전부터 있었던 성적 충동을 만족시킨다. 프로이트는 이 기간이 사춘기로부터 노인기까지 연장되는 것으로 보았다. 그리고 이상의 다섯 발달단계 중에서 처음의 세 단계가 개인의 기본 성격을 결정하는 바탕이 된다고 보았다(이장호, 2001).

앞서 설명한 바와 같이 심리성적 발달 과정에서 특정한 단계에 강력한 리비도 만족으로 집착이 일어나면, 일단 다음 단계로의 발달이 성립되었어도 그 고착점으로 퇴행이 일어나기 쉬울 수 있다. 고착점의 형성조건에는 과잉만족 뿐만 아니라 극단적인 불만족도 포함된다. 즉, 아동이 욕구좌절 또는 만족 여부에 의해 고착된 단계의 영향에 따라 성격을 이해하였다. 예를 들어, 어떤 성인이 우울한 성격을 가지고 있다면 이론적으로는 생후 1년(구강기) 동안 방치되었거나 지나치게 욕구 충족이 있었을 것이라고 가정하게 된다. 마찬가지로 강박적 성격은 항문기에, 그리고 히스테리적인 성격은 오이디푸스기에 거절이나 지나친 자극적 유혹을 경험했기 때문이라고 가정하게 된다. 정신분석 초기에는 어떤 문제가 중심적인가에 따라서 사람을 구강기적, 항문기적, 남근기적 성격이라고 불렀다. 이후 이론이 정교해지면서 각 단계가 세분화되어, 구강기의 경우 빨기가 우세한 구강 의존적인가 혹은 물기가 우세한 구강 공격적인가로 구분하였으며, 항문기는 항문 보유적인가 항문 배설적인가로 나누었다. 그리고 시기로 나눌 경우는 각 단계의 초기인가 혹은 후기인가로 나누기도 하였다. 〈표 2-2〉는 이러한 단계별 성격 유형과 관련된 특징을 정리한 것이다.

ooo **표 2-2** 심리성적 발달 단계별 성격 유형과 특징

심리성적 발달 단계별 성격 유형	성격 특징
구강기적	요구하는, 참을성이 없는, 질투심이 강한, 불신하는, 비관적인, 우울한, 분개하는
항문기적	경직된, 힘과 통제성을 열망하는, 당위성에 집착하는, 소유하려는, 통제 상실과 낭비에 대한 불안, 순종과 반항 선택에 대한 몰두
남근기적	남성의 경우, 과시적, 경쟁적, 성공에 집착하는 여성의 경우, 순박한, 유혹하는, 과시적인, 경박한

3. 주요 개념

프로이트는 인간 본성에 대해 결정론적 입장을 취하였다. 프로이트가 빅토리아 시대의 상식을 뒤흔들어 놓은 것은 아이들에게 성욕이 있다는 주장 때문만은 아니다. 그와 더불어 우리가 아무리 문명화되고 수준 높은 교육을 받았다고 하더라도 원시적이고 자기중심적인 사고의 잔재가 우리의 무의식 안에 존재하

며 그것이 상상할 수 없을 정도로 강력하게 우리 행동을 지배한다는 주장이 무엇보다 충격적이었던 것이다. 프로이트는 일차 과정 사고의 상징적이고 심상적인 특징과 더불어 마술적이고 소망 충족적인 속성을 강조하였다. 그리고 인간을 원초아, 자아, 초자아의 세 체제 사이에 심리 에너지가 분포된 복합적인 에너지 체계로 보았으며, 행동은 이러한 무의식적인 힘을 통해 나타난다고 보았다.

인간의 핵심 동기는 그들의 생리적 충동과 본능이다. 프로이트는 인간의 행동이 무의식적 동기와 생물학적 욕구 및 충동 그리고 생후 6년간의 심리성적 사상에 의해 결정된다고 보았다. 정신분석적 접근에서는 어렸을 때 형성된 무의식적 갈등을 여러 가지 정신분석 기법을 통해 의식화한 후 스스로 자신에 대한 통찰을 얻을 수 있는 사람을 건강한 사람으로 본다. 본능은 처음부터 원초아에 내장되어 있는 심리 에너지로 구성된다. 프로이트는 본능을 넓게 삶의 본능과 죽음의 본능의 두 가지 범주로 분류하였다. 삶의 본능은 기아, 갈증, 성욕과 같은 유기체가 생존하는 데 필요한 것들이다. 이러한 본능들은 리비도라고 불리는 에너지 형태를 사용한다. 이 용어는 원래 처음에는 성적 에너지를 지칭하는 것이었으나, 후에는 모든 삶의 본능으로 더욱 폭넓게 사용되었다. 프로이트는 죽음의 본능이라는 개념으로 공격적인 욕구를 설명하였다. 그에 따르면, 인간은 때로 자신이나 타인을 죽이거나 해치려는 무의식적 소망을 행동으로 나타낸다. 프로이트는 성적 충동이나 공격적 충동이 사람들이 지금과 같은 행동을 하도록 하는 강력한 결정 요인이라고 말한다.

1) 의식과 무의식

무의식과 의식에 관한 개념은 인간의 행동과 성격의 문제를 이해하는 데 중요하다. 무의식은 직접 연구할 수 없기 때문에 행동으로부터 추론할 수밖에 없다. 프로이트는 의식을 정신의 일부분으로 보고, 의식의 표면 아래에 존재하는 더 큰 부분을 무의식으로 보았다. 무의식은 지각할 수 없으며 경험과 기억, 그리고 억압된 경험의 자료를 저장한다. 무의식에 대한 임상적 증거는 무의식적 욕구, 소망, 갈등의 상징적 표상인 꿈, 말의 실수나 망각 등이다. 정신분석적 상담의 목적은 무의식적인 동기를 의식화하는 것이다. 무의식은 비록 지각할 수 없다 하더라도 행동에 영향을 준다. 무의식의 과정은 신경증적 증후와 행동의 근원이다. 이런 관점에서 '치료'는 건강한 기능을 방해하는 증상의 의미, 행동의 원인, 억압 등을 밝혀내는 일이다. 결국 무의식의 역할을 바르게 이해하는 것이 정신분석적 상담의 핵심이다. 정신분석 치료자는 무의식 속에 숨겨진 내담자의 행동 동기를 이해할 필요가 있다. 우리가 결코 포기하지 못하는 것이 우리가 소중하게 여기는 것일 수 있다. 의식적 수준에서 원치 않는 무엇인가를 삶에서 반복하면서 통제하기 어렵다면, 그것은 더 깊은 무의식적 수준의 소망을 담고 있는 것일 수 있다.

2) 역동

정신분석 이론에서는 역동이란 표현을 쓰는데, 이 용어는 성격 내에서 일어나는 에너지의 교환 및 에너지의 전환을 의미한다. 프로이트는 인간 동기의 원천을 정신 에너지(리비도)라고 믿었다. 그리고 사람이 정신 활동에 사용할 수 있는 에너지의 양은 정해져 있다. 즉, 프로이트의 정신 에너지 체계는 닫힌 체계다. 정신 에너지는 더해지지도 않고 또 있던 에너지가 소멸되지도 않는다. 다양한 활동, 대상, 사상에 투자되는 정신 에너지의 총량은 정해져 있다. 프로이트는 정신 에너지의 투여를 카섹시스(cathexis)라고 불렀으며, 이때 활동, 대상, 사상 등에 집중된 에너지가 해소되는 과정을 통해 인간은 쾌감을 경험하는 것으로 보았다.

3) 불안

프로이트는 불안을 장래에 닥쳐올 위험에 대한 신호로 간주하였다. 즉, 불안은 동기를 유발하게 하는 긴장 상태로, 생체의 안전을 위협하는 모든 상황에 앞서 발생하는 것으로 보았다. 위험의 원천은 외재적일 수도 있고 내재적일 수도 있다. 프로이트는 불안을 항상 내적인 것, 즉 원초아에서 비롯되는 것으로 보았다. 불안은 심적 에너지를 통제할 수 없을 때 발달하는 것으로 원초아와 자아 그리고 초자아 간의 갈등이다. 불안에 대해 적절한 대책이 취해지지 않으면 자아를 위협하게 되고, 자아가 합리적이고 직접적인 방법으로 불안을 제거할 수 없을 때는 비현실적인 방법인 자아방어기제에 의존하게 된다.

불안에는 현실적 불안, 신경증적 불안, 도덕적 불안이 있는데, 현실적 불안은 외부 세계로부터 오는 위협에 대한 두려움으로 외부 세계가 주는 실제 위협의 정도에 따라 불안의 정도가 비례한다. 신경증적 불안은 본능이 통제되지 않아 개인이 어떤 행동을 함으로써 느끼는 처벌에 대한 두려움이고, 도덕적 불안은 자신의 양심에 대한 두려움으로 자신의 도덕률에 위배되는 일을 할 때 느끼는 죄의식이다(이현림, 2000). 현실 불안에서 위험은 외재적이다. 실제적 위협을 없애거나 줄이기 위한 현실적 단계를 취함으로써 이를 처리할 수 있다. 신경증적 불안과 도덕적 불안은 닥쳐올 내적 위험 탓이다. 이것은 내적인 방법인 방어기제로 대처할 수 있다.

4) 방어기제

심리학에 대한 프로이트의 중요한 공헌 중 하나는 방어기제를 개념화한 것이다. 방어기제는 내면적 갈등으로 인한 불안을 감소시키기 위해서 자아가 발달시키는 기능이다. 프로이트는 방어가 어떤 강력하고 위협적인 감정을 피하거나 다루기 위해서 혹은 자존감을 유지하기 위한 목적으로 사용되는 것으로 보았다. 방어라는 용어는 프로이트가 군사적 은유를 선호했기 때문에 선택되었다. 동시에 그것을 처음 맞닥뜨렸을 당시에 이 심리적 과정이 무언가를 방어하는 기능을 수행하는 것으로 생각되었기 때문에 부여된 이름이다.

성격의 구성 요소인 원초아는 원래 모든 심리 에너지를 가지고 있었다. 자아가 기능하기 위해 심리 에너지가 필요하기 때문에 원초아의 욕구와 자아 및 초자아의 억제 사이에 복합적인 갈등이 생긴다. 대부분의 경우, 자아의 욕구는 외부 세계에 만족한다. 그러나 때때로 외부 세계는 자아를 위협하고 자아가 과도하게 자극되면 불안이 나타나게 된다. 불안은 자아에게 임박한 위험을 경고해 주는 중요한 기능을 한다. 자아는 불안을 적절하게 측정해 내지 못하면 깨어질 것이다. 그러므로 불안은 개인이 불안에서 벗어나게끔 행동하도록 동기화하는 긴장 상태다. 이때 자아가 위협받는 상황이 되면 방어기제를 사용하게 된다. 만일 자아가 불안을 적절하고 합리적으로 다룰 수 없게 되면 비현실적인 자아방어기제가 동원된다. 때때로 방어기제는 실패에 대처하고 긍정적인 자아상을 유지하는 데 도움이 된다. 사실 외상적인 상황에서 억압은 심각한 손상으로부터 자아를 방어한다. 이러한 상황에서 방어기제는 개인의 심리적 생존에 매우 중요하다. 그러므로 방어기제는 어려운 문제에 직면하거나 실수했을 때, 적절한 대처를 배울 때 개인을 보호하지만 자기 성장을 방해할 수도 있다.

생의 초기에는 기능하였으나 더 이상 기능하지 않는 방어기제를 반복적으로 사용하고 이러한 고정된 방어기제 사용을 통해 조직화된 성격들이 정신분석적 치료에서 진단 명칭에 포함되기 때문에 결국 성격장애 진단명은 개인의 습관적 방어 패턴을 간략히 줄인 말이라고 볼 수 있다(McWilliams, 1994). 안나 프로이트(Anna Freud, 1937)가 저술한 『자아와 방어기제(The Ego and the Mechanisms of Defence)』에는 부인, 억압, 반동형성, 치환, 합리화, 주지화, 퇴행, 역할역전, 자기비난, 공격자와의 동일시, 승화가 소개되고 있다. DSM-Ⅲ-R에는 18개의 방어기제가 제시되고 있다. 방어기제는 크게 일차적 방어와 이차적 방어로 구분된다. 일차적 방어는 미성숙하여 하위 방어로도 불리며, 자기와 외부 세계 간의 경계 문제를 포함한다. 반면 이차적 방어는 진보, 상위라는 말로 수식되는 방어들로서 내적 경계, 즉 자아-초자아와 이드, 혹은 관찰 자아와 경험 자아 간의 경계 문제를 포함한다. 다음은 몇 가지 대표적인 방어기제에 대한 간략한 설명이다.

- 억압(repression): 의식하기에는 현실이 너무나 고통스럽고 충격적이어서 무의식 속으로 억눌러 버리는 것을 말한다. 억압은 다른 방어기제나 신경증적 증상의 기초가 된다. 반면 의식적으로 생각과 느낌을 눌러 버리는 것은 억제다.
- 거부(denial): 고통스러운 현실을 인정하지 않는 것을 말한다. 사랑하는 사람의 죽음이나 배신을 인정하려 들지 않고 사실이 아닌 것으로 여기는 것이 그 예다.
- 투사(projection): 자신의 심리적 속성이 타인에게 있는 것처럼 생각하고 행동하는 것이다. 자기가 화가 나 있는 것은 의식하지 못하고 상대방이 자기에게 화를 낸다고 생각하는 것이 그 예다.
- 고착(fixation): 다음 단계로 발달해 나가는 것이 불안해서 현 단계에 그냥 머물러 버리는 것을 말한다. 어른다운 행동과 사고를 해야 할 대학생이 되었는데도 고등학교 수준의 행동 및 사고방식에 머물러 있는 경우가 그 예다.
- 퇴행(regression): 비교적 단순한 초기의 발달 단계로 후퇴하는 행동이다. 동생을 본 아동이 나이에 어울리지 않게 응석을 부리는 것이 한 예다.
- 합리화(rationalization): 현실에 더 이상 실망을 느끼지 않으려고 그럴듯한 구실을 붙이는 것을 말한다. 예컨대, 먹고는 싶으나 먹을 수 없는 포도를 보면서 '신 포도이기 때문에 안 먹겠다.'고 말하는 경우가 그 예다.
- 승화(sublimation): 사회적으로 인정되는 형태와 방법을 통해 충동과 갈등을 발산하는 것이다. 예컨대, 정육점 주인이나 외과의사로서의 직업 선택에는 공격적 충동의 승화가 작용할 수도 있다.
- 치환(displacement): 전혀 다른 대상에게 자신의 감정을 발산하는 것을 말한다. '동대문에서 뺨 맞고 서대문에서 화풀이'하는 격이다.
- 반동형성(reaction formation): 미운 놈에게 떡 하나 더 준다는 속담처럼 무의식적 소망 및 호오(好惡)와는 반대되는 방향으로 행동하는 것이다. 실제로 자기를 학대하는 대상인데도 그 대상을 좋아하는 것처럼 보이는 행동이 그 예다.

- 내사(introjection): 내사의 기제는 타인의 가치나 기준을 받아들이고 삼키는 것이다. 예를 들어, 학대받는 아동이 학대나 부모들의 스트레스 해결방법을 제 것으로 삼아 아동 구타의 악순환이 지속되는 경우다. 부모의 가치관이나 치료자의 속성 또는 가치관을 통합하는 긍정적인 형태의 내사도 있을 수 있다.
- 동일시(identification): 동일시는 아동들이 성역할 행동을 학습하는 발달과정의 한 부분이기도 하지만 방어적 반응일 수도 있다. 그것은 자기 가치감을 고양시키고 자기 실패감으로부터 자신을 보호하기도 한다. 그래서 기본적으로 열등하다고 느끼는 사람들은 자신을 성공적 주장, 조직, 사람들과 동일시하므로 자신이 가치 있다고 지각되기를 바라기도 한다.
- 보상(compensation): 보상은 부족한 점을 감추기 위해 약점을 지각하지 않거나 어떤 정적 특성을 발전시키는 것이다. 그래서 긍정적인 관심이나 인정을 받지 못하는 아동들은 부정적 관심이라도 받기 위한 행동을 하기도 한다. 지적으로 열등하다고 느끼는 사람들은 신체를 강화하는 데 과도할 정도로 에너지를 쓰기도 한다. 이 기제는 직접적 적응적 가치가 있고 '나를 열등하다고 보지 말고 성취한 나를 보라'고 말하려는 시도이기도 하다.
- 의식화와 무효화(ritualization and undoing): 때로 사람들은 자신이 죄책감을 느끼는 행동을 무효화하기 위해 정교한 의식화를 한다. 무효화는 인정할 수 없는 생각이나 행동을 부정하기 위한 것이다. 사람들이 나쁜 것을 수정하거나 비행에 대해 느끼는 죄책감을 없앨 방법을 사용하면 때로 불안이 감소되기도 한다. 예를 들어, 자식을 돌보지 않는 아버지는 아이에게 물질적 공세를 함으로써 죄책감을 경감하려고 하기도 한다. 그는 이런 행동을 통해 애정을 증명하려고 하기도 한다(이장호, 2001; Corey, 1996).

방어기제는 정신 장애의 일부만이 아니라 성격의 일부이며, 일반인들의 일상적인 대처와 적응 경험으로 여겨진다(Bond & Valiant, 1986). 개인의 방어기제를 측정하는 도구로는 Bond(1992)의 방어양식 질문지(The Defense Style

Questionnaire)가 보편적으로 넓게 사용되었다. 이 도구는 세 개의 개정판이 있는데, 세 가지 개정판이 모두 포함된 방어기제는 13개이며, 그 내용에는 행동화(acting out), 거짓 이타성(pseudo-altruism), 유머, 수동공격적 행동, 억제(suppression), 철수, 금지(inhibition), 투사, 반동형성, 분열, 취소, 예측과 공상(anticipation and fantasy)이 포함된다. 방어기제의 일부는 다른 방어기제의 복합적인 형태로 기능하기도 한다. 예를 들어, 거짓 이타성은 부인, 합리화, 그리고 투사적 동일시를 포함하기도 한다.

4. 건강한 성격과 병리적 성격

정신분석에서 성격의 건강함 여부는 초기 발달 단계에서 고착되었던 추동을 만족시키려는 과정에 달려 있다. 이때 문제의 발생은 해결되지 못하는 내적 갈등에서 비롯된다. 내적 갈등은 성격의 한 측면의 목표가 다른 측면의 목표와 충돌할 때 일어난다. 대부분의 내적 갈등은 원초아가 즉각적 만족에 대한 압력을 행사하기 때문에 일어난다. 그러나 성격의 세 측면은 모두 서로 갈등할 수 있다. 정신분석에서는 의식되지는 않으나 마음속에 잠재해 있는 갈등이 해소되지 않으면 심리적 긴장 상태로 남아 있거나 여러 가지 증상으로 나타난다고 본다. 원래 프로이트는 아동기의 충격적인 성적 경험과 관련된 기억이 억압되고 방출되지 않음으로써 생기는 정서적 긴장의 결과로 신경증적 증상이 생긴다고 생각했다.

또한 정신병리는 나이가 들어서도 여전히 유아적 형태의 추동, 즉 성적 만족과 공격적 만족을 얻으려는 것으로 보았다. 이것이 문제가 되는 이유는 추동 욕구의 충족을 위한 노력이 과거의 외상과 연결되어 있기 때문이다. 따라서 자아는 욕구 충족의 과정에서 동시에 위험을 감지하고 불안을 경험하게 된다. 즉, 욕구 충족을 위한 노력이 쾌감뿐만 아니라 고통과 연합되어 있는 갈등 상황을 경험하게 하는 것이다. 예를 들어, 타인에 대한 의존은 동시에 거절과 상실감에 대한 불안을 수반한다. 성적인 탐닉은 처벌 또는 상해의 두려움과 죄책감을 수반한다. 타인에 대한 보복은 동시에 자신이 보복당하거나 파괴당할 것에 대한 불안을 일으키게 되어 갈등을 경험하게 하는 것이다. 이러한 갈등의 핵심인 불안으로 인한 고통을 감소시키기 위해 방어기제를 작동하게 되는 것이다. 정리하자면, 정신병리는 구조적으로 표현하여 신경증으로 부를 경우 원초아와 자아 사이의 갈등의 결과이며, 과정적으로는 본능적 욕구가 표출되면 위험이 발생할 것 같다는 자아의 지각과 불안감으로 인한 갈등이다. 그리고 이러한 불안에 대처하기 위해 방어기제가 사용된다. 방어기제의 사용은 심리적 적응성과 이어진다. 성숙한 방어기제로 분류되는 것들에는 승화, 억제, 예측(anticipation), 금욕(ascentism), 이타주의(altruism), 유머 등이 포함된다. 반면, 성격의 부적응성 역시 특정 방어로 조직화될 수 있다. 예를 들어, 강박장애는 고립, 취소, 반동형성들로 조직화되며, 전환장애는 억압, 동일시, 전환, 투사 등으로, 그리고 망상장애는 투사, 부정, 반동형성 등으로 조직화된다. 그리고 불안장애는 회피, 전치, 상징화 등의 방어를 반복적으로 사용한다.

ooo **표 2-3 성격 측면 간 갈등의 예시**

갈등	내용 예시
원초아 대 자아	작지만 즉각적인 보상과 크지만 기다려야 하는 보상(만족 지연)
원초아 대 초자아	소망과 도덕적 양식 간의 갈등(돈을 많이 받았거나 덜 준 경우, 차액 환급)
자아 대 초자아	이득이 따르는 현실적 행동과 현실적 대가를 치르는 이상적 기준(상처 줄 상황에서 거짓말)
원초아와 자아 대 초자아	소망과 현실적 행동 간의 갈등에 대한 도덕적 행동(약한 적의 공격에 보복할 것인지 또는 다른 쪽 뺨을 내밀 것인지에 대한 판단)
원초아와 초자아 대 자아	소망과 도덕적 확신 간의 갈등에 대한 현실적 행동(청소년 성행동에 대한 피임교육)
자아와 초자아 대 원초아	현실적 행동과 도덕적 행동 간의 갈등에서 충동적 소망 행동(갖고 싶지만 여유가 없는 경우 절도 행위 여부에 대한 판단. 체포 가능성이 커지면 자아 개입 증가)

개인의 발달에는 욕구와 두려움 간의 갈등에서 발생하는 고착 부분이 있으며, 그 영향이 청소년기와 성인기로 이어진다. 사람들은 방어기제를 사용하여 이런 갈등으로 인한 불안을 다루려고 하지만, 갈등이 너무 커지면 방어기제가 제 기능을 하지 못하게 되고 신경증적 증상이나 현실로부터 멀어지는 정신증 수준에 이르게 된다. 증상은 욕구와 불안 사이의 무의식적 갈등에서 비롯되며 스트레스나 환경적 상황에 따라 더 활성화되거나 부적응적인 모습을 드러내는 것이다. 〈표 2-4〉는 갈등과 방어의 결과를 예시한 것이다. 방어 행동은 복종과 회피 그리고 과잉대응의 형태로 이루어질 수 있다.

○○○ **표 2-4** 갈등과 방어의 결과

갈등		방어
욕구	불안	
나는 저 사람과 성관계를 맺고 싶다.	그런 생각은 부도덕하며 사회적으로 용납되지 않고 처벌받을 수 있다.	모든 성적 행동을 부정하거나 비난, 또는 타인의 성적 행동에 몰입
나를 열등하게 느끼도록 한 저 사람에게 보복하고 싶다.	나의 적개심으로 인해 도리어 보복을 당하게 될지 모르며 사회적 비난을 사게 될 수 있다.	열등감과 그로 인한 분노감 부인, 열등 상황 회피, 과도한 자만 행동 표출
나를 돌봐 주는 사람과 더 가까워지고 싶다.	나와 가까워질수록 나를 더욱 지배하고 숨 막히게 할지도 모른다.	과도한 독립성, 관계 회피, 타인에 대한 돌봄 행동 표출

5. 상담에의 적용

정신분석학의 기본 축은 인간의 모든 체험 영역에 존재하는 역동적 무의식적 차원에 대한 인식(acknowledgement)이다. 무의식의 의식화 과정은 일차적 심리과정과 이차적 심리과정의 두 영역을 연결하기 위한 심층 해석적이고 공감적-

내성적인 방법을 요구한다. 일차적 혹은 원초적 심리과정의 특성이 근본적으로 응축(condensation)과 전위(displacement)의 방식으로 기능하므로 저항과 전이현상 등에 대한 해석은 피분석자의 자유연상과 언어적, 비언어적 표현, 분위기, 지금까지의 분석 과정 등에 의거하여 무의식적 의미종합에 이르는 것을 목적으로 한다(윤순임, 1993).

정신분석적 관점과 관련된 상담에서의 주요 문제에는 사랑과 신뢰의 문제, 부정적 감정을 다루는 문제, 성적인 문제가 포함된다. 그리고 이러한 주제와 관련한 내적 갈등의 해결은 논리적으로 세 가지 방식이 가능하다. 첫째, 충동 제거, 둘째, 욕구의 직접 표출, 셋째, 욕구 방향 전환이다. 프로이트는 욕구를 완전히 제거할 수 없는 것으로 가정한다. 그리고 충동은 의식에서 쫓아내더라도 전체 성격에서 쫓아낼 수는 없다. 직접적으로 표현되는 경우는 드물며, 만일 그렇게 될 수 있다고 하더라도 자아가 강하게 압도당할 것이기 때문에 이러한 사람은 강한 불안을 경험하게 될 것이다. 이때 발생하는 불안을 예방하거나 대처하기 위해 사용되는 것이 방어기제인데, 우리가 병리적 성격으로 간주하는 것들은 대부분 기능하지 못하는 특정한 방어기제의 사용을 통해서 해당 성격이 조직화된 경우다. 결국 내적 갈등 해결을 위한 우리의 선택은 욕구의 갈등을 바꾸는 것으로 처리되며, 그러기 위해서는 성격 구조 간의 타협이 있어야 한다. 정상적인 성격 기능에서도 내적 갈등은 있으며 그 해결은 자아가 수행하는 방어과정이다. 이 과정에는 정신 에너지가 있어야 한다. 자아가 내적 갈등을 성공적으로 경감할수록 자아의 정신적 기능에 에너지가 더 많이 배당된다.

앞에서는 몇 가지 방어기제를 간략히 설명하고 예시하는 데 그쳤다. 현재 우리가 방어라고 부르는 가장 극적이고 뚜렷한(주로 억압과 전환) 현상에 처음 맞닥뜨렸을 당시에 프로이트는 이 심리적 과정이 방어적 기능을 하고 있음을 보았다. 당시에 히스테리 증상이 있는 사람들은 고통스러운 감정 경험을 재경험하지 않기 위해 애쓰고 있었으나 이로 인해 전체적인 기능 손상이라는 대가를 치르고 있었다. 따라서 당시에는 치료를 통해 방어를 약화시키고 압도적 정서를 충분히 느껴 에너지를 해방시키는 것이 치료에서 중요한 과정이었다. 정신분석적 상담에서 볼 때, 정신병질은 내담자의 방어체계를 평가하는 것이 얼마나 중요한지를 보여 주는 단적인 예가 된다. 특정한 방어에 습관적으로 의존하는 것은 특정한 성격적인 경향성과 관련된다. 예를 들어, 원시적 방어의 경우 언어 이전 발달 단계의 두 가지 특징, 즉 현실 원리 결여와 자기 외부에 있는 것들의 분리성과 항상성에 대한 이해 결여를 뚜렷하게 드러낸다. 즉, 철수, 부인, 전능통제, 원시적 이상화와 평가절하, 투사적 동일시와 내사적 동일시, 자아 분열, 해리 등은 유아가 자연스럽게 세상을 지각하는 단순한 방법이다. 언어 이전, 즉 현실 원리 및 대상항상성 형성 이전 과정에 기능하던 방어를 통해 심리를 구성하는 토대로 삼고 있는 것이다.

원시적 방어 세 가지 정도만을 예를 들어 조금 더 구체적으로 설명하면 다음과 같다. 원시적 철수의 경우는 다른 의식 상태로의 심리적 철수를 의미한다. 자동적이며 자기 보호적이고 사회적 상황에서 물러나 인간관계의 스트레스를 내적 공상 세계로 대처한다. 약물 사용도 철수에 포함된다. 개인적 접촉을 피하는 것이 일반적 경향이다. 원시적 철수는 기질적으로 민감한 유아에게 나타나며, 초기 양육자에 의한 정서적 침입, 침범 경험에 영향을 받는다. 습관적 철수를 방어기제로 사용하여 조직된 성격은 분열성(schizoid)이다.

부인의 경우는 일이 일어난 것을 받아들이지 않는 것이다. "오, 아니야!" "내가 인정하지 않으면 그 일은 일어나지 않은 거야."와 같은 것으로 경우에 따라서 맹목적 낙관주의자가 될 수도 있으며, 이런 경우 어떤 부정적 측면이 지각되는 상황에서도 환희와 압도적 흥분을 경험하게 될 수 있다. 성숙한 경우 누군가에게 거절당한 상황을 '거절한 사람이 사실 나를 원하지만 아직 충분히 준비가 안 되었을 뿐'이라고 받아들이며 상황을 처리할 수 있다. 부인은 일종의 합리화이며, 반동형성은 보다 복잡한 유형의 부인을 포함한다. 부인을 사용하는 뚜렷한 병리는 조증(mania)이다. 전능통제는 모든 사건의 근원이 자기 내부에 있다는 마술적 신념에 기초한다. 우리는 신생아가 세상과 자신을 하나로 느낀다고 가정한다. 이때 유아는 철저한 내적 통제 소재를 지니고 있으며, 피아제(Piaget)는 이를 일차적 자아중심성으로 표현하였다. 이것은 프로이트가 말한 일차적 나르시시즘 시기와도 일치한다.

어느 정도의 통제감은 자존감의 결정적 구성 요소가 된다. 현실감 발달 단계에서 유아에게는 정상적 환상이라고 볼 수 있으나 이차적 전능성 단계로 이행하면서 현실과 타협이 필요하게 된다. 그러나 윤리적 관심사를 제쳐두고 전능성에 매달려 그것을 즐기는 것으로 성격이 조직된 경우 정신병질적(반사회적) 성격을 갖게 된다. 이러한 사람들은 반드시 이겨야만 된다고 여겨서 그에 집착하며 쾌락을 추구한다.

맥윌리엄스(McWilliams, 1994)는 경계선 구조 혹은 정신병적 구조를 규정하는 것은 원시적 방어의 존재가 아닌 성숙한 방어의 부재로 보고 있다. 〈표 2-5〉는 특정 방어기제와 관련이 깊은 병리적 성격을 간단히 정리해 놓은 것이다.

○○○ **표 2-5 방어기제와 병리적 성격**

방어기제	병리	연구자
전능통제	정신병질환자	McWilliams(1994)
분리, 투사적 동일시 및 다른 원시 방어	경계선 성격 구조	Kernberg(1975)
이상화, 평가절하	자기애	Bach(1985); Kohut(1971)
공상으로의 철수	분열성 성향	Guntrip(1969)
반동형성과 투사적 방어	편집증적 과정	Karon(1989); Meissner(1978)
퇴행, 전환 및 신체화	신체형 장애의 취약성과 감정표현 불능	Mcdougall(1989); Sifneos(1973)
내사 및 내향화	우울, 피학적 심리	Berliner(1958); Laughlin(1967); Menaker(1953)
부인	조증	Akhtar(1992)
대치와 상징화	공포	Mackinnon & Michels(1971); Nemiah(1973)
감정의 격리와 합리화, 도덕화, 구획화 및 주지화	강박적 사고 성향	Salzman(1980); Shapiro(1965)
취소	강박적 행동 성향	Freud(1962)

억압과 성애화	연극성 속성	Horowitz(1991); Shapiro(1965)
해리 반응	외상	Davies & Frawley(1993); Kluft(1991); Putnam(1989)

이상의 방어 기능과 성격과의 연관성 등은 안나 프로이트나 이후 자아심리학자들에게 이어져 더욱 정교해졌다.

6. 평가와 최근 동향

1) 공헌

성격 이론으로서 정신분석 이론은 상당히 많은 복잡한 요소를 담고 있다. 정신분석 이론은 개념들 간의 상대적 중요도에 차이를 지니고 있다. 심리성적 발달 이론의 경우 잠재기는 이전 단계에 비해서 덜 중요하게 여겨졌다. 성격 이론으로서의 정신분석과 치료방법으로서의 정신분석 간에도 차이가 있다. 특히 치료방법으로서의 정신분석은 그 효과 면에서 여전히 쟁점이 남아 있기 때문에 성격 이론으로서의 이해나 평가에서는 서로 분리된다. 따라서 성격 이론으로서의 평가에만 초점을 두면 그 공헌점을 크게 네 가지로 요약해 볼 수 있다.

첫째, 정신분석 이론은 현상의 발견과 탐구에 큰 기여를 하였다. 프로이트는 한 환자와 수백 시간에 걸쳐 대화하고 분석하는 임상적 관행을 만들어 냈으며, 그 자료를 연구하여 인간 행동의 피상적 이해를 넘어서서 인간의 정신 현상과 내면 행동을 포함한 세부 사항을 탐구하였다. 환자들의 증상뿐만 아니라 꿈, 말, 작은 실수, 돌발적 사고 등이 어떤 원인에 의해 유발된 결과일 수 있다는 점을 밝혔다. 그리고 이러한 원인들이 대부분 본인이 의식하지 못하는 동기에서 비롯된 것이며 기억 저편에 있는 어린 시절의 경험이나 사건과 관련이 있다는 것을 밝혔다. 정신분석 이론은 겉으로 보기에는 유사한 행동들이라도 다른 선행 사건을 가질 수 있고 또한 동기가 유사해도 다른 행동을 보일 수 있다는 점을 보여 주었다. 이러한 발견은 인간의 성격과 행동을 근원적으로 이해하는 하나의 관점을 제공해 주었을 뿐만 아니라 인간에 대한 탐구와 관찰력 자체가 인간을 이해하는 중요한 수단이 될 수 있다는 점도 알려 주었다.

둘째, 인간 행동의 복잡성을 이해하는 데 기여하였다. 프로이트는 같은 행동이라도 다른 동기에서 비롯될 수 있으며 그 반대의 경우도 가능하다는 점을 지적하였다. 정신분석 이론은 사람은 표면적인 모습만으로 알 수 없다는 것, 겉과 속이 서로 배치되는 사람의 행동 현상을 이해할 수 있도록 도와주었다. 좋은 이론은 인간의 행동을 잘 예측하고 이해할 수 있게 한다. 정신분석 이론은 인간 행동의 복잡성과 모호성을 전체적인 관점에서 파악해야 하며 한 사람의 특수한 행동과 파편적 특성들을 조직화하여 보는 방법, 즉 원초아, 자아, 초자아의 역학관계와 전체 성격의 성숙성 및 건강의 수준을 파악하는 것이 중요하다는 점을 강조하였다.

셋째, 인간 행동을 설명하는 포괄적인 이론을 제공하였다. 인간 행동의 복잡성을 수용한 이론적 접근 덕분에 프로이트는 인간 행동의 거의 모든 부분을 설명해 내는 이론적 체계를 만들어 냈다. 예를 들어, 방어기제의 다양한 종류, 그리고 그에 따른 성과 공격 추동의 표출 양식에 대한 이론체계는 인간의 다양성을 설명해 낼 수 있을 뿐만 아니라 도덕, 종교, 예술과 같은 인간 행동의 여러 산출물의 생성과 작용을 설명할 수 있는 틀을 제공하였다.

넷째, 인간 행동에 대한 이해에 기반하여 성격 평가를 위한 검사 개발과 자유연상 및 꿈의 해석 같은 임상적 기법들을 만들어 내는 데 기여하였다. 모호한 자극에 내적 욕구와 상태를 투영하는 기제에 기초하여 투사적 검사가 개발될 수 있었다. 그리고 프로이트가 인간 이해의 과정에서 사용한 관찰, 분석 방식 등은 정신분석적 상담의 기법으로 전환되었다.

프로이트는 정신분석학이 자연과학적 완벽성을 가질 수 없다는 것을 너무나 잘 알고 있었다. 예를 들면, 그는 추동 이론을 "우리들의 신화(unsere Mythologie)"라고 하였다. 그는 또한 치료기법에 대해서도 회의적 태도를 유지하였다. 예를 들면, 1913년에는 외상적 사건을 아는 것만으로는 치유가 되지 않는다고 하였고, 1914년에는 저항을 지적하는 것만으로는 불충분하며 훈습을 하여야 한다고 하였다. 하지만 1936년에는 훈습을 하여 비록 저항에 대한 통찰에 이른다 하더라도 항상 치유가 되는 것은 아니라고 밝히고 있다. 프로이트 이론의 가치는 완벽성보다는 용어와 개념들 사이에 스며있는 프로이트의 인간적 성실성과 탁월한 직관력 및 정확성들로 함축된 이론의 광범위한 가능성에서 기인한다. 정신분석학이 완성된 것이라면 이미 정신분석학이 아니라고도 할 수 있다. 즉, 정신분석이론의 불완전성은 동시에 이론적 정체성이라고 할 수 있다.

2) 한계점

성격 요소들의 상호 역학관계, 방어기제 활용을 통한 성격의 조직화 과정 등을 포함하는 인간 행동 이해의 전체적 접근으로 인해 프로이트의 정신분석 이론은 정교한 과학적 연구가 어려워지게 되었다. 성격 이론으로서 정신분석의 한계점 내지 비판점은 크게 네 가지로 요약해 볼 수 있다.

첫째, 이론의 전체적 틀과 하위 구성 요소들에 대한 과학적 연구 가능성이 낮다. 정신분석 이론의 개념과 명제들은 경험적으로 검증하기가 힘들거나 불가능하다. 주요 개념들은 대부분은 문학적 은유가 강하고 의미가 불분명하다. 예를 들어, 거세불안은 음경을 상실할까 봐 겁내는 것을 의미하는 것인지, 아니면 신체상이 자기존중에서 점점 더 중요해지는 나이에 아동이 몸에 상처를 입을까 봐 두려워하는 것인지 모호하다. 구성개념이 잘 정의되어 있다고 해도 관찰과 측정이 어려운 개념들이 많다. 원초아, 자아, 초자아 등의 성격 요소 등은 상당히 많은 설명을 해 놓고 있지만 실제 행동적 관찰 내용과 연결 짓기가 쉽지 않다. 에너지 모델은 또 다른 비판 대상 가운데 하나다. 프로이트 당시에 유행하던 물리학적 개념을 준용하여 세운 심리성적 에너지 모델은 지금은 쇠퇴하였다. 예를 들어, 긴장 감소를 추구하는 인간 행동의 경향성은 자극과 긴장을 추구하는 또 다른 인간 행동을 설명하지 못한다. 따라서 생리적 동기를 토대로 한 전제적 동기 모델로서는 미흡하다. 과학적 검증이 어려운 이와 같은 상황은 정신분석적 설명의 예언력을 떨어뜨렸다. 정신분석 이론으로는 특수한 여건이 주어질 경우 어떤 행동이 일어날 것인지 진술해 내기 어렵다. 프로이트 자신 역시 정신분석적 통찰들은 예언이 목적이라기보다는 설명에 강점이 있다는 점을 인정하였다(홍숙기, 2009).

둘째, 이론 구성을 위해 프로이트가 사용한 임상적 자료의 신뢰성이 부족하다. 비판 대상이 되는 또 다른 요소는 프로이트 자신이 이론적 타당성을 지지해 주는 관찰 자료만을 사용하였으며, 이 때문에 피험자의 반응에 대해 편견과 왜곡된 지각을 했을 것이라는 점이다(Grunbaum, 1993). 여러 학자는 프로이트가 암시적 절차를 통해서 환자들의 회상과 경험을 왜곡시켜 그 기억들을 추론하도록 유도하였다고 비판한다(Powell & Boer, 1994). 이 때문에 아이젱크(Eysenck, 1953)는 사과나무 아래 누워서 잔다고 뉴턴과 아인슈타인 중 누가 옳은지 판단할 수 없는 것처럼 소파에 눕는 것만으로는 프로이트 학파의 가설을 검증할 수 없다고 비판하였다. 프로이트의 이론은 프로이트 자신에 대한 신뢰에 기반하는 것이어서, 당시에도 프로이트의 근본 원칙과 이론적 체계에 순응하지 않는 경우 순수성이나 정통성을 잃은 학자로 분류하여 정신분석 이론에서 추방하였고, 이로 인한 임상적 관찰과 해석의 편향성은 자가치료를 더욱 어렵게 하였다.

셋째, 정신분석 이론은 인간의 내적 경향성에 대한 결정론적 관점으로 인해 비판받아 왔다. 실존주의와 인본주의에 기반한 이론가들은 인간의 자기실현 경향성과 주체적이고 능동적인 의사결정력을 반영하지 못하는 프로이트의 결정적이고 부정적인 인간관을 비판하였다. 정신분석은 가족과 사회의 힘은 무시하고 개인의 내적 측면에만 초점을 두고 인간 행동을 이해하고자 하였다. 프로이트의 인간 이해 속에는 사회가 인간의 자연스러운 충동을 억압해야 한다는 개인-사회 대립 관점이 담겨 있어 인간에 대한 부정적 사고가 깊고, 따라서 에릭슨(Erickson)이 사회가 개인의 발달을 돕는다는 관점과도 차이가 크다.

넷째, 프로이트의 이론은 남성 중심적인 이론적 편향성으로 인해 비판받아 왔다. 프로이트는 여성이 남근이 없다는 생물학적 이유로 수동성과 의존성은 더 크고 상대적으로 도덕성은 낮다고 보았다. 동시에 여성은 피학적인 특성이 강하다고 하였다. 그러나 남근선망 개념에 대한 프로이트의 입장은 그 자신이 스스로 고백한 대로 '여자는 도대체 모르겠다.'는 이해에 기반한 것이며, 그의 이론이 시대적 · 종교적 한계를 넘지 못한 것처럼 자신의 성적 한계를 극복하지 못했다는 비판을 받게 되었다. 호나이(Honey)는 프로이트가 경험한 여성의 수동성, 의존성, 피학성은 해부학적 특성 때문이 아니라 당시의 문화와 사회의 영향 때문이라는 점을 지적하였으며, 어린 남자아이들의 여성관이 정신분석적 여성관과 유사하다는 점을 지적하면서 여자에게 남근선망이 있다기보다는 남성에게 뿌리 깊은 자궁선망이 있고 이로 인한 열등감이 이론에 깊이 배어 있다는 비판을 하기도 하였다. 이러한 비판은 시대적 변화에 따른 사회 · 문화적 영향이 여성들의 호소 문제 변화에 반영되고 있다는 점 등에서 타당해 보인다.

3) 최근 동향

정신분석 이론은 프로이트의 열정적인 통찰과 상상력만으로 만개한 것이 아니다. 예를 들어, 프로이트의 추동 이론은 자연과학적 모델에 따라 유아의 상상적 소망과 심리적 내적 갈등을 중심으로 하여 구축된 것이다. 당대에도 이 이론에 영향을 주고 지지하는 자료들이 축적되고 있었다. 프로이트의 동료였던 칼 아브라함(Karl Abraham)은 심리적 현상들을 발달의 특정 단계에 연결시키려고 하였으나 그 결과가 미흡했다. 인간 이해에 있어서 발달 단계의 관점에서 사고하고 또 정신병리를 특정 단계에서의 발달적 정체나 갈등으로 본다는 점에서 여전히 추동 이론은 유지되고 있으며, 고착 모델을 배척한 것도 아니지만 성격을 이해하는 좀 더 설명력이 나은 다른 방식들이 이론을 변화시켰다. 자신을 돌보는 어머니를 추동을 만족시켜주는 대상으로 지각 · 이해한다는 것, 쾌-불쾌 원칙과 현실 원칙에 관한 이론은 비판과 수정의 과정을 겪었다. 리비도 이론은 자율 요구 대 접촉 요구 간의 기본 갈등으로 수정되어 가는 경향을 보이고 있다. 따라서 오이디푸스 갈등의 의미는 상대화되고 그 이전의 초기 발달과 장애에 그

의미의 비중이 가중되고 있다(윤순임, 1993). 이론적 변화는 여전히 정신분석 이론가들을 하나의 범주로 묶어 주는 아래의 몇 가지 가정이 유지된 상태에서 이루어져 오고 있다. 다음은 웨스턴(Westen, 1998)의 관점을 정리한 것이다.

- 인간 행동의 무의식적 뿌리에 대한 수용이다. 인간의 생각, 감정, 동기를 포함한 정신 행동은 무의식에 뿌리를 둔다는 관점이다.
- 인간 내면의 갈등과 양가감정에 대한 수용이다. 감정 및 동기 과정을 포함하여 인간의 여러 심리적 과정은 동시에 작동한다. 한 사람의 내면에는 동시에 상반되는 감정과 갈등이 생길 수 있으며 이를 절충하고 타협하는 과정이 적응적인 삶에서 중요하다는 관점이다.
- 초기 경험의 중요성과 그 영향의 지속성에 대한 수용이다. 아동기 경험들은 성격 형성에 중요하며 이후의 삶에까지 지속적으로 영향을 준다는 관점이다.
- 자기, 타인, 관계에 대한 정신적 표상의 영향을 수용한다. 자기, 타인, 관계들에 대해서 내면에 형성한 상징적 대상이 자기 자신, 타인, 세상과 상호작용하는 것들에 영향을 준다는 관점이다.
- 발달 원리의 수용이다. 성격 발달은 일련의 원리, 즉 미숙성에서 성숙성으로, 의존성에서 독립성과 상호 의존성으로 향해 가는 일련의 원리를 따른다는 관점이다.

이상의 원칙들은 이후의 몇몇 이론적 흐름에 그대로 남아 있다. 예측 가능한 발달 단계를 구축하려는 여러 노력도 초기 아동기 단계에서 발생한 미완성 발달 과제라는 관점으로 해석하려는 경향이 유지되고 있다. 대상관계 이론에서는 위의 마지막 두 가지 내용을 분명하게 반영한다. 관계와 자기존중에 대한 욕구에 초점을 맞추게 된 것이다. 1950년대 이후에는 대인 과제 및 심리내적 과제에 따라 심리성적 단계를 재구성한 에릭슨의 심리사회적 발달 모델이 각광을 받았다. 후기 프로이트 학파가 단계 이론에서 이룬 진전으로 인해 내담자들이 어떻게 '매이게' 되는지를 더 신선한 시각에서 이해하게 되었다. 발달적 관점에서 문제를 해석하는 것이 환원주의적인 인상을 주거나 임상적, 경험적 증가가 부족한 면이 있고, 비서구 문화에서는 심리적 발달의 패턴과 단계가 서구와는 다르다는 지적이 있기 때문에 이러한 관점을 메우려는 시도들이 지속되고 있다.

제3장
융의 분석심리학

| 한숙자 |

카를 구스타프 융(Carl Gustav Jung, 1875~1961)은 스위스 태생의 정신과 의사로 분석심리학(analytical psychology)을 창시하였다. 융은 원래 프로이트(Freud)의 연구를 높이 평가하고 그와 학문적 교류를 하였으며 그의 추천으로 국제정신분석학회의 회장을 역임하기도 하였다. 그러나 융은 프로이트의 성욕설과 환원론 등을 반대하며 1914년 학회를 탈퇴하고, 이후 분석심리학 학파를 형성하게 된 것이다.

융과 프로이트는 공통적으로 무의식을 인정하고 이를 의식화하는 것이 성격 형성에 중요하다는 것을 강조하였다. 하지만 융은 무의식에는 개인 경험에서 억압되었거나 망각된 개인무의식뿐 아니라 인류 역사를 통해 모든 인간이 선조로부터 유전적으로 물려받은 집단무의식이 있다고 주장하여 무의식의 범위를 확장하였다.

집단무의식은 수많은 '원형(archetype)'으로 구성되어 있는데, 원형은 인간이 태어날 때 이미 지니고 있는, 인간의 가장 원초적인 성격 및 행동 유형을 말한다. 집단무의식의 원형은 의식이 어느 한쪽으로만 흐르는 것을 막고 정신의 전체성을 이루려는 자율성, 보상성, 초월성 등을 갖고 있다. 원형의 이미지는 상징을 통해 나타나고, 그 대표적인 원형에는 페르소나, 그림자, 아니마, 아니무스, 자기 등이 있다. 각 개인은 이 원형적인 요소들을 인식하고 통합함으로써 정신의 전체성을 되찾을 수 있다.

분석심리학 이론에서 성격 발달과정은 개성화 과정, 자기실현 과정으로 설명된다. 자기실현 과정인 개성화 과정은 '자기(self)'로부터 분화되어 나온 '자아(ego)'가 인생 전반부에는 외부 세계와 적응하기 위해 노력하고 중년 이후 인생 후반부에는 내면세계의 요구에 귀를 기울여 인식하고 그에 적응하며 다시 자기 속에 통합되어 자기를 실현하려는 과정을 말한다.

융은 건강한 성격이란 서로 반대되는 정신적 대극 사이에서 균형이 이루어져 있는 것이라고 말한다. 이상 행동과 정신병리는 서로 대립되는 정신 대극 사이에서 일방적으로 정신 에너지가 흘러 정신의 전체성이 깨어졌을 때 그 깨어진 전체성을 회복하고자 하는 무의식적 마음의 표현으로 나타난다. 따라서 주로 꿈과 환상, 신비로운 경험 등을 통해 나타나는 무의식이 어떤 목적과 의미를 가지고 미래를 향해 무엇을 말하려고 하는지 살펴보는 자세가 필요하다. 무의식을 이해하는 방법으로는 꿈 분석, 그림 분석, 적극적 상상 등이 있다.

1. 융의 생애

융은 1875년 스위스 동북부 작은 마을에서 개신교 목사의 장남으로 태어나 1961년 86세의 나이로 생을 마감하였다. 융의 부모는 불화가 잦았고, 부모의 다툼 사이에서 융은 자신이 나무를 깎아 만든 난쟁이 인형과 이야기하거나 돌에게 편지를 쓰는 등, 자신만의 비밀 세계를 만들어 놓고 고독하게 어린 시절을 보냈다.

융은 어려서부터 꿈, 공상 속의 무의식적인 현상을 느꼈고 신비로운 경험을 하게 된다. 이로 인해 종교에 관해 의문을 지니고 목사인 아버지와 토론하기를

융

원했으나 만족하지 못했고, 종교는 오히려 아버지와의 대화에서 장애가 되었다. 종교적 갈등을 지니게 된 융은 종교에 대해 의견을 말하거나 신앙에 대해 개인적인 의견을 내세우는 것을 피하였다(이부영, 2007).

청소년기 시절 융은 자기 마음속에 두 개의 인격이 존재함을 느꼈고 이를 제1호와 제2호 인격이라고 하였다. 제1호 인격은 융의 의식적 자아의 일부였고, 제2호는 그것을 보상하는 내적 인격이었다. 융은 제1호와 제2호의 심리적 대극을 자신 안에 있는 두 가지 성향으로 경험하였다. 이 같은 심리적 대극과 대극 합일의 문제가 융의 분석심리학의 기본이 되어 심리학적 유형론을 낳고, 의식과 무의식의 통합을 이루려는 정신분석의 궁극적 목표가 되었다(이부영, 2007; 오가와 가츠유기 외 편, 1999).

융은 1900년 바젤 대학교 의과대학에서 학위를 받고 취리히 정신병원에서 일하기 시작하였으며, 1903년 엠마 라우센바하와 결혼하여 네 딸과 아들 하나를 두었다(Hall & Nordby, 1998).

융은 1900년 프로이트의 『꿈의 해석(The Interpretation of Dreams)』을 읽고 감명을 받아 프로이트와 서신을 교환하고, 1907년 프로이트와 만나 학문적 교류를 시작하였다. 프로이트는 융을 자신의 후계자로 삼으려고 하였고 융에게 국제정신분석학회 회장직을 맡기기도 하였으며, 1909년에는 미국 클라크 대학에 융과 함께 초청되어 공동으로 강의를 하기도 했다. 융은 프로이트의 소아기 성적 외상의 중요성에 대해 동의하지 않고 있었는데, 1912년 『리비도의 변용과 상징』이라는 책에서 프로이트의 성적 본능을 감소시키고 리비도를 다른 의미로 사용하기 시작하면서 프로이트와 멀어지게 되었다. 융은 "무의식에는 억압된 성적 욕구나 충동뿐 아니라 종교적 원천과 같은 전혀 다른 창조적 가능성이 있으며, 이는 모든 인류에게 태곳적부터 선험적으로 내재하는 것"이라고 생각하였다(이부영, 2007: 17).

프로이트와 6년간의 만남을 끝내고 1913년 프로이트와 결별하게 된 융은 이후 3년여 동안 심한 정신적 혼란과 불안을 경험하고 많은 꿈과 환상을 보게 된다. 융은 자신의 꿈과 환상을 분석하며 무의식을 탐구하기 시작하였다. 융은 무의식의 이미지들을 그대로 좇아가며 그림으로 그리거나 혹은 대화를 나누며 그것을 글로 적어 가는 작업을 하였다. 이러한 작업은 후에 '적극적 상상(active imagination)'이라 불린 것으로, 융은 1916년 「초월적 기능」이라는 논문에서 이에 대해 소개하였다. 적극적 상상은 무의식의 환상상을 직접적으로 관찰하는 방법이다(이죽내, 2000). 융은 무의식의 흐름을 따라가는 이러한 작업을 통해서 숨은 이미지의 의미를 깨달을 때 정신병리가 치유될 수 있다 고 보았다(이부영, 2007).

이 무렵 융은 만다라가 무엇인지 전혀 모르는 상태에서 그의 내면을 나타내는 원의 형태를 매일 그렸다. 융은 원을 그리면서 자신의 무의식을 표현하고 있다는 것을 발견하고 자기 스스로 치유가 되는 것을 경험하였다. 융은 자신의 직접 체험을 통해 이 만다라 상이 내면적인 통합이 이루어질 때 나타나고, 그 원인은 무의식의 초월적 기능에 있음을 알게 되었다. 무의식의 초월적 기능은 서로 반대되는 정신 요소들이 맞설 때 무의식에서 하나의 상징을 만들어 내면서 그 상반되는 요소들을 통합하는 것으로, 무의식의 이러한 초월적인 기능이 작용할 때 인간 내면에서 생겼던 갈등은 해소되고 정신은 다시 안정을 갖게 된다(김성민, 2001). 무의식의 초월적 기능 때문에 융은 정신을 다시 통합하게 되었고 정신적인 위기에서 벗어나기 시작하였다. 이후 융은 개인적 무의식, 집단적 무의식, 아니마 · 아니무스, 자기실현, 개성화 등의 개념을 『무의식의 심리학(Psychology of the Unconscious)』이라는 저서에서 몇 차례 개정에 걸쳐 소개하였다. 융은 이러한 과정을 거치며 자신의 독자적인 정신분석 체계를 발전시켰고, 처음에는 자신의 이론을 콤플렉스 심리학이라 불렀으나 후에는 분석심리학이라고 불렀다(Hall & Nordby, 1998).

융은 1920년대 아프리카, 남미의 뉴멕시코 등을 여행하면서 신화(myth)가 지닌 가치에 흥미를 느끼게 되었고, 문맹의 원주민들이 지닌 정신과정과 집단무의식(collective unconscious)에 대해 연구하였다. 융은 1927년 『황금꽃의 비밀』이라는 중국 도교의 연금술서에서 자신이 그렸던 만다라 상과 비슷한 그림들이 많이 있는 것을 보았고, 사람들이 만다라를 그리는 것은 개성화 과정을 나타내는 것으로서 만다라가 자기를 상징한다는 것을 알게 되었다. 세계를 여행하면서 융은 곳곳에서 만다라와 비슷한 상을 발견하였고 사람들이 이와 같은 상징을 오랜 세월에 걸쳐 찾아왔음을 알게 되었다. 융은 연금술의 상징적 표현 중에 인간심리 발달과 비슷한 과정을 발견하고, 『심리학과 연금술』이라는 저서에서 중세의 연금술사들이 화학 실험을 통해 비금속에서 귀금속을 뽑아내려는 노력을 했던 것은 정신의 전체성을 되찾으려는 인간의 개성화 과정이 상징적으로 표현된 것이라고 소개하였다(이부영, 2007).

융은 에라노스(Eranos)라는 이름의 학술회의를 1933년부터 시작하고 이 학술회의에서 많은 이론을 발표하였다. 1948년 스위스 취리히에 '체 게 융 연구소'를 창립하고 후진을 양성하기 시작하였다. 이 연구소는 세계 각지에 설립되어 융의 개념과 요법의 보급에 힘쓰고 있다. 1961년 86세에 융은 취리히에서 가족과 제자들에 둘러싸여 평화롭게 영면하였다. 융이 "나의 생애는 무의식의 자기실현에 관한 이야기다."라고 말했듯이, 그의 분석심리학은 자신이 추구한 정신의 전체성의 실현임을 보여 준다(이죽내, 2000).

2. 성격의 정의

분석심리학에서는 성격(personality) 전체를 정신(the psyche)이라고 부른다. 정신은 정신 에너지인 리비도를 통해 지각하고 생각하고 느끼고 소망하는 심리적 활동을 수행하며, 의식과 무의식적인 사고, 감정, 행동을 포함한다. 융은 인간이 하나의 전체적 성격인 정신을 이미 갖고 태어났고 일생을 통해 타고난 전체성을 분화하고 통합해 간다고 보았으며, 인간을 정신의 전체성을 실현하는 존재로 보았다. 따라서 정신을 분석하는 궁극적 목표는 정신종합(psychosynthesis)이라고 하였다.

전체적 성격인 정신의 수준은 크게 의식(conscious)과 무의식(unconscious)으로 구분되며, 무의식은 다시 개인무의식(personal unconscious)과 집단무의식(collective unconscious)으로 구분된다. 융은 집단무의식을 중심으로 자신의 분석심리학을 확립하였다.

개인무의식은 한 개인의 경험 세계에서 일단 의식되었지만 망각되었거나 자아가 인정하지 않아 억압된 내용들이다. 집단무의식은 인류 전체의 경험 세계에서 나오는 무의식으로, 한 개인의 경험 세계에서는 의식할 수 없는 것이다. 집단무의식은 인간이 태어날 때 이미 갖고 나오는 것으로, 그 이름은 누구에게나 보편적으로 존재한다는 의미에서 붙여졌다.

집단무의식은 인간의 태곳적부터의 경험이 축적되어 저장된 것으로, 시간과 공간을 초월해서 인간의 가장 원초적인 행동을 일으키는 원형들로 구성되어 있다. 이 원형은 어떤 내용이 아닌 이미지로서 다만 상징으로 표현되며, 배우지 않아도 인간의 마음속에 항상 존재한다. 프로이트가 무의식을 원시적 충동과 갈등이 저장된 곳으로 여겼다면, 융은 집단무의식을 조상들의 공동 경험과 지혜가 축적된 것으로서 인간 잠재력이 쌓여 있는 곳으로 높이 평가했다(민경환, 2003).

3. 주요 개념

융의 분석심리학에서는 인간의 정신을 크게 의식과 무의식으로 구분하였다. 의식의 중심은 자아(ego)이고, 무의식의 중심은 자기(self)다. 자기는 무의식을 의식으로 통합하고자 하는 주체다. [그림 3-1]은 융의 마음의 구조를 형상화한 것이다(이부영, 2007: 59).

'자아'는 외부에서 보이는 정신이며, '자기'는 가장 깊숙한 곳의 속마음이다. 자아는 모든 정신 활동을 집행하는 주체로서 정신의 가장 중요한 구성 요소다. 즉, 개인이 '나는 이런 사람이다.'라고 생각하는 주체가 자아인 것이다. 자아의 구성 요소에는 페르소나(persona)가 있다.

'페르소나'는 원래 희랍어로 가면이나 탈을 의미하는데, 사회생활에서 바깥으

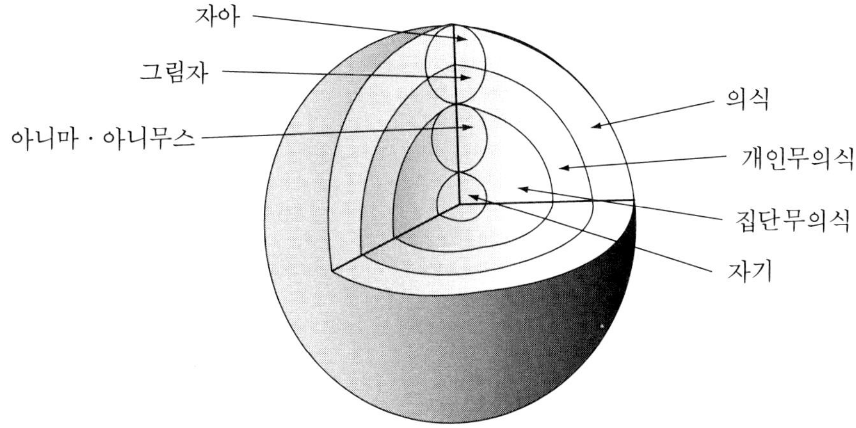

[그림 3-1] 마음의 구조

로 내보이는 자아에 해당한다고 할 수 있다. 페르소나는 겉으로 드러난 인격 성향으로서, 자아가 외부 세계와 접촉하기 위해 갖게 되는 의식 주체이며, 따라서 '외적 인격'이라고 불린다.

자아의 다른 정신 요소로는 '그림자'가 있다. 그림자는 자아가 자신의 이상적인 것으로 받아들이지 못한 열등한 심리적 내용을 개인무의식으로 전환하면서 생기게 된 정신 요소다. 자아가 받아들이기에는 열등하고 부정적이며 바람직하지 않은 것으로 여겨져 자아로부터 버림받은 정신 요소라고 볼 수 있다. 그림자의 존재는 내적으로는 꿈을 통해 나타나고 외적으로는 다른 사람을 싫어하는 등의 투사 현상으로 나타난다.

개인 체험에 의존하는 개인무의식과는 달리, 집단무의식은 태고 이래의 누적 체험과 관계되는 무의식으로서 인류 전체의 사상과 삶의 양식이 담겨 있다. 집단무의식은 '원형(archetype)'이라는 요소로 구성되어 있는데, 대표적인 원형 중의 하나로 '아니마'와 '아니무스'가 있다. 남성의 무의식에 있는 여성적이고 수동적인 요소는 아니마이고, 여성의 무의식에 있는 남성적이고 주장적인 요소는 아니무스다. 아니마와 아니무스는 인류가 이성과의 관계를 통해 얻은 경험의 축적이며, 그 위에 개인의 이성 경험에 의해 얻어진 내용이다(김성민, 2001).

인간이 페르소나를 통해 자아와 외부 세계가 접촉하고 적응하듯이, 인간은 또한 아니마 · 아니무스를 통해 무의식의 삶인 자신의 내면세계와도 접촉하고 적응하며 살아간다. 아니마 · 아니무스는 자아와 내면세계의 접촉 면으로서 '내적 인격'으로 불린다.

집단무의식의 중심 주체는 '자기'다. 자기는 정신 전체의 중심으로서 인간의 의식과 무의식을 통틀어 정신 전부를 형성한다. 자기는 인간의 가장 완전한 잠재력과 전체적인 인격의 통일에 대한 원형적인 이미지다(Samuels, Shorter, & Plaut, 2000). '자기'로부터 '자아'가 분화되어 나오며 외부 세계와 접촉하며 적응하다가 '자아'가 다시 '자기' 속으로 통합되어 내면세계를 인식하는, '자기'를 실현하는 과정이 바로 '개성화 과정'이다.

앞의 [그림 3-1]에서 보면 그림자는 개인무의식에 속하고, 아니마 · 아니무스는 집단무의식에 속한다. 그러나 융은 그림자도, 외부 세계 적응의 원형인 페르소나도 그 뿌리는 집단무의식에 두고 있다고 보았다. 융은 개인무의식을 인식하는 의식화를 통하여 그림자를 쉽게 경험할 수 있다고 하였으나 원형으로서의 그림자는 인식하기 어렵다고 하면서, 그림자 개념이 개인무의식뿐만 아니라 집단무의식에도 적용된다고 하였다(이부영, 2002a). 융은 이와 같이 무의식을 개인적 차원과 집단적 차원으로 구분하는 것 자체가 이론일 뿐이라고 하였는데, 그 이유는 집단무의식의 구성 요소인 원형에는 살이 될 만한 개인적인 경험이 없이 뼈대만 남아 있기 때문이라고 하였다(Jung, 1963, 이부영, 2007 재인용).

[그림 3-1]에 제시된 마음 구조의 구성 요소를 구체적으로 살펴보면 다음과 같다.

1) 의식과 무의식

인간의 정신에는 많은 대극이 있으며 대표적인 대극의 쌍이 의식과 무의식이다. 의식은 자아가 통제하여 인식하고 있는 정신 내용이며, 무의식은 인지하지 못하고 있는 정신의 나머지 모든 것이다.

프로이트가 무의식을 억압된 유아적, 개인적 경험에 의한 정신으로 본 반면, 융은 무의식을 개인무의식뿐 아니라 개인적 경험과는 상관없는 집단무의식을 포함하는 정신으로 보았다. 집단무의식의 내용은 결코 의식 안에 있지 않지만 행동에 영향을 주는 수없이 많은 원형을 반영한다고 보았다(Samuels, Shorter, & Plaut, 2000). 원형은 인류에게 같은 방식으로 생각하고 감정을 가지며 행동하게 하는 정신적 요인으로서, 정신의 세세한 내용이 아닌 하나의 틀이라고 할 수 있다.

무의식에 관한 프로이트와 융의 공통점은 무의식의 존재를 인정하고 사람의 정신 요소로서 중요시하였으며, 무의식적인 것을 의식화하는 과정이 건강한 성격 형성에 중요하다는 것을 강조한 데 있다. 그러나 융은 무의식의 기능과 내용에서 프로이트의 정신분석과는 다른 견해를 가지며, 무엇보다 인간의 본질에 대한 관점을 달리한다. 프로이트가 무의식을 억압되고 유아적인, 부정적인 내용의 정신 요소로 본 반면, 융은 스스로 정신 평형을 이루려고 하는 무의식의 긍정적인 측면을 보았다. 융은 무의식이 미래에 대해 무엇인가를 말하려고 하는 목적과 의미를 갖고 있어서 그것을 직접 경험하고 인식해서 좀 더 다듬어진 의식으로 받아들일 때 인간의 정신적 상처와 고통이 극복될 수 있다고 하였다(이부영, 2007).

융은 무의식의 역할과 특성으로 다섯 가지를 지적하였다.

첫째, 무의식은 투사하는 역할을 한다. 인간은 자신 안에 무의식이 들어 있다는 것을 알지 못한 채 다른 사람에게 그 일면을 보여 주거나 다른 사람에게서 그 특성을 찾아내려 한다. 예를 들어 자신의 그림자를 남에게 투사하여 다른 사람의 정신 요소 중에 자신의 그림자와 비슷한 정신 내용을 유독 싫어하거나 좋아하게 되는 것이다. 이러한 투사는 사람들이 지금 투사시키는 내용을 자신의 밖에서만 찾지 않고 자기 내면에 그런 것들이 존재한다는 사실을 깨달을 때 없어질 수 있다. 따라서 융은 무의식적인 요소들에 대한 의식의 깨달음이 인격 발달을 위해 무엇보다 중요함을 강조하였다.

둘째, 무의식은 자아를 비난하거나 깎아내리는 요소를 의식에서 몰아내는 역할을 한다. 자아가 수용할 수 없는 것을 개인무의식으로 쫓아낸 정신 주체가 그림자다.

셋째, 무의식은 의식을 보상하는 역할을 한다. 의식이 한 가지 정신 요소에만 과도하게 에너지를 쏟을 때, 정신의 전체적인 균형 유지를 위해 무의식은 그와 반대되는 요소를 강화시키는 보상 작용의 역할을 한다. 보상 작용은 무의식이 의식에 결여된 것을 보충하여 정신적인 통합을 꾀하는 것을 말한다. 꿈이나 환상은 무의식의 보상 작용의 하나다. 꿈이나 환상은 의식적 정신 에너지가 한쪽으로 치우칠 때 정신이 균형을 이루도록 해 준다. 예를 들어, 의식에서 자신이 정숙해야 한다고 생각할 때 꿈에서는 성적으로 문란한 행위를 하는 것으로 설명될 수 있다.

넷째, 무의식은 자율성을 갖고 있다. 예를 들어, 자신에 대한 공격에 대항하여 자아가 의식적으로 통제할 겨를도 없이 실언이나 실수를 하는 반응을 하게 된다(김성민, 2001). 이 자율성은 일종의 창조적 자율성으로서, 무의식이 의식에게 여러 가지 긍정적 가능성도 제시할 수 있다는 것을 알 수 있다(이부영, 2007).

다섯째, 무의식은 초월 기능을 갖고 있다. 서로 상반되는 정신 요소들이 맞설 때 무의식에서 제3의 것을 만들어 내어 대립적인 두 정신 요소를 통합하는 것이다. 무의식의 초월 기능이 작용하여 의식과 무의식이 통합되고 외부 갈등과 그에 따른 내면 갈등은 해소되어 정신이 다시 균형 상태인 안정을 찾게 된다.

분석심리학에서 무의식을 분석하는 목적은 무의식의 내용이 무의식에 머물러 있지 않으며 의식에 부정적인 영향을 끼치지 않도록 하기 위한 것이다. 융은 의식과 무의식 사이의 균열이 깊을수록 인격의 분열은 점점 더 심해지며, 신경증적인 성향의 사람들에게서 신경증은 더욱 깊어지고 정신분열적인 성향의 사람들에게서 분열은 더욱더 심각해진다고 하였다. 결국 융은 "의식과 무의식의 통합은 사람들에게 구원을 가져다줄 것이다."라고 말하며 전인(全人)이 되기 위해서는 무의식의 요소들을 의식과 통합시켜야 한다고 강조하였다. 한편으로 무의식을 의식화하려면 의식 또한 강화되어야 하는데, 만약 무의식이 의식의 전부를 지배하거나 의식을 지나치게 억압하면 의식의 중심인 자아가 제대로 작동하지 못하게 되기 때문이다.

2) 자아와 페르소나

자아는 현실에서 느끼고 생각하고 판단하는 의식의 주체다. 자아는 개인이 '나는 어떤 존재다.'라고 느끼는 정신 내용을 말한다.

자아는 인간이 주어진 환경에 적응하게 해 주고, 자신을 외부에 표현하고 외부 현실을 인식하며 인식한 것을 적절하게 변형시켜 가면서 필요한 것들을 자신의 내면에 통합시키는 역할을 한다. 정신병리적인 문제들은 대부분 자신의 이러한 무의식적인 동기를 인식하지 못해서 생겨난다. 따라서 무의식적인 것을 인식하려면 자아가 튼튼해서 잘 기능해야 된다. 하지만 자아가 정신의 전체를 차지하게 되면 집단무의식에 있는 삶의 원천과 창조성의 근원이 되는 본능적인 부분과 단절하게 되므로 이 또한 조심해야 한다. 어쨌든 자아가 없으면 정신의 발달과 성숙도 불가능하고 개성화도 가능하지 않기 때문에 자아가 적절하게 강화되는 것이 필요하다.

자아는 무의식에서 생겨나고 발달하며, 여기에서 의식의 '태도 유형'과 기능의 분화가 일어나고 페르소나가 생긴다(이죽내, 2000). 의식의 태도 유형은 '내향적 유형'과 '외향적 유형'으로 나뉘는데, 선천적으로 타고난 것으로 보이는 이 태도 유형은 성격에 영향을 미친다. 내향적 태도 유형은 의식을 자신의 내적 관점과 주관적 세계에 두고, 관심의 초점을 자신의 내면에 두는 성격이다. 외향적 태도 유형은 관심의 초점을 자신의 밖에 두고 의식을 자신의 외부 세계 및 타인에 향하게 하는 성격을 지닌다. 융은 인간이 이 두 가지 태도를 모두 가지고 있는데, 둘 중 어느 것이 더 지배적이냐에 따라 성격이 결정된다고 보았다(노안영, 강영신, 2003).

기능 유형은 내면세계와 외부 세계를 지각하고 이해하는 방법에 따라 '사고(thinking)' '감정(feeling)' '감각(sensing)' '직관(intuition)'의 네 가지 기능으로 분류한다. 이 기능 중 어느 것을 우선적으로 사용하는가에 따라 사물에 대한 기본적

인식방법이 달라진다. 네 가지 기능 가운데 어느 한 기능이 주요 기능으로 발달하다 보면 나머지 기능은 상대적으로 무의식에 남게 되는데 이것이 열등한 기능이 되는 것이다(이죽내, 2000).

융은 이 태도 유형과 기능 유형을 조합하면 '외향적 사고형, 외향적 감정형, 외향적 감각형, 외향적 직관형, 내향적 사고형, 내향적 감정형, 내향적 감각형, 내향적 직관형'의 여덟 가지 심리적 유형이 만들어진다고 하였다. 성격검사인 MBTI(Myers-Briggs Type Indiator)는 이러한 융의 이론에 기초하고 있다.

페르소나는 외부로 드러난 적응 성격으로서 환경의 요구에 대해 조화를 이루려고 하는 적응의 원형이다. 페르소나는 개인이 밖으로 내놓는 공적 얼굴인 셈이다. '외적 인격'인 페르소나는 적응을 위해 접촉하는 집단이 요구하는 생각과 역할에 순응하며 그 집단의 이상에 동화되기도 해서 생긴 가치관, 사회관, 국가관 등이 해당된다.

자아와 페르소나가 건강한 관계를 가지려면 둘을 구별하는 능력을 가져야 한다. 자아와 페르소나가 지나치게 동일시되어 의식이 한쪽으로만 흘러 자신의 내면을 보지 못하게 되면 인격은 통합되지 못한다. 즉, 밖으로 나타난 페르소나와 내면의 자기가 지나치게 다르면 이중적인 성격이 될 수 있다. 따라서 자아가 원하는 것과 페르소나가 원하는 것이 구별되어야 하고, 또한 페르소나가 원하는 것과 아니마 또는 아니무스가 원하는 것이 구별되어야 한다. 건강한 자아란 자아와 페르소나와 아니마 · 아니무스 사이에서 균형과 조화를 이룬 것을 말한다(박종수, 2009).

3) 개인무의식과 콤플렉스

융은 의식의 영역이 중요하기는 하지만 무의식의 영역은 더욱 중요하다고 생각하였으며, 이러한 무의식 중에서 보다 상부에 있고 표면에 있는 것을 개인무의식이라고 하였다. 개인무의식은 개인이 자라면서 경험하는 가운데 망각되거나 이상적인 자아로는 받아들일 수 없어 억압된 내용으로 이루어지며 정신의 한

쪽 구석에 저장된다. 이러한 내용들은 개인무의식 속에 내재되어 있다가 인식되기도 한다.

개인무의식의 내용은 하나의 집단을 형성하기도 하는데, 이는 '콤플렉스(complex)'의 형태로 존재한다. 콤플렉스는 단순한 열등감이 아니라 충격적 경험에 의한 정신 내용이 모여 있는 감정 덩어리를 말한다. 융은 1905년 단어연상실험을 통하여 이 콤플렉스 개념을 발견하였는데 이것이 분석심리학의 기초적인 개념이 되었다(이부영, 2007). 사람이 콤플렉스에 빠지게 되면 주위의 다른 것은 생각할 수 없고 객관적으로 볼 수도 없게 된다. 따라서 분석심리학의 목적은 이러한 콤플렉스를 해소하고 개인을 해방시키는 데 있다고 하였다.

콤플렉스는 '자아 콤플렉스', 개인무의식의 '그림자 콤플렉스', 그리고 집단무의식의 '원형 콤플렉스'를 포함한다. '자아 콤플렉스'는 개인이 쉽게 기억해 내거나 비교적 쉽게 발견되는 감정 덩어리로서 자아가 어느 정도 인지하고 있는 경계적 개인무의식이다. '그림자 콤플렉스'는 자아 콤플렉스보다 더 부정적 내용으로서 자아가 기억해 내지 못하는 과거의 개인적, 억압적 경험에 의한 개인무의식이다. '원형 콤플렉스'는 집단무의식에 가까운 것으로서 개인의 경험이 아닌 인류 본연으로부터 개인에게 전이되어 온 것이다. 이부영(2002a)은 신경증 증상도 콤플렉스의 작용 때문이라고 보고 이 콤플렉스를 인지하고 의식화하는 것이 건강한 인격 형성에 중요한 과제가 된다고 보았다.

융은 콤플렉스가 어떤 단어에 의해서 접촉되면 연상과정을 방해해서 더딘 반응을 가져오게 된다고 보았다. 융의 단어연상검사는 피험자의 개인무의식의 '콤플렉스'를 밝히고 이를 의식화하는 방법의 하나로 쓰이고 있다. 단어연상검사는 피험자에게 일련의 단어를 한 번에 하나씩 읽어 주고 피험자가 자신의 마음에 떠오르는 최초의 단어를 대답하도록 한다. 모두 100개의 자극어를 제시하고 그에 대한 반응 시간과 반응어를 기록한 후 어떤 자극어가 대답하기 어려웠고 연상이 잘 안 되었는지, 그리고 왜 그렇게 되었는지를 질문하는 것으로 구성되어 있다. 이때 자극 단어의 정서적 효과를 알기 위해 피험자의 생리적 반응을 측정하였다. 이부영(2007)은 100개의 자극어에 의한 융의 단어연상검사의 시간을 단축하기 위해 50개의 자극어를 사용하는 한국형 축약 수정안(융-이-서 단어연상 검사)을 제작하였다. 또 박종수(2009)는 한국어의 자음만을 불러 주고 연상되는 내용을 통해 콤플렉스를 파악하는 방안을 사용하기도 하였다.

4) 그림자

그림자는 자아가 이상적으로 받아들이기에는 열등하거나 부정적인 것으로 인식하여 개인무의식에 억압해 놓은 것이다. 의식의 바로 뒷면에 있는 어둡고 열등한 인격으로서 사회적으로 용납될 수 없는 인간의 원초적인 동물적 욕망, 비도덕적인 사고와 열정 등을 포함한다. 이와 같이 그림자는 부정적 측면이 많지만 어떤 측면에서는 생명력, 창조성과 자발성의 원천이 되기도 하여 이로움을 주기도 하는 양면성을 가지고 있다.

그림자는 개인무의식을 외부 세계에 투사하곤 하는데, 전형적인 그림자 투사의 예는 영국 소설 『지킬 박사와 하이드』에서 볼 수 있다. 지킬 박사와 하이드는 동일 인물이지만, 외부에 나타나는 인격의 지킬 박사는 도덕적 인물이고 내면에 존재하는 인격의 하이드는 기행적 인물이다. 의식에서 제거된 것들로 구성된 그림자는 자신을 표현하기 위해 때로는 꿈을 통해서 나타나고, 충동적인 행위나 무심코 저지르는 부주의한 행동을 통해서도 나타낸다. 그림자는 동성인 사람과의 관계에 영향을 미치는데, 따라서 꿈에서 이미지를 통해 그림자가 나타날 때는 자신과 동일한 성으로 나타나며 그 이미지는 악하고 동물적이다.

그림자는 그 사람이 참여하는 집단으로 투사되기도 한다. 학벌이나 파벌, 극단적 운동단체, 국가, 인종 등에 따른 편견과 갈등은 그림자에 의한 무의식이 집단적으로 투사된 것이라고 볼 수 있다.

그림자는 의식화되어 인격 성숙의 역할을 할 수도 있다. 노안영과 강영신(2003)은 상담 및 심리치료에서 가장 장애가 되는 원형이 그림자로서, 상담자는 그림자의 부정적인 측면을 내담자가 조절할 수 있도록 돕는 것이 필요하다고 하였다. 이부영(2007)은 "우리 마음속에 파괴적 충동이 존재한다는 사실을 인식하는 것만으로도 무의식의 그림자에 사로잡히지 않는 면역력을 주기 때문에 우리는 성숙할 수 있다."고 하였다. 따라서 각 개인은 개인무의식에 그림자를 그대로 방치해 두거나 억압하지 않고 그림자를 인정하며 인격의 일부로 받아들여 통합하는 것이 필요하다. 어두운 그림자를 인식하면 할수록 자신 안의 빛에 대해서도 더욱 인식할 수 있다. 그림자를 인식하는 것은 자신과 세상을 객관적으로 바로 볼 수 있도록 돕는다.

그림자를 볼 수 있는 방법은 무의식의 그림자를 밖으로 투사하였을 때 투사 대상을 향한 자신의 감정을 살펴보는 것이다. 타인을 비판하거나 비웃거나 혹은 좋아하거나 부러워하는 것은 자신의 무의식의 내용을 타인에게 투사한 것이다. 이를 인식하고 받아들이는 것은 그림자를 인식하고 받아들이는 것이다. 하지만 집단적 무의식의 그림자를 만났을 때는 개인적 무의식의 그림자와는 다르게 인식하는 것 자체가 힘들기 때문에 심연의 자기의 도움을 받을 수밖에 없다. 결국 그림자의 내용이 긍정적이든 부정적이든 그림자와 접하는 것은 매우 중요하고, 무의식을 의식화함으로써 이루려는 자기 자각과 성격의 통합은 이러한 그림자를 인식하고 통찰하면서부터 시작된다고 볼 수 있다.

5) 집단무의식과 원형

분석심리학에서 말하는 진정한 의미의 무의식은 집단무의식이다(대한신경정신의학회 편, 1997). 집단무의식은 인류 역사에서 선조로부터 유전적으로 물려받은 잠재적 이미지의 저장고다. 예를 들어, 뱀 또는 어둠에 대한 인간의 두려움은 배워서 공포심을 갖고 있는 것이 아니고 조상들이 무수한 세대에 걸쳐 그 공포를 경험했기 때문에 뇌리에 새겨진 것이다(Hall & Nordby, 1998).

집단무의식의 원형은 꿈, 신화, 전설, 종교적 경험, 예술적 영감, 신비한 체험 등에서 상징을 통해 나타난다. 또한 내담자가 보고하는 증상은 집단무의식의 상징적인 표현이 될 수도 있다(민성길 외, 2000). 원형은 특히 탄생과 죽음, 사랑과 이별과 같은 인생의 필연적 · 보편적 경험에서 인식될 수 있고, 자아가 상처를 받거나 위기의 순간에 더 드러나게 될 수 있다(이부영, 2007).

대표적인 다섯 가지 원형은 페르소나, 그림자, 아니마 · 아니무스, 자기다. 자기는 원형 중에서도 가장 중심에 있는 것으로서, 인간의 의식과 무의식을 포괄하는 '정신의 핵'을 의미하며 전체성, 통합성을 지향한다. 자기는 각 개인이 유일한 특성을 가지는 개인이 되게 한다. 원형은 개인 일생에 강한 힘으로 많은 영향을 끼친다. 융은 개인무의식의 내용이 의식의 일부로 동화될 수는 있지만, 원형은 그럴 수 없는 것이라고 보았다. 단지 자아는 개인무의식과 집단무의식을 구별하여 원형의 부정적 작동을 줄여야 한다. 융은 원형을 억압하면 의식과 무의식의 통합이 어렵고 반대로 원형에 의지하면 현실 인식이 어렵게 되기에 어느 경우나 정신건강에 해롭다고 하였다(이부영, 2007). 결국 융은 "무의식을 억압하지도 말고 무의식에 의지하지도 말며, 무의식의 자율적 기능과 초월적 기능에 맡기고 무의식이 던지는 제3의 이미지를 느껴야 한다."고 보았다(김성민, 2001).

'자기'의 상징적 이미지는 주로 신화적 상징과 종교적 상징으로 설명할 수 있다. 특히 융은 만다라 같은 상징은 자기의 원형적인 모습을 보여 주는 것이라고 하였다(김성민, 1998). 만다라는 티베트 밀교에 기원을 둔 것으로서 명상을 할 때 사용하는 그림의 일종인데, 그 모양은 네 등분된 원으로 되어 있다. 만다라는 인류의 종교적 상징 가운데서 가장 오래된 상징의 하나이며 신의 본성을 나타내는 상징으로 여겨지고 있다. 만다라는 내면적인 이미지로서 자율성을 가지며 언제나 똑같은 형상으로 반복되는 전체성을 지향한다.

그리스도 상징도 자기의 원형을 나타내는 심리학적 상징이라고 융은 말한다. 융은 그리스도가 하늘의 성품 또는 신의 성품을 지닌 완전한 사람이며, 거룩하고 순수한 하나님의 아들로서 하나님의 형상을 가졌을 뿐 아니라 인간이면서도 하나님과 똑같은 삶을 살았기 때문에 그리스도 상징이 자기의 원형과 가장 가까운 것이라고 보았다(김성민, 1998).

6) 외적 인격과 내적 인격

(1) 외적 인격: 페르소나

외적 인격으로 불리는 페르소나는 자아가 바깥 세계와 접촉할 때 작용하는 정신적 요소다. 한국 사회는 특히 페르소나가 강조되는 사회이며 페르소나에 해당되는 한국말에는 체면, 얼굴, 낯과 같은 것이 있다.

인간이 집단 속에서 살아가는 동안 외부 세계와 적응하기 위해, 특히 청소년기에는 가정과 사회의 교육을 통해서 페르소나를 형성하고 그것을 강화하는 것이 필수적일 수 있다. 그러나 페르소나와 너무 가깝게 동일시되어 집단적 역할, 사회적 기대에만 맞추어 살려고 할 때 정신의 전체성은 깨지고 인격의 통합을 이루기 어렵다. 집단이 옳다고 말하는 규범에 무조건 따르게 되면 자신의 내면은 상실되고 그에 따라 갈등이 축적되기 때문이다. 겉으로 표현된 페르소나와 내면의 자기가 지나치게 불일치하면 표리부동한 이중적 성격을 갖게 되고, 결국 사회적 부적응을 유발해 개인은 신경증적 어려움을 겪을 수밖에 없다. 이부영(2007)은 페르소나는 없애야 할 것이 아니라 구별되어야 한다고 강조한다. 따라서 페르소나가 자아와 동일한 것이 아님을 자각하고, 사회생활에서 필요한 수단이지만 절대적인 것은 아니라는 것을 인식하는 것이 필요하다.

(2) 내적 인격: 아니마 · 아니무스

사람은 자신의 외부 세계뿐 아니라 내면세계와도 적응하며 살아야 하는데, 내면세계란 나 자신이 인지하지 못하는 무의식 세계를 말한다. 사람이 페르소나를 가지고 바깥 세계와 관계를 맺는 것처럼, 자아가 내면세계와 관계 맺도록 연결하는 내적 인격인 '아니마' 또는 '아니무스'가 있다(이부영, 2001). 남성의 무의식 속에 원초적으로 내재된 여성적 요소는 아니마이고, 여성의 무의식 속에 내재된 남성적 요소는 아니무스다. 페르소나가 자아와 외부 세계의 접촉을 중재해 주는 요소라면, 아니마 · 아니무스는 자아와 내면세계의 접촉을 중재해 주는 요소다. 따라서 페르소나와 그림자가 의식화되면 다음 단계로 아니마, 아니무스를 인식하고, 이것이 인식되면 자기를 실현하는 개성화 과정에 이르게 된다.

아니마 · 아니무스는 인류가 이성과의 관계에서 얻은 모든 경험이 침전되고 그 위에 개인이 성장하면서 이성 부모와 이성에게서 얻은 경험을 통해 형성된다. 이 요소는 이성을 이해하고 이성과 관계를 맺는 데 영향을 미친다. 융은 의식할 수 있는 남녀관계에서의 갈등과 긴장은 주로 남녀의 아니마와 아니무스의 무의식적인 측면들끼리의 충돌에 의해 일어나게 된다고 하였다. 따라서 남녀의 원활한 관계를 위해서는 아니마와 아니무스가 잘 조화되어서 서로 수용하고 인정할 수 있어야 한다. 무의식적인 성적 요소를 억압하지 않고 남자는 내부에 잠재해 있는 여성성인 사랑(eros)을 이해하고 개발하며, 여자는 내부에 있는 남성성인 이성(logos)을 이해하고 개발하는 것이 안정된 인격을 위해 필요하다(노안영, 강영신, 2003).

융은 남성의 아니마가 처음으로 투영되는 것은 어머니에 대해 행해지게 되고 여성의 아니무스가 처음으로 투영되는 것은 아버지에 대해 행해지게 된다고 하였다. 후에 사람은 자신의 아니마와 아니무스와 같은 특성을 가진 사람을 좋아하게 되고 자신의 아니마와 아니무스와 모순되는 특성을 지닌 사람은 혐오하게 된다(Hall & Nordby, 1998). 사람들이 이성에게 첫눈에 반하는 것은 자신의 아니마나 아니무스가 투사되었기 때문이다. 아니마 · 아니무스는 투사에 의해 사랑에 눈멀게 만들기도 하지만, 아니마 · 아니무스의 부정적인 측면이 노출되면 다툼이 시작되기도 한다(이부영, 2001).

아니마, 아니무스는 발달되어 있지 않고 억압되어 있는 경우가 많다. 아니마 · 아니무스가 의식화되지 않아 분화되지 못하거나 발달되지 않으면 그림자처럼 열등한 상태에 있게 된다. 아니마가 미분화 상태일 때, 남자는 겉으로는 이성적이지만 감정적으로는 미숙하여 과민하고 나약한 변덕스러움을 나타나게 된다. 반면에 아니무스가 미분화된 여자의 경우는 고집스럽고 따지거나 완강한 남자의 성격을 나타낸다(이부영, 2001). 생물학적으로도 중년이 되면 남성은 남성 호르몬이 줄어들고 여성 호르몬은 그대로 있으며, 여성은 여성 호르몬이 줄어들고 남성 호르몬은 그대로 있기 때문에 남성은 여성스러워지고 여성은 남성스러워진다.

미분화된 아니마 · 아니무스는 꿈속의 여성상과 남성상을 통해 나타나기도 한다. 남자의 꿈에 보이는 여자는 그 자신의 아니마를 나타내고, 여자의 꿈에 보이는 남자는 그녀 자신의 아니무스를 나타내기도 한다. 아니마 · 아니무스는 집단적으로는 신화, 영화, 소설 속에서 공주나 왕자, 소녀나 소년, 마귀할멈이나 마술사 등으로 나타난다(김성민, 1998).

아니마 · 아니무스의 인식은 적극적 상상법을 통해 아니마나 아니무스와 대화를 시도함으로써 이루어질 수 있다. 무의식의 이미지들을 관찰하고 대화하는 작업을 통해, 남성은 여성적 아니마 기분을 자기 안에 있는 여성적 인격으로 인정하고 그 인격이 실제로 자기 앞에 있는 것처럼 상상하면서 대답을 구하고 묻는 과정을 반복함으로써 아니마의 의도를 알 수 있다.[1] 여성은 아니무스와 대화를 시도하면서 이성적으로 따지고 싶은 마음들이 점차 줄어들 수도 있다.

이처럼 무의식과 대화를 시도하는 것이 쉽지 않을 수 있지만 인생 후반기의 자기실현 과제는 내면세계에의 적응이기 때문에, 남성은 자신의 무의식적인 여성적 요소를, 여성은 무의식적인 남성적 요소를 의식화해서 객관화하는 작업이 중요하다. 내적 인격인 아니마 · 아니무스는 자아를 내면의 집단무의식과 연결시켜 자아가 의식 세계에만 몰두하지 않고 정신의 전체적인 통합을 향해 나아가게 하며 이를 통해 사람이 역동적으로 삶을 살아가도록 돕기 때문이다(김성민, 2001). 이때 조심해야 할 점은 무의식을 의식화하는 객관화 작업이 때로는 무의식의 원형적 콤플렉스를 지나치게 활발하게 작용하도록 해서 자아를 압도하고 자아가 제 기능을 하지 못하게 할 수도 있다는 것이다(이부영, 2001). 예를 들어, 남자가 자신의 아니마와 지나치게 동일시되면 여장을 하고 싶어 하거나, 동성애에 빠질 수 있고, 여자가 아니무스와 지나치게 동일시되면 남자처럼 보이려 할 수 있다(Hall & Nordby, 1998).

---

1) 예를 들어, 한 개인은 자신의 내면을 향해 '당신은 왜 나를 가족과 떼어놓으려 하는지' '나더러 어쩌란 말인지'와 같은 질문(이부영, 2001: 88)을 함으로써 아니마 · 아니무스와 대화를 시도할 수 있다.

7) 자기, 자기실현, 개성화 과정

융은 무의식의 심층에는 의식과 무의식을 모두 포괄한 전체 정신의 중심핵인 '자기(self)'가 있다고 하였다. 본래 정신의 전체였던 자기로부터 분화된 자아가 통합을 위해 자기를 향해 가면서 성격이 발달한다. 자아가 자기를 향해 가는 것은 자아가 적극적으로 무의식을 인식함으로써 가능하고, 이처럼 자기는 자아에 의해 의식되지 않으면 드러날 수 없다.

이와 같이 자아가 무의식을 의식화하는 과정, 즉 정신의 대극적인 요소들을 통합하는 과정이 자기실현, 개성화 과정이며, 이러한 과정은 인간이면 누구나 추구하게 되는 원초적 욕구다.

개성화 과정에서 자아와 자기는 상호 의존적인 관계다(김성민, 1998). 자아가 일방적으로 외부를 향해 에너지를 쏟으면 자기는 정신의 중심을 드러내지 못하게 되며 자신의 타고난 독특한 개성을 상실한 채 중심을 잃고 어디로 가야 할지 방황하게 된다. 마찬가지로 자기가 일방적으로 힘을 발휘하는 경우에도 자아가 자기 속으로 흡수, 동화됨으로써 무의식의 원형 이미지와 자신을 혼동하여 자아정체성을 상실하게 되므로 정신분열에 이를 위험성이 있다. 의식과 무의식이 어느 쪽으로든 일방적으로 흐른다는 것은 반대의 정신 요소를 배제하게 만들고, 이는 의식과 무의식의 전체적 통합에 방해가 될 수밖에 없다.

이러한 위험을 줄이고 개성화 과정을 잘 수행하려면 자아가 건강해야 하며 자아와 자기 사이에는 분명한 균형이 있어야 한다. 자아는 환상과 외부 세계를 객관적으로 구별할 수 있고, 한편으로는 내면의 충동과 직면할 수 있는 주관성 또한 지녀야 한다. 이처럼 자아는 항상 페르소나와 자기를 구별할 수 있도록 의식과 무의식의 어느 한쪽에도 치우치지 않는 중립적인 상태를 유지할 수 있어야 한다(이부영, 2002b).

개성화 과정은 개인무의식에서 시작하여 집단무의식으로 단계별로 심화된다. 개성화 과정은 개인이 자신의 그림자와 아니마 · 아니무스, 집단무의식의 원형을 인식하고 자신의 것으로 받아들임으로써 이루어질 수 있다.

첫째, 인생 후반기의 개성화 과정에서 가장 먼저 만나는 것이 그림자다. 개인의 무의식 속에 잠재하다가 외부 대상에 투사되어 나타나는 그림자는 열등한 부분으로 남아서 계속 부정적인 영향을 끼칠 수 있고, 아니면 인격에 통합되어 인격의 성숙을 이룰 수 있다. 따라서 그림자가 개인의 내면에 존재한다는 사실을 인정하고 의식을 통해 그림자를 받아들이는 것이 필요하다.

두 번째 단계는 아니마 · 아니무스 인식 단계다. 아니마 · 아니무스 또한 외부 대상에 투사되어 나타나는데, 아니마 · 아니무스는 그림자보다 더 원형적인 요소이기 때문에 일반적으로 그림자의 투사보다 인식하기 힘들고 더욱 파괴적으로 인격에 피해를 끼칠 수도 있다. 하지만 아니마 · 아니무스를 인식하고 통합하면 더 이상 투사가 일어나지 않고, 투사에 쓰이던 에너지는 오히려 인격 발달을 위해 사용된다(김성민, 1998).

개성화 과정의 마지막 단계는 집단무의식의 원형을 인식하는 단계다. 집단무의식의 원형은 자율적이고 초월적이며 비인격적인 요소를 가지고 있다. 이런 원형을 인식할 때 비로소 참 자기와 만날 수 있다.

개성화 과정은 무의식을 의식화함으로써 고유한 자신을 향해 자아가 자기에 이르는 자기실현의 과정이다. 개성화 과정은 결코 쉬운 작업이 아니고 평생에 걸쳐서 이루어야 할 과제다. 자기실현은 "고통을 경험하면서 그 속에서 의미를 발견하게 하는 인격의 내적인 변화과정이기 때문이다"(이부영, 2007). 개성화 과정은 인간의 정신을 가장 높은 수준으로 발달시킬 수 있다. 하지만 개성화 과정, 자기실현은 끝이 있는 것이 아니어서 인간은 개성화 과정을 통해 자기실현을 이루려고 끊임없이 노력하는 존재일 뿐이다.

8) 심리학적 유형

융의 심리학적 유형론은 융의 초기 학설에 속하는 것으로, 인간의 정신에는 두 가지 서로 대극적인 정신 요소가 존재한다는 생각에서 기초한 것이다. 심리학적 유형론은 인간 정신의 두 가지 성향이 전혀 별개의 것이 아니라 서로 하나로 통일되려는 경향을 가지고 있다는 것에 대한 통찰에서 시작하였으며, 이를 통해 사람에게 나타나는 여러 유형의 특징적 경향을 설명하고자 하였다. 융은 1920년 『심리학적 유형(Psychological Types)』이란 저서에서 이러한 자신의 생각을 소개하였고, 의식의 구조와 각 기능의 유형, 그 무의식과의 관계를 설명하였다.

융의 심리학적 유형은 일반적인 의식태도 유형과 심리적 기능 유형의 두 측면으로 나누어 볼 수 있다. 의식태도 유형은 자아가 갖는 에너지의 방향으로 외향적 태도와 내향적 태도를 말한다. 어떤 사람의 의식이 외적 세계 및 타인에게 향해져 있을 때 그 사람은 외향적 성격 태도를 지녔고, 주로 자신과 내적 세계에 향해 있을 때는 내향적 성격 태도를 지녔다고 볼 수 있다. 내향적, 외향적 성격 태도는 인간의 선천적인 경향으로서, 타고난 이런 심리적 유형에 반대하며 살아갈 때 인간은 심한 피로감을 느끼게 된다(이부영, 2007).

심리적 기능 유형은 주관적 세계와 외부 세계를 지각하고 이해하는 서로 다른 방식을 의미하는 사고, 감정, 감각, 직관의 네 가지 유형으로 구분된다. 이는 의식태도 유형에 비해 후천적인 경향으로서, 이 기능은 사회 적응을 해 가는 과정에서 네 기능 중 하나가 우월하게 발달하게 되고 나머지 기능은 상대적으로 열등하게 무의식에 남게 된다(이죽내, 2000).

의식태도 유형과 심리적 기능 유형은 다른 말로 해서 어떤 과제를 수행함에 있어 심리적 선호 경향이 있다고 보는 것이다(Hirsh & Kummerow, 1999). 외향성과 내향성은 에너지를 어디에서 어떻게 얻는가와 관련이 있다. 외향성(extroversion)은 외부 세계에 관심이 많아 외부 세계의 사람이나 행동, 그리고 사물 등과 같은 외부로부터 에너지를 얻는 선호 경향이다. 내향성(introversion)은 자신의 내면에 관심이 많아 개인의 내면세계의 생각, 정서, 그리고 인상 등과 같은 것으로부터 에너지를 끌어오는 선호 경향이다. 일반적으로 외향적인 사람은 개방적이고 적극적이며, 내향적인 사람은 머뭇거리고 사색적이고 뒤로 물러서는 경향이 있다.

의식기능 유형으로서 '사고(thinking)'와 '감정(feeling)'은 의사결정을 위한 판단 기준을 어디에 두고 어떤 체계를 사용하고 있느냐와 관련이 있다. 사고형은 논리적이고 객관적인 방식으로 정보를 조직하고 구조화하지만, 감정형은 개인적이고 가치 지향적인 방식으로 정보를 조직하고 구조화한다. 사고는 어떤 것이 진실인지를 기준으로 현상을 판단하고, 감정은 어떤 것이 좋은지 혹은 싫은지를 기준으로 현상을 판단한다.

'감각(sensing)'과 '직관(intuition)'은 현상을 이해하는 관점, 즉 정보를 수집할 때 어떤 것에 주의를 기울이는가와 관련이 있다. 감각은 정보를 수집할 때 오감을 통해 직접적으로 인식되는 정보에 주의를 기울이며 실제로 존재하는 것에 관심을 둔다. 직관은 오감에 더하여 육감을 통하여 느끼는 현상과 실제로 존재하는 것보다는 있을 법한 것에까지 주의를 기울인다.

네 가지 기능에 대해 융은 간략하게 "감각은 무엇인가가 존재하고 있음을 알리고, 사고는 그것이 무엇인가를 알리며, 감정은 그것이 유쾌한가 불쾌한가를 알리고, 직관은 그것이 어디서 와서 어디로 가는가를 알려 준다."고 정의했다(Hall & Nordby, 1998). 융이 제안한 정신의 대립 원리에 따라 사고와 감정 기능은 이성적 기능, 감각과 직관은 비이성적 기능이라고 볼 수 있다. 사고와 감정은 경험에 의한 판단 행위를 필요로 하기 때문에 비교적 이성적인 반면, 감각과 직관은 사고를 필요로 하지 않는다는 측면에서 비이성적이라고 본다.

MBTI는 융의 여덟 가지 심리적 유형에 '판단'과 '인식'이라는 삶의 양식에 대한 선호 경향을 더하였다. 판단과 인식은 개인이 자신의 삶을 어떻게 살기 원하는가와 관련된 선호 경향이다. 판단은 미리 예정되어 있고 조직화된 생활을 선호하는 경향이며, 인식은 보다 자율적이고 융통성 있는 방식으로 생활하기를 선호하는 경향을 말한다. 판단 지향적인 사람들은 목표의식이 뚜렷하고 계획적, 체계적인 데 반해, 인식 지향적인 사람들은 목표와 방향이 가변적이고 상황에 따른 융통성이 있으며 덜 계획적 · 체계적이다. 심리적 선호 경향은 다음과 같이 요약될 수 있다(Hirsh & Kummerow, 1999: 5).

- 힘의 근원: 에너지를 어디에서 어떻게 얻는가 ⇒ 외향성과 내향성
- 의사결정 근거: 결정을 내릴 때에 어떠한 체계를 사용하는가 ⇒ 사고와 감정

- 사물을 보는 관점: 정보를 수집할 때 어떤 것에 주의를 기울이는가 ⇒ 감각과 직관
- 삶의 양식: 어떤 삶을 살기 원하는가 ⇒ 판단과 인식

외향성과 내향성, 사고와 감정, 감각과 직관, 판단과 인식 차원을 조합하면 모두 열여섯 가지 성격 유형이 나오는데, 이것이 현재 MBTI에서 볼 수 있는 열여섯 가지 성격 유형이다. MBTI는 성격 평가를 통해 자신과 타인의 성격을 이해하거나, 부부관계의 갈등 원인 등을 이해하는 데도 활용된다.

9) 꿈의 해석

꿈이 무의식에 이르는 길이라는 점에서 융은 프로이트와 같은 견해를 가진다. 그러나 프로이트가 꿈은 무언가 감추어진 내용을 상징적으로 나타내고 거기에는 억압된 성적 욕망이나 충동, 소망 등이 있다고 생각하여 꿈의 내용을 과거 경험이나 상처에 의한 결과(인과론)로밖에 보지 않았다면, 융은 이에 더하여 꿈이 무의식 속의 무언가를 개인에게 알려 주려는 것(목적론)이라고 그 의미를 부여하였다(이부영, 2007). 예를 들어, 융은 꿈의 상 자체가 중요한 것이어서 그 속에 의미가 있다고 주장한다. 꿈에서 탐스러운 열매를 보았다면, 그것은 탐스러운 열매로서의 뜻을 갖는 것이지 다른 욕망을 감추고 있는 것은 아니라고 생각하였다. 따라서 꿈의 의미를 이해할 때 융은 프로이트와 달리 미래 지향적인 태도를 가지고 꿈이 무엇을 말하려고 하는지 그 의미와 목적을 찾으려고 하였다.

융은 또한 꿈이 '의식에 대한 보상 기능'과 '미래를 조망하는 예시 기능'을 갖고 있다고 보았다. 꿈의 보상 기능은 의식에서 부족한 부분을 보충하고 의식이 일방적으로 흐르는 것을 막음으로써 마음의 평형을 유지하려는 것을 말한다. 예를 들어, 현실에서 매우 소극적인 사람은 꿈속에서 자신이 아주 활동적인 역할을 하는 꿈을 꿀 수 있다. 의식에서 자신이 도덕적으로 완전하기를 원하면 꿈

에서는 부도덕한 행동을 함으로써 의식이 한쪽으로 치우치는 것을 막으려고 한다. 그러나 꿈이 늘 의식의 반대라고만은 할 수 없다. 의식이 일방적이지 않고 균형적이라면 무의식은 특별히 보상할 것이 없기 때문에, 꿈은 현실과 비교적 일치하는 내용을 나타낸다. 따라서 꿈을 이해하기 위해서는 그 사람의 의식 상황을 자세히 알아서 꿈의 내용과 비교해 보아야 한다. 결국 꿈은 무의식의 깊숙한 곳에서부터 나오는데, 의식이 막다른 곳에 다다르면 꿈이 새로운 관점을 제공해 주어 의식을 구출해 낸다는 것이다(오가와 가츠유기 외 편, 1999).

꿈의 예시 기능은 꿈이 미래를 예견하고 조망해 주는 것을 의미한다. 무의식이 의식으로는 통제할 수 없는 보다 넓고 먼 것을 볼 수 있도록 해 준다는 말이다(이부영, 2007). 꿈은 기대하지 못하던 경험과 사건을 보여 줌으로써 의식이 마음의 준비를 하도록 하기도 한다. 꿈의 예시 기능은 융이 말하는 동시성의 개념이 뒷받침해 준다. 동시성은 동시에 혹은 근접한 시간에 독립적으로 일어난 두 사건이 논리적으로는 인과관계가 없어 보이지만 서로 관련된 의미를 가지는 현상을 나타내는 개념이다. 예를 들어, 숨진 어머니가 아들의 꿈에 나타나 자신을 찾아 달라고 하소연하여 어머니의 관을 다시 열어 보았더니 모르는 남자의 시신이 있었던 사건이 보도된 적이 있었다(동아일보, 2000년 4월 9일, 노안영, 강영신, 2003 재인용). 융은 생전에 이 동시성의 경험을 여러 번 하였다. 그러나 융은 꿈의 예시 기능이 자주 일어나는 것이 아니며 누구나가 아닌 소수의 사람만이 가질 수 있으니 그것을 과대평가하지 말고 조심스럽게 다루어야 한다고 하였다. 자신이 꾼 꿈이 예시적인지 아닌지는 사실을 확인해 보아야 알 수 있고, 만약 꿈이 현실에서 일어난 일과 맞지 않는다면 그것은 꿈꾼 사람의 콤플렉스와 관계가 있으며, 꿈이 사실과 일치한다 하더라도 그 꿈은 꿈꾼 사람의 내면세계와 관계가 있다고 하였다(이부영, 2007).

내면세계의 심적인 사건과 외부 세계의 사건이 다른 사람에게는 아무런 관련도 없는 우연한 사건으로 보이지만, 동시성을 경험하는 사람에게는 이 동시성이 깊은 감명과 함께 체험된다고 하였다(오가와 가츠유기 외 편, 1999). 융은 또한 의식의 단계가 낮을 때 동시적인 현상이 더 분명해질 수 있다고 가정하였다

(Samuels, Shorter, & Plaut, 2000).

융은 꿈의 해석을 객관 단계의 해석과 주관 단계의 해석으로 나누었다. 객관 단계의 해석은 꿈의 내용을 현실이나 의식 상황과의 관계에서 보는 것이고, 주관 단계의 해석은 꿈 자체가 갖는 의미를 중심으로 보는 것이다.

객관 단계의 해석은 꿈이 현실적인 의식을 어떻게 바꾸고 싶어 하는가를 살펴보고 그것을 인지하자는 것이다. 물론 이러한 해석은 현실의 태도를 바꾸어 나가는 데 도움이 된다. 주관 단계의 해석은 객관 단계의 해석에서 한 단계 더 나아가 마음속에 있는 무의식적인 생각과 감정 등을 살펴보고 인지하는 것이다. 주관 단계의 해석은 외부 대상에 투사되어 온 무의식적인 요소를 자신의 마음속에서 발견하고 인식하여 의식을 넓히고 더욱 성숙해지도록 돕는다(이부영, 2007).

융은 꿈 해석에서 프로이트의 자유연상과는 다른 '확충'이란 방법을 사용하였다. 확충법은 이미지를 모아 그것을 확대해 나가며 이미지가 스스로 그 의미를 나타내도록 하는 것이다(오가와 가츠유기 외 편, 1999). 융의 확충법은 하나의 꿈 이미지를 중심으로 꿈꾼 사람의 개인 연상과 인류의 보편적 연상을 수집하고, 그 이미지의 의미를 이해하려는 접근방법이다. 수집된 이미지들의 집단무의식의 의미를 이해함으로써 보다 풍부한 내용의 해석을 하기 위한 것이다(이부영, 2007). 예를 들어, 어떤 사람이 꿈속에서 뱀을 보았다면 그것이 어떤 심리적 콤플렉스를 상징하는지는 꿈을 꾼 사람의 뱀에 대한 개인적인 연상도 알아보아야 하지만 그보다 인류의 집단적인 연상을 알아보아야 한다는 것이다. 이를 위해 종교사와 신화 등에 등장하는 유사한 주제를 찾는다. 프로이트의 자유연상이 하나의 이미지에서 연상되어 유발된 다른 이미지로 또 다른 연상을 유도해 내는 것과는 구별되게, 융의 확충법은 어떤 주제가 탐색될 때까지 계속해서 같은 이미지들을 모아 나가는 것이다. 확충법을 도식화하면 [그림 3-2]와 같다(이부영, 2007: 197).

융은 프로이트처럼 하나의 꿈을 분석하는 것 외에도 개인이 일정 기간에 걸쳐 꾼 일련의 꿈을 분석하였고, 내담자에게 꿈의 일기를 세밀히 기록하게 하여

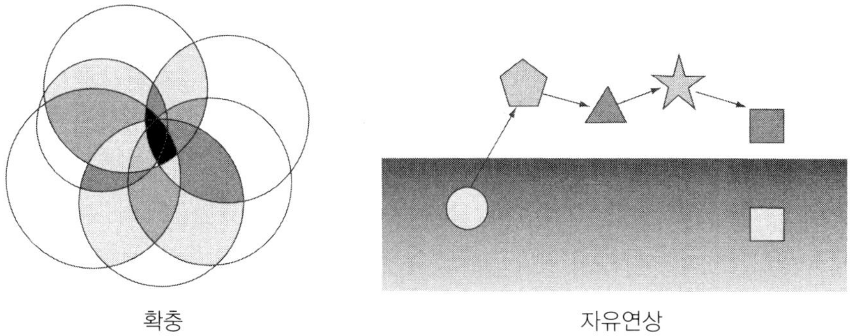

[그림 3-2] 확충과 자유연상의 과정

연속되는 꿈을 분석하였다.

융은 꿈의 해석에서 고정된 상징체계나 문헌의 고정된 논리를 사용할 필요가 없다고 생각하였다(Jung, Jacobi, & Hall). 물론 꿈을 분석하는 사람은 꿈꾼 사람의 연령, 성별, 인종 등을 고려해야 하고, 전설이나 신화, 민담, 전통, 문화, 종교 등에 대한 지식과 이해가 있어야 한다. 꿈꾼 사람에 따라 투사 대상이 달라지기 때문이다.

융은 무의식의 전부를 알 수 없는 것처럼, 꿈의 의미도 전부는 알 수 없다고 하였다. 꿈의 의미를 좀 더 잘 이해하기 위해서는 자신의 꿈을 들여다보고 생각해 보고, 또한 경험 있는 다른 사람과 함께 토론하는 과정이 필요하다. 다른 사람의 꿈을 해석하기 전에 먼저 자신의 꿈에 대한 분석을 받는 경험이 필요하고, 분석가의 감독 아래 수련을 받은 후에야 다른 사람의 꿈을 분석할 수 있다.

정신분석이나 분석심리학을 배우기 시작하고, 꿈의 해석을 받아 본 적이 없는 사람이 '그 꿈의 의미는 이러하다.'라고 해석을 바로 하려고 하는 경우를 볼 수 있다. 그러나 융은 누구라도 꿈의 해석에 대하여 자만하지 말고, 꿈에 대해서 아무것도 모른다는 자세에서 꿈을 보며 선입관념을 가지지 말라고 말한다.[2] 융

2) 융조차 자신이 어린 시절 꾼 남근 형태의 꿈에 대해 65세가 되어서야 그것이 창조 원리와 대면하는 의미를 지녔음을 해석할 수 있었다(Wehr, 1998).

은 또 꿈의 해석이 꿈을 해석하는 사람에 따라 다양할 수 있다고 설명한다. 분석가라 하더라도 한 사람의 동일한 꿈에 대해 서로 다르게 해석할 수 있는데, 이 모든 해석은 다 타당할 수 있다는 것이다. 결론적으로, 꿈의 비밀은 모르지만 꿈꾼 사람이나 꿈을 해석하는 사람이나 언제나 마음의 문을 열고 꿈이 말하려는 의미가 무엇인지 살펴보는 겸허한 자세가 필요하다고 강조한다(이부영, 2007).

4. 성격 형성과정

융에 있어 성격 형성과 발달은 자기를 실현하는 개성화의 과정으로 설명될 수 있다.

아이가 출생해서 2~3세가 되기까지 유아는 매우 원초적인 집단무의식의 상태에 있다. 무의식으로부터 의식이 탄생하고(박종수, 2009), 아이가 만 5세쯤 자신을 '나'라고 말하기 시작하면서 사물과 현상을 판단하고 적응할 수 있는 자아의식이 생기고 개인의 정신이 존재하게 된다(이부영, 2007). 정신의 전체였던 자기로부터 분화된 자아는 학령기를 거치면서 가정교육, 학교교육, 사회교육을 통해 강화되고 발달하며, 의식의 태도 유형과 기능 유형이 형성되고 페르소나가 생긴다(이죽내, 2000). 자아의식은 외부 사회에 적응하기 위해 무의식과는 상관없이 일방적으로 발전해 가는데, 자아가 무의식과 단절한 채 일방적으로 흐르면 인격 발달에 장애가 올 수도 있지만, 외부 세계의 현실에 잘 적응하기 위해서는 인생의 청년기까지는 자신을 분화하고 자아를 강화시키는 것이 필요하다.

융은 인생을 40세 전후로 전반기와 후반기로 나누고, 인생 전반기의 과제는 자기로부터 분화된 자아가 외부 세계와 잘 적응하는 것이라고 했다. 인생 전반기의 문제는 본능의 적응과 관계가 있다(Jung, Jacobi, & Hall, 2007). 인생 전반기에는 사회와의 적응을 위해 페르소나의 역할이 매우 중요하다. 자아가 페르소나와 동일시할 때 자아의 힘이 강화되어 사회 적응에 도움이 되기 때문에, 자아가 건강하려면 페르소나의 발달이 필요한 것이다. 그러나 자아의식이 일방적으로 흐르면 자아의 그림자가 생기는데, 인생 전반기에 다른 사람과의 관계는 그림자의 투사로 일어난다. 그림자의 투사와 동일시를 통해 성격이 발달한다.

한편 인생 후반기의 과제는 인생 전반기에 강화된 자아를 바탕으로 자신의 내면세계와 적응하고 자아를 자기에 다시 통합하는 것이다. 인생 후반기의 문제는 자기 자신의 존재에 대한 적응과 관계가 있다(Jung, Jacobi, & Hall, 2007). 인생 후반기에는 자아가 자신의 개성과 페르소나가 다른 것임을 깨닫고 자신의 내면세계를 들여다보게 된다. 따라서 인생 후반기의 개성화는 자아가 아니마 · 아니무스의 요소를 인식하고 이를 인격으로 통합하는 것이다. 자신의 무의식적인 아니마 · 아니무스를 억압하지 않고 받아들일 때 조화롭고 안정된 성격을 갖게 된다. 내적 인격과 외적 인격, 페르소나와 아니마 · 아니무스, 자아와 그림자, 외향성과 내향성, 자아와 자기와 같은 정신적 대극을 하나로 통합하는 것이 인생 후반기의 과제이고, 이것이 곧 자기실현과 개성화의 과정이다.

융은 자기가 다른 정신체계가 충분히 발달할 때까지 나타나지 않고 인생의 중년 시기에 나타난다고 하였다. 그는 인생의 여러 단계 중에서도 외부 세계의 적응에서 자기의 내적 존재에의 적응으로 이행하는 중년기에 대해 다른 어떤 심리학자보다 많은 관심을 갖고 이해하기 위해 노력하였다. 융의 분석심리치료가 '생애 후반기 심리학'으로 불리는 이유가 여기에 있다(노안영, 강영신, 2003).

융은 아이의 성격 발달에 유전적인 소인뿐 아니라 부모, 교육, 시대와 문화와 같은 환경이 영향을 미친다고 생각하였다(Hall & Nordby, 1998). 먼저 다른 모든 심리학자처럼 융도 부모가 아이의 성격 형성에 중요한 영향을 미친다고 보았다. 융은 부모가 아이의 페르소나 형성이나 그림자 발달에 중요한 역할을 하며, 부모가 자기의 성품을 강요하거나 자신의 정신 구조를 아이에게 투사하려 한다면 아이의 성격은 불안정하게 될 것이라고 생각했다.

한편으로 융은 아이의 개성화에 대해 학교교육이 부모보다 더 강한 영향을 미친다고 생각하였다(Hall & Nordby, 1998). 따라서 교사는 부모보다 아이의 성격 형성에 좀 더 중요한 역할을 담당하고, 아이의 균형 있는 성격 발달을 위해 아이 성격의 조화롭지 못하거나 약한 면을 인식하고 그것을 발달시키도록 도와야 한다고 여겼다. 예를 들어, 교사는 사고 유형의 아이에게는 덜 발달된 감정 기능을 표현하도록, 그리고 내향적인 아이에게는 좀 더 외향적인 태도를 가지도록 격려할 수 있다.

융은 사회와 문화도 개인의 성격 형성에 영향을 미친다고 생각하였다. 어떤 시대에는 감정이 선호되고 또 다른 시대에는 사고가 선호될 수 있다고 보았다. 동양 문화에서는 내향성과 직관이, 서양 문화에서는 외향성과 사고가 존중되는 경향이 있는데, 이러한 문화적 차이는 개인의 성격 형성에 영향을 미친다는 것이다. 또한 현대인은 과거보다 수준 높은 개성화를 위해 더욱 복잡한 상징을 필요로 하는데, 이때 표현할 상징을 찾지 못하면 원시적인 형태의 자기 파괴적 행동이 일어난다고 보았다(Hall & Nordby, 1998). 이처럼 융은 개인이 살고 있는 시대와 문화권도 개인의 성격 형성에 영향을 미친다고 생각했다.

5. 건강한 성격과 병리적 성격

융의 분석심리학 관점에서 보면 정신의 전체성을 잘 유지하고 있는 사람이 건강한 성격을 지닌 사람이다. 건강한 성격의 사람은 정신 대극 사이에 균형을 이루고 자신의 무의식과 의식의 통합을 꾀함으로써 정신의 전체성을 유지하고 자기를 실현하는 개성화 과정에 있는 사람이다. 반면 병리적 성격의 사람은 정신의 전체성이 유지되지 못하고 깨어져 있는 상태에 있는 사람이다. 하지만 융은 병리적 성격의 상태에 있는 사람도 깨어진 정신의 전체성을 회복하려는 목적과 의미를 지닌 사람으로 보는 등, 긍정적인 관점으로 인간 성격을 이해하고 있다.

건강한 성격의 사람은 인생의 전반기에 자아가 외부 세계와 적응하기 위해 노력하고, 페르소나가 자아와 동일시됨으로써 자아는 더욱 강화되어 외부 세계와의 적응을 돕는 상태에 있게 된다. 또한 자신의 그림자를 인식하고 그 존재를 인정하며 자신의 인격의 일부로 받아들여 통합한다. 하지만 한 개인의 자아가 페르소나에 지나치게 순응하거나 페르소나와 동일시되어 자아의식이 한쪽으로만 흐를 때, 또한 그림자를 자신의 일부로 보지 못하고 타인에게 투사할 때, 즉 내면의 무의식을 완전히 무시한 채 행동할 때, 그는 병리적 성격에 빠지게 된다. 인생의 전반기에 발생하는 정신장애는 사회 적응의 문제, 자아 약화와 관계된다.

건강한 성격의 사람은 인생의 후반기에 들어서며 자신의 내면세계에 관심을 갖고 무의식의 내용을 의식화함으로써 전체성을 이루려고 한다. 자신의 여성성인 아니무스 또는 남성성인 아니무스를 인식하고 분화해서 자기 인격에 통합한다. 하지만 건강하지 못한 상태에 빠진 사람은 자신의 아니마 또는 아니무스를 인식하지 못하고 발달시키지 못하며 다른 사람에게 투사함으로써 인격의 통합을 꾀하지 못한다. 따라서 인생 후반기의 정신장애는 자신의 내면세계에의 적응 문제, 즉 정신의 전체성과 개성화의 부족에 의한다(이죽내, 2000).

융은 신경증 환자나 정신병 환자의 심리가 건강한 사람의 심리와 근본적으로 다르지 않다고 보고 있다. 그는 프로이트와는 달리 정신장애를 과거의 경험에 의한 상처나 충동에 의한 산물로 보지 않는다. 정상과 이상, 또는 건강한 성격과 병리적 성격의 구분은 절대적이 아니라 상대적이라고 보고 있다(이부영, 2007). 융의 관점에서 보면 신경증이나 정신증은 무의식에 억압된 성적 욕구나 어린 시절의 마음의 상처만으로 생기는 것이 아니며, 미래 지향적인 의미, 즉 정신의 전체성을 이루려고 하는 신호다. 따라서 신경증이나 정신증은 인격의 변화와 성숙을 가져오려는 하나의 기회로 간주해야 하며, 신경증이나 정신증을 다루기 위해서는 그것이 나타내는 고통의 의미와 목적이 무엇인지 살펴보아야 한다(이죽내, 2000). 무의식이 무엇을 말하려고 하는지 그 목적과 의미를 알려고 노력하면서도 한편으로는 무의식에 병적으로 의존하거나 자아가 완전히 압도당해서 사회생활조차 하기 어렵게 되지 않도록 자아를 어느 정도 강화시키고 조심스럽게 무의식에 다가가서 자기를 찾는 자세가 필요하다.

6. 평가와 최근 동향

1) 평가

융은 연금술, 점성술, 종교, 신학, 고고학, 인류학 등에 폭넓은 관심과 지식을 지니고 있었고 신비적인 것에 흥미를 가졌다. 융의 분석심리학은 감각 세계를 넘어선 의미 세계를 추구하고 인간 본성의 전체성을 파악하려 했기 때문에 과학적 사고만 가지고는 이해하기 어려운 철학적인 성격을 띠고 있다(이죽내, 2000). 따라서 융의 개념은 실험실에서는 연구하기 어렵고, 융은 신비주의자라는 비난을 받기도 하였다(Hall & Nordby, 1998). 하지만 융의 이론은 과거보다는 미래, 삶의 의미, 자기실현 등을 강조함으로써 인본주의나 실존주의 계열의 성격 이론에 중요한 영향을 미쳤다(민경환, 2003).

융과 프로이트는 모두 무의식을 인정하고, 무의식을 의식화하는 것이 성격 발달에 있어 중요하다고 강조하였다. 그러나 융은 프로이트와는 달리 무의식이 갈등과 불안과 같은 의식에서 억압된 내용들만 보관하는 것이 아니며, 자율적이고 보상적이고 초월적인 정신 기능을 갖고 있어서 정신 요소들이 서로 충돌할 때 제3의 상징을 만들어 내면서 정신 요소들을 통합하는 창조적이고 긍정적인 측면을 갖고 있다고 보았다. 예를 들어, 만다라는 자기의 원형적인 모습을 상징하는 것으로서, 내면적인 통합이 이루어질 때 사람들은 만다라를 그리며 치유를 경험한다. 융은 최초로 만다라에 심리학적 의미를 부여하고 치료에 적용하였으며, 현재 융의 이론에 기초한 만다라 그리기는 미술치료 등 여러 분야에서 활용되고 있다.

융은 정신 에너지인 리비도가 성과 쾌락뿐만 아니라 창조성 추구를 포함하는 보편적인 삶의 에너지라고 주장하며 프로이트와 생각을 달리하였고, 프로이트가 성과 인간의 병리적 측면만을 지나치게 강조한다고 비판하였다. 또한 6세 이전의 주 양육자와의 경험이 평생을 지배한다고 보는 프로이트와는 달리, 융은 인간 성격은 과거 사건뿐 아니라 미래에 무엇을 하기를 바라는지 그 목적과 의미에 따라 영향을 받는다고 보았다(민경환, 2003).

프로이트는 종교를 원시인들이 자연재난에 대한 두려움을 극복하기 위해 만들어낸 환영쯤으로 생각하였고, 종교를 통해 인간이 집단망상, 집단신경증을 보여주는 것이라고 여겼다. 하지만 융은 집단무의식이 인간으로 하여금 종교적 체험을 하도록 이끌기 때문에 인간은 누구나 종교적 태도를 지닐 수 있고 이는 인간의 본질적인 속성이라고 여겼다. 따라서 융은 종교가 인간 마음의 건강하고 능동적인 산물로써 인간이 종교성을 상실하게 되면 정신적 위기를 겪을 수도 있다고 생각하였다. 융은 물론 제도화된 종교는 인간을 치유할 수 있는 기능을 없앤다고 하였다. 그럼에도 불구하고 인간 내면으로 향하는 개성화 과정에 대한 융의 강조는 집단무의식과 인간 내면의 종교성과의 관련성을 연구하도록 하였으며, 무의식의 세계를 보다 깊고 넓게 이해하도록 하였다.

홀과 노드바이(Hall & Nordby, 1998)는 성격 이론에서 콤플렉스가 일상적인 용어가 될 수 있었던 것은 융 때문이라고 강조한다. 신경증이나 정신증 상태가 콤플렉스와 관련되어 있기에, 분석심리학의 목적은 이 콤플렉스를 해소해 건강한 정신 상태를 갖게 하는 것이다. 융은 단어연상검사를 통해 개인무의식의 콤플렉스를 밝히고 이를 의식화하고자 하였다. 이 콤플렉스가 원초적인 집단무의식의 존재로부터 온 것이라고 생각한 융이 꿈과 상징 연구를 통하여 집단무의식을 발견한 것은 성격 이론에 있어 그의 뛰어난 업적이다(Hall & Nordby, 1998).

요약하면, 성격 이론에 대한 융의 업적은 집단무의식이라는 개념을 도입하여 무의식의 범위를 확장시켰고, 무의식의 자율성과 보상성, 초월성을 강조하며 무의식의 창조적이고 긍정적인 면을 부각시켰다는 것이다. 또한 인간은 어릴 적 과거 경험에서 억압된 무의식적 내용에 평생토록 지배받는 비관적인 존재가 아니라, 무의식이 의식에게 말하려는 목적과 의미를 잘 살펴보고 무의식과 의식을 통합함으로써 정신의 전체성을 되찾고 자기실현을 이룰 수 있는 미래 지향적인 존재임을 강조한 것이다. 융의 무의식에 대한 이러한 긍정적인 관점은 사람이 무의식과 좀 더 가까워져서 자신의 꿈과 성격을 이해하고 수용하도록 이끌었다.

융이 주장한 집단무의식의 개념은 최근 뇌과학 연구에서 인간 뇌에 진화의 층이 반영된다는 사실이 발견됨으로써 과학적인 근거를 가지기 시작하였다. 이는 태고 이래의 조상들의 경험을 집적한 집단무의식이 뇌의 구조에 반영되고 유전된다는 융의 이론과 일치한다고 볼 수 있다(민경환, 2003).

성격 평가에서도 융의 심리유형론은 마이어스(Myers)와 브릭스(Briggs)로 하여금 융 이론을 근거로 MBTI라는 성격유형검사를 낳게 만들었다. 이 MBTI는 자신과 타인의 성격을 이해하거나 성격 차이로 인한 부부 갈등을 이해하는 데도 현재 널리 쓰이고 있다.

2) 최근 동향

융은 1933년에 에라노스라는 학술회의를 시작하고 이 학술회의에서 자신의 많은 이론을 발표하였다. 1948년에는 스위스 취리히에 체 게 융 연구소를 설립하고 후진을 양성하기 시작하였다. 이와 같은 융 연구소는 현재 세계 각지에서 운영되고 있으며 융의 이론과 요법의 보급에 힘쓰고 있다. 취리히 시내에 있던 이 연구소는 1979년 4월 취리히 근교 퀴스나흐트로 옮겨져 분석심리학 교육이 이루어지고 있다. 융 이론을 따르는 학자들 중에서도 에리히 노이만(Erich Neumann)이나 C. A. 마이어(C. A. Meier)는 융의 후계자로, 마리 루이제 폰 프란츠(Marie Louise von Franz)는 융의 수제자로 간주되었다(Hall & Nordby, 1998; Wehr, 1998). 폰 프란츠는 신화, 민담의 상징 해석에 큰 업적을 남기고 비인과적 동시성 원리의 증명에 주력하였다.

1961년 융이 죽은 후에도 그의 이론의 영향력은 날로 커져 갔다. 아들러(Adler)는 1967년 발표한 논문에서 융 학파 정신분석가를 '융 정통 학파'와 '융 비정통 학파'로 나누었다(이우경 외, 2008). 융 정통 학파는 융의 원형을 이해하기 위해 '확충' 방법과 적극적 상상을 사용하여 목적론적인 관점에서 정신치료를 한다. 융 비정통 학파는 '신-융 학파'라고도 하는데, 신-융 학파는 융 심리학을 정신분석 방법을 보완하는 형태로 사용한다. 내담자의 유아기로 돌아가 '전이'를 다루며 내담자의 '전이'와 분석가의 '역전이'를 통하여 정신치료를 한다.

1994년부터 융 학파 분석가들은 융 연구소들이 융의 원래 의도에서 벗어나서 응용된 분석심리학적 작업을 하고 있음을 비판하고, 분석심리학적 작업은 융의 본래 방법으로 수행되어야 한다고 주장하기 시작하였다. 그들에 의해서 'C. G. 융과 폰 프란츠에 따라 심층심리학을 연구하고 교육하는 센터'라는 또 하나의 융 연구소가 취리히에 설립되었다. 이 연구소는 주로 연금술, 신비학, 신화, 민담을 중심으로 심층심리학 연구를 수행하고 있다(이우경 외, 2008).

이우경 등(2008: 179)은 융 연구의 현황에 대해 다음과 같이 정리하고 있다.

> 취리히 융 연구소에서 배출된 연구자들이 영국, 독일, 미국 등으로 진출하여 세계적으로 많은 융 연구소가 설립되었다. 현재 스위스에 약 260명, 일본에 15명 정도, 우리나라에도 10여 명의 융 학파 정신분석가가 있다. 전 세계에 위치한 융 연구소에서 각기 관리되는 교육 프로그램에 따라 최소한 6년 정도의 수련을 받아야 융 학파 정신분석가 자격을 얻을 수 있다. 각 연구소에서는 정신병리, 꿈과 신화와 민담 등의 해석, 종교사와 문화사 등의 이해, 그림 분석, 사례 연구 등 다양한 정신 영역에 걸친 교육이 이루어지고 있다. 대학에서는 융의 분석심리에 대한 교육을 하고 있지 않은데, 최근 영국 케임브리지 대학교에서 석사과정으로 수용하여 부분적으로 교육이 되고 있기도 하다. 그 밖에 세계적으로 융 학파 정신분석가들의 학술모임인 국제분석심리학회가 국제적인 교류 및 만남을 주관하고 있다.

한국에서도 융에 대한 학회와 사설 연구소들이 운영되고 있으며, 각 연구소에서 교육과 상담자훈련 과정, 분석을 통한 상담과 치료가 이루어지고 있다.

제4장
아들러의 개인심리학

| 서경현 |

사실 기여도 차원에서 알프레드 아들러(Alfred Adler, 1870~1937)처럼 저평가되어 있는 학자도 드물다. 현 시대에 활동하고 있는 심리학자나 상담가 중에 아들러의 영향을 전혀 받지 않았다고 할 사람이 없을 정도다. 지금 이 책을 읽고 있는 상담 전문가들 중에서도 자신이 개인적으로 개념화하고 있는 상담이나 심리치료 이론에 아들러의 개념이 얼마나 스며들어 있는지를 인식하지 못하는 사람들이 많을 것이다. 아들러는 열등감이나 불안전감, 자기 향상과 우월성의 추구, 전통적 여성의 역할에 대한 의식 변화, 자녀 과보호의 영향, 출생 순위에 따른 심리 발달, 인간의 사회적 관심 등을 조명하면서 상담과 심리학 분야에 크게 기여하였다(Ansbacher, 1990).

아들러는 인간의 본성을 긍정적으로 조망하였다는 점에서 프로이트와 차별화된다. 그런 측면에서 아들러는 인본주의 심리학이나 실존주의 심리학의 선구자이며, 현 시대에서 조명받고 있는 긍정심리학의 시조라고 할 수 있다. 실제로 로저스(Rogers), 프랭클(Frankl), 매슬로(Maslow), 메이(May) 등은 자신의 심리학에 아들러가 많은 영향을 미쳤다고 공공연하게 언급하였다. 게다가 벡(Beck)의 인지치료, 엘리스(Ellis)의 합리적 정서적 치료, 번(Berne)의 의사교류분석에도 영향을 미쳤다. 실제로 엘리스와 벡의 경우 아들러의 개념으로부터 많은 영감을 받았다고 고백하기도 하였다(Beck, 1967; Corsini, 1973). 그리고 번(1976)도 자신의 의사교류분석의 개념 중에 생활각본은 아들러의 생활양식 개념과 유사하다고 기술한 바 있다. 여러 가지를 종합하여 볼 때, 아들러는 프로이트 못지않게 성격심리학이나 상담 및 심리치료 분야의 선구자였다고 할 수 있다.

1. 아들러의 생애

1) 아들러의 생애가 그의 학문에 미친 영향

아들러

아들러는 1870년 헝가리에서 이주해 온 유태인 곡물상의 아들로 비엔나 근처 마을에서 태어났다. 중산층인 그의 가정이었지만 오스트리아 국적이 아닌 헝가리 국적을 유지하고 있었다. 그는 1911년이 되어서야 오스트리아 국적을 취득하였다. 아들러가 어린 시절 그의 가족은 먼 곳으로는 아니지만 자주 이사를 다녔다.

아들러 위로 두 살 터울의 형이 있었고, 아래로 여동생 둘이 태어났다. 아들러가 4세였을 때에 남동생 하나가 사망하였다. 그가 5세였을 때에는 자신도 폐렴으로 죽다가 살아났다. 이 경험이 아들러의 인생에 큰 영향을 미쳤다. 우선 그는 이 경험으로 인해 의사가 되고자 하는 꿈을 가지게 되었다(Hoffman, 1994). 그리고 이런 경험은 아들러로 하여금 죽음을 극복하는 것을 인생의 목표로 삼게 하였다.

아들러는 5세까지 병치레를 많이 하였고, 건강한 형과 비교되었기 때문에 열등감을 경험하고 그것을 극복하고 우월성을 획득하기 위해 부단한 노력을 하였다. 실제로 아들러의 형인 지그문트(Sigmund) 아들러는 동생을 잘 돕는 성품의 사람이었지만 아들러는 언제나 형을 경쟁자로 생각하였다. 형보다 더 유명해진

후에도 그는 형이 자신보다 앞서간다고 생각하였으며, 경쟁의식을 느끼고 있다고 토로하였다(Bottome, 1939). 또한 5세경까지 병약했기 때문에 어머니가 과보호하였다. 그러다 남동생이 태어나자 어머니가 그 아이의 양육에 집중하였고, 이에 자신이 왕좌에서 퇴위되는 기분을 느꼈다고 표현하였다(Hoffman, 1994). 이런 경험이 그로 하여금 성격 형성에 있어서 출생 순위가 중요하다고 생각하게 만든 것이다.

프로이트가 일곱 동생들과 장성한 배다른 두 형제의 조카들 사이에서 어머니와의 유대관계에 집착했던 반면, 아들러는 어린 시절부터 사회관계에 관심을 가졌다. 따라서 아들러는 프로이트보다는 사회성이 좋았다. 프로이트가 한두 사람과 함께하는 것을 선호한 반면, 아들러는 여러 사람과 함께하는 것도 좋아했다. 프로이트가 자기를 추종하는 사람들에게 집중하고 조직의 결속을 중요시한 반면, 아들러는 민주적인 동료관을 가지고 학술적 모임을 운영하였다. 그것은 나중에 아들러의 학술 조직이 느슨해진 원인이 되었고(Ellenberger, 1970), 프로이트보다 그의 영향력이 잘 드러나지 않게 되는 또 하나의 이유이기도 했다.

학교에 들어간 아들러는 교과과정이 경쟁을 유발하는 것이 아니기 때문에 지루하고 따분하게 느꼈다. 라틴어, 희랍어, 독일어 등 언어 과목과 역사, 지리, 물리, 종교 과목이 실제적이지 않다고 생각되었기 때문에 그것을 위해 노력해야 할 동기를 가지지 못하였으며, 또래들보다 한 해 빨리 입학한 그는 교과과정을 뒤따라가기에도 바빴다. 그는 언제나 자신이 뒤처져 있다는 느낌을 받았으며 열등감을 가지게 되었고, 이를 극복하고자 하는 동기가 생겼다.

그런 가운데 아들러의 부모는 자식들이 경제적으로 안정된 직업을 가진 평범한 유태인이 되기를 바랐다. 적어도 아들 중 하나는 사업을 하기 바랐고, 그의 형이 학교를 그만두고 가업을 잇게 되자 그는 의학을 공부하고자 하는 목표를 현실화할 수 있었다. 그러나 그가 계속해서 수학에서 좋은 점수를 받지 못하자 그의 아버지는 구두 수선공으로 수련받을 것을 강력히 권하였다. 하지만 1888년 아들러는 비엔나 대학교 의과대학에 입학하였고, 1895년 시험에 통과하여 학위를 취득하였다.

어린 시절 병약하였지만 아들러는 초등학교 시절부터 노년기까지 건강한 삶을 살았다. 그러던 중 67세가 되는 1937년 초 큰딸이 모스크바에서 실종되었다는 소식을 듣고 큰 충격을 받았다. 그것이 심한 스트레스가 되었고 가슴에 통증까지 느꼈다. 의사가 휴식을 권하였으나 매번 그랬던 것처럼 세계 도처를 다니며 강연을 계속하였고, 스코틀랜드 애버딘에 강연을 가서 1937년 5월 28일 심장마비로 사망하였다(Hoffman, 1994).

2) 프로이트와 아들러의 관계

여러 오해가 있을 수 있어 이 장을 시작하는 시점에서 반드시 짚고 넘어가야 할 부분이 아들러와 프로이트의 관계다. 아들러가 프로이트의 제자나 추종자였던 것으로 생각하는 사람들이 많지만, 그는 한 번도 프로이트의 제자나 추종자였던 적이 없다고 강력하게 부인하였다. 아들러는 자신이 프로이트와 관계하고 있었을 때도 동등한 입장에서 서로의 의견을 나누었을 뿐이라고 주장하였다(Hoffman, 1994). 아들러는 프로이트가 인간의 기본적인 추동을 너무 강조하는 것을 비판하였는데, 그들의 관계가 깨진 후에 프로이트는 아들러를 망상가로 취급하며 정신적으로 문제가 있는 사람으로 몰았다(Gay, 1988).

1902년 늦가을 프로이트가 아들러와 다른 세 명의 의사를 초청하여 심리학과 신경병리학에 관해 토론을 시작한 것이 그들 만남의 시작이었다. 그 토론회는 약 6년 동안 매주 수요일 계속되었고, 나중에는 비엔나 정신분석학회(Vienna Psychoanalytic Society)로 발전하였다. 이런 모임을 가지면서도 아들러는 한 번도 프로이트를 멘토로 생각해 본 적이 없으며, 두 사람은 인간적으로 교감을 나눈 적도 없었다고 토로하였다. 마침내 1907년 아들러가 성적인 욕구가 아닌 신체적 결함이 인간 동기의 기본이라는 전제하에 『기질적 열등감과 심리적 보상 연구(Study of Organ Inferiority and Its Psychical Compensation)』라는 저서를 출간하면서 두 사람 사이에 학문적 거리감이 조성되었다.

그 이후 몇 년간 아들러는 프로이트의 관점이 너무 지엽적이고 주관적이라는 것을 인식하게 되었다. 그러다 1911년 비엔나 정신분석학회 회장이던 아들러는 정신분석학에서 성적인 면을 너무 강조하는 것에 공식적으로 반대하면서 성보다 우월성의 추구가 인간의 기본적인 동기라고 주장하였다. 프로이트와 아들러 두 사람 모두 관계가 회복되기 어렵다고 생각하였고, 급기야 아들러는 정신분석학회 회장직에서 물러나면서 주요 멤버들 아홉 명과 탈퇴하여 자유정신분석학연구회(Free Society of Psychoanalytic Study)를 창설하였다. 그리고 얼마 지나지 않아 정신분석학이라는 명칭의 사용을 거부하고 개인심리학회(Society for Individual Psychology)로 개명하였다.

제1차 세계대전 동안은 프로이트와 아들러 모두에게 경제적으로 힘든 시기였다. 전쟁은 그들의 이론에도 영향을 미쳤다. 프로이트는 인간의 공격성에 관심을 가지고 되었고, 아들러는 사회적 관심과 보상이 인간의 동기에 주요한 요인임을 제안하였다. 그 시기에 아들러는 안정적인 지위를 확보하지 못했지만 많은 강의를 하였고, 아동을 위한 클리닉을 세우고 교사들을 훈련시키는 일을 하였다.

1920년대 들어 아들러는 미국에서도 유명해졌고 책도 출간하였다. 미국인들 중에 그의 추종자들이 생겼고 비엔나에까지 가서 그의 밑에서 연구하는 정신의학자도 생겨났다. 여러 대학에서 아들러에게 초청 강연을 부탁하였고, 자주 미국을 방문하였다. 프로이트와는 달리, 아들러는 미국에 대해 좋은 인상을 가지게 되어 1932년부터 미국에 영주하게 된다. 아들러는 미국인들의 긍정적 태도와 열린 마음을 좋아하였고, 1930년대 동안 아들러도 유명한 연설가였으며 여러 책을 출간하며 미국에 많은 영향을 끼쳤다.

신프로이트 학파로 불리는 신정신분석학자들을 신아들러 학파(Neo-Adlerians)로 불러야 한다는 주장이 있다(Wolman, 1960). 사실 호나이(Horney), 프롬(Fromm), 설리번(Sullivan) 등이 다루었던 여러 개념을 보면 그들이 프로이트보다 아들러의 영향을 더 많이 받았다는 것을 알 수 있다. 프로이트보다 아들러의 영향력이 과소평가되었던 것은 그가 글 쓰는 것보다 토론으로 아이디어를 나누고 강연하는 것을 더 선호하였으며 다른 학자들보다 상대적으로 글재주가 뛰어나지 않았기 때문이다. 출간된 아들러의 저서들은 대부분 강연에서 발표한 그의 아이디어를 서기가 대필한 것이다. 또한 아들러가 자기 휘하에 조직을 만드는 것을 좋아하지 않은 것도 그의 영향력이 과소평가된 이유 중 하나다.

프로이트는 포괄적으로 인간의 심리에 대한 과학적인 모델을 창출하였지만, 아들러는 개혁정신과 도전정신을 가지고 실용적인 차원에서 활용할 수 있는 인간 심리와 성격에 관한 구체적인 개념을 제시하였다. 아들러는 개인의 정서적이고 사회적 차원에서의 성장은 물론 장기적으로 부모 양육, 교육, 심리치료 등을 통해 발달되고 수정될 수 있는 인간의 성격을 제시하며, 그것으로 인한 더 성숙한 사회에 대한 모델도 제안하였다.

2. 성격의 정의

개인심리학에서는 인간의 성격을 포괄적으로 다루고 있다. 아들러의 이론이 복잡해 보이고 실제로 그 안에 심오한 통찰이 포함되어 있지만 자세히 공부하다 보면 의외로 단순하다는 것을 알 수 있다. 처음부터 아들러가 일반인들도 쉽게 이해할 수 있도록 쉬운 언어와 논리를 사용하려고 하였기 때문이다. 아들러는 일상생활에서 성격이 형성되는 과정을 설명하였다. 예를 들어, 가족 안에서 부모의 영향이나 형제자매들의 역할이 성격 형성에 중요한 요인이라고 보았다. 아들러의 이론은 이해하기 쉽고 명료하며 친숙한 용어로 설명된다.

인간의 성격 형성에 있어서 유전과 환경의 영향에 대한 논쟁이 계속되고 있다. 하지만 아들러는 이 두 가지 요인만큼 중요한 것이 삶 속에서의 개인의 선택이라고 보았다. 그는 개인의 선택과 결정이 유전이나 환경의 영향에 변화를 줄 수 있을 것이라고 보았다. 그의 이런 개념은 글래서(Glasser)의 선택 이론만큼 체계화되지 않았지만, 인간의 성격 형성에 있어서 개인 선택의 중요성을 처음 강조하였다는 데 의미가 있다. 아들러의 이런 개념은 교육이나 상담의 중요성을 부각시키는 것이다. 아들러는 성격이 고정된 것이 아니며 계속해서 발달되어 가는 과정으로 보았기 때문이다. 성격심리학 차원에서 보면 일상생활의 경험이나 행동 및 개인적 선택에 의해 인간의 성격이 계속해서 변화한다는 의미이기도 하다.

실제로 아들러가 제시한 개념과 이론은 매우 체계가 있음에도 불구하고 체계적으로 제시되지 않았다. 아들러의 생존 당시 그의 개념을 정리하여 체계화하지 않았기 때문이다. 개방적인 성격의 아들러는 그가 설명한 인간의 성격처럼 그의 개념과 이론에 계속 변화를 주었다. 그는 여러 개념을 강연에서 소개하였는데 그것을 체계화한 것은 다른 사람들이며, 강연에서 한 개념을 다른 유사한 단어를 사용하여 설명하였던 것도 그의 이론을 체계화하는 데 어려움을 겪게 하였다. 하지만 이후 그의 이론은 체계화되었고, 앞서 언급한 것처럼 포괄적이면서도 이해하기 쉽다.

아들러의 주요 이론을 간단히 요약하면 다음과 같다. 먼저 아들러는 개인의 주관성을 강조하였으며, 주관적인 지각이 행동과 성격을 형성하다고 설명하였다. 그의 이론을 대표하는 것은 열등감을 극복하여 우월성과 성공을 추구하는 것이 인간의 강한 동기라는 점이다. 그는 성격을 통합체(unity)로 보았으며, 그래서 자기 일관성이 있다고 주장하였다. 아들러는 그런 자기 일관적인 성격이 생활양식을 구성한다고 생각하였다. 또한 인간 활동에 대한 가치관은 사회적 관심의 방향에 따라 달라진다고 주장하였다(Adler, 1927).

3. 주요 개념

1) 주관성

아들러는 인간의 주관성을 강조하였다. 그는 인간 모두가 자기 자신의 지각의 틀을 가지고 세상을 경험한다고 가정하였다. 그리고 그는 이를 통각적 도식(apperceptive schema)이라고 명명하였다. 그런 방식으로 자신이나 타인 그리고 세상에 대한 개인적 신념들이 형성된다. 그리고 그런 신념들은 자신만의 진리가 되는 것이다. 우리 인간은 모든 것을 주관적으로 받아들이고, 마치 그것들이 정확하고 진리인 양 생각하고 행동한다. 다시 말해, 아들러는 사람이 현실에 근거하여 행동하기보다 주관적으로 자신이 지각한 것, 즉 자신이 생각하는 가상의 것(fiction)에 근거하여 행동한다고 보았다. 그렇기에 한 개인의 삶에서는 주관적 측면이 강하고 그것이 그 사람을 이해하는 데 중요한 요소다.

개인심리학에서는 성격을 평가할 때도 개인의 주관적인 요인에 무게를 둔다. 예를 들어, 색맹인 사람은 그렇지 않은 사람보다 세상을 이해하는 것이 다를 수밖에 없기 때문이다. 아무리 다른 사람들이 객관적인 색의 범위를 근거로 세상을 이해시키려고 하여도 색맹이 아닌 사람이 시각적으로 느끼는 세상과는 다를 수밖에 없으며 색과 관련된 여러 가지 경험에서 차이가 있다. 불안장애 환자 혹은 완벽주의자는 모두 그들이 가진 주관적 지각의 틀에서 보통 사람들과 차이가 있는 것이다. 물론 보통 사람들 사이에서도 세상에 대해 주관적으로 지각하여 형성된 신념에는 차이가 있다.

주관성은 개인심리학의 기본 개념이다. 현 시대의 심리학자나 상담자에게는 인간의 주관성을 강조하는 것이 새롭지 않겠지만, 아들러가 그런 주장을 할 당시에는 모든 행동은 과거 사건이나 외부적 환경에 의해 결정된다는 믿음이 일반적이었기 때문에, 그는 현상학적인 것을 탐구하는 실존주의 심리학의 시조라고 할 수 있다. 그는 주관성이 진리라고 언급한 키르케고르(Kierkegaard)의 사상에 근거한 실존주의자였다고 할 수 있다.

(1) 가상의 목표

우월성이나 성공을 추구하기 위해 목표를 설정하여야 하는데, 이러한 목표는 다분히 주관적이다. 돌려 말하면, 성공이나 우월성과 관련된 목표는 가상적이라고 할 수 있다. 이는 어린 시절 형성된 것으로 논리성이 별로 없다. 주관적인 가상의 목표가 우리의 생활양식을 결정하고 우리 성격을 통합한다. 그런 가상의 목표는 실제로 존재하지 않는 형식일지라도 개인에게는 실재하는 것처럼 영향을 미칠 수 있다(Vaihinger, 1925). 예를 들어, 두 사람에게 컴퓨터로 하는 사격 게임을 하게 하는데 한 사람은 엉뚱한 쪽으로 사격을 해도 컴퓨터상에서 계속적으로 과녁에 명중한 것으로 조작해 나타나게 하고 다른 한 사람은 어떻게 해도 과녁을 빗나간 것으로 나타나게 하면, 한 사람은 의기양양해할 것이고 다른 한 사람은 의기소침해할 것이다. 그다음 날에는 어떤 조작도 하지 않고 그 사격 게임을 하게 하면 매번 과녁에 명중시킨 것으로 조작했던 사람은 전날의 목표를 마음에 두고 게임을 할 것이다.

이런 아들러의 견해는 동기에 대한 프로이트의 인과론적 관점과는 상반되는 것이다. 프로이트는 과거의 사건이 현재의 행동을 유발한다고 생각하였다. 그러나 아들러는 가상의 목표가 일관적으로 인간을 동기화한다는 목적론적 관점을 주지하였다. 어떤 가상의 목표를 가지고 있는지가 한 사람의 인생을 결정하는데, 이런 목표가 반드시 의식할 수 있는 것이거나 이해할 수 있을 정도로 논리적일 필요는 없다는 것이 아들러의 생각이다. 그럴지라도 그런 목표가 사람의 행동을 결정하고 삶의 방식을 일관성 있게 할 수 있기 때문이다.

(2) 신체적 열등감

신체적으로 열등감을 경험하지 않는 사람은 없다. 인간은 다른 동물에 비해 작고 신체적으로 취약한 상태로 태어나기 때문이다. 다른 동물들은 태어나자마자 걷고 뛰는 경우도 있지만, 인간은 걷기 시작하는 데 1년 이상이 걸릴 정도다. 그래서 인간은 그런 신체적 열세를 극복하기 위하여 가상적 목표를 세우고 더 크고 강하게 되어 우월성을 획득한다. 아들러는 인간이 키가 커지고 힘도 강해지고 많은 신체적 기능을 획득한 후에도 여전히 신체적으로 약하고 열등한 것처럼 행동한다고 보았다(Adler, 1927).

아들러는 그런 신체적 열등감이 인류의 발전에 기여한다고 주장하였다. 실제로 신체적 결함이나 한계 자체는 별것 아니지만, 열등함에 대한 주관적 느낌이 완벽해지고자 하는 동기로 작용하기 때문이다. 그런 차원에서 열등감은 인간에게 긍정적으로 작용할 수 있다. 열등감의 보상으로 더 좋은 성품을 갖고자 하거나 좋은 생활양식을 갖는 사람들이 있기 때문이다. 물론 열등감에 대해 과잉 보상을 추구하여 타인 위에 군림하고자 하거나 사람을 멀리하는 사람들도 있지만, 신체적 열등감을 극복하고 보상을 추구하기 위한 행동은 긍정적일 때가 더 많다. 예를 들어, 수영선수 박태환은 천식을 극복하기 위해 수영을 시작하였고 올림픽에서 금메달을 획득하기도 하였다. 개인의 신체적 결함을 극복하고자 하는 노력이 자신에게 보상이 되는 것을 넘어 사회에도 기여할 수 있다는 것을 보여준다. 신체적 열등감의 개념은 아들러 자신의 경험이 바탕이 되었다. 아들러는 5세경까지 병약하였으며 폐렴으로 죽음 직전에 이르기도 했다. 그런 경험은 아들러로 하여금 의사가 되어 죽음을 극복하고 경쟁심을 가지고 형에 대한 열등감을 이겨 내기 위해 노력하게 하였다.

2) 성공과 우월성 획득을 위한 노력

(1) 열등감/우월성 콤플렉스

성격 차원에서 동기의 근원에 관해 아들러는 프로이트와 매우 다른 관점을 가지고 있었다. 프로이트는 성적 욕구가 인간의 행동에 대한 역동적 추동의 근원이라고 하였지만, 아들러는 성공이나 우월성 추구가 행동의 추진력이라고 보았다. 이는 가장 널리 알려진 아들러의 개념으로, 그는 인간의 모든 동기가 우월성 추구라는 단일 추동으로 설명된다고 주장하였다. 이 개념은 아들러 자신의 경험에 기초하여 정립된 것이다. 앞서 언급하였듯이, 아들러는 초기 아동기에 신체적으로 열등하였으며 형에 대한 강한 도전의식을 가지게 되었다. 아들러의 도전의식과 우월성 추구는 어린 시절의 열등감에 근거한 것이라고 할 수 있다.

초기 아동기에는 손위 형제들이나 어른들과 자연스럽게 비교하게 된다. 따라서 어린아이들은 다른 사람과 비교하며 열등감을 느낄 수밖에 없다. 개인심리학에서는 모든 사람이 어린 시절 신체적 결핍이 있을 수밖에 없기에 열등감을 느끼고, 그것이 성공이나 우월성을 추구하게 하는 동기를 가지게 한다고 설명한다. 그런 것들이 내재화되어 삶 속에서 나타나며 열등감 콤플렉스가 될 수 있다. 아들러는 처음에 그것을 신체적 열등으로 설명하였지만, 나중에는 사회적 요인들을 포함시킨 열등감으로 설명하였다. 뭔가 부족한 상태로서의 자기 평가가 내재화되어 권력에 대한 욕구를 추구하며 과잉 보상을 하게 되는 우월성 콤플렉스를 가질 수도 있다. 요약하자면, 심리적으로 건강한 사람은 인류의 안녕을 위해 성공을 추구하지만 심리적으로 건강하지 못한 사람은 개인적 우월성에 집착한다.

초기 아들러는 공격성(aggression)이 모든 동기의 배후에 있는 역동적 추진력을 발휘하는 것이라고 믿었다. 그리고 그 개념이 만족스럽지 않아 단일 동기로서 공격성을 버리고, 남성성 과시(masculine protest)가 타인에 대해 우위를 점하거나 지배하고자 하는 기본 동기라고 보았다. 그러나 얼마 지나지 않아 아들러는 남성성 과시가 포괄적이지 않다고 판단하게 되었고, 이 동기는 이상 심리를 설명하는 것으로 국한하였다. 생애 후기에 가서 아들러는 역동적인 단일 추동으로 우월성에 대한 추구를 선택하였다. 그는 우월성 추구를 다른 사람보다 개인적으로 우월하고자 하는 노력으로, 성공 추구는 고차원적인 사회적 관심에 의해 동기화된 행동으로 설명하였다. 그런데 아들러는 추구 동기와는 상관없이 개인의 행동이 최종 목표에 의해 조정된다고 보았다.

(2) 최종 목표

개인심리학에서는 목적론을 강조한다. 성격이 과거에 의해 결정된다기보다 미래를 지향하면서 형성된다고 생각한다. 아들러는 인간이 개인의 우월성이나 인류의 안녕을 위한 성공과 관련된 최종 목표를 추구한다고 보았다. 그러나 최종 목표는 실제 존재하는 것은 아니고 가상(fiction)의 것이다. 하지만 그런 최종 목표가 개인의 성격을 통합하고 모든 행동을 종합적으로 설명할 수 있게 한다.

모든 사람은 개인화된 가상의 목표를 만든다. 개인이 구성한 자신만의 가상의 목표에는 유전적 측면과 환경적 측면이 모두 포함되어 있다. 그렇다고 그 목표가 유전이나 환경에 의해 결정되는 것은 절대 아니다(Feist & Feist, 2013). 최종 목표는 다분히 창조력(creative power)의 산물이라고 할 수 있다. 아들러는 인간에게 자신만의 행동과 성격을 형성할 수 있는 능력이 있다고 보았다. 인간의 행동이 본능의 산물이라는 프로이트의 생각에서 벗어나 자기결정론(self-determination)을 믿게 된 것이다.

아들러는 아주 어린 시절부터 최종 목표를 구성하는 창조력이 발달한다고 보았다. 유아기에도 인간은 성장하고 성공하고자 하는 생래적인 추동을 가지고 있기 때문에 신체적 왜소함과 불완전함에 대한 보상으로 가상의 목표를 세운다. 이런 아들러의 설명을 근거로 성인보다 성장과정에 있는 아동이 열등한 것이 더 많아 가상의 목표를 더 적극적으로 발달시키며 공상적인 자기 이미지를 더 마음에 그려 볼 것이라고 생각할 수 있다. 아들러는 개인의 최종 목표가 열등감의 고통을 감소시키고 그가 추구하는 우월성이나 성공에 대한 방향성을 결정한다고 설명하였다(Feist & Feist, 2013).

개인이 추구하는 행동의 방향성은 적응적일 수도 있고 그렇지 않을 수도 있다. 부모가 방임하거나 과보호하며 양육한 아동의 목표는 많은 부분 의식하지 못한 채로 남아 있는 경우가 많다. 아들러는 그런 아동의 경우 자신의 최종 목표와는 상관없는 이상한 방식으로 열등감을 보상하려고 할 것이라고 주장하였다(Adler, 1964). 그와는 반대로 부모가 애정을 가지고 제대로 양육한 아동은 자신이 이해할 수 있고 의식할 수 있는 목표를 가진다. 그리고 심리적으로 안전감을 느끼며 사회적 관심을 가지고 성공을 추구할 수 있다.

아들러(1956)는 최종 목표가 한 개인의 행동을 포괄적으로 이해할 수 있게 만드는 것을 다음과 같이 설명한다. 최종 목표를 추구하는 과정에는 임시 목표들이 있다. 이런 하위 목표들은 대개 의식할 수 있는 것이지만, 최종 목표와 어떻게 연결되는지는 의식하지 못하는 것이 보통이다. 대개 하위 목표들 간의 관계도 이해하기 힘들다. 한 사람이 여러 행동을 할 때는 그 행동의 형태가 서로 다르거나 상반되어 보일 수도 있다. 그러나 최종 목표의 차원에서 보면 하위 목표에서 나온 여러 행동은 서로 일관된 것들이다. 아들러는 그 논리를 극본을 예로 들어 설명하였다. 만약 드라마의 끝 장면을 알고 있다면 극 중간에 독립적으로 나오는 여러 장면이 어떻게 연관되어 있을지를 알 수 있을 것이다. 드라마의 결론을 알고 있는 사람은 각 장면의 의미를 잘 알 수 있는 것처럼, 개인의 최종 목표를 알면 각 하위 목표의 의미와 그가 하는 행동의 이유를 알 수 있다.

(3) 보상 추진

아들러는 인간이 열등감에 대한 보상의 수단으로 우월성이나 성공을 위해 노력하는 것에 주목하였다. 인간은 매우 불완전한 상태로 태어나기 때문에 열등감을 느낄 수밖에 없다. 따라서 더 완전해지고 결핍된 부분을 채워 나가고자 하는 것은 어린 시절부터의 인간의 본성이다. 사람들은 끊임없이 열등감을 극복하려 하고 완전해지고자 하는 욕망을 가지고 행동한다. 아들러에 따르면, 열등감을 극복하려는 힘과 완전함을 추구하고자 하는 힘은 밀고 당기는 힘처럼 역할을 한다. 부정적인 것은 피하고 긍정적인 것을 추구하는 것이 하나의 목표를 위한 것이고, 그 힘이 작용하는 방향은 같다고 할 수 있다.

노력하는 추진력 자체는 타고난 것이지만 그 본질과 방향은 열등감과 우월성에 대한 목표에 기인한다. 아들러(1956)는 만약 개인이 열등감을 느끼지 않는다면 우월성이나 성공에 대한 목표를 가지지 않을 것이라고 생각하였다. 목표란 결핍되어 있다는 느낌의 소산이기 때문이다. 역으로 생각하면, 만약 아동이 완전해지고자 하는 기본 성향을 가지고 있지 않다면 결핍의 느낌은 존재하지 않는다는 것을 의미한다.

아들러는 성공에 대한 추구가 생래적인 것이지만 그것의 계발이나 발달도 필수적인 것이라고 믿었다. 태어날 때 그 성향을 잠재적으로 가지고 있지만 활성화되지 않는 상태인데, 개인이 성장하면서 자신의 방식에 따라 그것을 활성화하여야 한다. 초기 아동기부터 추진 방향을 정하여 개인적 우월성이나 사회적 성공에 대한 목표를 설정하기 시작한다. 목표는 동기의 기본이 되고 심리적 발달을 주도한다.

그런데 추구하는 보상이 반드시 결핍의 내용과 일치하는 것만은 아니다(Feist & Feist, 2013). 약한 신체를 가진 사람의 경우 보상이 반드시 운동선수가 되는 것은 아닐 것이기 때문이다. 약한 신체에 대한 보상은 다른 분야에서의 성공일 수도 있다. 성공은 다분히 개인적인 것이기에 사람마다 성공에 대한 개념이 다를 수 있기 때문이다.

아들러(1956)는 열등감에 대해 보상을 추구하는 방식을 크게 두 가지로 구분하였다. 하나는 사회에 특별히 도움이 되지 않는 방식으로 개인적 우월성을 추구하는 것이고, 다른 하나는 사회적 관심을 가지고 여러 사람에게 유익을 주는 성공과 완전함을 추구하는 것이다. 그렇다면 이 두 가지 보상 추구 방식을 살펴보자. 어떤 사람들은 다른 사람에 관해서는 별 신경을 쓰지 않으면서 자신의 우월성을 추구한다. 목표는 자신만을 위한 것으로 과장된 개인적 열등감이 그 저변에 있으며, 이런 사람들은 열등감 콤플렉스를 가지고 있는 것이다. 강도나 사기꾼 같은 사람들도 그런 사람들에 속하지만, 겉으로는 사회적 관심을 가지고 타인을 위하는 행동을 하는 것처럼 남들을 속이면서 자신의 개인적 우월성만을 추구하는 사람도 있다. 반면에 심리적으로 건강한 사람들은 개인적 우월성보다 사회적 관심을 가지고 인류의 안녕과 유익을 위하여 성공과 완전함을 추구한다. 그들에게는 인간 사회에 얼마나 기여하는지가 개인적 가치의 기준이다.

3) 통합체로서의 성격

(1) 전체로 본 성격

개인심리학에서는 성격에 대해 서로 다른 본능, 특성 및 기타 요소들이 분리되어 있다고 생각하지 않고 통합된 자기 일관적인 전체로 이해한다. 그런 의미에서 아들러는 전인적(holistic) 심리학의 시조라고도 할 수 있다. 개인심리학에서는 모든 행동은 전체적인 차원에서 이해할 수 있으며 개인의 생활양식을 반영하고 있다고 설명한다(Ansbacher, 1964). 완전한 통합적 삶의 방식이 개인의 궁극적인 목표라고 할 수 있으며, 개인심리학에서는 인간의 어떤 행동도 비일관적인 것이 없다고 본다. 모든 생각, 감정, 행동이 한 가지 목표에 결부되어 있다. 어떤 행동이 이상하고 비일관적으로 보일지 몰라도 최종 목표를 이루는 데 어떤 방식으로든지 기여할 수 있는 것이고, 잘못된 행동처럼 생각되더라도 무의식적으로 다른 사람보다 우월해질 수 있는 방식으로 행동한 것이다.

(2) 신체적 언어

아들러는 한 사람을 전인적으로 이해하며 하나의 최종 목표를 위하여 일관된 방식으로 행동하는 유기체로 보았다. 독립된 여러 행동은 모두 하나의 목적의 부분을 담당하는 것으로 이해할 수 있다. 따라서 그는 신체 한 부분의 장애를 부분으로만 이해할 것이 아니라 전체적으로 이해할 필요가 있음을 지적하였다. 열악한 신체의 한 부분에서 개인의 목표의 방향을 엿볼 수 있다. 아들러(1956)는 그 신체 부분이 추구하는 목표를 표현한다고 생각하며, 신체적 언어(organ dialect)라는 용어를 사용하였다.

아들러는 신체기관이 실제 언어를 사용하지는 않지만 개인의 의견을 더 잘 나타낸다고 보았다. 그는 신체적 장애가 생활양식에 묻어 나온다고 믿었다. 아들러(1956: 223)는 부모의 의사를 따르지 않겠다는 표현으로 이불에 오줌을 싸는 매우 순종적인 아이의 예를 들어 신체적 언어를 설명하였다. 아이는 입이 아닌 신체를 이용하여 자신의 의사를 적절히 표현한 것이다.

(3) 무의식과 의식의 조화

아들러는 의식적인 부분과 무의식적인 부분이 통합되어 성격이 형성된다고 보았다. 개인이 이해할 수는 없어도 무의식적인 부분도 목표의 한 부분이다. 아들러(1956)는 성격을 통합체로 보았기 때문에 무의식과 의식을 양분하는 것을 지양했다. 대신에 무의식과 의식을 성격의 통합적 체계에서 서로 협력하는 보완적인 부분으로 생각하였다. 아들러(1964)는 무의식과 의식의 경계를 그리 대단하게 생각하지 않았다. 의식할 수 있었던 부분도 이해하지 못하게 되면 무의식이 되는 것이고, 무의식적인 부분도 이해할 수 있게 되면 의식이 되는 것이다.

4) 사회적 관심

(1) 사회적 관심의 정의

아들러는 삶의 어려운 시기를 보내면서 사회적 관심이 중요하다는 것을 인식하게 되었다. 특히 아들러는 제1차 세계대전을 겪으면서 타인을 돕는 일, 지역사회에 관여하는 것, 남의 마음을 이해하고 친절하게 대하는 것 등이 사회는 물론 개인에게 매우 중요하다는 것을 깨닫게 되었다. 그래서 그는 건강한 생활양식과 그렇지 못한 생활양식을 갖는 것은 아동기에 형성된 사회적 관심에 달려 있다고 보았다. 또한 인간의 모든 활동에 대한 가치관도 사회적 관심을 어떻게 조망하느냐에 따라 달라진다고 보았으며, 사회적 관심으로 개인이 얼마나 성숙한지를 평가할 수 있다고 생각하였다.

아들러가 자신의 이론을 기술할 때 많이 사용한 독일어 단어인 'Gemeinschaftsgefühl'은 사회적 관심(social interest)으로 번역되어 왔으나 사회적 느낌으로 번역하는 것이 적절하다는 지적이 있다(Ansbacher, 1991). 이 개념은 전 인류와 조화되는 느낌이나 인간 사회에서의 소속감과 관련이 있다. 이런 특성이 잘 발달된 사람은 개인의 우월성보다 이상적인 사회와 많은 사람의 안녕과 복지를 추구한다. 한국의 홍익인간 정신과 유사한 것으로, 아들러의 사회적 관심이란 인류애에 대한 태도나 사회의 다른 구성원에 대한 감정이입과 관계가 있다.

아들러(1927)는 사회적 관심이 인간의 본성이며 사회를 결속시키는 힘이라고 생각하였다. 만약 인간에게 약함이나 열등한 점이 없었다면 사회적 관심이 없을지 모른다. 다시 말해, 인간의 열등함이 사회를 구성하게 만든 것이다. 부모의 돌봄이나 보호가 없었다면 어린아이가 살아남지 못하였을 것이기에, 유아기부터 인간은 자신을 돌보아 줄 부모에게 본능적으로 관심을 가지게 되어 있다. 인간의 조상은 가족을 비롯해 다른 사람들의 보호가 없었다면 맹수에 의해 죽을 수밖에 없을 것이다. 사회적 관심은 인류가 살아남기 위해 필수적인 것이었다(Feist & Feist, 2013). 인지 능력이 뛰어나지 않은데도 이타적인 행동을 하는 동물이 무리를 이루지 않거나 사회적 협동이 없으면 생존하지 못할 개체적이거나 환경적 특성 때문에 이타 행동이나 협동 같은 사회적 행동을 보이는 것처럼 말이다.

(2) 사회적 관심의 형성

모든 사람은 사회적 관심의 잠재성을 가지고 있다. 관건은 생활양식에 영향을 미칠 정도로 그것을 잘 발달시키느냐다. 유아 시절 어머니와의 관계는 사회적 관심의 시초가 된다. 어떤 사람이라도 생애 몇 년 동안은 사회적 관심을 가지고 있는 사람의 돌봄이 있어야 살아남을 수 있다. 따라서 생후 몇 달 안에 사회적 관심이 어느 정도 뿌리내리지 않으면 안 된다. 아들러(1956)는 어린 시절의 사회 환경의 중요성을 크게 강조하였다. 그는 초년기에 사회적 환경의 영향력은 유전적인 면을 능가한다고 보았다.

사회적 관심의 기본 형성은 가정에서 이루어지는데, 자녀의 사회적 관심에 영향을 미치는 방식은 아버지와 어머니가 조금 다르다. 아무래도 어머니의 양육 방식이 자녀의 사회적 관심에 더 많은 영향을 미칠 수밖에 없다. 어머니가 자신의 개인적 필요가 아닌 자녀의 안녕을 위해 진심 어린 애정을 가지고 양육한다면, 자녀가 사회에 대한 관심을 제대로 발달시킬 수 있으며 성장하여 타인과 협력하여 살아갈 수 있게 된다. 어머니가 자녀는 물론 자신의 남편이나 다른 사람들 모두를 돌보는 모습을 보여 줄 때, 자녀는 건강한 사회적 관심을 가질 수 있다. 예를 들어, 어머니가 자신의 남편을 뒷전으로 하고 자녀에게만 신경을 쓰면 자녀가 과보호되어 자신만을 아는 사람으로 변하게 될 것이고, 자녀보다 남편에게 더 많은 관심을 보이면 자녀는 자기가 무시되고 방임된다는 느낌을 받게 되어 사회적 관심을 제대로 발달시키기 어려워진다.

아버지의 경우 어머니보다 자녀의 사회적 관심의 발달에 미치는 영향이 상대적으로 적을 가능성이 크다. 하지만 적절한 방식으로 자녀의 사회적 관심을 발달시키기 위해서는 아버지가 가족에게 헌신하는 모습을 보여야 한다. 아들러(1956)는 아버지의 권위주의나 그와의 정서적 분리가 자녀의 사회적 관심에 치명적으로 작용할 수 있음을 경고하였다. 이런 아버지를 둔 자녀들은 성장하여 제대로 된 인간관계를 맺기 힘들어질뿐더러 자신의 개인적 우월성만을 추구할 가능성이 크다. 아들러는 초기 사회적 관심의 발달을 매우 중요하다고 보았는데, 그런 의미에서 이 시기에 자녀의 사회적 관심의 발달에 대한 부모의 영향은 상담을 위한 평가에서도 주목해야 할 부분이다.

(3) 사회적 관심과 인간의 삶

아들러는 사회적 관심으로 인간의 가치를 평가할 수 있다고 보았다. 또한 사회적 관심은 정신건강의 지표이기도 할 뿐 아니라 그 수준으로 얼마나 한 개인이 성숙한 사람인지 판단할 수 있다(Adler, 1927). 미성숙한 사람들은 아들러가 말하는 사회적 관심의 수준이 낮기 때문에 자기중심적이며 개인적 우월성만을 추구하는 반면, 성숙한 사람은 타인의 안녕을 진심으로 염려하고 모든 인류의 복지를 위해 성공을 추구한다.

아들러가 말하는 사회적 관심은 단순한 동정심이나 이타 행위와는 다른 개념이다(Feist & Feist, 2013). 사회적 관심이 동기화되지 않은 이타 행위나 친절함이 있을 수 있기 때문이다. 불우한 이웃을 돕는 사람들 중에는 자신의 우월성을 나타내 보이려는 사람도 있고, 가난한 사람들과 자신을 구분 짓는 의미에서 이타 행위를 하는 사람이 있다. 다시 말해, 자신의 개인적 우월성을 추구하려는 동기에서 이타 행위를 하고 동정심을 보이는 사람이 있다는 것이다. 따라서 아들러는 그런 행위의 가치를 사회적 관심 차원에서 평가해야 한다고 보았다.

5) 생활양식

아들러는 자기 일관적인 성격 구조를 개인의 생활양식(life style)으로 개념화하였다. 생활양식은 개인심리학에서 가장 포괄적이고 핵심적인 개념이다. 이는 사람됨이나 성격 자체를 의미하며, 한 사람의 과거, 현재, 미래를 대변해 주고, 개인의 목표, 자기개념, 타인이나 세상에 대한 태도 등을 포함하는 개념이다.

생활양식은 개인의 유전적 특성과 환경이 상호작용하면서 형성되는데, 그 형성과정에서 개인의 창조력도 큰 역할을 한다. 훌륭한 각본과 재능 있는 배우가 함께 잘 어우러져야 좋은 드라마가 만들어지지만, 연출가의 창의적 능력이 없으면 흥미와 의미를 모두 갖춘 예술성이 뛰어난 드라마는 있을 수 없는 것과 마찬가지다. 생활양식도 4~5세경에 거의 형성된다. 그 이후의 모든 활동은 통합된 생활양식의 반영인 셈이다.

최종 목표는 하나이지만 생활양식은 다양할 수 있다. 사람은 자신이 처한 상황에서 최종 목표를 성취할 수 있는 생활양식을 융통성 있게 조정하며 다양한 방식으로 행동할 수 있어야 한다. 정신적으로 건강한 사람은 살아가면서 성공을 추구하는 방식을 창의적으로 찾을 수 있는 사람이다. 최종 목표는 일관적이지만 환경에 따라 그것을 성취하는 방식은 매번 변할 수 있는 것이기에, 살아가면서 그때그때 생활양식에 변화를 주지 못한다면 문제가 생길 수 있다. 정신적으로 건강하지 못한 사람들은 새로운 환경에 적절히 대응하여 알맞은 생활양식을 형성하지 못하고 융통성 있는 삶을 살지 못한다. 아들러(1927)는 사회적으로 유용한 생활양식은 사회적 관심을 행동으로 옮기는 것이라고 설명하였다. 성숙한 사람은 개인적인 자신감과 타인과의 협력, 그리고 타인의 안녕을 위해 기여하겠다는 의지를 가지고 삶에서 경험하는 여러 문제를 적극적으로 해결해 나간다.

6) 창조력

19세기 후반 학계에는 성격이 유전과 환경, 그리고 특성이나 본능과 같은 이미 정해진 것들에 의해 영향을 받는다는 믿음이 대세였다. 그런 견지에서는 성격이 이미 정해진 것으로 변화될 가능성이 크지 않다. 아들러는 이런 입장에 동의하지 않고 성격을 역동적이라고 보았다. 유전과 환경이 성격 형성에서 중요한 역할을 하지만 개인이 어떻게 그에 반응하고 어떻게 그것을 조절하느냐에 따라 성격은 달라질 수 있다고 생각했다. 그는 창의적 자아가 행동에 중요한 역할을 한다고 믿었고 인간이 나름대로의 자신의 삶을 창조해 낼 수 있다고 보았다.

아들러가 말하는 창조력(creative power)이란 개인이 자신의 삶을 조절할 수 있는 능력으로 최종 목표에 대한 책임, 목표를 추구하는 방식의 결정, 사회적 관심의 발달에 대한 기여 등이 포함된 개념이다(Adler, 1964). 모든 사람이 자신만의 유전적 소질을 가지고 태어나고 각기 다른 사회 경험을 하게 되면서 한 사람으로서 정체성을 가지게 된다. 하지만 아들러는 인간을 유전적 소질과 환경 영향의 산물 이상의 것으로 보았다. 인간이란 환경에 반응하는 것은 물론 환경에 영향을 주어 그것의 변화에 원인이 되기도 하는 창조적 존재인 것이다. 같은 식자재와 동일한 주방 기구가 있지만 요리사가 그것들을 어떻게 다루느냐에 따라서 각기 다른 요리가 만들어지는 것처럼, 사람은 유전적 소질과 환경적 요소를 어떻게 다루느냐의 창의적 능력에 따라 달라질 수 있는 것이다.

4. 건강한 성격과 병리적 성격

1) 이상성에 대한 아들러의 기본적 견해

지금까지 살펴본 것과 같이, 아들러는 인간이 주관적으로 자신을 만들어 가는 존재라고 생각하였다. 인간이 창조력을 어떻게 발휘하느냐에 따라 정신적으로 건강할 수도 건강하지 않을 수도 있으며, 유용한 생활양식을 가질 수도 있으며 그렇지 않을 수도 있다고 보았다. 그리고 그는 인간 삶에서의 모든 부적응은 사회적 관심이 제대로 형성되지 못했기 때문에 생긴 것으로 믿었다(Adler, 1956).

아들러는 구체적으로 신경증적 경향이 있는 사람의 특징을 다음의 세 가지로 묘사하였다.

- 과도하게 높은 목표 추구
- 사적인 삶의 영위
- 융통성 없고 독단적인 생활양식

개인심리학에서는 이와 같은 세 가지 특성 모두가 사회적 관심의 부족과 관계가 있다고 설명한다. 이런 사람들이 인생에 실패하는 것은 다른 사람들보다 자신만을 생각하기 때문이다(Feist & Feist, 2013). 그들이 과도하게 높은 목표를 설정하는 것은 과장된 열등감에서 비롯된다. 과도하게 왜곡된 열등감은 부적절감이나 불안전감을 느끼게 하고, 그런 감정이 세상을 넓게 볼 수 없게 만들어 고집스럽게 강박적으로 비현실적 목표를 추구하게 한다. 비현실적으로 과장된 목표가 본질적으로 다른 사람들과 함께하기 힘들게 만들기 때문에 정신적으로 문제를 가지게 된다. 예를 들어, 그런 사람들은 다른 사람과 친밀한 관계를 유지하기 힘들어 가정에서 불화를 경험하고 직장에서 적응하기 어렵다.

2) 이상성의 원인

아들러는 이상성에 기여하는 세 가지 요인으로 왜곡된 신체적 열등감, 부모의 과보호, 부모의 무관심을 들었다. 그는 이런 요인들이 개인의 사회적 부적응을 유발한다고 보았다.

(1) 왜곡된 신체적 열등감

실제 신체적으로 열악한 상태와 열등감의 정도가 반드시 정비례하는 것은 아니다. 예를 들어, 질병이나 사고로 인해 생긴 신체적 결함이 크더라도 그것만으로 정신적인 문제를 가지는 것은 아니다. 그런 결함과 관련하여 과도한 열등감을 갖느냐가 정신적 이상성의 관건이다. 그런 열등감은 다분히 주관적인 것으로, 여기에도 개인의 창조력이 발휘된다. 인간은 모두 신체적인 한계가 있어 열등감을 가질 수밖에 없지만, 어떤 사람은 그런 감정을 증폭시켜 그런 불편감에 대한 과잉 보상을 추구한다. 그러면서 다른 사람을 신경 쓰지 않고 자신의 안위만을 생각한다. 이기적인 행동은 자신의 열등감을 드러내는 것이다. 다른 사람들이 이런 사람을 호의로 대하지 않기 때문에 대인관계가 원만할 수 없다. 그래서 이런 사람의 삶은 투쟁으로 점철된다. 그들에게는 세상 모든 사람이 자신의 안위를 얻는 데 방해꾼으로 느껴지고 심지어 적으로 여겨지기 때문에 성공을 추구하기보다는 두려움으로부터 자신을 보호하기도 힘들어한다고 아들러(1927)는 설명한다. 그리고 더 이기적인 방식으로 문제를 해결하려고 하기 때문에 사회에 더 적응하기 힘들어지는 악순환이 계속된다.

(2) 부모의 과보호

부모로부터 과보호되며 형성된 생활양식은 신경증적 경향성을 키울 가능성이 매우 크다(Feist & Feist, 2013). 개인심리학에서는 과보호된 사람은 사회적 관심을 발달시키기가 매우 어렵다고 본다. 이런 사람은 자신밖에 모르는데다가 스스로 자신의 욕구를 충족시킬 수 있는 방법을 몰라 언제나 다른 사람에게 의존하려고 한다. 부모의 과보호적인 양육 방식은 자녀의 불안, 우유부단, 과민, 인내심 부족을 키운다. 과보호된 사람은 언제나 세상의 주목을 받아야 한다고 생각하기 때문에(Adler, 1964), 자기애성 성격장애나 히스테리성 성격장애를 가질 가능성이 크다. 과보호된 아동이 성장하면 타인으로부터 관심과 사랑을 덜 받는다는 느낌을 받을 가능성이 크고, 그것이 과도한 열등감으로 발전할 수도 있다.

(3) 부모의 무관심

아들러(1927)는 부모의 무관심 혹은 방임도 자녀가 성장하여 사회에 적응하기 힘들게 만들 수 있다고 보았다. 방임된 아동들은 어린 시절부터 자신이 무가치하다고 생각할 가능성이 크다. 방임된 아동은 사회적 관심을 가질 가능성이 낮고 무관심적인 생활양식을 발전시킨다. 이런 사람은 살면서 작은 일에도 자신감을 잃고, 작은 어려움에도 쉽게 포기한다. 또한 다른 사람을 믿지 못하고 공동선(共同善)을 위해 협력할 줄 모른다(Feist & Feist, 2013). 그들도 다른 사람을 모두 적으로 간주하고 다른 사람의 성공을 질투하고, 자신의 이익을 위해 다른 사람을 이용하고 위험에 빠뜨릴 수 있다.

5. 상담에의 적용

1) 보호기제

프로이트의 자아방어기제와 같이 아들러도 정신적 문제에 대한 보호기제가 있다고 보았고, 이를 보호 성향(safeguarding tendencies)이라고 불렀다. 프로이트의 자아방어기제는 불안에서 자아를 보호하기 위해 무의식적으로 작동하는 데 반해, 아들러의 보호 성향은 사회적 상황에서 자존감을 의식적으로 보호하는 경향을 의미한다. 아들러(1964)는 개인이 자신의 생활양식을 지키고 가상의 목표를 유지하며 자존감을 고양시키는 세 가지 보호 성향으로 변명(excuse), 철회(withdrawal) 및 공격성(aggression)을 제시하였다.

(1) 변명

자신의 보호 성향은 변명으로 가장 많이 나타난다. 변명은 '그래요, 하지만'혹은 '그랬으면 좋았겠지만'이라는 말로 시작된다. '그래요, 하지만'은 처음에는 다른 사람이 듣기 좋게 말하고 나중에 어떤 핑계거리를 대는 것이다. 예를 들어, "그래요, 내가 당신을 따라가 줄게요! 하지만 그렇게 하다가 내가 직장에서 해고당할 수도 있어요." "그래, 네 노래는 정말 좋아. 하지만 그 애들이 좋아하는 스타일은 아니야."와 같은 표현이 그것이다(Feist & Feist, 2013). 아들러(1956)는 '그랬으면 좋았겠지만'과 같은 방식의 변명은 자신의 약점을 보호하고 자기 가치를 부각시키기 위한 것으로, 즉 남들이 실제보다 자신을 우월하게 생각하게 만들고자 하는 것으로 생각하였다. 예를 들어, "내가 더 좋은 부모를 만났다면 더 성공했을 텐데."와 같은 표현이 그것이다.

(2) 철회

무서운 것을 보면 도망가는 것은 어린 시절부터 보이는 행동이다. 사람들은 문제와 거리를 두는 방식으로 대처하기도 하는데, 아들러(1956)는 이런 철회를 보호 성향으로 보았다. 아들러는 철회를 '후퇴하기(moving backward)' '그대로 있기(standing still)' '주저하기(hesitating)' 그리고 '장애물 쌓기(constructing obstacles)'로 구분하였다. '후퇴하기'는 자신의 삶에서 가장 안전하고 좋았던 때로 심리적으로 되돌아가는 것으로, 우월성에 대한 자신의 가상의 목표를 보호하고자 하는 것을 의미한다. 후퇴하기는 프로이트의 퇴행과 비슷한 맥락에서 이해할 수 있다. 단지 다른 것은 의식적으로 이루어진다는 것이다. '그대로 있기'만 해도 심리적 거리를 확보할 수 있다. 후퇴만큼 심한 정도는 아니지만 단지 그 자리에 그대로 있는 것만으로 실패에 대한 책임을 면할 수 있기 때문에 열등감을 덜 느껴 가상의 목표를 보호하고자 하는 것이다. 어떤 사람들은 어려움을 당하게 되면 주저하게 되는데, '주저하기'는 그대로 있기와 유사한 행동이다. 아들러는 강박행동의 대부분이 이런 목적으로 시간을 소비하는 식으로 행해지는 것이라고 했다. 반복적으로 손을 씻는 행위나 강박적으로 순서를 따르는 행위는 주저하기의 전형이다. 이런 강박행동이 자기 파괴적으로 보일지 몰라도 불안장애 환자에게는 자존감을 높이는 수단인 것이다. '장애물 쌓기'는 보호 성향 중에 가장 강도가 약한 것이다. 넘을 수 있는 정도의 장벽을 쌓고 그것을 극복하면서 위신과 자존감을 지키는 것을 말한다. 만약 그 장애물을 극복하지 못하면 변명하기에 돌입한다(Feist & Feist, 2013).

(3) 공격성

아들러(1956)는 사람들이 우월성 콤플렉스를 가지고 공격적인 성향을 사용하여 상처 입기 쉬운 자존감을 보호하려 한다고 보았다. 그런 공격의 형태는 경시(depreciation), 비난(accusation), 자기비난(self-accusation)의 방식으로 나타난다. 경시는 타인의 성취를 과소평가하고 자신의 성취는 과대평가하는 방식이다. 주로 비판과 뒷담화가 그런 공격 형태다. 비난은 타인의 실패를 공개적으로 헐뜯고 그 대가를 치르게 만들어 자신의 자존감을 보호하는 것을 의미한다. 그런 사람들은 남들이 자신보다 더 괴로워하는 것을 즐긴다. 그리고 자기비난은 신경증적 공격 성향을 의미하며 자기 고문이나 죄책감 형태로 나타난다. 자기 고문은 자기 학대, 우울, 자살 등으로 나타나고, 죄책감은 자신의 잘못을 인정하고 후회하는 식으로 표현된다(Feist & Feist, 2013). 아들러는 자기비난을 남들에게 자신을 조금이라도 불쌍하게 혹은 선하게 보이므로 열등감을 덜 느끼고 자존감을 확보하려는 노력으로 보았다.

모든 사람이 지금까지 언급한 보호 성향을 가지고 있으며, 적절히 사용하면 문제될 것이 없다. 그러나 너무 과도하게 그런 성향을 보이면 자기 패배적 행동을 하게 된다. 아들러는 지나친 자기 관심을 포기하고 다른 사람들의 안녕에 관해 관심을 가지는 것이 자존감을 보호하는 가장 좋은 방식이라고 설명하고 있다.

2) 초기 기억

아들러는 어린 시절의 기억, 즉 초기 기억(early recollections)이 개인의 생활양식을 이해하는 데 좋은 단서가 될 수 있다고 생각하였다. 그러나 그는 초기 기억과 생활양식 간의 인과관계를 가정하지는 않았다. 기억한 것이 실제 현실인지 혹은 실제 존재하지 않았던 것을 환상처럼 말한 것인지는 중요하지 않고, 그 기억한 것이 현재 그 사람의 성격을 대변한다(Feist & Feist, 2013). 사람들은 기억을 재구성할 때 자기 삶의 주제와 스타일을 반영하기 때문이다. 아들러(1927)는 초기 기억이 개인의 현재 생활양식과 언제나 일관된 형태를 취한다고 강조하였다. 그래서 어린 시절의 경험에 대한 주관적 인식이 개인의 최종 목표와 현재의 삶의 방식을 이해할 수 있는 단서가 될 수 있는 것이다.

아들러는 어린 시절 자신의 형의 건강과 활력을 보고 부러워하던 자신에 대한 초기 기억을 소개하였다. 아주 어렸을 때에 자신의 형은 큰 어려움 없이 달리고 점프하고 하는데 자신은 움직이기도 힘들어 다른 가족이 자신을 도와야 했다고 회고하였다(Bottome, 1939). 아들러의 개념대로라면 이런 기억에서 성인이 된 그의 생활양식을 엿볼 수 있다. 아마 성은 다르지만 이름은 지그문트로 아들러의 형과 같았던 프로이트와의 관계가 그가 회고한 형과의 관계의 기억과 일맥상통한다고 할 수 있을 것이다.

사실 아들러는 인과관계를 결론짓지는 않았지만, 초기 경험이 성격을 형성하는 인과의 방향보다 성격 혹은 생활양식이 초기 기억의 구성에 영향을 미쳤을 것이란 인과의 방향에 더 무게를 두었다. 초기 기억과 관련하여 아들러(1964)는 사회적으로 성공하였지만 여성을 극도로 믿지 못하는 환자를 예로 들었다. 그 환자는 아주 어린 시절 어머니가 남동생과 함께 자신을 시장에 데리고 갔던 경험을 기억해 냈다. 시장에 가다 갑자기 비가 내리자 어머니가 반사적으로 자신을 팔로 안았는데, 조금 지나 어머니는 자신은 어느 정도 컸다고 생각해서인지 자신을 내려놓고 동생을 팔로 안았다는 이야기를 했다. 아들러는 그 기억이 현재 그 환자가 극도로 여성을 불신하는 것과 관계가 있다고 보았다. 처음에 어머니가 호의적이었으나 바로 그런 호의가 무관심으로 변했다는 느낌을 가지게 하는 기억이었다. 이런 기억은 사랑한다고 하면서도 언젠가 자신을 떠날 사람들이 세상에 많다고 그가 생각할 가능성을 시사한다. 그런데 아들러는 그 초기 경험이 그 환자의 여성에 대한 불신을 야기했다고 생각하지 않았다. 대신에 현재 불신의 생활양식이 초기 기억을 그런 식으로 구성하고 인식하는 데 기여했다고 믿었다. 요약하면, 아들러는 초기 기억이 생활양식을 형성하는 데 기여했다기보다 현재의 생활양식이 초기 기억 회상에 영향을 주었다고 생각했다.

3) 가족 구도

가족 구도(family constellation)란 가족의 심리사회적 형태를 의미한다. 아들러(1956)는 가족 구도가 개인의 성격 형성이나 이상성의 발달에 영향을 줄 것이라고 믿었다. 어린 시절 가족 구도에 관해 개인이 어떻게 지각했는지가 중요하다.

아들러는 심리치료에서 항상 환자의 가족 구도, 즉 가족의 크기, 출생 순위, 형제자매의 성별, 형제자매 간 연령 차이, 가족 간 심리적 거리 등에 관해 질문하였다. 그중에서도 아들러는 출생 순위가 성격 형성에 중요하다고 보았다.

아들러는 출생 순위(birth order)에 따라 개인의 성격을 형성하는 심리적 환경이 다르다고 보았다. 아들러가 설명한 출생 순위별 심리적 환경은 다음과 같다(Adler, 1931; Ansbacher, 1964).

첫째 아이, 즉 맏이는 우월감을 느낄 수 있지만, 불안 수준이 높을 수 있고 과보호 성향을 보일 가능성이 크다. 맏이는 동생이 태어나기 전에는 많은 관심을 받고 한동안 어느 정도 응석받이로 성장한다. 자신감 있게 열심을 보이고 남들 앞에서도 당당하다. 하지만 동생이 태어나면 자신이 좋았던 위치에서 쫓겨나는 느낌을 갖는다. 그때 이 아이는 상황이 바뀌는 충격적 체험을 하며 세상에 대한 시각이 달라진다. 언제 동생을 가지게 되느냐에 따라 성격 형성은 다를 수 있는데, 좋은 위치에서 쫓겨났다는 느낌은 맏이의 성격 형성에 큰 영향을 미친다. 맏이는 가정에서 처한 심리사회적 환경에 잘 적응하면 타인을 잘 훈육하고 보살펴주며 조직을 잘 이끄는 사람이 될 수 있다. 하지만 그렇지 못하면 불안 수준이 높고, 무의식적인 적대감을 가지며, 자신을 과신하고, 다른 사람들을 비평하며, 타인에게 비협조적이고, 강박적으로 남들에게 인정받고 싶어 하는 사람이 될 수 있다.

아들러가 볼 때 둘째 아이는 사회적 관심을 가지고 남들과 협력관계를 맺을 수 있는 가장 유리한 입장에서 삶을 시작한다. 둘째 아이는 태어날 때부터 관심을 손위 형제 혹은 자매와 나누어 가질 수밖에 없다. 이 아이의 성격은 손위 형제나 자매가 자신에게 갖는 태도에 영향을 받아 형성된다. 위의 아이가 둘째 아이에게 매우 적대적이라면 극도로 도전적이거나 의기소침한 아이가 될 수도 있다. 그러나 대부분의 아이는 적당히 경쟁적인 성향을 가지면서 손위 형제나 자매보다 더 출중한 모습을 보이기 위해 노력하게 된다. 그리고 협력하여 목표를 달성하는 방법을 배우기도 한다.

막내는 문제아가 될 가능성이 가장 많은 출생 순위다. 가족 내에서 막내는 언제나 어린아이로 취급받을 수 있으며, 과도하게 관심이 집중될 수 있다. 막내는 과보호될 가능성이 커서 다른 사람에게 의존적일 수 있으며, 손위 형제들을 능가하겠다는 생각에 비현실적인 야망을 가질 수 있다. 그런 비현실성은 과도한 열등감에 의한 것이다.

마지막으로, 독자나 독녀인 외동아이는 다른 형제나 자매가 없기 때문에 나눔이나 협동에 대한 기회를 가지기 어렵다. 또한 가족 내에 경쟁할 아이가 없어 부모를 경쟁 상대로 생각하기도 한다. 어른들의 세상에서 살면서 과장된 우월감과 과도하게 고양된 자존감을 가지기 쉽다. 오랫동안 부모의 관심과 조건 없는 사랑을 누려 왔기 때문에 타인에게 의존적이고 언제나 관심의 중심에 자신이 있기를 기대한다. 외동아이의 심리사회적 환경은 개인적 안녕을 추구하게 하고 사회적 관심과는 거리를 두게 한다.

6. 평가와 최근 동향

1) 평가

아들러의 개인심리학에 대한 부정적인 평가로는 성격을 너무 단순하게 해석하였다는 것이다. 복잡하지 않다는 것이 장점이 될 수도 있지만, 성격에서 열등감이나 사회적 요인을 너무 강조하다 보니 지나치게 단순화되었다는 지적이 있다. 이런 문제는 프로이트의 정신분석과 마찬가지로 관찰을 바탕으로 개념화되었기 때문일 수 있다. 예를 들어, 초기 기억과 개인의 현재 생활양식 간의 관계가 꾸준히 연구되어 왔지만(Clark, 2002), 아들러가 주장하였던 것처럼 현재 생활양식이 기억을 재구성하였다는 인과관계는 아직도 증명되지 않았다. 또한 창조력이나 가상 목표와 같은 개념은 연구를 위해 조작적으로 정의 내리기도 힘든 개념이다.

그래도 프로이트의 정신분석학보다 개인심리학에는 실증적으로 검증 가능한 개념들이 많다(Feist & Feist, 2013). 가족 구도뿐 아니라 초기 기억, 생활양식 및 사회적 관심 등은 연구 가능한 개념들이다. 실제로 사회적 관심 등을 측정하는 도구들도 많이 개발되어 있는 실정이다(Crandall, 1975). 아들러가 실험이 아닌 관찰을 바탕으로 개념을 정립하였으나, 전반적으로 개인심리학은 연구 가능한 개념들을 포함하고 있다.

아들러의 개념들은 단순하지만 포괄적이어서 인간의 행동이나 성격 형성을 이해하는 데 유용한 개념의 틀을 제공한다. 예를 들어, 병리적 우월성의 추구는 인간의 부적응적 심리와 행동을 잘 설명한다. 개인심리학의 이론은 적응적 행동의 지침을 제공하기 때문에 상담가, 심리치료사, 부모와 교사 등에게 기여하는 바가 있다. 개인심리학은 현대사회에서 더 실용성의 장점이 부각된다. 예를 들어, 양육에서 부모와 가족의 중요성과 양성 동등의 강조는 현대인들의 생활에서 실제적으로 유용하게 적용될 개념이다. 아들러는 인간의 본성과 능력을 긍정적으로 평가하고, 인류의 안녕을 건강한 성공의 추구로 보며, 세상을 낙천적으로 조명하였기 때문에 현 시대에 부각되고 있는 긍정심리학에서 유용하게 사용하는 개념들이 이미 개인심리학에 많이 포함되어 있었다.

2) 최근 동향

아들러의 개인심리학과 관련해서 비교적 다양한 주제의 연구들이 수행되었으며 또 지금도 계속되고 있다. 아들러의 가족 구도와 인간의 건강 행동 간의 관계가 연구되었다. 예를 들어, 출생 순위와 폭음의 관계를 검증한 연구(Laird & Shelton, 2006)에서는 막내들에게서 폭음 경향이 강하게 나타났다. 아들러는 열등감에 대한 과도한 보상 추구가 완벽주의자가 되게 할 수 있다고 하였는데, 개인심리학을 바탕으로 완벽주의 성격의 적응적이고 부적응적인 측면을 조명한 연구도 있었다(Stoltz & Ashby, 2007).

개인심리학에서는 성격과 직업 선택이 관련 있다고 보았고, 이후 여러 연구자가 초기 기억과 직업 선택의 관계를 탐색하였다. 특히 초기 기억과 직업 흥미가 상관이 있다는 것을 검증한 학자들(Kasler & Nevo, 2005)이 있었으며, 아들러의 생활양식 구성개념을 활용하여 근로자들의 강점이 무엇인지 평가하고 분석하여 기업 내에서 성취 수준을 높이는 데 그것을 활용할 수 있음이 연구로 밝혀지기도 하였다(Peluso & Stoltz, 2002). 이 연구는 개인심리학 이론을 바탕으로 직업상담과 기업상담이 가능하다는 것을 암시하는 것이며 아들러가 산업심리학에 기여하였음을 시사한다.

개인심리학을 바탕으로 한 상담이나 심리치료를 주제로 한 연구들도 많았다. 예를 들어, 아들러는 내담자의 현 생활양식이 초기 기억 회상에 영향을 미칠 수 있다고 보았는데, 초기 기억을 상담에서의 작업 동맹 형성에 어떻게 활용할 수 있는지도 연구되었다(Kern, Stoltz, Gottlieb, & Frost, 2009). 아들러가 제시한 비유를 활용한 부부상담의 효과도 검증되었으며(Eckstein & Sarnoff, 2007), 개인심리학의 개념을 활용하여 스트레스에 대처하고 정신적인 문제를 예방할 수 있다는 것도 검증되었다(McCarthy & Tortorice, 2005). 이런 연구들에서 세상에 대한 아들러의 긍정적 조망이 가정의 기능 회복과 개인의 행복감 증진에 효과가 있음이 발견되었다.

한국에서도 아들러의 개인심리학을 기반으로 한 상담이나 심리치료의 효과가 비교적 많이 검증되었다. 또한, 한국에서는 아동이나 청소년에게 개인심리학을 기반으로 한 중재가 많이 이루어지고 있다. 예를 들면, 개인심리학을 기반으로 한 집단상담이 비만아동에게 효과가 있다는 것이 검증되었고(조영현, 정여주, 2016), 가출 청소년들에게 아들러의 개인심리학을 바탕으로 독서심리코칭을 적용하였을 때의 효과도 검증된 바 있다(허정희, 조미아, 2017). 더 전문적으로 개인심리학 이론이 건강심리학적인 상담에도 활용될 수 있다는 것도 연구로 검증되었다. 김은하와 장윤지(2015)는 화병 환자를 개인심리학에 근거하여 중재한 결과 우울과 심리적 안녕감에 변화가 생겨 신체증상을 완화시킬 수 있는 가능성을 확인하였다.

한편, 한국은 개인주의보다 집단주의 사회라고 할 수 있는데, Aslinia, Rasheed와 Simpson(2011)은 아들러의 개인심리학 이론을 집단주의 사회에서 상담자들이 어떻게 활용할 수 있을지를 연구하였다. 이들은 개인심리학 이론을 집단주의 사고를 가진 내담자들에게 적용하기 힘들다고 생각하거나 어떻게 적용할지 모르는 상담자에게 실제적인 정보를 제공하며 개인심리학과 집단주의 문화의 연결점을 제시하였다.

제5장
후기 정신분석

| 김형수 |

후기 정신분석 이론은 초기 정신분석 이론과 두 가지 내용, 즉 욕구 이론과 발달 단계에서 주요한 차이를 보인다. 우선 욕구 이론 측면에서는 인간 행동의 주요 동기를 욕구의 만족과 같은 생물학적인 동기에서부터 대상과의 관련을 추구하는 욕구로 보기 시작했고, 성격 구조에 대해서 새로운 관점, 즉 표상(representation)이나 내면화(internalization)와 같은 개념을 사용함으로써 성격의 구조를 초자아와 이드 간의 내적 갈등으로 인한 방어체계의 구축 결과로 파악한 전통적인 정신분석과 차별을 두었다. 둘째로, 발달 단계 측면에서 후기 정신분석 이론에서는 인간의 성격적 발달과정에 대한 전 생애적 관점이 도입되었다. 즉, 프로이트의 심리성적 발달(psychosocial development) 단계에 대한 대안 중에서 가장 잘 알려진 것으로 에릭슨(Erikson)의 심리사회적 발달 단계가 바로 그것이다.

후기 정신분석은 여러 입장을 지닌 이론의 총체를 비교적 공통된 관점으로 크게 묶은 것이다. 따라서 그렇게 단일한 집단으로 보기 어렵다. 정신분석 이론은 크게 네 단계 발달과정으로 구분해 볼 수 있다(Pine, 1990). 단계의 이론적 수정과정은 추동, 자아, 대상 그리고 자기라는 네 개의 단어로 요약될 수 있다. 성욕과 공격성을 기본적 추동으로 간주한 이전 단계에서 벗어난 후기 정신분석은 환경적 적응의 주체인 자아의 방어에 초점을 둔 자아심리학, 초기 관계에 의해 형성된 내면적 표상의 중요성과 관계 추구를 인간의 기본적 본능으로 보는 대상관계 이론, 그리고 외부 경험에 대한 자기의 주관적 정서적 체험을 통한 자존감의 형성과 경험의 전체성에 초점을 둔 자기심리학이 크게 세 주류를 이룬다고 볼 수 있다. 이론적 포괄성을 고려할 때, 자기심리학은 대상관계 이론의 범주에 묶인다. 따라서 이 장에서는 자아와 대상에 초점을 두고 후기 정신분석의 이론적 학파들을 구성한 자아심리학, 대상관계 이론과 각각의 대표적 이론가들 가운데 에릭슨, 클라인을 순서대로 소개하고자 한다.

1. 자아심리학

자아심리학은 프로이트의 자아-초자아-원초아의 모형에 토대를 두고 있는 정신분석 학파의 일원이다. 프로이트 이후 몇몇 주요 정신분석 이론가는 성격 구성 요소로서 자아의 기능적 측면을 정교화하기 시작하였다. 자아심리학적인 측면은 프로이트 당시부터 점차적 발전을 해왔다. 페렌치(Ferenczi)는 삼원구조 이론이 도입되기 전인, 1913년에 '현실감각의 발달단계'라는 최초의 자아심리학적인 글을 발표하였다. 안나 프로이트(Anna Freud)는 1936년 '자아와 방어기제'라는 글을 발표했다. 그녀는 우선적으로 방어의 분석과 이해에 주력해야 함을 밝혔다. 이로써 원초아-분석에 치중하던 기존 치료기법이 방어기제의 분화된 이해와 분석으로 역점을 옮기게 되었으나, 이는 아직 심리내적 갈등을 중심으로 고찰된 고전적 자아심리학이다. 이들은 자아의 다양한 기능과 정신병리 속에서 손상된 자아의 치료 가능성을 이론화하려고 노력하였다. 이후 자아를 포함한 성격 구성 요소에 대한 이론적 개정은 하트만(Hartmann)을 통해서 이루어졌다. 1939년 하트만이 '자아심리학과 적응문제'를 발표하면서 현재의 자아심리학이 시작되었다고 볼 수 있다. 하트만은 자아에 갈등과 무관한 차원이 있음을 밝히고 이것이 이차적으로 갈등화될 수 있다고 보았다. 그가 생득적 생물학적 자아-자율성을 주장함으로써 새로운 발달 이론, 즉 심리성적 발달이론을 능가하는 발달이론이 필요하게 되었다(윤순임, 1993). 하트만은 건강한 자아는 정신적 갈등과는 독립된 자율적인 자아기능 영역을 지닌다고 보았다. 예를 들어, 기억, 동작 협응, 현실 검증 등은 정서적 갈등과는 별개로 기능할 수 있어야 한다고 보았다.

하트만에 따르면, 정신분석적 치료는 갈등으로부터 영향받지 않는 자아의 기능 영역을 확장하는 것이다. 이를 통해서 하트만은 정신분석 과정이 적응, 즉 더 효율적인 자아와 환경의 상호 조정을 촉진시킬 것이라고 믿었다. 자아심리학에서의 임상적 접근은 개인이 사용하고 있는 방어를 분석하는 것이다. 즉, 개인이 사용하고 있는 방어기제에 대해 해석하고 명료화 및 직면하는 분석과정을 통해서 내담자가 자신의 문제에 대한 통제감을 얻도록 하는 것이다. 프로이트에 따르면, 자아는 외부 세계와 개인 내면의 자기 및 정체감 간의 갈등 결과로 형성된다. 따라서 자아는 근본적으로 마음속에서 진행되는 갈등의 형상이라고 볼 수 있다. 이러한 프로이트의 개념은 하트만이 제시한 것과는 다르다. 몇몇 학자는 하트만이 전통적인 자아심리학의 관점을 제시했다고 말한다. 그러나 그는 자신의 목표가 환경에 적응하는 자아라는 개념보다는 환경과 자아의 상호 합치를 이해하는 것이라는 점을 늘 주장하였다. 즉, 하트만은 프로이트의 자아에 대한 소극적 방어적 해석에서 나아가 자아의 환경 적응적, 창의적 측면을 강조하며, 환경이 자아에 적절한 자극을 주는 데 실패하게 되면 자아에 심각한 손상을 불러온다는 관점을 지녔다. 이러한 관점은 심리사회적 발달 이론을 제시한 에릭슨의 이론에 잘 반영되어 있다.

1) 에릭슨의 생애

에릭슨

프로이트의 심리성적 발달 단계에 대한 대안 중에서 가장 잘 알려진 것은 에릭 에릭슨(Erik Erikson, 1902~1994)의 심리사회적 발달 단계다. 에릭슨은 독일 프랑크푸르트암마인에서 1902년에 출생하였다. 에릭슨의 출생과 관련해서는 다소 불명확한 부분이 있다. 그의 생물학적 아버지는 덴마크인 정도로만 알려져 있으며 그가 태어나기 전에 부인을 두고 떠나 버렸다. 에릭슨의 어머니 칼라 아브라함슨(Karla Abrahamsen)은 젊은 유태인 여성으로 에릭슨을 낳고 3년간 혼자 키우다가 에릭슨을 진찰하던 소아과 의사 테오도르 옴베르거(Theodor Homberger)와 결혼하여 남부 독일로 이주하였다. 에릭슨에게 있어서 정체성의 발달은 그의 이론에서나 삶에서 매우 중요한 관심사였다. 어린 시절 동안 에릭슨의 이름은 에릭 옴베르거였으며 그의 부모는 에릭슨의 출생과 관련한 자세한 내용을 그에게는 비밀로 하였다. 그는 키가 크고 금발에 푸른 눈을 가진 유태인이라는 점 때문에 어린 시절 유태인 학교에서는 북유럽인(nordic)이라는 놀림을 받았으며, 이후에는 이국적 외모를 지닌 유태인이라는 놀림을 받아야 했다.

고등학교를 졸업한 후 에릭슨은 예술가가 되고자 했다. 예술 수업이 없을 때는 유럽의 전 지역을 돌아다니며 미술관에 다니거나 다리 밑에서 노숙생활도 했다. 25세였을 때 에릭슨은 동료 예술가였으며 후에 정신분석학자가 된 피터 블로스(Peter Blos)로부터 안나 프로이트(Anna Freud)의 친구인 도로시 버링엄(Dorothy Burlingham)이 운영하는 학교에 교사로 지원하라는 제안을 받았다. 에릭슨은 몬테소리 교사 자격증과 비엔나 정신분석학회에서 발급하는 자격증을 받았으며 안나 프로이트로부터 정신분석을 받게 되었다. 독일 나치 정권의 등장으로 덴마크로 이주하였다가 후에 미국의 보스턴으로 옮겨 하바드 의대에 자리 잡고 개인적으로 아동을 대상으로 정신분석 임상 활동을 하였다. 그 시기에 에릭슨은 헨리 머레이(Henry Murray)와 쿠르트 레빈(Kurt Lewin)과 같은 심리학자들을 만났으며, 문화인류학자인 루스 베네딕트(Ruth Benedict), 마거릿 미드(Margaret Mead), 그레고리 베이트슨(Gregory Bateson) 등과 교분을 쌓았다.

아마도 에릭슨은 프로이트나 안나 프로이트 못지않게 이들로부터도 큰 영향을 받았을 것이다. 에릭슨은 이후 예일 대학교와 켈리포니아의 버클리 대학교에서 가르쳤으며, 정식으로 미국 시민이 된 후에 공식적으로 에릭 에릭슨으로 이름을 바꿨다. 에릭슨의 아들인 카이 에릭슨(Kai Erikson)이 언급한 것에 따르면, 에릭슨의 개명은 자기 자신이 스스로를 만들어 냈다는 의미, 즉 에릭의 아들 에릭(Erik, son of Erik)의 의미로 자신을 정의한 것에 따른 결정일지 모른다.

1950년대에는 미국 원주민에 대한 연구와 히틀러나 막심 고리키(Maxim Gorky)와 같은 역사적 인물에 대한 분석을 다룬 『아동기와 사회(Childhood and Society)』(1950)를 저술하였다. 그 내용에서 에릭슨은 프로이트 이론을 수정한 자신의 생각을 형성하기 시작했다. 이후 에릭슨은 개인의 성격에 미치는 문화의 영향을 주제로 한 작업을 지속하게 되었으며 『호전적 비폭력의 기원에 대한 간디의 진실(Gandhi's Truth on the Origins of Militant Nonviolence)』(1969)이라는 저술로 퓰리처상을 수상하기도 하였다.

매카시 상원의원의 반공산주의 운동 영향으로 버클리를 떠난 에릭슨은 매사추세츠 스톡브리지의 오스틴 리그스 센터에서 10년 정도 임상 및 교육 활동을 하다가 다시 하버드 대학교로 돌아와 1970년 은퇴할 때까지 지냈으며, 이후에는 부인과 함께 저술과 연구를 수행하였고 1994년 사망하였다.

2) 성격의 정의

자아심리학에서는 인간이 의사결정을 하고 문제를 해결하는 데 합리적이고 의식적인 존재라고 보았다. 따라서 성격의 초점은 자아였다. 에릭슨은 자아가 원초아에 종속되거나 보조적인 것이 아닌 성격의 독립적인 부분이라는 점을 강조하였다. 에릭슨은 자아가 지각, 사고, 주의, 기억 등을 통해 현실을 다뤄 나가는 자율적인 체제라고 보았다. 그렇기에 초자아와 원초아, 그리고 일반 사회로부터 야기되는 압력을 보다 잘 견딜 수 있도록 자아를 강화시키는 것이 성격의 구성과 발달에 있어서 중요하였다. 전통적으로 자아의 중심 기능은 현실 검증, 충동 통제, 판단, 방어, 정서적 내성 등을 포함한 통합적 기능이었다. 이러한 자아는 사회환경적인 영향을 받아 형성되어 가며 제도와 가치 체계의 특성에 영향을 받는 것으로 보았다. 즉, 에릭슨은 성격의 형성이 생물학적 본능에 전적으로 지배되지 않으며 전 생애적으로 이루어진다는 점을 강조하였다. 그리고 각 발달 단계별로 겪게 되는 위기를 극복하도록 하는 자아의 특성(덕목)에 초점을 두었다.

3) 주요 개념

에릭슨은 프로이트의 심리성적 발달을 확장하여 사람의 성격발달이 전 생애적인 8단계의 심리사회적 발달과정을 거치게 된다는 관점을 제시하였다. 에릭슨은 개인의 발달에서 생물학적 영향이나 심리성적 영향을 무시하지는 않았으나 사회 · 문화적 영향을 강조하고 전 생애 자아 발달을 강조하였다.

(1) 자아

자아는 이드의 갈망을 조절하며 주변 사람들에게 수용될 수 있는 방법을 찾으면서 삶의 현실에 적응하는 일련의 기능을 설명하기 위해 프로이트가 붙인 이름이다. 자아심리학에서는 현실 원리에 기초하여 이루어지는 자아의 이차 과정 사고, 즉 순서적, 논리적, 현실 지향적인 측면을 강조한다. 자아는 원초아의 욕구와 현실 및 윤리 간의 갈등을 중재한다. 자아심리학에서는 자아의 강도, 자아의 종류(관찰하는 자아와 경험하는 자아), 자아의 건강성 등에 따른 성격 유형 등을 제시하고 있다.

(2) 후생적 원리

에릭슨은 자아의 발달과정이 후생적 원리(epigenetic principle)를 따라 기능한다는 점을 강조하였다. 후생적 원리란 우리가 미리 정해져 있으나 아직 구현되지 않은 단계를 거치면서 발달하게 된다는 것이다. 정해진 성격의 모습이 구현될지 여부는 우리가 거치게 될 단계를 얼마나 성공적으로 보내는가에 따라 결정된다는 것이다. 비유적으로 보면, 아직 피어나지 않은 장미의 봉오리는 특정한 시기에 유전적 속성으로 정해진 순서에 따라 꽃을 피우게 된다. 만약 우리가 인위적으로 정해진 순서를 어겨 가며 꽃잎을 들추게 되면, 꽃의 전체적인 발달을 망가뜨리게 될 것이다. 에릭슨은 발달하는 모든 것은 생물학적으로 타고난 기본 계획과 같은 원래의 계획이 존재하며, 이 기본 계획을 바탕으로 각 부분들이 저마다 적절한 시기에 형성된다고 보았다. 그리고 각 부분들은 통합되어 전체적인 유기체적 기능을 수행할 수 있게 된다고 설명하였다(Erikson, 1959).

(3) 위기

에릭슨이 제시한 성격 발달의 과정에서 각 발달 단계는 특정한 심리사회적 발달 과업을 포함하고 있다. 에릭슨은 그 과업이 과도하게 혹은 과소하게 이루어질 경우 이를 위기라고 불렀다. 에릭슨이 강조한 '인생의 여덟 가지 중요 발달 과업'은 특정 기간 동안 관심의 초점이 되고, 이에 따라 심리사회적 발달의 8단계가 이루어지며, 각 단계의 이름은 초점 사항(issues)에 따라 붙여졌다. 그리고 각 단계에서는 초점 사항에 대한 적응과 부적응의 갈등이 생겨난다. 예를 들어, 기본적 신뢰감과 불신감의 갈등이 생겨난다. 갈등은 '그 단계에서' 해결되어야 하며, 성공적 해결은 '다음 단계의 갈등 해결에 대한 준비'가 된다. 성공적 해결은 상대적인 것이고, 적응과 부적응의 '바람직한 비율'(예를 들면, 불신보다 상당히 더 많은 신뢰)이 중요하다. 프로이트의 심리성적 발달 단계와는 달리, 에릭슨의 8단계는 '생애 초기에서부터 전 생애 동안'에 대한 것이다.

4) 성격의 발달

에릭슨의 성격 발달의 원리는 다음과 같이 정리할 수 있다. 첫째, 성숙은 후생적(epigenetic)이다. 둘째, 심리사회적 발달의 각 단계마다 위기가 있다. 셋째, 자아는 성격 발달상의 위기에 대해서 적절하거나 부적절한 방식으로 반응할 수 있다. 넷째, 심리사회적 발달 단계는 개인의 강점과 덕목을 발달시킬 수 있는 기회를 제공한다. 이제 각 단계를 차례대로 살펴보자. 에릭슨의 심리사회적 발달 이론은 '자신이 각 단계의 중심 갈등을 처리하는 방법'을 강조하고 있다(Erickson, 1963, 1968). 다음에 각 단계별 내용에 대한 설명이 간략히 제시되어 있다.

(1) 신뢰와 불신

첫 단계는 신뢰와 불신의 단계다. 이 시기에 유아들은 '음식과 평안을 제공하는 어머니'가 보이지 않아도 불안이나 분노를 느끼지 않을 정도의 충분한 신뢰를 가장 먼저 발달시켜야 한다. 신뢰는 어머니의 행동에 대한 믿음이기도 하지만 자신에 대한 믿음이기도 하다. 이 갈등은 프로이트의 구강기와 일치한다.

(2) 자율과 수치심/의심

다음으로는 '자율감'을 발달시켜야 한다. '자율감'은 대소변 가리기를 통해 이루어지는 것이다. 이 단계는 프로이트의 항문기와 같다. 이 시기에 아동이 자존감을 상실하지 않고 자기 통제감을 갖게 되면 의지감(의지력이 있다고 스스로 생각함)과 자부심이 생긴다. 부모의 기대에 맞추어 대소변을 가리지 못하면 수치심/의심이 일어날 수 있다. 부모의 기대에 맞추어 대소변을 가리지 못하여 생기는 수치심은 후의 '독립감'에 나쁜 영향을 줄 수 있다. 반대로, 배변훈련에서의 자기 통제감 획득은 후의 '자율감'에 긍정적인 영향을 준다.

(3) 솔선과 죄책

솔선감과 죄책감의 갈등은 학령 이전에 아동이 경험하는 마지막 갈등이다. 이 갈등은 프로이트의 남근기에서 일어나는 갈등이다. '어머니 관심에 대한 경쟁심'을 참는 방법을 배워야 하고, 도덕적 책임 능력을 발달시켜야 한다. 이 기간의 아동은 약하고 지배당하고 있다는 느낌을 가지면서 외부적으로는 과대망상적인 행동을 과시하기도 한다. 약하고 지배당하고 있다는 감정을 극복하기 위해서는 적절한 역할 솔선감을 익혀야 한다. 솔선감은 창조적 놀이나 애기 봐주기 등 사회적 · 문화적으로 바람직한 활동을 즐겁게 해 봄으로써 얻어진다.

(4) 근면과 열등

학령기에 접어들면 근면과 열등의 단계에 들어서게 된다. 근면감과 열등감 간의 갈등은 학교생활에 뿌리를 두고 있다. 건전한 사람으로 성장하기 위해서는 이 단계에서 학업에 잘 적응해야 하고, 동료들과의 관계가 좋아야 하고, 자기 한계를 볼 수 있어야 한다. 이러한 사회적 과업에 실패하게 될 경우 열등감이 생기게 된다. 이 시기의 중요 발달들은 프로이트 발달 이론상 잠복기에 일어나는 것들이다.

(5) 정체감과 역할혼미

사춘기가 되면 관심이 정체감 형성으로 기운다. 에릭슨의 정체감은 '자신이 자신을 보는 것처럼 다른 사람도 그렇게 보는 것'에 대한 확신을 말한다. 직업이나 직장은 정체감에 영향을 많이 끼친다. 정체감을 형성하지 못하면 역할혼미가 일어난다. 역할혼미는 직업 선택이나 교육 목표를 제대로 이루는 능력이 없을 때, 혹은 인기 있는 영웅에 대한 과잉 동일시가 있을 때 생긴다. 역할혼미는 청소년기를 넘어서 성인기 초기로 연결된다(Cote & Levine, 1989). 성인기 초기(20대 혹은 30대까지도)에는 부모의 집에 있는 경우가 많다. 그리고 성인기 초기임에 도 정체감 형성이 완전하지 않은 경우도 있다. 에릭슨이 예언한 대로, 정체감은 계속해서 정교화되고 일생을 통해 확장된다(Berzonsky, 1990).

(6) 친밀과 고립

성인기에 접어들면 친밀과 고립의 단계에 들어서게 된다. 친밀은 "자신의 정체성을 상실하지 않으면서 다른 사람과 관계하는 능력"이다(Prager, 1986). 성인기 초기는 진실한 관계를 가지기를 원한다. 다른 사람과 협동적/사회적/직업적 관계를 발달시켜야 하고 배우자를 선택해야 한다. 이런 관계를 발달시키지 못한 사람들은 고립감을 느끼게 된다. 정체감이 친밀감보다 앞서야 한다는 에릭슨의 주장과 일치하는 여러 증거가 있다. 청소년과 성인기 초기에 정체감이 부족한 사람은 다른 사람과 완전한 관계를 이루지 못하는 경우가 대부분이다.

(7) 생산과 침체

에릭슨에 따르면, 성인은 친밀감 형성 이상의 것을 해야 한다. 사람은 '다른 사람들을 도와주고 젊은 사람들을 도와줄 수 있어야' 한다. 생산감은 양육, 가르침, 시민 활동 등을 통하여 다음 세대를 인도하는 것이다. 이렇게 하지 못하면, 사람은 침체감과 박탈감을 느끼게 된다.

(8) 자아통합과 절망

앞의 갈등들을 적절히 해결하지 못하면 인생 후기에 절망감이 온다. 사람들은 자신을 혐오하고, 다른 삶을 시작하기에는 너무 늦었음을 느낀다. 이런 사람들은 자책감으로 인생을 살아가게 된다. 그러나 앞의 7단계에서 잘 적응하게 되면 심리사회적으로 잘 적응하고 후에 지속적 통합감을 가질 수 있게 된다. 에릭슨은 '사람들은 능력에 관계없이 이러한 적응을 이룰 수 있다.'고 생각했다.

이상의 내용을 정리하면 〈표 5-1〉과 같다. 이 표는 신체적/심리성적 발달이 아닌 에릭슨의 심리사회적 발달 단계에 관한 것이다.

이상의 내용에 기초해서 개인의 심리사회적 발달 정도를 측정하는 데 쓰이는 사회균형척도(Inventory of Social Balance: ISB)는 '사람이 에릭슨의 8단계 갈등을 해결한 정도'에 대한 척도다(Domino & Affonso, 1990). ISB는 에릭슨의 심리사회적 발달을 요약하고 있다고 볼 수 있다. 이 척도의 문항 예는 〈표 5-2〉와 같다.

○○○ **표 5-1 심리사회적 발달과정**

구분		심리사회적 위기	중요한 관계	심리사회적 양식	심리사회적 미덕	부적응
단계	연령					
I 영아기	0~1	신뢰 vs 불신감	어머니	주고받기	희망과 믿음	감각 왜곡, 철수
II 2~3 유아기	2~3	자율 vs 수치심/의심	부모	취하고 보내기	의지와 결정	충동성, 강박
III 학령전기	3~6	주도성 vs 죄책감	가족	쫓기와 놀기	제안과 용기	무정함, 억제
IV 학령기	7~12	근면성 vs 열등감	이웃과 학교	완성하기와 합치기	능력	협소한 취향, 무력감
V 청소년기	12~18	자아정체 vs 역할혼미	또래 집단과 역할 모델	자신이 되기와 자기를 나누기	충실과 충성	광신(fanaticism), 단절
VI 성인기 초기	20대	친밀감 vs 고립감	파트너와 친구	서로 간에 자신을 잃고 다시 발견하기	사랑	난잡함(promiscuity), 배타성
VII 성인기 중기	20대 후반 ~50대	생산 vs 침체	가족과 직장 동료	새로운 존재를 만들고 돌보기	돌봄	과도한 확장 (overextension), 거절
VIII 성인기 후기	50대 후반 이후	자아통합 vs 절망	인류와 나의 무리	실존하기와 죽음에 대비하기	지혜	거만함(presumption), 절망

출처: Erikson(1959) 재인용.

○○○ **표 5-2 사회균형척도의 문항**

발달 과업	예시
신뢰	"나는 다른 사람에게 의지할 수 있다."
자율	"나는 잘할 수 있다."
주도	"문제가 생기면, 나는 다양한 해결책을 개발할 수 있다."
근면	"나는 일을 정말 열심히 한다."
정체	"일반적으로, 나는 '내가 인생에서 원하는 것'들을 안다."
친밀	"나는 몇몇 사람과는 매우 가까운 관계를 가지고 있다."
생산	"나는 '아이들이 새로운 기술을 배우는 것'을 보면 즐겁다."
자아통합	"나는 인생을 잘 살았다."

*반응은 '매우 그렇다.'에서 '매우 그렇지 않다.'까지 5점 척도로 구성된다.

5) 건강한 성격과 병리적 성격

자아심리학에서는 성격 발달과정에서 주어지는 환경적 자극의 적시성과 발달 단계별 위기에 대한 자아의 대응에 따라 성격의 건강함 여부를 판단한다. 발달 단계에 따른 건강함 여부, 즉 적응성과 부적응성은 위의 심리사회적 발달 단계 부분에 기술하였다. 자아심리학에서는 앞선 정신분석 이론에서의 성격의 구조 이론을 여전히 유지하고 있다. 그러나 자아심리학에서 새롭게 제공하는 관점은 어린 시절 환경 속에서는 적응적인 자아방어를 발달시켰던 것이 이후 성인의 세계에서는 부적응적인 것일 수도 있다는 점이다. 이때 자아심리학적 모델이 지니고 있는 가정은 자아가 깊은 무의식에서부터 완전히 의식적인 부분에 이르기까지 광범위한 영역에서 기능한다는 것이다. 여기서 현실을 지각하고 그에 적응하는 자아의 기본적인 역할이 중요하게 되는데, 극히 불쾌한 현실일지라도 부인과 같은 원시적인 방어에 의존하지 않으면서 현실을 인정할 수 있을 때 건강한 성격이라고 할 수 있다. 그리고 이것이 가능하기 위해서는 자신의 내면 깊은 곳에서 일어나는 정서적 반응을 관찰자 입장에서 바라보고 표현할 수 있어야 한다. 따라서 상담과정에서는 의식적이고 합리적이며 정서적인 자각을 표현할 수 있는 '관찰하는 자아'가 전체 자기를 이해하기 위해 상담자와 동맹을 맺는 반면 '경험하는 자아'는 치료적 관계 안에서 어떤 일이 일어나고 있는지를 본능적으로 감지하는 역할을 한다.

이러한 자아의 치료적 분열은 분석치료의 필수조건으로 간주되었다. 앞서 언급한 자아의 현실 지각과 적응력은 '자아 강도'의 원천이 된다. 건강한 자아는 좀 더 현실을 수용하는 성숙한 방어를 사용하게 된다. 앞서 정신분석에서도 언급한 바와 같이 자아심리학 운동에서 나온 중요한 임상적 가정은 개인이 반복적으로 사용하는 방어를 통해 특정 성격이 조직화된다는 것이며, 동시에 심리적으로 건강한 사람은 성숙한 방어뿐만 아니라 다양한 방어를 사용할 수 있어야 한다는 것이다. 즉, 스트레스 상황에서 다양하고 좀 더 기능적인 방어를 활용할수록 건강한 것으로 인식되었다. 성격의 경직성의 개념(Reich, 1933)은 정신건강이 정서적 유연성과 관계가 있다는 것을 의미하는 것이다.

6) 상담에의 적용

에릭슨은 생애 첫 발달 단계에서 기본적인 신뢰감을 형성하지 못하면 이후에 정신분열병과 같은 심각한 문제를 겪게 될 수 있다고 보았다. 타인에 대한 신뢰감이 형성되지 못하면 외부 현실과 단절되어 현실 검증이 되지 않고 자기 세계에 갇히게 된다는 것이다. 강박성은 항문기 고착의 결과이며, 신경증은 성인기 초기 타인과의 친밀감 형성에 실패하여 관계 형성에 따른 책임과 위험 요소들을 수용하지 못하게 된 상태라고 보았다. 따라서 건강한 성격은 정체감을 강화시키는 치료적 경험을 하는 것이다. 자아가 강한 사람은 자신을 다른 사람에게 드러냄으로써 생기는 실망, 거부로 인한 좌절감과 상담 등을 견딜 수 있다.

자아심리학에서는 성격 구성 요소로서 자아의 기능적 측면에 초점을 두고 있다. 따라서 상담과정에서 초자아와 원초아, 그리고 일반 사회로부터 야기되는 압력을 보다 잘 견딜 수 있도록 자아를 강화시키는 것을 중요하게 여겼다. 전통적으로 자아의 중심 기능은 현실 검증, 충동 통제, 판단, 방어, 정서적 내성 등을 포함한 통합적 기능이었다. 자아심리학에서의 임상적 접근은 개인이 사용하고 있는 방어를 분석하는 것이다. 즉, 개인이 사용하고 있는 방어기제에 대해 해석하고 명료화 및 직면하는 분석과정을 통해서 내담자가 자신의 문제에 대한 통제력을 갖도록 돕는 것이다.

하트만의 관점에 기초한 자아심리학은 환경에 적응하는 자아라는 개념보다는 환경과 자아의 상호 합치를 강조한다. 즉, 자아의 환경 적응적, 창의적 측면을 강조하며 환경이 자아에 적절한 자극을 주는 데 실패하게 되면 자아에 심각한 손상을 불러온다는 관점을 지녔다. 심리적 손상, 즉 신경증이나 정신증을 경험하는 사람들은 동시에 통제감이 부족하며 혼란스러운 정체감을 지닌 사람들이다. 그들의 자아는 미약하거나 부적절하여 주변 사람들과 정상적인 관계를 맺지 못하며 사회적인 역할 수행도 어렵다. 따라서 자아심리학의 관점을 따를 때 자아의 적응을 돕는 환경을 적시에 제공하는 것이 중요하다. 자아심리학의 관점에서 치료적 변화과정은 이런 방식의 생각들을 전반적으로 반영한다.

자아심리학자들은 정신분석적 접근을 취하는 임상가들에 비해 개인의 행동에 더 가치를 두고, 상징과 숨겨진 의미를 중요하게 보지 않으며, 더 지지적인 태도를 취한다. 반면 자아심리학에 기초한 상담자들은 행동 변화의 원인이 어디에 있는지에 대해서도 입장이 명확하다. 행동의 문제는 내담자들 자신의 생활에서 생기는 것으로 본다. 따라서 내담자는 문제를 다루는 데 스스로 책임감을 가져야 한다고 보았다. 이런 접근법의 차이로 인해서 내담자에게 보다 지시적인 태도를 보이는 경향이 있다. 강조점의 변화 중 하나는 내담자를 협력자로서 치료과정에 참여시키는 것이다. 내담자의 참여를 강조한 이 방법은 자아심리학의 핵심 개념으로부터 직접 발전된 것이다. 즉, 자아의 주요 과제는 세상에 대한 적응을 향상하는 것이다. 행동의 문제가 일어나는 것은 자아가 그 역할을 하지 않고 있기 때문이다.

7) 평가와 최근 동향

(1) 공헌

첫째, 에릭슨은 프로이트의 이론을 확장시켰다. 성격 발달의 본능적 측면뿐만 아니라 심리사회적 측면을 강조하였으며 자아를 더욱 강조하였다. 그리고 인간의 전체 성격 형성에 문화, 사회, 역사의 영향을 고려해야 한다는 점을 일깨웠다.

둘째, 개인의 이해 방식에 변화를 가져왔다. 에릭슨은 성격 이론을 개발할 때 심리역사적 분석방법을 사용하였다. 즉, 그는 역사적 인물들이 겪은 삶의 위기와 대처 방식을 자신의 성격발달 이론에 적용하였다.

(2) 제한점

첫째, 에릭슨은 심리사회적 발달과 심리성적 발달을 무리하게 연결하려고 하였다. 에릭슨은 프로이트의 이론을 확장하면서 성숙의 개념을 긍정적이며 보다 포괄적인 의미로 발전시켰다. 그러나 자율적, 주도성과 같은 자아 발달의 여러 측면을 프로이트의 성적 신체 부위에 너무 무리하게 연결시키려 했다는 비판을 받는다. 에릭슨은 각 신체 부위마다 자아가 외부 세계와 상호작용하는 특징적 양식이 있다고 주장했다. 그러나 자아 성장은 유능성을 얻으려는 일반적인 성향으로 생각할 수 있다는 점에서 비판을 받고 있다.

둘째, 에릭슨의 이론과 개념들은 포괄적이며 개념적으로 모호한 측면이 있다. 경험적으로 이론을 입증하기 위해서는 이론적 범위가 제한되고 구성개념이 명확해야 한다. 에릭슨의 이론은 전 생애적인 부분을 다룬다는 점에서 포괄적이지만 이로 인해 이론의 범위가 광범위하여 경험적으로 해당 발달은 입증하기 어렵다. 또한 그가 유려한 문장으로 자신의 이론을 설명하고 있지만, 제시하고 있는 용어들의 구성개념은 명확하지 못하다는 비판을 받는다. 에릭슨의 이론에 대한 실증적인 연구가 활발하지 못한 것은 부분적으로 이러한 애매성 때문이다.

(3) 최근 동향

첫째, 자아심리학에서는 특히 방어 이론이 세분화되고 발전되었다. 우선 방어의 기능적 해석이 강조되었다. 방어는 자아가 두 전선에서 싸우는 동안 과제를 수행하기 위해 사용되는 다양한 절차라고 볼 수 있다. 보편적인 용어로 표현하면 위험, 불안 및 불쾌감을 회피하는 것이다. 자아심리학에서는 이러한 방어를 기능적으로 보다 세련되게 해석하려고 노력하였다. 예를 들면, 뭐든지 불안을 감소시키거나 긴장을 추방하는 기능을 할 때 방어적이라고 간주하되, 사고, 행동, 정동 또는 관념과 같은 심리적 현상이 중다 기능을 지닐 수 있다는 설명이 제시되었다(Brenner, 1982). 따라서 모든 자아 행위가 방어적 목적과 추동 만족을 위해 사용될 수 있으므로 특수한 방어기제란 없으며, 우울이나 불안의 감소를 가져오는 것들이 방어에 속한다는 주장도 제기되었다. 이러한 접근은 하트만 등이 자아를 적응 및 조절 기관으로서 강조한 것과는 다른 것이다. 또한 자아심리학에서는 자아방어의 이중성이 강조되었다. 방어는 단지 중성적인 '역점유'가 아니며, 바람직하지 않은 내용의 표현을 차단하려고 하면서 동시에 바람직하지 않은 충동을 표현하고 그 만족을 허용한다는 것이다(Schafer, 1968).

둘째, 자아심리학에서는 이후에 방어적 과정들이 추동이 아닌 자기나 대인관계 측면에서 어떻게 나타나는지가 논의되었다. 현재의 관계에서 이전 삶의 관계가 재현되는 과정은 '역할-반응성'이라고 불리게 되었는데, 이 개념은 클라인(Klein)이 초기에 연구했던 투사적 동일시로 이어진다(Sandler, 1976). 후기 방어 이론은 방어의 참조점이 추동이 아닌 자기(self)로 이어지게 되었다. 이론의 가장 중대한 변화는 방어가 중요 타자와의 친밀한 관계 맥락에서 발생하는 관계 및 인지적 패턴으로서, 불안을 일으키는 대상을 유지하고 보호하는 기능을 하며 해로운 외적 영향이나 내부 위협으로부터 자기를 보호하는 기능을 한다는 것이다. 이러한 후기 이론은 정신분석 내에서 대상관계 이론, 자기심리학, 미국 대인관계 이론들을 중심으로 발전하였다(Cooper, 1998).

2. 대상관계 이론

정신분석가는 아니지만 정신분석학 지향적인, 소위 'baby watcher'로 불리는 연구가들은 신생아와 어머니 혹은 양육자의 상호관계를 미세분석(micro-analysis)하였다. 이들은 짧은 시간 동안 일어나는 상호적(stimulus-reaction)·동시적 행동변화를 관찰하였다. 그리고 신생아의 원초적 나르시시즘, 정상적 자폐상태, 구강기적 파괴성, 원초적 분열 등의 생애초기 심리적 과정에 대한 이론적 재구성에 이의를 제기하였다. 프로이트와 26년 이상의 우정을 지켜왔던 페렌치(Ferenczi) 역시 외상은 성적 유혹에서라기보다 어린이와 부모, 성인, 환경 간의 소통 장애의 표현으로 보았다. 그는 오이디푸스 갈등 이전의 초기장애에 관한 연구와 대상관계 이론의 기틀을 닦았다. 페렌치의 제자 발린트(Balint)는 페렌치의 견해를 창의적으로 수정 보완하였다. 대상관계라는 개념을 정착시킨 사람으로 알려지고 있는 페어베언(Fairbairn)은 인간은 태어날 때부터 관계대상을 찾고 있다고 했다. 그리고 이미 1935년부터 정신분석학 전문지 〈Imago〉에 신생아-유아의 발달에 대하여 연구 발표를 한 스피츠(Spitz)는 아이와 어머니의 관계에 대하여 지속적인 연구를 하였다(윤순임, 1993).

대상관계 이론은 정통 프로이트 학파의 성격 모델과는 다른 방법으로 관계와 성격의 구조와 그 구조적 발달체계를 지니고 있다. 큰 범주의 대상관계 이론은 대상관계 이론과 자기심리학을 포함한다. 대상관계와 자기심리학 이론가들은 모두 자신을 정신분석학의 주류 내에 있는 것으로 간주하지만 그들의 중요한 이론적 부분에 있어서는 그 흐름을 달리한다.

대상관계 이론가들은 초기의 정신 구조와 심리기제의 형성과정에서 발현되는 분화과정을 연구하고 이러한 내적 구조들이 현실적인 대인관계 상황에서 어떻게 재현되는가를 살펴보았다. 대상관계 이론은 지속적인 인상, 즉 개인의 정신 내에 존재하는 잔재(residue)를 남기는 생애 초기 관계에 초점을 맞춘다. 이러한 과거 관계의 잔재, 다른 말로 내적 대상관계가 개인의 인식과 다른 개인들과의 관계의 형태를 만드는 것으로 보았다. 즉, 한번 자기와 타인에 대한 양식이 생기면 그것은 이후의 삶에서도 지속적으로 그 사람의 대인관계에 영향을 준다고 보았다. 그 이유는 인간이 그가 거래하는 실제의 타인들과의 관계를 사실 그대로 혹은 왜곡해서 해석하는 내부의 타인, 즉 정신적인 표상이라고 칭하는 성장과정에서 영상화된 대상의 이미지와 지속적으로 관계하기 때문이라는 것이다.

대상관계 이론은 인간에게는 관계를 형성하려는 본능적 욕구와 동기가 있으며, 따라서 관계를 형성할 수 있는 대상이 필요하다고 보았다. 즉, 사람에게 가장 심각한 공포와 불안은 개인의 내적 갈등으로 인해 발생하는 것이 아니라 대상관계의 상실 또는 상실 가능성으로 인해 발생한다는 것이다. 또한 인간은 개별화로 향해 나아가려는 특성이 있다고 하였다. 이것은 말러(Mahler)에 의해 체계화되었지만 여러 이론가에 의해 공통적으로 강조되는 인간 특성이다. 즉, 사람은 다른 사람과 관계를 상실할 때에도 불안과 두려움에 빠지지만 개별화에 실패하여 관계로부터 떨어질 수 없고 개별화할 수 없을 때에도 '먹힐 것 같은 불안(fear of engulfment)'을 느낀다. 발린트(Balint)는 이러한 두 가지 성향을 다시 정리하였다. 즉, 인간은 대상과 친밀해져서 애착을 형성하려고 하며 분리에 대해 불안을 느끼는 성향(ocnophilic), 그리고 자아의 능력을 활용하여 세계를 탐색하고 대상으로부터 독립을 추구하여 지나치게 깊은 관계에 빠져 버려서 헤어 나오지 못하는 것에 대해 불안을 느끼는 성향(philobatic)을 동시에 가지고 있다는 것이다.

1) 클라인의 생애

클라인

멜라니 클라인(Melanie Klein, 1882~1960)은 비엔나의 유태인 가정에서 1882년 태어났다. 그녀의 아버지 라이제스 박사는 정통 유대교인이며 의사였다. 랍비가 되기를 바랐던 부모로부터 독립하여 의사가 된 클라인의 아버지는 클라인의 어머니와 이혼 후 40세에 재혼하였는데, 이때 얻은 네 딸 가운데 막내가 클라인이었다. 많은 독서를 즐기며 10개 국어를 구사하는 아버지 덕분에 클라인은 지적 자극을 받았으나, 가게 운영과 가족 부양을 하며 따뜻하고 용기 있는 성품을 지닌 어머니와 더 가깝게 지냈다.

클라인은 위로 언니 한 명과 무척 가깝게 지내던 오빠 두 명이 있었는데, 오빠들은 모두 질병으로 일찍 사망하였다. 네 살 위 오빠였던 시드니는 연주창에 걸려 9세에 죽을 때까지 동생에게 읽고 쓰기를 가르쳤으며, 20대 중반에 심장병으로 죽은 다른 오빠 엠마뉴엘은 그때까지 멜라니의 후견인 역할을 하였다. 지적인 욕구를 자극했던 오빠들의 죽음은 그녀에게 우울감과 더불어 강렬한 지적 탐구욕을 갖게 하였다.

오빠의 소개로 만난 아더 스테판 클라인과 21세에 결혼한 클라인은 처음에는 지적인 자극이 없어 불행한 생활을 하였다. 1910년 남편이 부타페스트로 직장을 옮긴 후 그녀는 큰 전환을 맞이하였다. 여기서 그녀는 프로이트의 저서 『꿈에 관하여』(1901)를 읽고 정신분석에 관심을 갖게 되었다.

결혼생활이 파탄에 이른 시점에서 만난 정신분석학은 깨어진 결혼과 만성적인 우울에서 그녀를 구했다. 클라인은 산도르 페렌치(Sandor Ferenczi)에게서 분석을 받았고 그의 지원으로 아동 분석을 시작했다. 1917년에 프로이트를 만나게 되고 1919년에는 첫 논문『아동의 발달(The development of child)』을 발표했다. 1924년에는 베를린에서 스승 칼 아브라함(Karl Abraham)에게 분석을 받기 시작했는데, 14개월 후에 아브라함이 죽어서 분석은 중단되었다. 아브라함이 죽은 후 베를린 학파에서 지원을 잃은 클라인은 안나 프로이트와의 갈등으로 어려움을 겪게 되었다.

사실 클라인의 통찰들이 프로이트의 연구를 너무 변형시킨 것이어서 그녀의 이론적인 입장은 정통 프로이트 학자들에 의해 거절되었다. 어린이 정신분석 기술에 대해 쓴 그녀의 논문이 어니스트 존스에게 깊은 인상을 주어서 클라인은 1925년 영국에 자리를 잡게 되고, 이후 남은 여생을 그곳에 머무르면서 영국 정신분석학회의 주축이 되었다. 1940년대 말 나치를 피해 많은 정신분석학자가 영국으로 건너왔는데, 그중에는 프로이트의 가족도 있었다. 특히 안나 프로이트와 1943~1944년에 걸쳐 치르게 된 격렬한 논쟁을 통해서 클라인은 자신들의 견해를 엄격하게 이론화하게 되었다. 1952년에는 클라인 학파의 논문들이『정신분석의 새로운 방향(New Direction in Psycho-analysis)』이라는 책으로 출판되었으며, 클라인은 1960년 암으로 사망하였다.

클라인의 '런던 학파'와 안나 프로이트와 가장 밀접한 '비엔나 학파'의 분열은 오랜 동안 지속되었다. 이 두 학파는 아동의 치료에 대해서 서로 다른 접근을 취한다. 클라인은 놀이치료를 사용했고, 성인들에게 사용하는 기술들과 매우 유사한 해석의 기술을 사용했다. 1910년대 말에서부터 1920년대 말에 이르기까지 클라인은 자신의 초기 이론을 발달시켰다. 클라인은 아동의 놀이를 분석함으로써 유아기에 대한 프로이트의 가설을 검증하려고 하였다. 클라인은 프로이트보다 더 철저하게 리비도적 문제들에 초점을 맞추었다. 예를 들면, 클라인은 아동 세계의 도처에 성기적, 오이디푸스적 성이 작용하고 있음을 제시하며, 직선과

원은 남근과 질을 상징하고, 산수에서 나누기는 격렬한 성교를 그리며, 지리는 어머니 몸의 내부에 대한 성적 호기심을 반영한다고 하였다. 오이디푸스적 감정이 프로이트가 제시한 성기기보다 더 이른 시기인 생후 1년경 이유기 즈음에 발생하는 것을 관찰한 클라인은 평생 동안 이 내용들을 이론적으로 정당화하려고 하였다.

성격 발달에 대한 클라인의 관점은 프로이트의 관점과 조금씩 차이를 보였다. 예를 들어, 프로이트에게 오이디푸스 시기란 자기애적 시기를 지나서 관계의 갈등, 그 결과로 나타나는 동일시를 통한 내사가 발생한다는 의미였다. 그러나 클라인은 부모를 내사함으로써 형성되는 초자아가 오이디푸스기 이전에 나타난다고 주장하였다. 전 오이디푸스 시기에 현실의 부모가 내사되는 과정에 대해서 설명함으로써 클라인은 정신분석학의 관심을 전 오이디푸스 시기로 돌려놓았다. 현실의 부모는 내사되어 아이의 마음속에 내적 대상으로 자리 잡게 되며, 그녀의 이론에서 초자아는 처벌하고 감시하는 역할을 맡은 일종의 내적 대상인 셈이 된 것이다.

클라인은 정신분석의 핵심 가운데 하나인 추동에 대한 관심을 대상으로 돌려놓았다. 외부에 있는 인물들을 내사함으로써 마음을 형성한다는 그녀의 이론은 후에 위니컷(Winnicott)과 페어베언(Fairbairn) 같은 학자들에게 영향을 주었고, 대상관계 학파를 형성하게 하였다.

2) 성격의 정의

대상관계 이론에서는 성격 형성의 핵심을 대상 및 대상과의 관계로 보았다. '대상'이란 주체에 상대되는 개념으로 '주체가 관련을 맺는 어떤 것'을 의미한다. 그리고 '대상관계'란 주체인 한 개인이 특정한 양식으로 대상과 맺는 관계다. 초기 정신분석 이론에서는 사물을 포함하여 욕구를 충족시키는 모든 것이 대상 개념에 포함되었지만, 페어베언 이후 관계를 형성하는 것이 인간에게 가장 중요한 본능적 욕구로 간주되면서 대상은 특정한 사람을 지칭하는 경우가 많아졌다.

그런데 여기에서 유의할 점은 대상관계가 일차적으로 심리 내적 구조를 의미하지만, 반드시 외부 대상과 맺는 대인관계를 의미하는 것은 아니라는 점이다. 대상은 부분 대상과 전체 대상, 외부 대상과 내부 대상, 중간 대상 등과 같이 다양한 의미를 지니고 있다. 우선 부분 대상과 전체 대상은 한 개인의 심리적 세계에 남아 있는 이미지나 표상이 주요 타자의 전체(전체 대상)뿐만 아니라 그 대상의 특정한 부분(부분 대상)에 대한 표상이 될 수도 있다는 내용과 관련된다. 둘째로, 외부 대상과 내부 대상은 대상이 반드시 외부의 현실 세계에 존재하는 외부 대상만을 의미하지는 않으며 내부 대상도 포함한다는 내용과 관련된다. 셋째로, 중간 대상이란 내부 대상이나 주관적 대상이 아니며 그렇다고 단순히 외부에 실재하는 대상도 아닌 대상이다.

이러한 대상들과의 관계가 내면화된 것이 표상(representation)이다. 그리고 이러한 내면화의 결과로 성격의 구조가 형성된다고 보았다. 즉, 한 개인이 일상생활에서 주요 타자와 반복적으로 경험하는 상호작용이나 환경의 특성을 내면적인 규범이나 특성으로 변환시키는 내면화의 결과로 성격이 형성된다는 것이다.

3) 주요 개념

(1) 대상과 대상관계

대상관계 이론을 이해하기 위해서는 기본적으로 대상이나 대상관계의 개념을 이해할 필요가 있다. 대상관계에서 '대상'이란 주체에 상대되는 개념으로 '주체가 관련을 맺는 어떤 것'을 의미한다. 그리고 '대상관계'란 주체인 한 개인이 특정한 양식으로 대상과 맺는 관계다. 따라서 대상관계란 실제적 관계와는 구별된다. 자신의 성격특성을 가지고 태어나는 각각의 개인은 그 발달과정 중 주요대상과 환경과의 관계에서 성장한다. 여기서 내재화와 외재화의 과정이 일어난다. 이 과정을 체험하는 주체는 이 체험의 현실적, 상상적 내용을 심리내적인 표상으로 변화시키며 이는 심리내적인 조절 작용을 하게 된다. 다시 말하면 자기표상과 대상표상이 형성되는 과정에서 이 둘은 어떤 관계 속에 놓이게 되며, 그것이 수정되거나 부분적으로 억압되어 무의식적인 소망으로 머물게 된다. 이것은 전이 현상을 일으키는 주요한 요인이 된다(윤순임, 1993). 대상은 다양한 의미를 내포하고 있다. 그중에서 부분 대상과 전체 대상, 외부 대상과 내부 대상, 중간 대상 등에 대해 살펴보면 다음과 같다.

(2) 부분 대상과 전체 대상

한 개인의 심리적 세계에 남아 있는 이미지나 표상은 반드시 그가 관계를 형성하고 있던 주요 타자의 전체(전체 대상)에 대한 것만은 아니며 그 대상의 특정한 부분(부분 대상)에 대한 표상이 될 수도 있다. 즉, 한 개인의 젖가슴이나 손가락 같은 개인의 특정 부분이 개체의 대상이 될 때 그것을 부분 대상이라고 한다.

부분 대상과 전체 대상의 구분이 중요한 까닭은 개인이 성장하면서 부분 대상(예: 엄마의 손, 팔, 젖가슴, good과 bad)을 통합하는 능력이 생기는 것은 개인의 심리적 발달에서 성장을 위한 중요한 과정이기 때문이다. 즉, 대상의 신체적인 측면만 살펴볼 때, 개인은 유아초기에 엄마가 유아를 감싸는 손(good)과 꾸짖는 입(bad)을 서로 분리된 대상으로 이해한다.

그러나 유아가 성장하면서 갑자기 그 두 부분 대상이 서로 분리된 것이 아니라 엄마라는 전체 대상에 동시에 속해 있다는 것을 깨닫게 될 때 유아는 혼란에 빠진다. 그러나 그것이 현실이고 그러한 현실을 받아들여서 엄마라는 전체 대상은 내게 좋은 자극을 주는 것(good)과 나쁜 자극을 주는 것(bad)을 동시에 가지고 있는 대상이라고 통합적으로 이해하고 받아들일 때, 그것은 엄마에 대한 전적인 수용과 통합이 이루어지는 순간이 되며, 그러한 수용과 통합은 성숙한 성격의 중요한 기준이 된다.

같은 원리가 심리적이고 인격적인 성숙에도 적용된다. 대상을 '좋은 것'과 '나쁜 것'을 동시에 가진 통합된 개체로 인식할 때 성숙했다고 본다. 반면 일부분만을 인식한다든지 전체에 속한 일부라는 것을 인식하지 못하는 성향, 즉 분리(splitting)나 흑백논리의 심리적 기제를 극복하지 못했을 때, 그러한 개체를 심리적 · 성격적으로 미성숙하다고 한다.

(3) 외부 대상과 내부 대상

외부 대상이란 성장 초기나 현재에 주체의 주변에 현실적으로 존재하는 중요한 타자들을 의미한다. 외부 대상은 몇 가지 점에서 내부 대상과 밀접한 관련을 가지고 있다. 첫째, 내부 대상은 외부 대상과 했던 경험의 결과 남은 흔적으로 형성된다. 둘째, 내부 대상은 현재의 외부 대상을 선택하는 과정이나 외부 대상과의 관계에 대한 의미를 부여하는 데 영향을 미친다. 그러나 내부 대상은 현재의 외부 대상에 의해 수정되기도 하는 상호적 관계에 있다. 대상은 반드시 외부의 현실 세계에 존재하는 외부 대상만을 의미하지는 않으며 내부 대상도 포함한다. 내부 대상이란 한 개인이 성장 초기에 자신을 돌본 중요한 사람과의 경험으로부터 형성된 심리적인 구조의 한 부분으로서 초기 관계의 흔적이 남아서 자신의 성격의 일부분으로 남아 있는 것을 의미한다.

(4) 중간 대상과 중간 현상

중간 대상이란 내부 대상이나 주관적 대상이 아니며 그렇다고 단순히 외부에 실재하는 대상도 아닌 대상이다. 즉, 그것은 외부 대상과 내부 대상의 중간 영역에 위치하면서 유아와 애착관계를 형성하는 대상이다. 곰인형이나 담요, 이불자락 같은 것은 유아가 습관적이면서도 강하게 애착관계를 형성하고 있는데, 곰인형이나 담요는 실제로 곰인형이나 담요로 인식되면서도 그에 부여된 애착관계로 인해 유아가 독특한 의미를 부여하고 강한 정서를 느낀다. 한편 중간 현상은 중간 대상을 포함하여 유사한 현상에 대해 지칭하는 일반적인 개념이며, 중간 공간이란 중간 현상이 일어나는 영역을 의미한다.

(5) 표상

표상이란 외부 세계에 대해 주체가 가지고 있는 정신적 이미지로서, 주체가 이 세계를 이해하거나 자신을 표현할 때 사용하는, 인지적, 정서적, 행동적 요소를 모두 포함한 틀이다. 따라서 표상은 한 개인의 행동의 의미와 동기를 이해할 수 있는 실마리를 제공한다(Clair, 1996). 표상은 대상관계가 내면화된 것으로서 일차적으로 그 개인이 유아기나 성장 초기에 자신의 일차적 욕구를 만족시키기 위해 의존하던 사람과 맺었던 관계의 잔재(residue)나 흔적에 의해서 발달한다. 개체는 간혹 과도적 대상과 상호작용하기도 하지만 대부분의 경우에는 외부에 실재하는 세계와 상호작용한다. 외부 세계란 관찰 가능한 영역의 사회적 환경 내에 존재하는 관찰 가능한 대상의 세계이며 일상생활의 세계다.

그러나 개체가 외부의 대상을 특정한 방식으로 받아들이고 일단 외부 대상에 대한 의미와 이미지를 형성한 후에는 실제 대상과 관계를 형성하거나 반응하는 것이 아니라 그 개인이 내면에 가지고 있는 대상의 이미지와 관계를 형성하고 반응한다(Rangell, 1985). 이처럼 한 개인이 자신의 내면세계에 외부 대상에 대해 가지게 된 의미와 이미지, 또는 대상을 받아들이고 소유하는 방식을 표상이라고 한다.

(6) 내면화

대상관계를 경험한 후에는 외부 대상과의 관계가 주체의 심리적 세계에 들어와 자리를 잡고 구조를 형성하게 되는데 이를 내면화라고 한다. 구조란 심리적 조직체를 비유적으로 설명한 개념이다. 대상관계 이론에서 성격 구조의 형성은 내면화의 결과다.

4) 성격 형성과정

대상관계 이론에서는 '대상관계의 수준'으로 사람들의 내적 발달 내지는 적응 상태를 이해할 수 있다고 본다. 대상관계 이론가들은 기본적으로 '사람들은 자신이나 타인에 대한 내적 대상을 가지고 있다.'고 생각한다. 그리고 이 내적 대상은 그 사람이 자신에 대해 갖게 되는 느낌이나 타인을 대하는 행동에 많은 영향을 주게 되며, 대상관계의 발달 수준이 높아질수록 자기개념이나 대인관계가 좋아지는 것으로 보았다. 따라서 대상관계 수준은 대인관계 기능과 적응성에 대한 좋은 예언자가 된다. 대상관계 이론에서 보는 인간의 본성 중 하나는 개별화로 향해 나아가려는 특성이다. 이것은 여러 대상관계 이론가들에 의해 공통적으로 강조되는 인간 특성으로 말러(Mahler)에 의해 체계화되었다고 볼 수 있다. 분리-개별화 과정에서 사람은 다른 사람과 관계를 상실할 때에도 불안과 두려움에 빠지지만, 개별화에 실패하여 관계로부터 떨어질 수 없고 개별화할 수 없을 때에도 먹힐 것 같은 불안(fear of engulfment)을 느낀다고 보았다.

말러(1968)는 유아의 발달과정에서 오이디푸스 콤플렉스를 해결하는 것보다 양육자의 공생관계에서 분리-개별화로 발전해 나가는 것이 더 중요하다고 보았다. 그는 개인이 처음 엄마와의 심리적 혼합 상태에서 시작하여 점차적으로 분리되어 나간다고 생각했다. 대상관계 이론에서 심리적 발달과정은 타인으로부터 분리되는 또는 떨어져 나오는 일련의 전개과정이라고 볼 수 있다. 이러한 전개과정에 대해 말러가 제시한 과정을 구체적으로 살펴보면 다음과 같다. 여기에서는 네 단계로 발달과정을 그리고 있다.

1단계는 정상적 유아 자폐기로 자기와 대상 모두 불완전하며, 엄마와 자기를 한 몸처럼 여긴다. 2단계는 공생기로서 유아가 몸 전체를 통해 경험하는 접촉, 지각적 경험, 특히 몸 표면 전체의 깊은 감각을 통해 자기감을 갖게 되는 시기다. 이 시기에 유아는 엄마에 대한 의존이 높고 깊은 정신적 유대를 기대한다. 3단계는 주요 타자, 즉 대개는 엄마로부터 분리되는 시기다. 이 시기에는 공생 궤도 내부에 집중해 있던 유아의 관심이 점차 외부로 확장된다. 유아는 자랑스럽게 부모에게서 걸음을 떼어 놓고는 다시 부모의 품속으로 뛰어드는 모습을 보이게 된다. 이때 독립과 의존의 양가감정을 경험하게 되며, 엄마는 아동의 자기개념 발달을 기뻐해 주는 거울 역할을 하게 된다. 이 시기에 대상에 대한 분열(splitting) 패턴과 중간 대상 애착이 나타나며, 시간이 지나면서 친밀과 자율간 갈등 감소를 통해 분리감이 증가하게 된다. 4단계는 자기 및 대상에 대한 항상성을 획득하는 시기다. 이 시기에는 타인을 자기로부터 완전히 분리된 존재로 보게 된다. 대상항상성을 획득함으로써 화가 나거나 좌절했을 때 엄마가 여전히 좋은 사람이라는 것을 기억해 낼 수 있게 된다. 그리고 자신의 개성이 상실될 공포를 느끼지 않으면서 타인과의 관계를 형성할 수 있고 확고한 자기감을 가지게 된다.

표 5-3 분리-개별화 단계

단계	명칭	시기	특징
1단계	정상적 유아 자폐기	생후 첫 3~4주	심리적 과정보다 생리학적 긴장에 더 많은 반응 보임. 엄마와 자기를 구별하지 못하고 통합된 자기를 지각하지 못함. 일차적 자기애 단계 중 전능 환상기
2단계	공생기	생후 3~8개월	1단계와 마찬가지로 여전히 엄마에게 의존. 엄마 혹은 주된 보호자와 짝을 이루며 고도의 정신적 유대를 기대함. 이차적 자기애 형성. 모는 이차적 자기애의 대상
3단계	분화/개별화 과정	생후 4~5개월에 시작	공생관계를 떠나기 시작하는 단계. 주요한 타인으로부터 분리를 경험하지만 확신감과 안정감을 경험하기 위해 타인에게 되돌아옴. 깨어 있음과 집요함과 목표 지향성을 보임
4단계	자기항상성과 대상항상성	생후 36개월 이후	타인을 자기로부터 완전히 분리된 존재로 봄. 일생동안 지속되는 명확한 개별화 성취. 자신의 개성이 상실될 공포를 느끼지 않으면서 타인과의 관계를 형성할 수 있고 확고한 자기감을 가지며 이후의 심리성적, 심리사회적 단계로 들어가게 됨

이러한 발달과정에서 발생하는 문제는 성격장애를 유발할 수 있다. 예를 들어, 3단계의 경우 분화를 경험하지 못하면 자기애적 성격장애나 경계선 성격장애 문제가 나타날 수 있다고 보았다. 이러한 발달 단계는 각 단계에 속한 내담자 상태를 이해할 수 있는 틀을 제공한다. 즉, 자폐, 공생, 부화, 연습, 재접근, 대상항상성 단계에서 내담자의 상태에 대한 이해를 도우며, 각 단계에서 내담자가 경험하는 욕구와 두려움, 그리고 각 단계에 속한 내담자가 필요로 하는 대상과 그 특성을 알 수 있도록 도와준다.

이 외에도 여러 대상관계 이론가들은 분리-개별화 과정에 대한 단계 이론을

○○○ 표 5-4 대상관계 발달

구분	표상의 복잡성	표상의 정서적 색조	정서 투입 능력	사회적 인과성 이해	정신병리
1수준	완전히 미분화되어 있으며 관점이 혼란스러움	악의적 표상, 중요 타인의 이유 없는 폭력이나 심한 무관심	욕구 만족 지향적, 총체적 자기 몰입	대인 관계 사고의 비인과성과 비논리성	자폐증, 정신분열병
2수준	표상이 단순하며, 행동에 초점을 두며, 전체적이고 획일화됨	적대적이고, 공허하고, 변덕스러우나, 총체적 악의는 없음. 관계에 대한 깊은 외로움이나 실망감	제한적 인간관계와 도덕적 기준. 관심의 갈등, 일차 목표 만족, 미성숙하고 미통합적이고 처벌 회피적인 도덕 기준	사회적 인과관계에 대한 어설픈 이해, 약간의 비논리성과 비합리적 설명, 간단한 자극-반응 인과관계	성격장애
3수준	정신이나 성격에 대한 미미한 이해	약간 부정적 색조의 혼합 표상	사람들이나 도덕적 기준에 편의적 투여, 상투적 동정이나 상호관계, 도움, 도덕적 위반에 대한 죄책	복잡하고 정밀한 상황 인과관계, 사고와 감정의 중재적 역할에 대한 이해	불안장애
4수준	주관적인 경험이나 성격성향의 복잡성에 대한 충분한 이해. 생활사, 복잡한 주관성, 성격과정 등을 통합한 표상 부족	중간 정도 혹은 균형적 색조의 표상	대인관계나 가치에 성숙되고 헌신적인 투여, 상호 공감이나 관심, 추상적 가치에 몰입	정신과정이 사고, 감정, 행동, 대인관계 생성에 미치는 역할에 대한 전반적 이해	적절한 기능
5수준	지속적이고 순간적인 심리적 경험을 이해하고, 성격을 인간 상호 간 혹은 환경과 상호작용하는 체계로 이해함을 나타내는 복합적 표상	매우 긍정적 표상, 많은 선의의 상호작용	몰입된 관계 속에서도 자동적 자기감, 기준을 잘 생각하고 구체적 사람이나 관계에 대해 관심 깊게 보면서도 도덕 규칙의 현실적 가치를 생각함	정신과정이 사고, 감정, 행동, 대인관계생성에 미치는 역할에 대한 자세하고 총체적인 이해, 무의식적 동기과정 이해	우세한 기능

제시하고 있다. 일일이 다 소개하기 어렵기도 하거니와 상담적 장면에서 내담자의 대상관계 발달 수준을 통합적으로 평가해 볼 수 있는 틀을 소개하는 것이 유용하다고 판단되어, 여기에서는 웨스턴(Westen, 1991)의 틀을 소개하고자 한다. 웨스턴은 대상관계 발달을 5수준으로 나누고 각 수준별로 대상관계 표상 형

성의 네 측면을 고려하는 이해의 틀을 제시하였다. 표상의 복잡성은 네 측면, 즉 ① 표상의 복잡성, ② 정서적 색조, ③ 정서적 투여 능력, ④ 사회적 인과관계의 이해를 포함한다. 각 수준별로 네 측면의 내용을 정리하면 〈표 5-4〉와 같다. 통합적 전체를 형성하기 위해서는 모든 수준에서 네 가지 요소가 적절히 있어야 한다. 웨스턴 모형은 어떤 사람의 대상관계 수준에서 문제가 되는 정신병리를 파악하는 데 유용하다. 1수준의 사람들은 자폐증이나 정신분열병의 경향이 있다. 2수준의 사람들은 성격장애, 3수준의 사람들은 불안장애를 가지고 있을 가능성이 있다. 4수준과 5수준을 획득한 사람은 인간관계에서 정신병리적 요소가 있는 경우가 거의 없다.

5) 건강한 성격과 병리적 성격

대상관계 이론에서는 다음의 몇 가지 특성을 가진 사람을 건강한 사람이라고 간주한다.

첫째, 대상항상성을 확립한 사람이다. 말러의 관점에 의하면 대상항상성(object constancy)은 내부의 좋은 대상과 관련이 있으며, 이전에 지지와 위로 그리고 사랑을 제공했던 실제 엄마가 있었던 것처럼 이제는 동일한 기능을 하는 엄마의 심리적 이미지를 가지고 있는 것을 의미한다. 안나 프로이트(1966)는 "대상항상성은 그 사람이 비록 불만족스러울 때에도 계속 애착관계를 형성할 수 있는 능력"이라고 보았다. 대상항상성은 항상적 관계를 형성하는 능력을 지칭하여 '동일한 대상에 대하여 사랑과 적개심이라는 두 개의 감정을 인식하고 인정하는 능력, 특정한 대상에게 감정의 초점을 맞추는 능력, 그리고 자신의 욕구를 만족시키는 기능 이외의 특성에 대해 가치를 둘 수 있는 능력'이라고 보기도 했다. 이러한 능력은 대상에 대한 통합성을 확립하는 능력과도 밀접하게 관련된다.

둘째, 대상에 대해 통합성을 확립한 사람이다. 대상에 대해 통합성을 확립했다는 것은 대상을 부분 대상보다는 전체 대상으로 경험하는 사람을 의미하는데,

이는 (자기나 타인) 대상을 '좋은 대상' 또는 '나쁜 대상'으로 분리(splitting)해서 경험하지 않고 '좋은 점'과 '나쁜 점'을 동시에 가지고 있는 것으로 경험하여 '좋거나 나쁜 것'에 기준을 두기보다는 대상의 존재를 중요시 여기는 것을 의미한다.

셋째, 개별화가 잘된 사람이다. 개별화가 잘된 사람이란 자신과 타인 사이에 독립성을 유지하는 동시에 안정된 감각을 가진 사람으로서 위의 두 가지 조건, 즉 정서적 대상항상성을 유지하고 분열을 통합시키는 능력이 있는 사람을 의미한다. 즉, 위의 두 가지 특성을 가진 사람에 대해 말러가 붙인 이름이라고 볼 수도 있다.

넷째, 자기가 확립된 사람이다. 자기란 코헛(Kohut)의 핵심 개념으로서 '주도권의 중심이며 심리적 이미지의 수령자'로서 '더 이상 표상 또는 자아의 활동에 따른 산물이 아니라 그 자체가 적극적인 주체(agent)'인 것을 의미한다. 따라서 건강한 사람이란 경계가 분명하고 진실하며, 정서적으로 전체성을 경험할 수 있는 삶의 주도적 주체(agent)로서 삶을 살 수 있는 자기가 확립된 사람이다.

반면 대상관계 이론에서는 다음 몇 가지가 나타날 때 병리적 현상이라고 보았다. 첫째는 분리(splitting)다. 분리란 통합의 반대 상태로 자기나 타인에 대해 전체로 경험하지 못하고 '좋음'과 '나쁨' 또는 '외부 대상'과 '내부 대상'으로 분리하여 경험하는 것을 의미한다. 페어베언은 내부 대상에 지나치게 집착하는 것을 병리로 보았다. 둘째는 투사적 동일시(projective identification)다. 자아의 부분들이 자기로부터 분리되어 대상들에게 투사되는, 확장된 분열 현상을 지칭한다. 이는 구체적인 충동들과 실제의 자아 조각들이 대상에게 전가되는 현상을 의미한다. 셋째는 애착과 개별화 간의 불균형이다. 이것은 말러의 개념에서 개별화가 잘 성취되지 못한 상태를 의미한다. 즉, 지나치게 융합되어 개별화를 성취하지 못하고 먹혀 버릴 것 같은 두려움이 있거나 반대로 충분히 애착관계를 경험하지 못하여 거절에 대한 공포가 심한 경우를 의미한다. 넷째는 변형적 내면화의 실패다. 변형적 내면화란 코헛의 개념으로서 아동의 성장과정에서 자기대상이 점점 아동의 욕구에 덜 반응해 줌으로써 자기대상관계가 서서히 내면화되는 과정을 의미한다. 코헛에 의하면, 한 개인이 건강하게 자라기 위해서는 우선 그가 성숙했을 때 스스로 담당하게 될 그의 정신 구조 기능을 유아 시절에 대신 맡아 주는 사람인 자기대상이 필요하다. 자기대상은 아동에게 공감적이고 적절히 반응적이어서 아동으로 하여금 응집성과 항상성 그리고 탄력성을 느낄 수 있게 도와주는 사람으로서, 결국 아동의 자기가 발달하는 데 필요한 경험을 제공해 준다.

코헛은 유아와 자기대상의 관계를 정신 발달과 구조 형성에 필수적인 것으로 보았는데, 이때 자기대상이 제공해 주어야 하는 경험으로서 총애와 존경, 일체감 등이 있다(김병훈, 2002). 그런데 여기에서 이러한 경험이 계속 제공되기만 하고 적절한 좌절이 경험되지 않으면 이 경험들이 내면화되기 어렵고 내적인 구조로 자리 잡기 어렵게 된다. 코헛은 대상관계 이론의 큰 틀 속에서 자기심리학이라는 독자적인 이론적 관점을 펼치며 자신의 견해를 제시하고 있다.

6) 상담에의 적용

관계의 불안정성 때문에 어려움을 겪는 내담자를 상담하는 상담자들은 내담자들이 다른 사람들과 관계를 맺고 유지하려고 필사적이고 강박적으로 노력함으로써 결국 조종적인 관계만 경험해 왔으며 진정한 관계를 맺지 못하여 생기는 것에서 문제의 근원을 파악한다. 그러나 동시에 상담자들은 내담자들의 그러한 노력이 결국 다른 사람과의 관계를 유지하고 자신의 좋은 부분을 인정받으려는 내담자의 근본적인 긍정적 동기임을 이해한다. 대상관계이론은 구조 이론과 오이디푸스 콤플렉스, 가부장적 이론 체계를 모성적 특성, 즉 받쳐 주고, 안아 주고, 쓰다듬어 주고, 어르고, 진정시켜 주는 등의 개입으로 보완한다(윤순임, 1993). 상담자들은 그렇게 조종적이거나 강박적이 아니면서도 자신이 충분히 '좋은 부분과 나쁜 부분을 모두 가지고 있는 가치 있는 인격체'로 이해 · 수용될 수 있을 뿐 아니라 다른 사람(우선은 상담자)과 좋은 관계를 맺고 유지할 수 있다는 것을 체험적으로 이해하도록 하는 데에 상담의 궁극적인 목표를 둔다. 이러한 목표를 달성하기 위해 상담자는 다음과 같은 몇 가지 단계를 거쳐 상담해야 한다.

첫째, 내담자와 신뢰할 수 있고 좋은 관계를 형성해야 한다. 내담자는 상담자와 좋은 관계를 맺고 싶다는 생각이 들지 않을 때에는 관계를 맺고 유지하려는 노력을 하지 않는다. 즉, 투사적 동일시는 내담자가 상담자와 좋은 관계를 유지하고 싶다는 생각이 있을 때 일어날 수 있다. 이러한 좋은 관계는 공감적 이해(empathic understanding)와 버텨 주기(holding) 등을 통해서 가능하다.

둘째, 내담자의 타인과 자신에 대한 내적 작용 모델을 정확하게 분석한다. 상담자는 내담자가 가지고 있는 정서나 지각이 그들의 내적 작용 모델의 패턴과 관련이 있다는 것을 알도록 해야 한다. 또한 상담자는 내담자의 내적 작용 모델의 패턴이 어디로부터 기인하고 또 어떤 목적을 위해 생성·유지되었는지를 파악하도록 해야 한다. 그리고 부적응적인 패턴, 특히 생명을 위협하거나 심각한 피해를 자신이나 타인에게 줄 수 있는 행동의 패턴이 더 이상 발생하지 않도록 방지한다.

셋째, 내담자의 내적 작용 모델을 수정하기 위해 투사적 동일시를 활용한다. 우선은 투사적 동일시를 일시적으로 허용하되, 현재 일어나고 있는 내담자의 투사적 동일시를 통한 조종을 맞닥뜨리고 그에 대한 해석을 한다. 중요한 것은 이러한 과정을 통해서 내담자와 상담자 간에 이루어진 대상관계 자체에 변화가 있어야 한다는 것이다. 그리고 이것은 내담자와 상담자 간의 감정적인 교류가 많이 있을 때 내담자의 대상관계 패턴 전체를 변화시킬 수 있으며, 결국 내담자의 다른 대상관계에도 영향을 줄 수 있다.

넷째, 내담자가 이전 내면화된 애착 대상에 대한 소망과 공포를 포기하고 새로운 관계 형식을 습득하게 한다. 이전의 내면화된 애착 대상에 대한 소망과 공포를 포기하면 현재의 삶에서 애착 대상과의 관계가 개선된다. 또 내담자가 이전 애착 대상과의 관계로부터 개별화되면 새로운 학습과정이 일어난다.

대상관계 이론의 발전에 의해 상담 치료 실제에서는 대상관계 발달과 자아기능에 대한 인식이 깊어가게 되었고, 내담자의 대상관계 발달의 수준, 그 분화 정도, 현실검증 능력 수준, 신호불안의 적절한 활용 정도, 정동의 분화 정도 등을 진단할 수 있게 되면서 차츰 치료적 분석이 가능한 내담자 층이 확대되었다. 이 이론의 위험은 개인과 환경의 현실적 관계에만 몰두하고 환상 상상의 차원이 현실 파악과 행동을 변화시킬 수 있다는 사실을 등한히 할 수 있다는 것이다. 초기장애 내담자를 치료할 때도 직접적으로 모성적이 되라는 것이 아니다. 치료자는 자기에게 어떤 역할이 부과되고 있는지를 의식화하고 이를 공감적으로 해석하여야 한다. 어떤 역할에든 맹목적으로 그리고 완전히 휘말려 들면 치료는 막다른 골목에 이르고 침체 상태에 들어가게 된다. 충족할 수 없고 채울 수 없는 요구를 채워주는 것이 분석의 목적이 아니라, 유아적 소망을 점차적으로 포기하고 공감적인 치료자 곁에서 현실에 맞는 발달과 성숙 과제를 풀어나가고 그것을 성취하는 데에 그 목적이 있다(윤순임, 1993).

7) 평가와 최근 동향

다음의 이론적 평가 내용은 특히 클라인이 제시하는 대상관계 이론에 대한 것이다.

(1) 공헌

첫째, 개념적으로 상세히 구분함으로써 내담자에 대한 세련된 이해를 도왔다. 예를 들어, 박해불안과 우울불안을 구별함으로써 정신병리의 상당 부분을 설명할 수 있었고, 광범위하게 다양한 정신병리적 상황에서 그 불안들이 어떤 역할을 하는지를 보여 주었으며, 신경증과 성격병리에서 원시적 방어들이 갖는 역할을 설명해 주었다.

둘째, 대상관계에서 발생할 수 있는 심리적 문제들에 대한 이해를 넓혔다. 클라인 학파와 비클라인 학파 임상가들은 모두 분열, 투사와 내사의 순환, 부인, 전능성 등의 개념과 특히 투사적 동일시 기제의 개념이 심각한 성격병리의 치료에서 귀중한 가치를 가지고 있음을 인정한다. 투사적 동일시 개념은 성격병리를 이해하는 개념적 도구로 광범위하게 사용되고 있으며, 그 외에도 그녀의 이론 덕택에 음식 중독, 과도한 대상 애착, 우울증, 건강염려증 같은 다양한 증상과 병리적 패턴을 최소한 부분적이나마 설명할 수 있게 되었다. 우울적 자리의 역동을 편집적 불안과 구별하는 것을 통해서 병리의 수준을 효과적으로 분류할 수 있게 되었다. 그러나 좋은 대상을 손상시키려는 시기심이 편집적 자리에서 존재한다는 주장과 우울적 자리에서 애정 대상에게 상처를 입히려는 첫 욕망이 나타난다는 주장 사이의 모순점을 지니고 있다.

셋째, 대상관계를 통해서 성격 발달과정을 설명하였다. 자아와 초자아의 발달이 대상관계가 내재화됨으로써 이루어지는 것이라는 클라인의 견해는 대부분의 대상관계 이론가들에 의해 유용한 것으로 확인되고 있다. 페어베언과 건트립(Guntrip)은 그녀의 내적 대상 개념을 사용하여 발달과 병리를 설명했고, 우울적 자리 개념을 이용하여 정신병리의 범주를 구별했다.

(2) 제한점

첫째, 내적 대상관계에 대한 자신의 복잡한 설명을 고전적인 추동 이론의 틀 안으로 끼워 넣으려고 하였다. 세 살 정도의 어린아이들에 대한 분석에서 대상을 손상시키고 싶은 욕망, 보복에 대한 공포, 좋고 나쁜 대상들, 오이디푸스 갈등을 포함하는 복잡한 환상들이 존재한다는 가정은 확인되지 않고 있다. 생애 초기 경험에 초점을 두고 있는 추동에 관한 프로이트의 원래 이론에 여전히 매여서, 클라인은 유아가 환상이 가능할 정도로 지각이 발달하기 훨씬 이전에 복잡한 환상적 관계를 갖는 것으로 가정하고 있다. 이로 인해 유아에게 성인의 정신과정을 덧씌우는 소위 '성인 중심적 사고'를 한다는 비판을 받고 있다.

둘째, 클라인은 공격성의 개념을 확장하여 모호하게 사용했다. 그녀는 유아가 겪는 고통(distress)을 공격성으로 해석했고, 그것을 증오, 파괴하고자 하는 욕망, 가학증과 같은 것으로 보았다. 그러나 고통은 공격성을 의미하지 않을뿐더러, 공격적 반응도 본래 증오를 가리키지 않는다. 클라인은 유아의 고통, 기쁨에 찬 공격적 표현, 건강한 자기주장성 그리고 증오의 형태를 띤 공격성을 구분하지 않았다. 더욱이 공격성이 욕동이라는 가정은 아무런 근거도 없다. 공격적 반응은 성, 배고픔, 갈증 등의 역동처럼 만족을 지향하는 생물학적 압력에 의해 발생하지 않는다.

셋째, 이론이 단일한 초점을 가지고 있어서 관심 영역이 좁은 편이다. 내적, 외적 대상의 역할을 유아적 의존 욕구의 발달과정에만 국한해서 생각하였으며, 부모가 유아의 의존 욕구를 만족시키는 것 말고도 중요한 발달적 기능을 수행한다는 사실을 간과하였다. 또한 부모-자녀 관계의 영향력에 대한 설명이 편향되어 있다. 우선 아버지와 갖는 관계가 어머니와 갖는 관계와 다르다는 사실을 간과하고 있다. 모든 병리적 근원에는 아동에게 사랑을 주지 않은 부모의 박탈이 있다는 주장 역시 지나치게 단순한 측면이 있으며, 삶의 모든 어려움을 모두 부모 탓으로 전가하는 인상도 준다.

넷째, 클라인은 내담자에 대해서 추론에 기초한 비약적이고 임의성이 강한 해석을 하였다. 클라인은 연상 자료를 확인할 때까지 기다리지 않고 아동의 놀이 자료를 원색 장면 및 다른 원시적 환상들에 대한 상징으로 추론적인 해석을 하였다. 그리고 그 추론은 때때로 연상 자료를 확인하는 절차 없이 진행되는 경향이 있었다. 컨버그(Kernberg)는 자아와 그 방어들이 분석에서 중심적인 위치를 차지하고 있으며 방어가 분석된 후에야 해석이 효과적일 수 있다는 자아심리학의 기본 가정들 중 하나를 클라인이 간과했다고 비판하였다.

(3) 최근 동향

첫째, 프로이트 시기까지를 포함할 때 대상관계 이론은 크게 두 패러다임, 즉 추동 모델과 관계 모델의 발달로 전개되었다고 볼 수 있다. 프로이트는 추동 모델에서 시작해서 이후에 대상 개념을 도입하는 방식으로 이론을 수정하였으며, 관계 모델은 설리번(Sullivan)과 페어베언의 이론에 그 기원을 두고 있다(Greenberg & Mitchell, 1983). 추동 모델에 기초한 대상관계 이론, 즉 추동을 중심적인 동기로 인정하면서 타자와의 초기 관계 내용을 통합하는 방식으로 모델을 확장하려는 시도를 한 이론가로는 하트만, 말러, 제이컵슨(Jacobson), 컨버그 등을 들 수 있다. 관계 모델에는 클라인 이후로 설리번과 페어베언 외에 위니컷,

건트립 등을 포함시킬 수 있다. 그리고 코헛과 샌들러(Sandler)는 추동 모델과 관계 모델을 절충적으로 혼합하려고 한 이론가로 볼 수 있다.

둘째, 클라인의 이론은 그녀의 후계자들과 페어베언, 위니컷과 같은 여러 대상관계 이론가의 이론적 근거를 형성하였으며 현대 정신분석 이론에 많은 변화와 개혁을 가져왔다. 특히 비온(Bion)은 클라인이 주장했던 시기심과 관련된 공격성과 정신분열병적인 파편화 사이의 관련성을 밝혔다. 즉, 시기심은 사물과 사고, 감정, 사람 간의 연결들을 모두 끊어 버리는 형태로 스스로를 공격하는 일종의 심리적인 자가면역 장애로 간주함으로써 클라인의 개념들을 확장하여 이론화하는 데 기여하였다.

셋째, 대상관계 이론의 분화된 형태로 코헛의 자기심리학 이론이 발생하였다. 코헛은 하트만의 아이디어를 더욱 진척시켜 원초아, 자아, 초자아가 자기의 일부라고 주장하였다. 코헛의 자기심리학은 자기애적 손상을 입은 사람들을 이해하고 돕는 데 유용하였다. 자기애는 리비도가 대상이 아닌 자기에게 집중되어 있는 상태를 말한다. 인간의 욕동은 대상을 향하는 동시에 자기에게도 집중된다. 다시 말해, 인간은 타인과 관계를 맺는 동시에 자기 자신과도 관계를 맺는다. 코헛의 자기심리학은 인간이 어떻게 자기와 관계를 맺으며 그 관계를 어떻게 발달시켜 나가는지에 관심을 가졌다. 코헛은 거의 모든 장애를 부모의 공감 결핍으로 환원시키는 면이 있으나, 상담자의 자기대상적 역할을 강조한 점, 그리고 유아의 발달 과정에서 안정과 인정을 중재하고 주선하며 그의 정동을 유효화하고 모든 표현과 성취에 공감적으로 참여하고 동반하는 부모의 역할을 강조한 점은 오늘날에도 큰 의미를 지닌다. 공허감과 방향감 상실로 인해 고통받고 자기 가치감과 삶의 의미를 필요로 하는 사람들, 즉 자기애적 손상을 입은 사람들을 잘 개념화하고 더 민감하게 도와줄 수 있는 새로운 구성개념을 제시함으로써 대상관계 이론의 범주 안에서 차별화된 이론체계를 발전시켰다.

제6장 현상학적 이론

| 문은식 |

이 장에서는 심리학에서 인본주의 전통을 대표하고 있는 매슬로(Abraham Maslow)의 인본주의 심리학과 로저스(Carl Rogers)의 인간중심 이론을 소개하고자 한다. 인본주의는 인간의 존엄성, 가치, 자기실현 경향, 성장을 강조하는 견해를 뜻한다. 매슬로는 인본주의 조망을 심리학의'제3세력'이라고 불렀다. 다른 두 세력은 당시 (특히 임상 · 상담)심리학을 지배하였던 정신분석학과 행동주의를 지칭한다. 인본주의는 정신분석학의 비관론적 인간관과 행동주의의 기계론적 인간관 모두를 반대하는 견해로서 심리학의 두 세력에서 무시 · 경시되었던 성장, 자기실현, 창의성, 사랑 등과 같은 주제들에 관심을 두고 있다.

인본주의가 매슬로와 더 동일시되는 반면, 로저스의 인간중심 이론은 성장과 자기실현을 강조하지만 보통 현상학(phenomenology)이라는 이름이 붙는다. 철학의 한 조류로서 현상학은 '지금 여기'의 주관적 체험, 의식 현상(지각, 사고 등)을 강조하는 견해를 말한다. 심리학에서는 무의식, 객관적 환경, 자극-반응의 중요성을 부정하고 개인의 의식적 선택, 경험과 환경의 주관적 해석을 강조하는 견해에 '현상학'이라는 이름을 붙인다. 현상학적 견해에서 인간은 과거 경험, 무의식적 충동들, 객관적 환경의 노예가 아니다. 여기서 중요한 것은 '지금 여기'의 의식적 경험들이며 주관적(지각된) 환경이다(홍숙기, 2009).

로저스는 임상심리학자로 출발하여 심리적 장애가 있는 사람들을 주로 접하면서 먼저 치료 이론을 제시한 후 성격 이론을 제시하였다. 반면 매슬로는 실험심리학자로서 출발하여 동물들의 행동을 많이 관찰·연구하였고, 후에 심리적으로 건강한 사람들(자기실현자)을 찾아 사례 연구를 하여 인간 동기 이론을 제시하였다. 매슬로 이론의 핵심은 결핍 욕구와 존재 욕구(being needs)로 구분되는 욕구위계 이론이다. 로저스의 성격 이론은 개인의 주관적(현상적) 체험과 실현(성장) 잠재력을 강조한다.

1. 로저스의 인간중심 이론

인간중심 이론은 인본주의 심리학(humanistic psychology)에 기초하고 발달하였다. 인본주의 심리학의 대표적인 학자에는 매슬로와 로저스 그리고 콤스(Arthur Combs) 등이 있다. 매슬로는 욕구위계 이론으로, 콤스는 현상학에 근거한 지각심리학으로 유명하다. 인본주의 상담 이론은 1940년대 로저스로부터 시작되었다. 이 이론의 초기 명칭은 비지시적(non-directive) 상담이었는데, 이론이 발전해 나가는 과정에서 1970년대까지는 내담자중심(client-centered) 상담으로 불렸고, 그 이후로는 인간중심(person-centered) 상담으로 명칭이 바뀌었다. 그 이유는 내담자중심보다는 '인간중심'이라는 표현이 로저스의 상담 이론과 방법의 근간이 되는 인간관을 보다 적절하게 묘사해 주고 있기 때문이다. 인간중심 상담 이론은 구체적인 문제해결 기법이라기보다는 내담자에 대한 상담자의 인간적 태도를 더 중시하는 접근이다(김광웅, 2007).

인간중심 상담 이론은 인간을 마음껏 기능할 수 있는 경향성을 가진 존재로 여긴다. 인간은 자신 속에 자기를 이해할 수 있고 자아개념의 기본적인 것을 변경시킬 수 있는 방대한 자원을 가지고 있으며, 이러한 자원은 촉진적인 심리적 분위기만 제공되면 개발될 수 있다. 치료적인 관계, 즉 촉진적인 심리적 분위기 속에서 내담자는 예전에는 알아차리지 못했던 어떤 감정들을 경험하게 된다. 내담자는 자신이 지니고 있는 가능성을 실현시키고, 점점 무엇인가를 깨닫게 되며, 자발성을 증가시키고, 자신을 신뢰하며, 자신의 중심을 향하여 점차로 변화한다. 인간중심 상담 이론은 인간을 합목적적이고 건설적이며 현실적인 존재인 동시에 아주 신뢰할 만한 선한 존재로 본다(김계현 외, 2004).

성격의 중요한 구성개념은 유기체와 자기다. 상담의 목표는 내담자로 하여금 '충분히 기능하는' 인간으로 성장하도록 돕는 것이다. 인간중심 상담 이론에서 가장 중요한 것은 상담자와 내담자 간의 관계다. 진실성, 존중, 공감적 이해, 수용적 태도, 허용적 태도, 이러한 모든 것을 내담자에게 전달하는 것 등 상담자의 질적 측면이 강조된다. 상담자는 이러한 촉진적인 실제적 관계를 활용해서 내담자가 배운 것들을 다른 관계에 전이할 수 있도록 돕는다.

1) 로저스의 생애

로저스

칼 로저스(Carl R. Rogers, 1902~1987)는 1902년 일리노이 주 시카고의 교외에서 엄격한 종교적 · 윤리적 집안에서 태어나 자라면서 청교도적인 검소함과 근면함을 배웠다. 대학 시절 북경에서 열린 '전 세계 대학생 기독교연합회'에 참석하여 사람들의 종교적 신념이 저마다 다르다는 것을 깨닫게 되었으며, 이를 계기로 심리적인 독립을 성취하여 부모의 종교관에서 벗어나 스스로의 가치관을 갖게 되었다. 신학대학을 그만두고 심리학을 공부하기 시작했고 1931년 철학박사 학위를 받았다. 오하이오 주립대학교 심리학과 교수, 시카고 대학교 심리학과 교수, 위스콘신 대학교 심리학과와 정신의학과 교수로 재직하였으나, 1962년 기존의 교육정책에 동의하지 않았기 때문에 교수직을 떠났다. 그 이후에 그는 캘리포니아에 있는 '서부 행동과학 연구소'에서 참만남의 집단(encounter group) 운동을 활발히 육성시켜 나갔다. 1968년 로저스와 동료들은 인간을 이해하기 위한 상담소를 열었는데 미국뿐 아니라 전 세계에 영향을 미쳤다. 그는 노벨 평화상의 후보로 지목되기도 하였고, 1987년 그의 생을 마감할 때는 그가 자기실현의 최고 단계로 설명하는 '충분히 기능하는 사람(the fully functioning person)'의 속성을 가지고 있었다(김청자, 정진선, 2006).

2) 성격의 정의

로저스는 모든 경험의 중심이 되는 자기, 즉 조직화된, 영속하는, 주관적으로 지각된 실재(an organized, permanent, subjectively perceived entity)에 기초하여 성격을 보았다. 그는 두 가지 자기 존재—자기개념(self-concept)과 이상자기(ideal self)—가 있다고 가정한다(Bruno, 1983). 자기개념은 개인이 자신을 바라보는 방식을 의미하는 것으로, 자신이 가지고 있다고 지각하는 속성들로 구성된다. 예컨대, 어떤 여성은 자신이 꽤 똑똑하고, 상당히 인기가 있고, 우호적이고, 신앙심이 있다고 생각한다. 이들 특성이 그녀의 자기개념을 형성한다. 자기개념은 매우 부정적인 자기개념부터 매우 긍정적인 자기개념까지 존재한다.

반면 이상자기는 자신이 되고 싶거나 또는 되어야 한다고 생각하는 자기를 의미한다. 그것은 '고등(higher)' 자기, 즉 자신의 꿈과 열망이 담긴 자기다. 이상자기는 행동의 목적과 표준을 제시한다. 어떤 개인의 이상자기의 목적이 적절하다면 동기적 가치로서의 역할을 한다. 그러나 이상자기의 목적(표준)이 실현 가능하지 않을 정도로 높다면 성격장애를 가져올 것이다.

로저스에 따르면, 개인에게 중요한 것은 외적인 객관적 세계가 아닌 내적인 주관적 세계다. 현상학적 장은 개인이 지각하는 세계를 의미한다. 자기개념과 이상자기는 현상의 영역, 즉 경험의 세계에 존재하면서 정서와 행동에 강력한 영향을 준다. 로저스는 자기개념과 이상자기 간의 일치는 심리적 건강을 의미한다고 확신했다. 자신이 누구인가에 대한 생각(자기개념)이 자신이 되고 싶은 것(이상자기)과 상당한 유사점이 있다면, 그 사람은 상대적으로 자기 수용적이고 자기 자신과 사이가 좋다. 반면 이들 간에 불일치, 즉 자기개념과 이상자기 간에 큰 차이가 있다면, 그런 사람은 일반적으로 심리적 질병(psychological sickness)과 관련된 반응을 보일 것이다.

로저스 이론에서 중요한 개념은 자기존중 욕구, 즉 자기 자신(oneself)을 합리적으로, 긍정적으로 평가하려는 욕구다. 자기개념과 이상자기 간에 상당한 불일치가 존재한다면 자기존중은 낮아질 것이다. 따라서 로저스는 인간이 자기존중을 증가시키는 방향으로 나아가려는 동기적 경향을 가지고 있다고 주장하였다. 이것이 사실이라면, 왜 낮은 자기존중을 가진 사람들이 많은가? 대답은 긍정적인 동기적 경향에 많은 장벽이 존재한다는 것이다. 여기에는 정서적 갈등, 이상한 생각, 아동기의 미해결된 열등감, 가족의 간섭, 사회의 영향 등이 있다. 이들 장벽에도 불구하고 로저스는 개인적 성장에 관하여 낙관적이다. 매슬로처럼 로저스도 '자기실현 경향', 즉 '자기 자신을 발견하려는(to discover himself)' '자기 실재가 되려는(to be real)' '어떤 사람이 되려는(to become a person)' 개인 내 성향을 언급하였다. 로저스는 실천적 낙관주의자로서 두 가지 질문—개인적 성장을 막는 장벽을 어떻게 제거할 수 있는가? 자기실현 경향을 촉진하는 조건에는 무엇이 있는가?—에 관심을 두었다.

3) 주요 개념

(1) 인간관

인간은 총체적 존재로서 사고, 행동, 느낌 그리고 신체를 가진 존재다. 로저스에 의하면, 총체적 인간은 '그 자신이 중심에 있으면서 항상 변화하는 세상이라는 경험 속에 존재'한다. 세상에서의 계속적인 경험을 통해 인간은 변화하고 상호작용하고 반응하는 과정에서 자신의 어떤 한 부분에서의 변화가 다른 부분의 변화를 가져오게 만드는 조직화된 전체로 이루어져 있다. 따라서 사람은 사고, 감정, 행동을 포함해서 자신이 어떤 것을 어떻게 지각했는지에 따라 달리 이루어진다. 도미노를 떠올리면 이러한 논리를 쉽게 이해할 수 있을 것이다. 어떤 색깔로, 어떤 배열로 도미노를 세울지는 개인의 판단에 따른다. 각 사람이 만들어 놓은 도미노의 색깔이나 형태 그리고 배열은 천차만별이지만, 한 도미노 조각이 다른 도미노 조각들에 연쇄적으로 영향을 미치는 것은 공통이다. 이 도미노가 바로 인간이고, 개인이 경험하고 지각하며 상호작용하는 현실은 바로 현상학적 장이다. 인간은 이런 경험 속에서 자신을 성장시키고, 향상하고, 유지시키며, 실현하기 위해 노력하고 있다(김광웅, 2007).

(2) 현상학적 장

현상학적 장은 경험의 총체로서 어떤 순간에 잠재적으로 의식할 수 있는 모든 것을 의미하고, 의식적이고 무의식적인 모든 것을 포함한다(Engler, 1979). 의식적 경험은 상징화된 경험이다. 그러나 유기체는 상징화되거나 또는 상징화되지 않은 모든 경험에 반응한다. 유기체는 자기가 지각하는 방식으로 장(the field)에 반응한다. 여기서 로저스는 개인의 실재에 대한 지각(perception of reality)을 강조한다. 그는 개인만이 자신의 경험의 장을 충분히 이해할 수 있는 존재라고 지적한다.

현상학적 장은 사람들이 경험하는 외적 · 내적인 모든 것을 말한다. 경험은 지각, 사고, 감정, 행동 등을 포함하여 일정 시간 동안 사람의 내부에서 일어나는 모든 것을 포함한다. 사람들이 중요하다고 여기는 것은 이런 경험되는 사건 자체가 아니라 현상학적인 장에서 지각한 것이다. 사건이 어떠한지는 사람들의 주관적, 개인적 관점에 따라 달리 결정된다. 따라서 동일한 사건을 보고도 사람마다 다르게 지각하는 것은 각자의 안경(관점)으로 그 사건을 바라보기 때문이다. 한편 로저스에 의하면, 개인은 자신들이 현실적으로 행동할 수 있도록 '있는 그대로의 실재'와 '자신들이 지각한 경험'을 비교하고 점검해 보려는 경향이 있다. 이러한 환경과의 상호작용 결과로 인해 세상에 대해 사람들이 갖게 되는 지각 중 일부분은 점차 '자기(self)'로 분리된다.

(3) 자기

유기체와 환경 간의 상호작용으로부터 자기 또는 '내가 누구인가(who am I?)'

의 개념이 나온다. 자기(the self) 개념은 점진적으로 분화되는 현상학적 장의 일부다. 그러한 '나(me 혹은 I)'에 대한 의식적 지각과 가치로 구성되는 경우, 자기개념은 유기체의 경험 전체성을 포함하거나 또는 포함하지 않을 수도 있다. 자기는 지각의 대상(an object of perception)뿐만 아니라 하나의 과정(a process)이다. 그것은 자신이 본래적 존재로 지각하는 때 바로 그 사람(the person)이다. 따라서 우리는 유기체(the organism) 또는 과정으로서의 실제적 자기(real self)와 지각된 또는 대상으로서의 자기(the self) 간에 구별이 존재한다.

아동은 환경과 상호작용함에 따라 점점 자기 자신, 세상, 세상과의 관계에 대한 아이디어를 획득해 간다. 그들은 좋아하거나 싫어하는 사물을 경험하고, 통제할 수 있거나 통제할 수 없는 사물을 경험한다. 개인의 자기를 향상하는 경험은 가치 있게 여기고 자신의 자기상(self-image)에 통합된다. 반면 자기를 위협하는 경험은 부정되고 자기와 점점 멀어지게 된다.

자기개념은 종종 유기체의 실제 경험을 반영하기보다 타인이 제공하는 가치를 포함한다. 아동은 자신의 경험에 대한 상징화를 부정하거나 왜곡할 때 더 이상 있는 그대로의 자기를 인식하지 못하고, 대신 부모와 같은 타인의 태도를 경험하기 시작한다. 따라서 개인이 형성하고 있는 자기는 유기체의 실제 경험에 따라 달라진다(Engler, 1979). 개인은 발달함에 따라 처음에는 부모에 의해, 다음에는 타인들에 의해 평가받는 것을 경험한다. 자신이 받는 사랑과 자신을 사랑스러운 대상으로 느끼게 되는 것은 개인의 행동을 좌우한다. 개인, 특히 아동에게 있어서 다른 사람들로부터 거부와 벌 대신에 사랑과 칭찬을 받는 것은 매우 중요하다. 이런 경험들은 현상학적 장의 한 부분이 되며, 자기의 구조에 긍정적 영향을 준다(김광웅, 2007).

(4) 자기 경험(또는 체험) 불일치

무조건적 존중에서 심리적 적응과 충분한 기능으로 이어지는 연쇄는 자기와 유기체(또는 경험)의 일치를 전제한다. 그런 경우 아이는 어떤 감정이든 인정할 수 있다. 그러나 자기와 유기체가 불일치하면 자신의 경험을 선택적으로 지각하여 가치 조건들에 맞는 것만 제대로 인식하며, 맞지 않는 것들은 부분 또는 전체를 의식하지 못하거나 왜곡하여 지각한다. '동생을 미워하면 나쁜 아이' '동생을 예뻐해야 착한 아이'라는 가치 조건이 생기면, 자기존중 욕구 때문에 그의 자기개념에는 '나는 동생이 예쁘다.'가 들어간다. 동생이 미워지면 자기가 싫어지기 때문에 미움이 아예 의식되지 않거나 혹은 왜곡되어 버린다(홍숙기, 2009).

자기와 경험이 불일치하면 행동에도 불일치가 생겨나 위에서 말한 선택적 지각이 일어난다. 아이가 어쩌다 동생을 때렸다면, 그 행동은 '나는 동생을 예뻐한다.'는 자기개념에 들어가지 않고, '내' 행동으로 인정되지 않거나 자기와 일치하는 식으로 왜곡된다. 이를테면 동생이 먼저 때렸거나 때리려고 했기 때문에 '정당방위'를 한 것이다. 혹은 좀 더 원시적으로 '내'가 때린 것이 아니라 '손'이 때린 것이다. 이러한 불일치는 다른 여러 영역으로 전파되어 그 사람의 자기 구조의 한 특성이 되고, 그는 전체적으로 방어적인 성향을 갖게 된다.

(5) 충분히 기능하는 사람

심리치료의 궁극적 목적은 '치료' '문제 해결'이라기보다는 성숙과 성장, 즉 성격의 긍정적 변화다. 로저스(Rogers, 1961)는 심리적으로 건강한 사람을 '충분히 기능하는 사람(the fully functioning person)'이라고 불렀다. 로저스가 사용한 '충분히 기능하는'이란 표현은 자신의 능력과 재능을 활용하고, 자신의 잠재력을 실현하고, 자신의 완전한 이해와 모든 경험을 추구하는 개인을 가리키는 것이다(Hjelle & Ziegler, 1981). 그는 충분히 기능하는 사람이 갖고 있는 다섯 가지 공통된 성격 특징을 제시하였다. 그가 제시한 ① 경험에 대한 개방성, ② 실존적 삶, ③ 유기체 신뢰, ④ 자유감, ⑤ 창의성의 다섯 가지 특징은 모두 자기와 경험의 일치라는 근원에서 나온다.

① 경험에 대한 개방성

가치의 조건에 아무런 제재를 가하지 않는 사람은 모든 감정과 태도를 경험하는 데 자유롭다. 위협받는 것이 없으므로 방어해야 할 것도 없다. 따라서 개방성은 방어와 반대인 것이다. 내적 · 외적으로 발달된 모든 감각이나 느낌이 방해를 받지 않고 유기체의 신경계에 전해진다. 이러한 사람은 자기 본성에 대해 모두 알고 있고 성격의 어떤 부분도 차단하지 않는다. 성격은 삶이 제공하는 경험을 수용하는 데뿐만 아니라 지각과 경험의 새로운 길을 열기 위해 활동하는 데도 융통성이 있다.

② 실존적 삶

충분히 기능하는 사람은 실존의 어느 순간에나 완전히 존재한다. 각 경험은 이전에는 똑같은 방식으로는 존재해 보지 못한 것이므로 신선하고 새로운 것으로 지각된다. 그 결과로 모든 경험이 펼쳐질 때마다 흥분감(excitement)을 느낀다. 그들은 자기 구조가 새로운 경험에 항상 개방되어 있으므로 적응력이 있다. 로저스는 이런 실존적 삶이 건강한 성격의 핵심이 된다고 믿는다. 이 성격은 그 순간에 일어나는 모든 일에 대해 개방되어 있고 각 경험 속에서 후에 올 경험에 반응할 수 있도록 쉽게 변화하는 구조를 발견한다.

③ 유기체 신뢰

유기체가 옳다고 느껴지는 방식으로 행동하는 것이 행동과정을 결정하는 데 가장 신뢰할 만한 지침이 된다. 건강한 사람은 경험에 대해 완전히 개방되어 있으므로 결정을 내려야 할 상황에서는 유용한 모든 정보에 접근한다. 이 정보란 개인의 욕구, 적절한 사회적 요구, 비슷한 과거 상황의 기억, 그리고 현 상태의 지각이 모두 포함된다. 결정에 이르는 데 사용된 자료가 정확하고(왜곡되지 않고) 성격 전체가 결정과정에 참여하고 있기 때문에 건강한 사람은 자신을 신뢰하듯 자기들의 결정도 신뢰한다.

④ 자유감

로저스는 사람이 심리적으로 건강할수록 선택이나 행동에 자유로움을 경험한다고 확신한다. 건강한 사람은 억제나 금지 없이 생각과 행동 과정의 대안들 사이에서 자유롭게 선택할 수 있다. 뿐만 아니라 충분히 기능하는 사람은 삶에 대한 개인적인 지배감을 즐기며 일시적 생각이나 주변 환경, 과거 사건들에 의해 미래가 정해지는 것이 아니라 자기 자신에 의해 좌우됨을 확신한다. 이런 자유와 지배감 때문에 건강한 사람은 살아가며 많은 선택권을 갖게 되고 자기가 원하는 것을 할 수 있다.

⑤ 창의성

충분히 기능하는 사람은 고도로 창조적이다. 모든 경험에 대해 개방을 하고 자신의 유기체성을 신뢰하며 결정이나 행동에 융통성이 있는 사람은 자기 실존의 모든 영역에서 독창적 사고력과 창조적 삶으로 스스로를 표현한다. 그들은 자기 행동에 자발적이며 자기를 둘러싼 풍요로운 삶의 작용에 대응하여 변화하고 성장하고 발달한다.

4) 성격 형성과정

로저스는 유아기부터 성인기까지의 성격 발달 단계를 가정하지 않았다. 그는 타인의 평가가 자기실현을 방해하거나 또는 촉진하는 방식에 주의를 집중하였다. 비록 자기실현 경향성이 주로 유전적 결정인자에 따른다 하더라도, 그것은 환경적 영향을 강하게 받는다(Engler, 1979).

아동은 두 가지 기본적 욕구, 즉 타인으로부터의 긍정적 존중 욕구와 긍정적 자기존중 욕구를 가지고 있다. 긍정적 존중(positive regard)은 사랑을 받고 있고 자신의 존재(who one is)를 있는 그대로 받아들이는 것을 뜻한다. 아동은 자신을 돌보는 사람들(예: 부모, 조부모, 친척)의 수용과 사랑에 대한 강한 욕구를 표출하는 방식으로 행동한다. 그들은 긍정적 존중을 얻기 위해서 의미 있는 행동 변화를 겪는다.

이상적 상황에서 긍정적 존중은 무조건적이다. 무조건적인 긍정적 존중(unconditional positive regard)은 특정한 행동에 의존하는 것이 아니다. 부모는 인정할 수 없는 행동을 거부함으로써 바람직하지 않은 행동을 제한하거나 또는 억제할 수 있다. 예를 들어, 어떤 아동이 벽에 낙서하는 것을 본 부모는 "벽에 낙서하는 것은 그것을 망가뜨리는 것이야. 대신 이 화이트보드를 사용해라."라고 말할 수 있다. 여기서 부모는 자신의 의견을 행동 자체에 제한하고 있다. 그러나 어떤 부모는 "너는 벽에 낙서를 했기 때문에 나쁜 아이야."라고 말함으로써 그 행동에 대한 불만이 아동의 비난으로 옮겨 가게 된다. 이러한 부모의 관심은 더 이상 무조건적인 것이 아니다.

종종 긍정적 존중은 조건적이다. 조건적인 긍정적 존중(conditional positive regard)은 어떤 환경에서만 주어진다. 아동은 부모가 원하는 방식으로 생각하고 느끼고 행동하지 않으면 자신을 사랑하지 않을 것이라고 이해하기 쉽다. "너는 벽에 낙서하기 때문에 나쁜 아이야."라고 말하는 부모는 사실상 "네가 벽에 낙서하면 나는 너를 사랑하지 않을 것이다."라고 말하고 있는 것이다. 이러한 사례에서 부모는 가치 조건(conditions of worth), 즉 어떤 조건에서 아동이 수용될 것인지를 규정하는 것을 부과하는 것이다. 이러한 가치 조건은 자기 자신의 가치보다 다른 사람의 가치를 받아들이도록 유도할 것이고, 자기개념과 유기체 경험 간의 불일치로 이어질 것이다.

긍정적인 자기존중(positive self-regard)은 아동이 무조건적인 긍정적 존중을 받는다면 자동적으로 뒤따라오는 것이다. 현재의 자기 존재로 인정받는 아동은 자신을 호의적으로 바라보게 된다. 그렇지만 아동이 계속적으로 비판과 과소평가의 대상이 된다면 자신을 긍정적으로 바라보기가 매우 어려울 것이다. 로저스는 아동이 자신을 어떻게 존중하는가는 타인이 자신에게 어떤 존중을 하는지에 달려 있다고 하였다. 부적절한 자기개념, 열등감은 종종 아동이 타인으로부터 적절한 긍정적 존중을 받지 않았기 때문에 나타난다. 이렇듯 타인의 가치 부여는 자기 구조(self-structure)의 발달에서 중요한 역할을 한다. 가치 조건이 전제가 된다면 자기개념은 왜곡될 것이다.

로저스의 이론에서 성숙, 적응, 정신건강의 지표는 자기와 유기체의 일치(congruence) 정도다. 유기체 체험상 격한 운동이 좋은데 자기개념상으로는 '나는 운동을 싫어한다.'라면, 성적(性的) 욕구가 강한 사람의 자기개념에 '성은 더럽다.'가 들어가 있다면, 자기와 유기체는 불일치하는 것이다. 이러한 불일치가 일어날 때 사람은 불안해지며 방어적인 태도를 갖게 된다. 로저스의 주요 관심사는 불일치가 어떻게 해서 생기며 유기체가 어떻게 더 일치될 수 있는가 하는 것이다. 이와 관련된 문제들은 주관적 현실(현상적 장)과 객관적·외적 현실 사이의, 있는 그대로의 자기와 이상적 자기 사이의 일치 정도다. 자기와 유기체가 일치할수록 주관적 현실이 객관적 현실과, 실제 자기가 이상자기(ideal self)와 일치하는 것이다. 유기체로부터 분화되어 나온 구조인 자기가 유기체와 불일치하게 되는 이유는 '나'를 인식하면서 사랑받고 인정받고 싶다는 욕구가 생기기 때문이다. '유기체의 유지와 고양'에 도움이 되는가 여부가 아니라 타인이 '나'를 사랑하고 인정해 주는가 여부가 체험 평가의 기준이 되면 자기-유기체 불일치가 생긴다(홍숙기, 2009). 인간중심적 접근에서 심리적 부적응은 개인이 가지고 있는 실현 경향성이나 긍정적 존중을 받고자 하는 욕구가 주위 사람들의 가치 조건에 의해 왜곡되거나 부인되어 결과적으로 부정적 자기개념을 형성하였을 때 발생한다(김광웅, 2007).

5) 건강한 성격과 병리적 성격

로저스는 심리적으로 건강한 사람을 충분히 기능하는 사람이라고 부르면서, 그들은 경험에 대한 개방성, 실존적 삶, 유기체 신뢰, 자유감, 창의성의 다섯 가지 특징을 지니고 있다고 하였다. 건강한 성격의 소유자는 자기 주도적인 변화와 성장의 능력이 있고 아동기의 사건들에 의해 지배받지 않고 삶을 이끌어 가는 능력이 있다. 또한 그들은 모든 경험에 완전히 개방적이어서 모든 감각과 정서—긍정적이든 부정적이든—를 위협감 없이 스스로 경험할 수 있다. 그들은 기쁨과 슬픔, 절망과 희열 등과 같은 모든 정서를 깊이 경험하는 능력이 있으므로 완전한 생명감이 있으며, 실존의 모든 순간을 완전히 살 수 있는 능력을 가지고 있다. 그들은 속박 없이 자유롭게 선택하여 행동하고 삶의 지배감을 느끼며 창조적이고 자발적인 사람이 될 수 있다.

이와는 대조적으로, 병리적 성격(방어적 성격)은 조건부적인 가치감 아래에서 작용을 하여 정체되어 있고 역할 뒤로 숨어 어떤 경험을 소화하거나 인정조차도 할 수 없다. 그들은 선택권이 제한되고 미래에 대한 시야가 좁으며, 삶에 대한 지배감이 없으며 무한한 가능성을 느끼지 못한다. 그들은 자유로운 감정이 결핍되어 있어 많은 경험을 차단시키고 이미 결정된 지침에 따라 살아가므로 창의적이지도, 자발적이지도 못하다. 또한 새로운 도전이나 자극 흥분을 구하기보다는 삶을 안전하고 예측할 수 있는 쪽으로 이끌어 가려 하며 긴장감을 최소로 줄이고자 한다.

6) 상담에의 적용

인간중심 치료는 자기실현의 선천적 노력을 가정하는 인간 본성 철학에 토대를 둔다. 로저스의 인간 본성에 관한 관점은 현상학적이다. 즉, 우리는 현실(reality)을 어떻게 지각하느냐에 따라 자신을 구성한다. 우리는 자신이 지각하는 현실 속에서 자기실현하려는 동기를 갖는다. 로저스의 인간중심 이론은 내담자가 자신을 불행하게 유도한 요인들을 삶 속에서 이해할 수 있다고 가정한다. 내담자는 자기지도(self-direction)와 건설적인 개인적 변화의 능력을 지니고 있다. 일치성을 지닌 치료자(a congruent therapist)가 불안과 불일치 상태에 있는 내담자와 심리적인 접촉을 하게 되면 변화가 일어난다. 치료자는 내담자가 관계성(치료자-내담자 관계)을 진실성이 있고 수용되고 있으며 이해를 받고 있다고 지각하도록 노력해야 한다. 치료적 상담은 내담자가 자신의 방어 감정을 내려놓고 부정되고 왜곡된 요인들을 받아들이고 통합하게 하는 안전과 수용성이 보장되는 인간 대 인간의 관계성(person-to-person relationship)에 기초하고 있다. 인간중심 접근은 이러한 내담자와 치료자 간의 개인적 관계를 강조한다. 치료자의 태도가 지식, 이론, 테크닉보다 더 중요하다(Corey, 2009).

인간중심 치료의 일반적 목적은 경험에 보다 개방적이고, 자기 신뢰를 형성하고, 평가의 내적 자원을 활용하고, 계속적인 성장을 꾀하도록 돕는 것이다. 특수한 목적은 내담자에게 부과되지 않고, 대신 내담자 자신의 가치와 목적을 선택하게 한다.

로저스는 그가 개발한 심리치료의 방법, 즉 비지시적 또는 내담자중심 치료로 유명하다. 그는 이 유형의 치료를 창안했을 뿐만 아니라 무엇이 치료의 효과를 이끌어 내는지를 단정 짓기 위해서 세심하게 연구를 수행하였다. 과학자로서 그는 경험적으로 검증 가능한 가설을 설정하기 위해서 성공적인 치료의 근거가 되는 조건을 조작적으로 정의하려고 노력하였다(Engler, 1979).

(1) 치료적 변화의 조건

로저스의 연구는 여섯 가지 치료적 변화의 필요충분조건이 있다고 제안하였다. 로저스는 이들 여섯 가지 조건이 치료방법의 기초가 될 뿐만 아니라 성공적인 치료 기술의 기초도 된다고 주장하였다. 그는 이 여섯 가지 조건이 주어진다면 긍정적이고 건설적인 성격 변화가 일어날 것이라고 확신했다. 무조건적인 긍정적 존중의 분위기에서, 내담자는 전에 부정되거나 왜곡되었던 감정과 경험을 탐색할 수 있다. 그럼으로써 내담자의 자기개념이 점점 유기체의 실제 경험과 일치되게 된다. 로저스는 모든 성공적 치료는 이 여섯 가지 조건을 포함하고 있다고 주장한다. 본질적으로 심리치료를 효과적으로 만드는 요인은 내담자가 지각하는 치료자의 수용 태도에 달려 있다.

① 진실된 인간관계가 있어야 한다

두 사람 이상 간에 심리적 접촉이 나타나야 한다. 로저스는 의미 있는 성격 변화는 인간관계 밖에서 일어난다고 생각하지 않는다. 통찰(insight)은 책을 읽거나 또는 컴퓨터 자판을 친다고 일어나지 않는다. 통찰은 인간관계 속에서 일어난다. 로저스는 프로이트가 강조하는 전이관계—환자가 삶의 초기에 중요한 사람에게 가졌던 감정과 정서를 분석가에게 투사하는 관계—가 아닌 치료자와 내담자 간에 존재하는 실제적(actual and real)인 관계를 강조한다.

② 내담자는 불일치 상태에 있다

유기체의 실제적 경험과 자기개념 간에 불일치가 존재한다. 이런 이유로 내담자는 불안하고 상처를 받기 쉽다.

③ 치료적 관계의 범위 내에서 치료자는 일치 상태여야 한다

치료자는 진실되고, 통합되고, 관계 속에서 자신의 경험을 잘 인식한다. 로저스는 치료자가 자신의 삶 모든 면에서 정신건강의 표본일 필요가 없다고 지적한다. 그도 다른 상황에서 결점과 문제를 지닌다. 그러나 치료관계에서 치료자는 일치 상태일 필요가 있다.

④ 치료자는 내담자를 위해 무조건적인 긍정적 존중을 경험해야 한다

치료자는 어떤 가치 조건을 전제로 하지 않는다. 그는 내담자에게 태도와 감정—로저스의 용어로 '수용'—을 전달한다. 여기서 수용은 본질적으로 자신과 타인의 비판단적 인식(nonjudgmental recognition)을 의미한다. 수용은 자신의 행동에 어떤 제약을 가하거나 또는 가치판단을 하지 않고, 자기 자신이 되도록 하고 자신이 누구인지를 인지하도록 돕는다.

⑤ 치료자는 내담자의 경험 인식을 정확하면서도 공감적으로 이해하고, 그것을 내담자에게 전달할 수 있어야 한다

공감은 다른 사람의 감정을 자기 자신의 것처럼 받아들이는 능력을 의미한다. 그러나 '~인 것처럼(as if)'의 관점을 잃지 않아야 한다. 치료자는 주로 내담자의 감정을 반영하는 진술을 통해서 그의 내적 참조체제를 이해하고 이러한 이해를 전달하도록 노력해야 한다.

⑥ 내담자는 치료자가 갖는 수용과 공감을 지각할 수 있어야 한다

치료자는 내담자가 자신의 감정과 경험을 완전하게 탐색하도록 허용하는 비위협적인 분위기와 긍정적인 수용감을 제공해야 한다. 자기 구조에 대한 위협

이 감소되기 때문에 내담자는 자신의 자기개념과 일치되지 않은 경험을 지각하고 검토할 수 있으며, 또한 유기체의 실제적 경험과 일치되도록 자기개념을 수정할 수 있다.

(2) 정서적 의사소통에 대한 반응

로저스는 치료에서 자유연상(free association) 또는 꿈의 분석과 같은 어떤 특별한 기법을 채택하지 않았다. 치료의 방향은 내담자에 의해 결정된다. 정신분석에서의 지시가 "마음에 떠오르는 것이면 무엇이든지 말해 보세요."라면, 로저스의 치료에서 어떤 지시가 있다면 "당신이 말하고 싶은 것이 있으면 무엇이든지 말해 보세요."일 것이다. 이 두 가지 지시는 매우 다르다. 내담자는 무엇이, 언제, 어느 정도까지 논의되어야 할 것인지를 결정하는데, 이것이 바로 로저스의 치료 형식이 '내담자중심'이라고 명명된 이유다. 로저스는 내담자가 자신의 문제를 이해하고 탐색할 수 있는 능력을 가지고 있고, 적절한 치료적 관계, 즉 수용의 태도만 주어진다면 자기실현을 향해 나아갈 수 있다고 믿었다.

로저스식 치료(Rogerian therapy)에서 치료자는 주로 내담자의 감정을 반영하는 진술을 통해 수용의 태도를 전달한다. 다음의 가설적 의사소통 상황을 고려해 보자. "의사는 걱정하지 말라고 나에게 계속해서 이야기합니다. 그러나 나는 이 수술을 무서워해요." 치료자가 이러한 진술에 반응하는 방식에는 여러 가지가 있다. 로저스는 대부분의 반응이 탐색적, 평가적, 해석적, 설득적, 반영적 반응의 다섯 가지 범주 중 하나에 해당된다는 것을 발견하였다. 이들 반응은 각각 다른 결과를 이끌어 낸다.

① 탐색적 반응

탐색적 반응은 더 많은 정보를 추구한다. 예컨대, "대체 당신이 두려워하는 수술은 무엇입니까?"가 그 예다. 추가적인 정보는 청자(the listener)가 문제를 이해하는 데 도움을 준다. 그러나 매우 빈번하게 탐색적 반응은 화자(the speaker)가 자신의 사적 영역을 침해하는 것으로 이해하도록 한다. 그는 "그것은 당신이 간섭할 바가 아니에요."라고 내적으로 반응하게 될 것이다. 이러한 경우 화자는 침묵을 지키고 청자는 감정을 탐색할 기회를 잃게 된다. 로저스는 탐색적 반응을 회피하거나 또는 화자가 자유롭게 주제를 그만둘 수 있는 방식으로 탐색적 반응이 주어져야 한다고 권고하였다.

② 평가적 반응

평가적 반응은 내담자의 생각, 감정, 소망, 행동에 가치판단을 내리는 것이다. 예컨대, "당신은 수술을 두려워해서는 안 됩니다."가 그 예다. 평가적 반응은 판단적이기 때문에 내담자는 타인의 기본적 수용 태도를 딴 데로 돌리기 쉽다. 우리가 어떤 사람의 의견을 인정하고, 불인정하고, 판단하고, 평가하려는 경향은 의사소통을 이해하는 데 기본적 장애가 된다. 평가적 반응은 종종 의사소통을 원활하게 하기보다 오히려 깊이 있는 의사소통의 길을 봉쇄한다. 어떤 사람이 방어적일 때, 그는 더 이상 자신의 불안에 대한 탐색을 공개적으로 하지 않을 것이다.

③ 해석적 반응

해석적 반응은 청자의 입장에서 화자에게 자신의 문제가 정말로 무엇인지, 또는 그 상황에 대하여 정말로 어떻게 느끼는지를 이야기하도록 하는 것이다. 예컨대, "그것은 바로 당신이 수술하는 동안 무의식적으로 두려워하는 것입니다."가 그 예다. 해석적 반응은 집중적인 치료(intensive therapy)에서 빈번하게 채택되는 기법이다. 해석적 반응이 적절하게 사용되고 기술적으로, 공감적으로, 통합적으로 제공된다면 성장을 위한 강력한 촉매가 될 수 있다.

④ 설득적 반응

설득적 반응은 화자의 감정을 달래거나 진정시키려고 시도하는 것이다. 예컨대, "많은 사람이 같은 수술을 성공적으로 받았습니다."가 그 예다. 설득적 반응은 화자가 수용받고 있다는 것을 알게 하는 데 도움이 된다. 그러나 화자 입장에서 설득은 종종 문제를 최소화하는 시도로서 지각된다. 진정시키려는 의도로 다른 사람 또는 자신의 문제를 소개한다면, 내담자는 치료자가 자신의 문제를 심각하게 받아들이지 않는다고 여기게 될 것이다.

⑤ 반영적 반응

반영적 반응은 본래 의사소통에서 표현된 기초 감정(the underlying feelings)을 이해하려고 노력하는 것이다. 예컨대, "당신은 그 상황에서 깜짝 놀랐겠습니다."가 그 예다. 효과적인 반영적 진술은 단순히 화자의 본래 단어 또는 생각을 다시 이야기하거나 그대로 되풀이하는 것이 아니고, 표현된 기초 정서에 주의를 집중하는 것이다. 반영적 반응은 내담자가 자신의 문제를 보다 더 정교화하고 탐색하도록 돕는다. 또한 그것은 청자가 다른 사람의 내적 참조체제를 이해할 수 있도록 돕는다. 이러한 이유로 반영적 반응은 관계의 초기 단계에서 초보 치료자와 심지어 능숙한 치료자를 위해 채택되는 가장 효과적인 반응이다. 그럼에도 불구하고 일상생활에서 반응은 평가적, 해석적, 설득적, 탐색적, 반영적 반응 순으로 사용된다. 명백한 것은 반영적 반응을 계발하기 위해서 끊임없는 연습이 요구된다는 것이다.

7) 평가와 최근 동향

로저스는 인간을 심리학 연구의 핵심적 주제로 되돌리는 데 많은 공헌을 하였다. 로저스와 그의 이론은 상담과 심리치료 분야에 계속해서 중요한 영향을 미치고 있다. 로저스가 1940년대 혁신적인 아이디어를 소개했을 때, 그 당시 잘 알려진 정신분석학과 지시적 접근의 강력하고 급진적인 대안을 제시하는 계기가 되었다. 로저스는 치료의 초점을 치료자의 권위에 기초한 테크닉과 신뢰에 대한 강조에서 치료적 관계성의 강조로 전환시킨 개척자다(Corey, 2009). 정신분석학의 비관론과 행동주의의 환원주의보다 로저스의 낙관적이고 비지시적인 관점을 더 좋아하는 많은 추종자가 그를 따랐다. 심리학자들은 행동의 결정자로 주관성과 지각을 재도입한 것을 환영하였다. 그의 치료적 기술은 폭넓게 환영받고 채택되었다. 로저스의 이론은 특히 자기개념과 심리치료의 과정에 관한 많은 추후 연구를 이끌었다. 그의 인간의 잠재성과 자유에 대한 강조는 그동안 주로 외적 힘 또는 무의식적 힘만을 강조해 왔던 이론에 대한 매력적인 대안으로 등장하게 하였다. 우리는 그의 치료적 접근이 다양한 영역(예: 교육, 산업, 사회 개혁)에서 건설적인 기법으로 안내되고 있음을 알고 있다. 그는 인간의 인본주의적, 낙관적 철학을 공유하고 있는 사람들에게 상당한 환대를 받고 있다.

(1) 공헌

① 연구에 대한 강조

심리치료 분야에 대한 로저스의 공헌 중 하나는 검증 가능한 가설로서 그의 개념을 진술하고 연구에 적용한 것이다. 로저스는 심리학에서 인간의 내적이고 주관적인 경험을 다루는 과학적 연구의 새 모형을 설계하여 적용하였다. 그의 치료와 성격변화 이론은 실천가와 이론가에게 자기 자신의 치료 스타일과 신념을 관찰하도록 이끌었다.

② 공감의 중요성

상담 실제에서 로저스가 강조한 공감은 인간중심 치료의 중요한 공헌점이다. 다른 어떤 접근보다도 인간중심 치료는 치료자의 공감이 내담자의 건설적, 긍정적 변화를 촉진하는 데 중요한 역할을 한다는 것을 일관되게 보여 주었다. 실제로 공감은 모든 치료방법에서 성공적인 치료의 핵심 요소다. 예컨대, 인지적·행동적 접근은 내담자가 특수한 문제를 다루는데 도움을 주는 폭넓은 전략을 개발하였고, 신뢰적이고 수용적인 내담자-치료자 관계가 치료 절차(전략)의 성공적인 적용에 필수적임을 인정하였다(Corey, 2009).

③ 인간중심 이론에서의 혁신

인간중심 접근의 강점 중의 하나는 점점 더 다루기 어렵고 다양하고 복잡한 치료 대상, 즉 개인, 부부, 가족, 집단을 효과적으로 다룰 수 있도록 혁신적이고 정교화된 방법론을 개발하도록 한 것이다. 많은 사람이 인간중심 치료의 핵심적 가치와 개념에 적합하게 의미 있는 진전을 이루었다.

(2) 비판

로저스의 견해는 많은 호소력을 가지고 있었지만 많은 비판을 받기도 하였다. 심리학 연구의 기본적 관점으로서 로저스가 강조한 주관성과 개인의 내적 참조체제의 개념은 전통적으로 외적 관찰자의 역할을 강조해 왔던 심리학자들에게는 이해하기 어려운 문제로 대두되었다. 우리가 알고 있는 바와 같이, 내성적 보고는 외부 관찰적(extrospective) 보고보다 타당성을 확보하는 데 많은 어려움이 있다. 로저스의 연구는 자기 보고에 상당한 강조를 두고 있다. 비판자들은 자기 보고가 기만적일 가능성이 있다고 지적한다. 과거에 그러한 난제로 인해 과학적 심리학은 어떤 자기(any self) 또는 정신적 작인(psychic agent)의 개념을 강력하게 거부하였던 적이 있다. 심지어 로저스 이론에서 자기가 더 이상 철학적 개념이 아님에도 불구하고, 일련의 과정으로서의 이러한 용어는 객관적으로 연구하는 데 한계가 있다.

로저스의 견해에 대한 주요한 비판점은 현상학의 단순한 개념과 인간 의식 속에 숨겨져 있는 복잡한 과정에 대한 정교한 이해를 반영하지 못한다는 데 있다. 많은 사람은 자기 이해보다는 자기기만(self-deception)에 힘을 쏟고 있는 듯하다. 로저스는 수용 분위기가 무의식적 억압을 제거하는 데 충분하다고 주장한다. 하지만 비평가들은 이 신념이 너무 순진한 것이고, 로저스가 무의식적 힘과 강도를 잘 인지하지 못했다고 주장하였다. 그는 대부분의 사람이 심층의 사고와 감정을 스스로 어느 정도 숨기는지를 이해하지 못했다.

(3) 최근 동향

로저스의 최초 강조점은 내담자의 세계를 이해하고 그 이해한 바를 반영하는 데 있었다. 그러나 그의 심리치료 관점이 발전됨에 따라 비지시적 관점에서 치료자와 내담자 간의 관계성으로 강조점이 바뀌었다. 현대 인간중심 치료는 65년 이상의 진화 과정의 결과로써 지금도 여전히 변화에 개방적이고 이론을 정교화하고 있다.

로저스의 상담 분야에 대한 중요한 공헌 중 한 가지는 여러 테크닉을 제시하는 것을 반대하면서, 치료적 관계의 질이 내담자 성장의 중요한 작인(agent)임을 주장한 것이다. 내담자와 강한 연대감을 형성하는 치료자의 능력은 성공적인 상담 결과를 결정하는 핵심 요인이다. 나탈리 로저스(Natalie Rogers)에 따르면, '테크닉' '전략' '절차'는 인간중심 접근에서 거의 적용되지 않는다. 그녀는 '개입'과 '처치'와 같은 단어보다는 '인간중심 철학' 또는 '인간중심 가치'와 같은 구(phrases)를 선호한다. 보하트(Bohart, 2003)에 따르면, 내담자와 진정한 관계를 맺고('being with' clients) 내담자의 지각과 감정의 세계로 들어가는 과정은 변화를 일으키는데 충분하다(Corey, 2009, 재인용).

인간중심 치료가 진전시킨 중요한 공헌점은 실천의 다양성, 혁신, 개별화다(Cain, 2002). 투시와 코치란(Tursi & Cochran, 2006)은 인간중심 체제(framework) 내에서 인지적인 행동 테크닉의 통합을 제안하였다. 그들은 인지적인 행동 과제는 인간중심 접근 내에서 자연적으로 일어나고, 인지적인 행동 이론의 지식은 공감을 증가시킬 수 있으며, 인지적인 행동 테크닉은 인간중심 관계 체제 내에 조심스럽게 적용될 수 있다고 주장하였다. 그들의 관점에서 보면, 인지적 개입은 치료적 관계성이 잘 형성되고 상담자가 내담자의 내적 참조 체제를 분명하게 이해했을 때 가장 효과적으로 활용될 수 있다. 케인(Cain, 2008)은 치료자가 개별 내담자의 특수한 욕구에 적합하게 치료 양식을 수정하는 것이 중요하다고 믿었다. 인간중심 치료자는 내담자를 돕기 위해 다양한 반응과 방법을 자유롭게 적용할 수 있다(Corey, 2009, 재인용).

오늘날 인간중심 접근을 실천하고 신봉하는 전문가들은 이론과 실천의 진보 그리고 개인적 양식(personal styles)을 반영하는 다양한 방식으로 실천과 연구를 진행하고 있다. 우리가 로저스의 양식을 모방하려고 노력하지만 그 양식이 우리에게 맞지 않는다면, 진정한 우리 자신의 존재와 거리가 멀고 완전 일치의 존재가 되기도 어렵다. 치료자의 일치는 내담자와 신뢰를 형성하고 안전을 보장하는데 필수적이다. 만약 치료자가 진정성(fully authentic)에 이르지 못한 상태라면 치료 과정은 역효과를 낼 것이다.

나탈리 로저스(1993)는 개인과 집단의 개인적 성장을 향상시키기 위해 표현적 예술을 활용함으로써 그녀의 아버지인 로저스(1961)의 창의성 이론을 확장시켰다. 표현적 예술 치료(expressive arts therapy)로 알려진 로저스의 접근은 인간중심 접근을 자발적인 창조적 표현—심층적이고 때때로 접근하기 어려운 감정과 정서 상태를 상징화한 것—에 확장·발전시켰다. 인간중심적 표현 예술(person-centered expressive arts)을 배우고 훈련받은 상담가는 내담자의 감정을 나타내는 운동, 시각 예술, 저널 쓰기, 소리, 음악을 창의적으로 표현할 수 있는 기회를 제공하고, 이러한 활동으로부터 통찰(insight)을 얻는다. 인간중심적 표현 예술 치료는 언어적 방법에 의존하는 전통적인 상담 접근의 대안으로 대변되고 있다.

표현적 예술 치료는 성장, 치유(healing), 자기발견을 목적으로 다양한 예술 형식—운동, 그리기(drawing), 회화(painting), 조각, 쓰기, 즉흥작품(연주, 시)—을 활용한다. 이것은 마음, 신체, 정서, 그리고 내적인 영성 자원(inner spiritual resources)을 통합하는 다중방식 접근이다. 표현적 예술 치료는 로저스의 창의성 개념과 유사한 인본주의적 원리에 기초하고 있다. 이들 원리는 다음과 같다(N. Rogers, 1993).

- 모든 인간은 선천적으로 창의적인 능력이 있다.
- 창의적 과정은 변혁적이고 치유적이다.
- 개인적 성장과 높은 의식 상태는 자기인식, 자기이해, 통찰을 통해서 성취된다.
- 자기인식, 이해, 그리고 통찰은 자신의 감정(예: 슬픔, 노여움, 고통, 두려움, 기쁨, 무아경)을 탐구함으로써 성취된다.
- 우리의 감정과 정서는 표현 예술을 통해 해방되고(released) 변형되는 에너

지 자원이다.

- 표현 예술은 우리를 무의식 세계로 안내하여, 옛 미지(未知)의 영역을 표현하도록 함으로써 새로운 정보와 의식을 드러내게 한다.
- 어떤 한 가지 예술 양식은 삶의 에너지인 내적인 본질(core or essence)로 안내하는 또 다른 예술 양식을 자극하고 계발한다.
- 우리의 삶의 에너지인 내적인 본질 또는 영혼과 모든 존재의 본질 간에는 연대성이 존재한다.
- 우리가 자신의 본질 또는 전체성(wholeness)을 발견하기 위해 내면을 향해 나아감에 따라, 자신이 외부 세계와 연결되어 있으며, 내적 세계와 외적 세계가 하나임을 깨닫게 된다.

다양한 예술 양식은 나탈리 로저스가 '창의적 연결(Creative Connection)'이라고 일컫는 것에서 상호 연결된다. 우리가 무엇인가를 향해 마음을 움직일 때, 그것은 어떻게 쓸 것이지 또는 그릴 것인지에 영향을 준다. 우리가 어떤 것을 쓰거나 또는 그릴 때, 그것은 우리가 어떻게 느끼고 생각하는지에 영향을 준다. 개인적 성장은 상담가 또는 촉진자—진실성이 있고, 온정적이고, 공감적이고, 개방적이고, 일치성과 배려심 있는 사람—가 제공하는 안전하고 지지적인 환경에서 일어난다.

2. 매슬로의 인본주의 이론

매슬로의 인본주의 이론은 성격, 동기, 자기실현, 인간 본성의 이론에 지대한 영향을 주었다. 매슬로 이론의 핵심은 인간 본성이 본질적으로 선하고 자기실현의 잠재 가능성을 지니고 있다는 것이다. 그는 인간이 주위 상황(situations)에 어떻게 대처하고 적응하는가를 탐색하였다. 가장 성공적인 삶을 누리고 있는 사람들(자기실현자)에 대한 그의 연구는 동기의 욕구위계 이론을 제시하게 하였다.

매슬로가 제시한 동기 이론의 특성은 동기 또는 욕구 서열성(hierarchy)을 가정한다는 것이다. 욕구에 상하 서열이 있다는 것은 '아래' 또는 '낮은' 욕구가 충족되어야 비로소 '위' 또는 '높은' 욕구가 생겨난다는 것을 뜻한다. 욕구의 위계를 낮은 데서부터 열거하면 ① 생리 욕구, ② 안전 욕구, ③ 사랑과 소속감 욕구, ④ 자존감 욕구, ⑤ 자기실현 욕구다. 마지막의 자기실현 욕구는 앞의 네 가지 욕구가 적어도 부분적으로라도 충족되어야만 나타날 수 있는 욕구다.

매슬로는 자기실현의 사람을 움직이게 하는 힘으로 초동기(metamotivation) 또는 존재 동기(B-motivation)를 제시하였다. 반면 보통 사람들의 동기로 결핍 동기 또는 D동기를 제시하였다. 결핍 동기(deficiency motivation)는 우리의 체내에 어떤 결핍으로 인하여 생기는 동기다. 예를 들어, 우리가 음식을 얼마 동안 먹지 못했다면 우리 체내에는 어떤 결핍이 생기게 된다. 이 결핍은 신체적 · 심리적으로 고통과 불만을 초래한다. 따라서 체내에서는 이 고통과 불만을 제거하려는 동기가 생기게 되고, 그것이 곧 어느 수준으로 긴장을 하게 한다. 결핍 동기는 신체적인 욕구에만 그치는 것이 아니라 안전, 소속감과 사랑 그리고 자존감의 욕구에까지 관계한다. 이들은 낮은 단계의 욕구로서 결핍된 것을 쟁취하도록 우리를 움직이게 한다.

이와는 대조적으로 탁월하다고 할 만큼 매우 건강한 사람들(자기실현의 사람들)은 높은 단계의 욕구에 관심을 갖는다. 즉, 잠재 능력을 완전히 성취하며 그들을 둘러싸고 있는 세계를 알고 이해한다. 이러한 경우(초동기)에 그들은 결핍된 것을 채우려고 노력한다든가 긴장을 해소하려고 노력하는 것이 아니다. 그 목표는 삶의 경험을 더욱 풍요롭게 하고 다양하게 하며 살아 있다는 기쁨과 열정을 더욱 증가시키는 데 있다. 그 이상은 새롭고 도전적이며 다양한 경험을 통해서 오히려 긴장을 증가시키는 것이다. 따라서 지기실현의 사람들은 더욱 완전한 인간이 되기 위해서 가지고 있는 잠재 능력을 그대로 발휘하고자 '초동기화'되었다고 할 수 있다. 그들은 존재(being)의 상태에서 자발적으로 자연스럽게 완전히 인간적임(full humanness)을 기쁘게 표현한다.

그렇다면 초동기화된 자기실현자의 특성은 무엇인가? 이에 대하여 매슬로는 생리적인 면, 안전, 소속과 사랑, 존중의 욕구 등 낮은 단계의 욕구를 차례로 충족시킨 사람들로서 자기들의 능력과 특질을 최고 상태까지 사용함으로써 자신을 수행하고 성숙하는 건강한 인간의 본보기라고 정의하였다. 그들은 자기가 누구이며, 무엇인지, 그리고 어디로 가고 있는지를 알고 있다. 이런 일반적인 점 이외에도 매슬로는 자기실현자의 특징적 성격들(예: 의식, 성실, 자유, 신뢰)을 제시하고 있다.

1) 매슬로의 생애

매슬로

에이브러햄 매슬로(Abraham Maslow, 1908~1970)는 뉴욕 브루클린에서 태어나 성장하였다. 부모는 러시아에서 이주해 온 유태인이었다. 어머니는 정이 없었고, 아버지는 좋은 사람이었지만 아들의 생각을 이해하지는 못했다고 한다. 가난하고 외롭고 불행했던 소년 매슬로는 아주 어린 시절에 책을 읽으며 위로를 받았고, 그러한 습관은 그의 어린 시절과 청년 시절에 시작되어 코넬과 위스콘신 대학교 시절까지 계속되었다. 그가 스무 살에 겪은 두 가지의 사건이 그의 일생을 적지 않게 넓혀 주었다. 그는 4년 동안 구애한 끝에 스무 살에 사촌누이와 결혼하여 딸 둘을 보았다. 모든 학위를 위스콘신 대학교에서 취득하였는데, 거기서 해리 할로(Harry Harlow)가 키워 낸 첫 박사이기도 하였다. 왓슨(Watson)의 행동주의에 심취해 있었던 그는 스스로 말하는바 '원숭이 인간(monkey man)'으로 할로 밑에서 지배성이 사회적 및 성격 행동을 결정하는 역할에 대해 실험하고 박사논문을 썼다. 그러나 행동주의 노선을 따라가면서도 그는 프로이트 이론과 형태주의 심리학에 관심을 갖기 시작했다.

매슬로가 행동주의에 등을 돌리게 된 중요한 계기는 첫딸을 보았을 때였다. 생명과 존재의 신비에 감명받은 그는 "아기를 가진 사람은 누구도 행동주의자가 될 수 없을 것"이라고 말했다고 한다. 이렇게 그의 사상을 형성한 경험은 추상적인 이론적 사고나 과학적 발견이라기보다는 개인적 경험이었다. 그가 특히 강조한 세 가지 인생경험은 결혼, 아버지가 되었다는 사실, 그리고 훌륭한 스승들에 대한 존경과 사랑이었다. 지도교수 할로 외에 프롬(E. Fromm), 호나이(K. Horney), 아들러(A. Adler), 형태주의 심리학자 베르트하이머(Wertheimer)와 베네딕트(Benedict)에 대한 경외심은 자기실현에 대한 연구를 시작하게 한 계기가 되었다.

제2차 세계대전 경험은 매슬로의 인생관과 학문관을 다시 한 번 크게 바꾸어 놓았다. 그는 인간이 전쟁, 편견, 증오보다 위대한 것을 할 수 있는 역량을 가진 존재라는 것을 입증하고 싶었다. 인류 평화와 생존은 죽을 때까지 심리학자로서 매슬로의 중요 관심사로 남았다. '자기실현을 하(려)는 젊은 심리학자가 이 시대에 할 수 있는 가장 중요한 것이 무엇이냐'는 질문을 죽기 2년 전에 받았을 때, 그는 공격과 적대에 대해 연구하라고 말해 주겠다고 대답했다 한다. 그는 브루클린 대학교에 14년간 재직하다가 1951년에 브랜다이스 대학교로 옮겼고, 1967~1968년에는 미국심리학회 회장을 맡기도 하였다. 매슬로는 1969년 캘리포니아주 멘로파크로 이주했고 다음 해에 심장마비로 죽었다(홍숙기, 2009).

2) 성격의 정의

매슬로는 성격에 대하여 구체적으로 정의 내리지 않았다. 다만 그는 동기의 욕구위계 이론에 근거하여 매우 건강한 성격의 소유자(자기실현자)와 건강하지 못한 성격의 소유자(신경증인 사람)로 구분하여 성격을 논의하였다. 자기실현자는 자기 자신과 타인을 수용하고, 문제 해결에 초점을 맞추고, 자율성이 높고, 문화나 규범에 단순히 순응하지 않으며, 선과 악을 구별할 줄 알고, 민주적 성격을 소유하고 있다. 반면 건강하지 못한 성격의 소유자는 자기의 주관에 따라서만 세계를 바라보고, 약점과 실패에 대하여 수치와 죄의식을 느끼고, 자신의 욕구 충족을 위해 타인들에게 매우 의존적이고, 결핍 동기의 충족을 위해 현실 세계에 대단히 의존적인 성격을 소유하고 있다.

3) 주요 개념

(1) 결핍 욕구와 존재 욕구

결핍 욕구(deficiency needs: D-needs)는 결핍에 의해 생겨나며 남에 의해 또는 밖에 있는 것들에 의해 충족되어야 한다. 오래 굶은 사람은 먹고 싶은 욕망밖에 없으며, 안전을 위협받으면 안전만 필사적으로 추구하게 된다. 사랑과 인정을 못 받는다고 느끼는 사람은 사랑과 인정을 받기 위해서 못할 짓이 없다. 이러한 충족들은 밖으로부터 온다. 이를테면 누군가 또는 세상이 나를 인정해 주어야 하는 것이다. 결핍 욕구의 작용은 '긴장 감소' 모델을 따른다고 할 수 있다. 결핍은 (불쾌한) 긴장을 유발하고, 충족은 긴장을 감소시키고 만족을 가져온다. 결핍 상태가 너무 오래 가거나 극단적이면 우리는 몸과 마음이 병이 든다. 마음의 병은 신경증이나 성격장애 같은 것이다(홍숙기, 2009).

존재 욕구(being needs: B-needs)는 결핍 욕구가 충족된 후에 나타나는 욕구로서 자기실현을 위한 기본적 욕구다. 예를 들면, 인간은 자신이 삶에서 중요한 사명을 가지고 있다고 생각한다. 그는 어떤 직업을 선택하고, 오랜 동안 열심히 일하고, 세상의 어떤 분야에 투신하면서 살아간다. 이러한 개인의 사명감은 존재 욕구다. 존재 욕구의 목적은 다른 목적의 수단이 아닌 그 자체로서의 목적으로서 가치를 지닌다. 존재 욕구는 성숙(becoming)의 상태가 아닌 존재(being)의 상태를 뜻한다. 이러한 성장 욕구의 예에는 전체성, 완전성, 완성, 정의, 생동감, 충만함, 단순성, 아름다움, 선, 독특성, 쾌활, 진리, 자기만족이 있다. 따라서 자기실현 욕구는 결핍 상태에서 생겨나기보다는 존재 자체에서 나오며, 긴장 감소보다는 긴장 증가를 추구한다. 이 긴장은 즐거운 긴장(pleasure tension)이다. 낮은 욕구의 충족은 낮은 기쁨, 만족과 현상 유지, 질병 없는 상태를 가져오지만, 높은 욕구의 충족은 높은 기쁨, 행복과 성장, 긍정적 건강을 가져온다.

(2) 동기의 욕구위계 이론

욕구의 위계에서 높은 층에 속하는 욕구들이 동기에 영향을 미치려면 먼저 이들 욕구보다 낮은 욕구들이 충족되어야 한다. 그러나 만일 낮은 수준의 욕구가 충족되지 않으면 이 충족되지 못한 욕구가 인간을 지배하게 된다. 낮은 수준의 욕구가 충분히 충족되면, 특수한 상황이 아닐 경우 충족된 욕구는 동기에 영향을 미치지 않는다.

이와 같은 성질을 띠는 욕구들은 정상 성인에게서 일정한 위계를 이루고 있다. 매슬로는 인간의 욕구가 [그림 6-1]과 같이 다섯 가지 위계로 구성된다고 주장한다.

매슬로의 초기 저술에서는 다섯 욕구 이외에 두 욕구를 추가로 지적하고 있다. 그것은 인지 욕구(cognitive needs)와 심미 욕구(aesthetic needs)다. 인지 욕구는 알고 이해하려는 욕구를 말한다. 심미 욕구는 아름다움에 끌리고 추함을 피하려는 욕구를 말한다. 인지 욕구와 심미 욕구는 각각 다섯 욕구의 위계에서 밑에서 네 번째인 자존감 욕구와 다섯 번째인 자기실현 욕구 사이에 위치하는 상위 욕구라고 제안되었다. 그러나 두 욕구는 다섯 욕구로 간략히 분류할 때 포함되지 않고 생략되었다. 욕구의 다섯 위계를 하위 욕구부터 차례대로 각각 설명하면 다음과 같다(한덕웅, 2004).

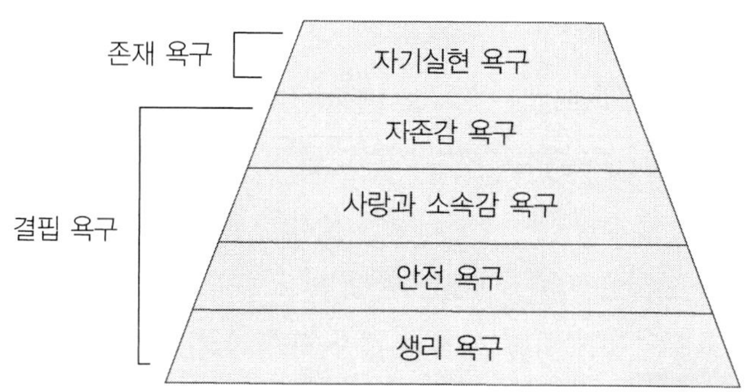

[그림 6-1] 동기의 욕구 위계

출처: Engler(1979), p. 338.

① 생리 욕구

인간이 태어나서 동기의 최초 시발점이 되는 욕구가 생리 욕구(physiological needs)다. 생리 욕구는 모든 욕구 중에서 가장 강력하다. 생리 욕구들을 충족시키지 못한 사람에게는 다른 어떤 욕구보다도 이 욕구가 행동의 가장 강력한 원동력이 된다. 생리 욕구에는 굶주림, 갈증, 성, 수면 등이 포함된다. 예를 들어, 굶주린 상태에서는 먹으려는 욕구가 안전, 애정, 존경 등의 어느 욕구보다 기본이 되어서 강한 동기가 된다. 만약 굶주림의 욕구가 충족되지 않는다면 인간은 생리 욕구에 지배되어서 다른 모든 욕구는 행동에 영향을 미치지 못한다. 이렇게 되면 모든 심리와 생리 기능이 먹으려는 목적에 따라서 조직화된다. 그리하여 모든 감각기관이나 운동기관, 지능, 기억 등은 단지 배고픔을 충족시키려는 도구에 불과하다.

그러나 생리 욕구들이 일단 충족되면 인간은 그보다 높은 위계의 욕구에 의해서 지배받게 된다. 이는 다섯 가지 인간의 기본 욕구가 생활에 영향을 미치는 강도에서 서로 다른 계층으로 조직되어 있음을 의미한다. 이 이론에서는 욕구의 결핍만 아니라 욕구의 충족 역시 중요하다. 만족은 인간이 생리 욕구의 지배로부터 벗어나도록 함으로써 사회적 욕구들이 나타날 수 있게 한다. 그러므로 생리 욕구는 충족에 방해를 받을 때만 다시 나타나서 인간을 지배하게 되며, 충족되면 잠복 형태로 존재하게 된다.

② 안전 욕구

생리 욕구가 충족되면 다음으로 안전 욕구(security or safety needs)로 분류되는 새로운 욕구가 나타난다. 이 욕구들은 일반적으로 안전을 추구하는 도구로서 기능하기 위해서 행동을 조직하는 역할을 한다. 이 욕구에 극단적으로 지배되는 경우에는 안전 자체만을 위해서 살게 된다. 그러나 대부분의 문명화된 사회에서는 이 욕구들이 아동들에게서 흔히 나타나고, 또한 적절히 충족된다.

건강한 정상 성인은 대부분 안전 욕구에 만족을 느낀다. 매슬로 이론에서 보면 안정된 사회에서는 인간이 맹수, 극히 춥거나 더운 기온, 범죄, 폭행, 살해,

학대 등의 위협으로터 안전함을 느끼도록 되어 있다. 따라서 실생활에서 안전 욕구가 중요한 동기 요인이 되지 않는 경우가 많다.

그러나 산업사회나 정보사회에서도 심각한 안전사고들이 대규모로 발생하는 경우가 많다. 그러므로 매슬로의 주장은 타당성에 한계가 있다. 또한 전쟁, 질병, 자연재해 등의 경우도 안전의 욕구에 큰 영향을 미치게 된다. 이런 극단의 상황들을 제외하면 안전 욕구는 보통 안전성 높은 직업에 대한 선호, 저축열, 생명보험을 포함하는 여러 종류의 보험에 대한 선호 등으로 표현된다.

③ 사랑과 소속감 욕구

생리 욕구와 안전 욕구가 충족되면 이어서 사랑과 소속감 욕구(belonging and love needs)가 나타나게 된다. 이전에는 이 욕구들이 나타나지 않다가 생리 욕구와 안전 욕구가 충족된 후에 친구, 애인 혹은 자녀들이 없는 상황을 바꾸려고 한다. 일반적으로 사람들은 타인들과 다정한 관계를 형성하고 이를 유지하고자 한다. 매슬로는 사회가 발전되면 정상 성인들이 이 욕구를 적절히 충족할 수 있다고 보았다. 그러므로 이 욕구가 충족되지 못한 경우는 사회 상황에 적응하지 못하는 사람이거나 심한 정신병리학적 사례에서나 찾아볼 수 있다. 그러나 매슬로의 주장과 달리 실제로는 산업화된 사회에서 다정한 대인관계가 오히려 악화되어서 관계 욕구가 높아진다는 주장도 많기 때문에 이 주장의 타당성은 의심스럽다.

사랑이나 애정은 일반적으로 사랑과 증오의 양가감정(ambivalence)을 지닌다고 간주된다. 여러 정신병리 이론에서는 애정의 결핍이 부적응의 기반이 된다고 강조하고 있다. 실제로 이 욕구는 사회에서 자주 좌절되기 쉽다. 그런데 사랑의 욕구에는 사랑을 주기와 받기가 모두 포함된다. 매슬로는 사랑의 욕구가 발전되는 과정을 두 가지로 구분해서 설명했다. 즉, 그 가운데 자기중심적 혹은 자신이 사랑을 받아야 되는 결핍된 사랑(D-love)이 우세하기 때문에 이 사랑이 어느 정도 충족된 다음 단계로서 타인에 대한 사랑(B-love)이 성립된다고 본다.

④ 자존감 욕구

사람들은 대부분 사회생활을 통해서 지속해서 자신을 높이 평가하고 자신을 존중하며, 자존심을 지니며, 타인으로부터 존경받기를 바라는 욕구를 지니고 있다. 자존감이란 실제로 개인이 지니는 역량이나 성취를 나타내기도 하고, 때로는 타인으로부터 받는 존경을 의미하기도 한다. 이러한 자존감 욕구(self-esteem needs)는 두 종류로 나누어 볼 수 있다. 첫째로는 자신이 강하다는 느낌, 성취감, 적당감, 실생활에서 느끼는 자신감, 그리고 독립과 자유에 대한 갈망을 들 수 있다. 둘째로는 타인들이 자신에게 부여하는 명성 혹은 위엄, 인정, 타인의 주의 끌기, 중요한 인물로 대우받기, 높은 평가를 받으려는 욕망 등이 포함된다.

자존감이 충족되면 자신감, 가치감, 강자라는 느낌, 효능감, 적당감, 그리고 사회에서 유능하고 필요한 존재라는 느낌을 얻게 된다. 그러나 자존감이 충족되지 못하면 열등감, 무력감 등이 유발된다. 이 감정들은 다시 기본적 무기력이나 심리적 보상(compensation) 경향 혹은 신경증적 경향을 일으킨다.

⑤ 자기실현 욕구

앞에서 말한 모든 욕구가 충족되더라도 자신에게 적합한 일을 하지 못하고 있는 한 새로운 불만과 불안이 생기게 된다. 음악가는 음악을 하고, 미술가는 그림을 그리고, 시인은 시를 써서 자신이 바라던 바를 이루어야 최상의 행복을 느끼게 된다. 이는 한 인간으로서 실현할 수 있는 최상의 인간이 되어야 함을 뜻한다. 이러한 욕구를 자기실현 욕구(self-actualization needs)라고 부른다. 그런데 이 욕구는 외부 보상 요인이 아닌 내적 만족 요인이 있을 경우에만 적절히 충족될 수 있다.

매슬로는 자기실현이 자기 완성(self-fulfillment)에 대한 갈망을 뜻하며, 인간이 잠재력을 지닌 존재에서 그 잠재력을 실제로 발휘하는 존재로 실현되려는 경향이라고 본다. 이 경향은 자기 자신다운 존재로 되어 가면서 실현할 수 있는 최선의 존재가 되려는 욕구를 말한다. 물론 이 욕구들은 사람에 따라서 여러 형태로 나타난다. 어떤 사람에게는 이상이 되는 아버지 역할을 하려는 욕망에서 부성애 행동으로 나타나기도 하고, 다른 사람에게는 운동이나 심미 활동으로 나타날 수도 있다. 자기실현 욕구는 생리 욕구, 안전 욕구, 애정 욕구, 자존감 욕구가 충족된 사람에서만 나타난다. 한번 자기실현 욕구에 지배되면 이 욕구가 충족되더라도 계속해서 그 지배를 받는다. 이 점이 다른 욕구와 구별되는 중요한 측면이다.

(3) 자기실현자의 특성

매슬로는 심리학자들이 심리적 질병(psychological sickness)을 이해하고 정의하는 데 지대한 주의를 기울였으나 심리적 건강(psychological health)의 개념에는 충분한 주의를 기울이지 못했다고 지적하였다. 따라서 그는 심리적 건강의 핵심적 특성을 확인하기 위하여 건강한 성격을 연구하였다. 그는 자기실현이 긍정적 힘이며 성장 에너지라고 생각했다. 건강한 성격과 자기실현자의 개념은 매슬로의 저술에서 본질적으로 동의어다. 매슬로는 자기실현자들의 중심 특성으로 열다섯 가지를 제시하였다(Schultz, 1982).

① 효율적인 현실 지각

지극히 건강한 사람은 주변 세계에 있는 물체와 사람을 객관적으로 지각한다(매슬로는 이것을 객관적 지각 본질 혹은 B인지라고 불렀다). 그들은 세계를 자기들이 원하거나 필요한 방식으로 주시하는 것이 아니라 있는 그대로 본다. 반면 건강하지 못한 성격의 소유자는 세계를 자기 주관에 따라 자기의 두려움이나 욕구 가치 형태에 억지로라도 맞추어 지각한다. 매슬로는 "신경증이 있는 사람은 정서적으로 병이 난 것이 아니라 인지적으로 잘못된 것이다."라고 기술했다.

② 본성, 타인, 자신에 대한 일반적 수용

자기를 실현한 사람은 약점과 장점을 포함하여 자기 자신을 불평이나 걱정 없이 받아들인다. 자기의 본성을 있는 그대로 받아들이는 것이다. 자기의 본성에 대하여 대단히 수용적이므로 건강한 사람들은 자신을 왜곡하거나 변조할 필요가 없다. 세속적인 욕구를 부끄러워하거나 변명하며 받아들이지 않고 사랑과 소속감과 존중, 자기 가치(self-worth) 등 각각의 단계를 받아들인다. 일반적으로 그들은 자신뿐 아니라 아는 사람들의 결점에 그리고 인류 전체의 결점에 대하여도 똑같이 관대하다. 이와 대조적으로, 신경증인 사람들은 약점과 실패에 대하여 수치와 죄의식으로 활동이 불가능하게 되며 시간과 정력을 보다 건설적인 일로 전환시키는 데에 강박적이다.

③ 자발성, 솔직성, 자연스러움

삶의 모든 측면에서 자기실현자는 가식 없이, 솔직하고 직접적인 방식으로 행동한다. 정서를 숨기지 않고 정직하게 나타낸다. 간단히 말해, 그들은 자연스럽게 행동함으로써 자기의 본성에 따른다. 반면 신경증인 사람과 자기실현을 하지 못하는 사람의 경우 자발적으로 행동할 수 없다. 수치감과 죄의식의 원인이 되는 부문에 대해서는 왜곡을 해야만 한다.

④ 자기 밖의 문제에 중점을 두는 태도

매슬로가 연구한 자기실현의 사람은 자기 일에 대하여 책임감이 있다. 그들은 예외 없이 열중하며, 온 정력을 쏟을 사명에 대한 의식이 있다. 일에의 몰두와 그에 따른 만족의 결과 때문에 건강한 성격의 소유자는 평범한 정신건강을 가진 사람보다 더 열심히 일한다. 그들은 자기 일을 다른 어떤 것보다도 즐겨 하며 더 이상의 수입이 필요 없을 때까지도 계속한다. 매슬로는 이러한 사람들의 경우 휴가, 흥미, 오락, 휴식, 취미 같은 것에 대한 생각이 그들 자신의 사명감, 소명, 일 등과 융합된다고 생각한다.

⑤ 사적인 생활과 독립에 대한 욕구

자기실현을 한 사람들은 고립과 고독에 대한 강한 욕구를 가지고 있다. 인간과의 접촉에서 위축되지 않는 한편 타인을 필요로 하는 것 같지는 않다. 그들은 자기의 만족을 위하여 타인들에게 의존하지 않으므로 고고하고 말이 없을지도 모른다. 그들의 행동과 감정은 매우 자기중심적이고 자기 주도적이다. 반면 신경증적인 사람은 자기가 생산할 수 없는 것을 충족시키기 위하여 타인들에게 정서적으로 매우 의존적이다. 자아에 대한 강한 의식이 없으므로 타인에게서 지지를 받으려 하고 생각이나 가치, 행동이 타인에게 의존한다. 그들에게는 자기의식이 단순히 타인을 반영한 것이지 그들 자신의 독립된 발달의 산물이 아닌 것이다.

⑥ 자율적인 기능

건강한 성격은 자아 내포적(self-contained)이며 고도의 자율성은 위기나 결핍에도 그들을 무감각하게 한다. 자기실현자는 덜 건강한 사람에게는 파멸적인 것이 될 불운이 거의 느껴지지도 않고, 덜 건강한 사람이라면 재앙이라고 생각할 만한 상태 속에서 기본적인 평온함을 유지한다. 반면 덜 건강한 사람은 결핍동기의 충족을 위해 현실 세계에 크게 의존하게 된다. 이런 의존을 방해하고 위협하는 어떠한 것에도 공포를 느끼거니와 타인들 없이 그런 사람들은 어떻게 기능을 발휘할 수 있겠는가?

⑦ 계속되는 신선한 감상력

자기실현자는 경험들이 아무리 반복되어도 즐거움과 경외와 놀라움 같은 신선한 감각으로 경험한다. 예컨대, 매일 일터로 가는 길의 사랑스럽고 한가로운 풍경이 5년 후에도 첫날처럼 유쾌하게 보일 수 있다. 자기실현자들은 경험들(예: 일몰, 교향악, 좋아하는 음식, 배우자의 웃음)을 마치 새로운 것인 양 감상할 능력이 있다. 어떤 이는 자연에, 어떤 이는 아이들에게, 또 어떤 이는 음악에 반응한다. 그들은 삶의 경험으로 싫증내거나 지루해하지 않는다.

⑧ 신비로운 혹은 절정 경험

자기실현자들은 때때로 종교적 경험과 비슷한 강렬하고 저항할 수 없는 황홀경과 경외를 경험하는 경우가 있다. 매슬로는 건강한 피험자들에게는 공통적인

이 절정을 경험하는 동안 자아는 초월하게 되고 그 사람은 지배감과 자신감, 결정감 등 무엇이나 성취하거나 될 수 있을 것 같은 심오한 의식을 갖게 된다고 한다. 게다가 몰두하고 있는 그 일, 즉 작업을 하거나 음악, 미술, 성(性)을 즐기거나 단순히 일몰 광경을 보는 것, 봄에 정원의 꽃봉우리가 맺히는 것 등은 쾌감의 절정으로 확대된다.

⑨ 사회적 관심

자기실현자들은 모든 인간에 대하여 강하게 이입된 감정과 애정을 느끼며 동시에 인본주의를 지지하고자 애쓴다. 그들은 한 가족(또는 인류)의 구성원으로서 가족 성원 모두에게 형제애를 느낀다. 이것은 동생을 향한 손위 형제의 태도와 같은 특별한 종류의 형제애다.

⑩ 대인관계

자기실현자들은 보통 수준의 정신건강을 가진 사람들보다 타인들과 확고한 관계를 가질 수 있다. 그들은 보다 위대한 사랑, 보다 깊은 우정, 타인들과 보다 완전히 동일시한다. 그러나 그들의 대인관계가 보다 강렬하기는 하지만 비자기실현자들보다 수적으로 적다. 가까이 하는 사람들의 범위가 작기는 하나 자기실현자들은 타인들, 특히 어린아이들에게 친절하고 인내심이 있다.

⑪ 민주적 성격 구조

지극히 건강한 사람은 사회계층이나 교육 수준, 정치, 파벌, 종교, 인종 혹은 피부색에 구애받지 않고 모든 사람에게 관대하고 수용적이다. 또한 그들은 다른 이들(예: 교육을 덜 받고 지식 수준이 낮은 사람들)과 관계를 맺을 때 우월한 태도를 보이지 않는다. 한 예로, 자기실현을 한 지식인은 자기가 갖지 못하는 기술과 지식을 가진 목수도 진심으로 존경한다.

⑫ 수단과 목적, 선과 악의 구별

자기실현자들은 수단과 목적을 분명하게 구별할 줄 안다. 그들에게는 목적 또는 목표가 그에 도달하는 수단보다 훨씬 더 중요시된다. 또한 그들은 선과 악, 옳은 것과 그른 것을 구별할 수 있다. 건강하지 못한 사람은 탐색이라는 미명 아래 옳고 그른 것 사이에서 우유부단하게 왔다 갔다 하며 종종 혼란스럽고 일관성 없는 윤리적 태도를 보인다. 이와 대조적으로, 자기실현자는 어느 상황에서나 고수할, 잘 정의된 윤리적 · 도덕적 기준을 갖고 있다.

⑬ 적대감 없는 유머 감각

자기실현자가 보여 주는 재치는 인간성 전체에 대하여 조소하기는 하지만 특정한 개인을 조소하지는 않는 철학적인 것이다. 그들의 재치는 웃기려고 하는 뜻도 있지만 대개는 교훈이 담겨 있다. 또한 폭소를 자아내는 것이라기보다는 이해함으로써 미소를 짓고 수긍을 하게 만드는, 깊은 생각이 담긴 종류의 재치다. 반면 건강하지 못한 사람은 타인에게 상처를 입히는 적의에 찬 재치(hostile humor), 타인이나 타 집단의 열등감에 편승하는 우월감 섞인 재치(superiority humor), 그리고 음탕함에 관련된 권위 배반적인 재치(authority-rebellion humor)의 세 종류의 재치 때문에 웃는다.

⑭ 창의력

창의력은 자기실현을 한 사람들에게 기대되는 특성이다. 물론 그들 모두가 작가, 예술가 또는 음악가인 것은 아니므로 그들이 항상 예술적 창조 작업을 한다는 의미는 아니지만, 그들은 독창적이면서 창작적인 재능이 있으며 혁신적이다. 매슬로는 이렇게 편견 없이 똑바로 사물을 볼 수 있는 창의력을 아동의 유아적 창조성과 상상력에 비유했다. 그렇기에 창의력은 하나의 자세이며, 심리적으로 건강하다는 표현이고, 예술성이 완성된 작품이라기보다는 세계를 지각하고 반응하는 방식에 보다 관심을 기울이는 것이라 볼 수 있다.

⑮ 문화적 동화에의 저항

자기실현자는 자아 충족적이고 자율적이므로 어떠한 방식으로 생각하고 행동하라는 사회적 강압에 저항을 잘해 낸다. 타인에 의해서라기보다는 스스로 방향을 정하고 문화로부터 내적으로 이탈하여 초연함을 유지한다.

4) 성격 형성과정

매슬로의 성격 형성과정은 자기실현 과정에 기초하여 설명될 수 있다. 자기실현은 인간의 본능적인 욕구이긴 하지만 어린 시절의 경험들에 의해서 용이해지기도 하고 방해받기도 한다. 매슬로는 아동에게 가혹하게 지배적으로 대하거나 통제하는 것은 그 반대의 경우(예: 지나친 자유와 허용)와 마찬가지로 해롭다고 믿었다. 가장 효과적인 양육방법은 '한계 내에서의 자유', 즉 통제와 자유의 적절한 혼합이다(Schultz, 1982).

아동이 사랑받고 있음을 느끼는 것은 이후의 자기실현에 매우 중요하다. 매슬로는 특히 출생 후 두 해 동안이 중요하다고 강조하고, 만약 이 시기에 적절한 사랑과 안전, 존중을 받지 못하면 자기실현을 향한 성장은 지극히 어려울 것이라고 하였다.

5) 건강한 성격과 병리적 성격

(1) 건강한 성격

매슬로의 저서에 비추어 보면 건강한 성격의 개념과 자기실현자의 특성은 본질적으로 유사하다고 볼 수 있다(Bruno, 1983). 그는 심리적으로 건강한 사람들의 특성으로 열다섯 가지를 제시하였다(앞서 제시한 '자기실현자의 특성'참조).

(2) 병리적 성격

병리적 성격은 자기실현 과정과 대비되는 신경쇠약(burn-out)에 해당된다.

신경쇠약(또는 심신의 소모)은 정신적 타락(mental demoralization)과 정서적 소진의 상태를 기술하기 위해서 사용된 용어다(Bruno, 1983). 정신분석학자인 헤르베르트 프로이덴베르거(Herbert J. Freudenberger, 1980)는 신경쇠약을 연구한 결과 신경쇠약 과정에 있는 사람들의 주요한 특징을 다음과 같이 제시하였다(Bruno, 1983 재인용).

- 보통보다 쉽게 지치기
- 매우 열심히 노력하지만 매우 적게 성취하기
- 점점 더 신경 과민해지기
- 설명할 수 없는 슬픔에 빠지기
- 점점 더 냉소적으로 변화하기
- 친한 친구와 가족들을 보는 것을 점점 더 회피하기
- 심지어 일상적인 일들(예: 전화 걸기, 보고서 읽기, 메시지 보내기)을 할 수 없을 만큼 바쁘다고 느끼기
- 보통과는 다른 신체적 고통(예: 통증, 두통, 만성 감기)을 겪기
- 일상적 활동이 끝났을 때 어디로 가야 할지 방향을 잃기
- 자신에 대한 조크에도 웃지 못하기

6) 상담에의 적용

매슬로의 욕구위계 이론에서 보면 심리적으로 병이 든 사람은 충분한 안전감, 사랑, 존중 등을 받지 못한 사람이다. 결핍 욕구들의 충족이 밖에서, 타인에게서 온다는 점을 생각하면 마음의 병을 다르게 정의할 수 있다. 사랑, 존중 등은 타인들에게서만, 인간관계 속에서만 얻을 수 있으므로 마음의 병이 든 사람은 타인들과 좋은 관계를 가진 적이 없는 사람이다. 이러한 사람이 지금까지 충족받지 못한 기본적 욕구들을 충족받으면 긍정적인 쪽으로 변하게 된다(홍숙기, 2009).

(1) 좋은 인간관계로서의 심리치료

모든 치료의 궁극적 목표는 자기실현이며, 그 길에서 중요한 단계는 기본적 욕구들의 충족이다. 이러한 치료는 치료자-내담자 관계뿐만 아니라 모든 인간관계에서 일어난다. 매슬로는 교수와 저술에서 중요한 공헌을 하는 뛰어난 정신분석학자들이 환자 치료에서는 자주 실패하는가 하면, 좋은 교수도 학자도 아니지만 치료자로서는 훌륭한 분석가가 있다는 사실에 주목하였다.

심리치료에서 일어나는 변화는 모두 좋은 인간관계에서 일어난다. 하나의 관계는 소속감과 안전, 자기존중을 어느 정도로 지지 또는 향상하느냐에 따라 좋거나 나쁘다고 할 수 있다. 진실한 우정을 좋은 인간관계의 모범으로 본다면, 치료는 바로 우정과 비슷한 건강하고 바람직한 관계가 된다. 부부 사이이든, 부모-자녀 사이이든, 동성 · 이성 친구 사이이든, 우정이란 서로 믿는 정직한 관계, 편안한 관계다.

치료의 본질이 관계라면, 전문 심리치료자가 될 사람은 인간관계 훈련을 받고 좋은 관계가 얼마나 즐겁고 생산적인지를 배워야 한다. 치료란 내담자가 스스로 좋은 인간관계를 맺도록 준비시키는 일이다. 매슬로는 모든 좋은 인간은 잠재적으로 치료자이므로, '공중보건' 견지에서 모든 교사, 모든 부모, 나아가 모든 인간에게 인간관계 교육을 시켜야 한다고 보았다.

(2) 통찰치료

병이 심해지면 욕구 충족에서 오는 이익이 적어진다. 내담자는 기본적 욕구 충족을 찾거나 원하지 않고 대신에 신경증적 욕구 충족을 원하며, 기본적 욕구 충족을 주어도 그것을 사용할 줄 모른다. 애정을 보여도 그것을 두려워하고 불신하고 잘못 해석하며 결국 거절하기 때문에 소용이 없는 것이다. 깊은 죄책감 때문에 파괴적으로 나가기도 한다(자기 처벌). 이때는 전문적 치료가 필요하게 된다. 매슬로는 전문 치료 기법 중 가장 중요한 것이 정신역학적 통찰치료라고 보았다. 즉, 자유연상, 꿈의 해석, 저항과 전이 분석 등을 통하여 무의식적 욕망과 추동들을 의식하게 해야 한다는 것이다.

(3) 적용사례: 자기실현과 여러분의 삶

여러분은 자기실현의 개념에 관하여 많은 내용을 읽었으나 상당히 추상적인 개념이다. 자기실현의 개념을 보다 구체적으로 이해하기 위해, 여러분 자신을 대상으로 다음과 같은 인터뷰를 해 보라(Carver & Scheier, 2014, p.240).

예컨대, 매슬로의 욕구위계는 여러분의 현재 실존(current existence)과 어떻게 관련되어 있는지를 생각해 보라. 욕구위계의 어느 수준이 여러분의 일상 경험을 지배하고 있는가? 여러분은 어떤 사회집단(social group)에서 소속감(예: 특정 개인과의 친밀성과 수용감)을 갖는데 가장 관심이 있는가? 여러분이 현재 초점을 두고 있는 것은 가치 있고 존중 받기를 원하는 바로 그 욕구인가?

이제 중학교 시절로 되돌아가 생각해 보라. 그 이후로 여러분의 삶은 어떠했는가? 그 시절에 여러분의 욕구와 관심은 무엇이었나? 그 시절 이후 여러분의 초점은 욕구위계의 상위수준으로 옮겨가고 있는지? 또는 하위수준으로 이동하고 있는지? 또는 아직도 여전히 같은 수준에 머무르고 있는지?

삶의 모든 경험이 자기실현으로 이어지지는 않는다. 심지어 자기실현자도 때때로 난관에 부딪혀 오도 가도 못하는 상황에 빠지기도 한다. 여러분이 스스로 자기실현을 할 수 없다고 생각할 때, 자기실현을 못하게 하는 것은 무엇인가? 여러분이 종종 부딪히는 성장의 방해 요인(barriers to growth)은 무엇인가? 이 성장 방해의 원인은 어떤 인간관계(예: 부모관계, 가족관계, 친구관계)에서 비롯되었는가?

명백히 앞의 질문들은 대답하기가 쉽지 않다. 단지 몇 분 만에 바로 이 질문에 답하리라고 기대할 수 없으며, 평생에 걸쳐 공들여 답변을 해야 할 과제이다.

7) 평가

매슬로는 상담, 교육, 간호, 건강관리의 실천에 강력한 영향을 미치고 있다. 매슬로의 총체적 심리학(holistic psychology)에 관한 아이디어는 성격 이론, 동기, 자기실현, 인간본성에 광범위하게 출판되어 알려져 있다. 매슬로의 인본주의 이론의 핵심 개념은 인간 본성이 본질적으로 선하고, 인간은 자기실현의 선천적인 잠재력을 지닌다는 것이다(Maslow, 1971). 그는 인간이 자신의 상황(situations)에 어떻게 대처하고 적응하는지를 탐색하였다. 매슬로는 탁월한 성취 수준을 보이고 있는 사람들을 심층적으로 연구한 결과에 기초하여 상담과 치료 그리고 건강관리에서 광범위하게 채택되고 있는 동기이론을 제시하였다(Morrison-Valfre, 2009). 그의 동기이론은 생리적 욕구, 안전 욕구, 소속과 사랑에 대한 욕구, 존중 욕구, 자기실현 욕구가 서열을 이룬다고 가정한다. 오늘날 매슬로의 욕구위계론([그림 6-1] 참조)은 내담자 치료를 계획하고 우선순위를 매기는데 도움을 주고 있다. 예컨대, 아동을 건강한 자기실현자로 성장시키기 위해서 우선적으로 아동의 생리적 욕구와 안전 욕구가 충족되고 있는지 확인할 필요가 있다. 즉, 아동이 결핍을 느끼고 있는 생리적 문제가 없는지, 위협을 느끼고 있는 불안 요소는 없는지, 주변의 친구, 형제, 부모, 교사로부터 인정과 존중 그리고 사랑을 받고 있는지를 확인하여야 할 것이다.

(1) 공헌

① 인간 본성에 대한 낙관적 관점 강조

매슬로는 인간을 선천적인 자기실현 경향성을 지닌 존재로 보았다. 그러한 경향성은 억압되고 왜곡될지 모르지만 희망적이다. 매슬로는 많은 사람이 자기실현의 길을 걷고 있다고 믿으면서, 사회가 발전되고 인간 이해가 증대됨에 따라 보다 많은 사람이 자기실현의 길을 밟을 것이라고 간절히 기원하였다.

② 동기심리학에서 인본주의 형성에 큰 영향

매슬로의 이론은 자기실현 욕구를 강조하여 동기심리학에서 인본주의를 형성하는 데 큰 영향을 미쳤다. 이 이론에서 정상 성인들의 행동을 결정짓는 동기요인으로 다양한 욕구 위계를 제시함으로써 인간 행동이 동기의 측면에서 사람마다 다름을 이해하는 데 공헌하였다. 특히 이 이론은 산업 구조가 급속히 변화되고 발전하는 사회에서 인간의 욕구가 달라지는 현상을 이해하는 데 유용한 기반을 제공했다(한덕웅, 2004).

(2) 비판

① 지나치게 단순한 자기실현자 서술

매슬로의 자기실현자에 대한 묘사는 성장과 발달에서 실제로 일어나고 있는 복잡하고 어려운 과정을 무시하고 있기 때문에 너무 단순하다. 자기실현을 발휘할 수 있도록 허용하는 개인 및 사회의 과정에 주의를 기울일 필요가 있다. 매슬로의 자기실현에 대한 논의는 기능적(functional)이기보다 서술적(descriptive)이다. 그는 자기실현자의 특성을 기술하고 있으나 이런 특성이 구체적으로 어떻게 획득되는지를 말하지 않고 있다.

② 자기실현자에 대한 엘리트주의적 견해

모든 인간에게 올림픽의 금메달 수상자 또는 노벨상 수상자가 될 수 있는 잠재력이 있는가? 분명 그런 사람이 있기는 있다. 매슬로는 지극히 건강하다고 생각되는 사람들에게서 이런 점을 발견했다. 그러나 그가 발견한 사람은 지극히 소수라는 점이 문제다. 이는 실제로 자기실현을 성취한 사람의 수가 전체 인구의 1% 미만으로 적다고 한 매슬로의 서술을 보면 분명하다. 자기실현자와 같은 개념은 선택된 소수 사람에게만 적용되는 엘리트주의자로 비추어질 수 있다.

③ 자기실현자 선정의 편파성

매슬로는 자기실현자를 선택하는 데 분명한 기준을 제시하지 않았다. 단지 그들은 뭇사람들이 찬양하는 인물들인 것 같다. 매슬로가 그들을 진정 선택한 것인가 혹은 그들이 성취하고 사회에 기여한 바에 의하여 선택에 편견이 개입된 것인가가 의문점으로 남는다. 이러한 자기실현자 선정에서의 편파성으로 인해 매슬로가 제시한 자기실현자의 특성을 일반화하는 데 상당한 주의가 요구된다.

제7장
켈리의 개인구성개념 이론

| 정종진 |

물리적 현실은 모든 인간에게 동일하지만 그에 대한 경험은 사람마다 아주 다양하다. 이는 우리 자신, 우리 주위의 사람들, 우리가 하는 행위들, 그리고 우리의 삶에서 일어나는 사건들에도 해당된다. 예를 들어, 놀러 가는 대신에 도서관에서 주말을 보냄으로써 공부에 열중하는 대학생 민우를 생각해 보자. 민우는 자신의 행위를 기회가 닿는 대로 가능한 한 많은 것을 배우려는 노력으로 본다. 민우의 아버지는 아들의 행위를 좋은 학점을 따서 원하는 직업을 얻으려는 노력으로 본다. 어떤 교수는 민우의 행위를 열등감을 보상하려는 노력으로 본다. 민우의 어떤 친구는 그의 행위를 아무 생각 없는 강박행동의 일종으로 보기도 하고, 또 어떤 친구는 그렇게 열심히 공부하는 것은 어리석다고 보며 민우를 매우 따분한 사람이라고 본다. 이처럼 같은 상황에 노출되었을 때 사람들은 어떻게 그리 다르게 경험을 하고 해석을 하는가? 이러한 차이는 어디에서 연유하는 것일까? 어떤 성격심리학자들은 물리적 현실은 인간 경험의 본질이 아니라고 말함으로써 이 질문에 답한다. 즉, 물리적 현실은 원재료일 뿐 그것을 조직화하여 혼돈에서 질서를 창조해야만 한다는 것이다. 그래서 각 개인은 원재료의

표본을 추출하여 현실이 어떻게 조직화되어 있는지에 대한 개인적 시각을 구성하며, 그다음에는 이러한 정신적 표상들이 미래의 지각, 해석, 행동을 위한 기초를 제공한다는 것이다(Carver & Scheier, 2005).

이와 같이 성격은 사람들이 현실을 바라보는 정신적 구조들(mental structures)의 조직으로 이루어져 있다고 보는 성격심리학자들이 있는데, 그 대표적인 인물이 조지 알렉산더 켈리(George Alexander Kelly)다. 켈리는 개인이 자신의 환경에 대한 인지적 구성개념을 창조하며 그러한 구성개념에 의해 사건을 예측하고 해석한다는 개인구성개념 이론(personal construct theory)을 제안하였다. 그는 인간을 개인구성개념(personal construct)에 근거하여 예측하고 경험을 통해 자신의 이론을 검증하고 수정하는 과학자로 보았다. 개인구성개념은 스스로 자신의 경험에 부과하는 정신적 표상이다. 모든 개인구성개념은 정도의 차이로 나타날 수 있으며, 예측효율성(predictive efficiency)으로 평가할 수 있다. 예측효율성은 구성개념을 과거에 적용했던 방식으로 적용하거나 새로운 방식으로 적용해서 구성개념의 편의성 범위(range of convenience)를 확충시킴으로써 개선될 수 있다. 개인의 구성개념은 의미 있는 위계적 순서에 따라 배열되어 있는데, 이를 켈리는 구성개념체계(construct system)라고 불렀다. 구성개념체계는 경험에서 나오며, 사람들은 자신의 구성개념체계를 변화시켜서 그들의 경험을 재구성함으로써 스스로 변화한다. 따라서 개인의 성격을 파악하기 위해서는 그가 접하는 세계를 조직화하고 해석하는 방식인 개인구성개념을 이해해야 한다고 켈리는 주장하였다.

켈리는 개인구성개념 이론에서 사람들의 행동이 다른 이유가 주로 그들이 세계를 예견하고 해석하는 방식이 다르기 때문이라고 보았다. 그가 제안했던 '구성개념적 대안주의(constructive alternativism)'와 '과학자로서의 인간(people as scientists)'이 그의 입장을 강조하는 이론적 토대이자 철학적 가정이다. 구성개념적 대안주의란 인간에게는 그의 세계를 구성할 많은 유용한 대안이 있다는 생각, 즉 개인은 다양한 혹은 다수의 선택에 의해 직면하게 되며 이 선택들에 의해 자신의 세계를 구성한다는 철학적 신념이다. 세계에 대한 인간의 현재의 해석은 항상 수정되고 대체되기 쉬우므로 상담자 혹은 심리치료자의 과제는 적절하거나 건전한 새로운 해석을 수립하도록 바람직하지 못한 낡은 해석을 변화시키거나 뿌리 뽑는 것을 도와주는 것이라는 주장이 구성개념적 대안주의의 밑바탕에 깔려 있는 이론이다. 구성개념적 대안주의는 개인구성개념이 거의 완전히 사전에 결정되어 있지 않고 인간은 어느 정도 자신의 경험을 재해석하는 데 자유롭다는 점을 함축하고 있고 있어서(노안영, 강영신, 2003), 켈리는 인간을 스스로 선택하고 결정하는 책임 있는 수행자로 보았다는 것을 알 수 있다.

인간의 성격에 대한 켈리의 개인구성개념 이론은 인간이 세상을 해석하는 방식과 각 개인의 주관적인 세계관의 고유성을 강조했고, 인지와 행동 및 감정을 분리된 과정이 아니라 동일한 심리학적 용어로 다루어 현상학적 입장의 특성인 전체성을 강조했다는 점에서, 또한 켈리 자신이 개인구성개념 이론을 인지적 이론으로 생각하지 않았다(Mascolo & Mancuso, 1990; Warren, 1990)는 점에서 현상학적 관점으로 분류된다. 한편 개인에 의한 세계의 구성을 강조하고, 개인구성개념은 개인이 사건(단순히 물리적 사건만이 아니라 대상, 사람, 감정, 경험을 지칭)에 의미를 부여하고 사건을 예측하기 위해 어떠한 노력을 하는지를 강조하고 있고, 또한 여러 면에서 켈리의 생각들이 거의 20년 후에 형성되기 시작한 인지적 성격심리학의 출현을 예견했다는 점에서 켈리의 개인구성개념 이론을 성격에 대한 인지적 관점으로 분류하기도 한다. 그래서 켈리의 개인구성개념 이론을 현상학적 관점과 인지적 관점 간의 교량으로 생각하는 성격심리학자들(Carver & Scheier, 2005; Cervone & Pervin, 2008)도 있다. 성격에 대한 개인구성개념 이론이 다른 이론과 유사한 점과 대조되는 점을 살펴보면 〈표 7-1〉과 같다(Cervone & Pervin, 2008).

ooo 표 7-1 개인구성개념 이론과 다른 성격 이론의 비교

성격 이론	유사점	대조점
정신분석학적 접근	무의식 (보이지 않는 구성개념) 불안, 방어, 전이	구성개념적 대안주의 vs. 진실의 발견(통찰)
인본주의적 · 실존주의적 접근	전체적, 의미와 경험에 대한 초점, 성장에 대한 강조	"내담자는 상담자가 '진실한 것'을 보러 오는 것이 아니라 도움을 받으려고 오는 것이다."
학습 · 행동적 접근	새로운 행동 방식을 실험하고 가설을 검증하는 것을 강조	"행동만 관찰하는 것은 사람의 전체 모습을 보지 못하게 한다."

1. 켈리의 생애

켈리

켈리(George Alexander Kelly, 1905~1967)는 1905년 4월 28일 미국 캔자스 주의 퍼스에서 농가의 외아들로 태어났다. 켈리가 태어날 당시 그의 아버지는 과거엔 장로교의 목사였으나 건강상의 이유로 농가로 되돌아와 살고 있었다. 켈리의 초기 교육은 단 하나의 교실만 있는 시골 학교에서 이루어졌다. 후에 그의 부모는 그를 캔자스의 위치타로 보냈는데, 거기서 4년 과정 동안 네 개의 다른 고등학교를 다녔다. 그의 부모는 매우 독실한 종교인이었고 근면했으며, 음주나 카드놀이, 춤과 같은 것은 사악한 것으로 치부하고 완강히 거부하였다. 그들은 외아들인 켈리에게 많은 관심을 기울였다.

켈리는 3년 동안 프렌즈 대학교에서 학부를 마치고 1년 뒤인 1926년 파크 대학교에서 수학과 물리학의 석사학위를 수여받았다. 사회적인 문제에 관심이 많았던 켈리는 캔자스 대학교에서 교육사회학을 전공하고 노사관계사회학을 부전공으로 하여 도시 근로자들의 여가 활동의 시간 분배에 관한 연구로 1928년 석사학위를 받았다. 그후 켈리는 아이오와의 셸던에 있는 한 초급대학의 교수

가 되었고, 거기서 글래디스 톰슨(Gladys Thompson)을 만나 1931년 결혼하여 두 자녀를 두었다. 아이오와에서 1년 반을 지낸 후에는 스코틀랜드의 에딘버러 대학교에서 교환교수를 지내며 1930년 교육학 학사학위를 받았고, 그곳에 거주하면서 9개월 후에는 2년 동안의 대학원 코스의 시험을 볼 수 있는 허가를 얻어 유명한 통계학자겸 교육학자인 톰슨(Thompson) 경의 지도 아래 교수법 성공의 예측에 관한 논문을 썼다. 같은 해 아이오와 주립대학교의 심리학 박사과정에 들어가기 위해 미국으로 돌아온 그는 1931년 말하기와 읽기 결함의 공통적 요인에 관한 논문으로 박사학위를 받았다.

켈리는 그 후 10년 동안 포트헤이스 캔자스 주립대학교에서 지냈다. 이 기간 동안 그는 가난한 모래폭풍 지대의 희생자들에게 심리적 서비스를 제공하는 임상 네트워크를 형성했다. 그는 "나는 곤궁에 처한 사람들의 말을 경청했다. 그리고 그들이 할 수 있는 것을 스스로 파악하도록 조력했다"(Kelly, 1969: 50)고 기술했다. 그는 곧 이러한 사람들에게 가장 필요한 것은 그들에게 무엇이 일어났는지에 대한 설명과 그들의 미래에 무엇이 일어날 것인지에 관해 예견할 능력임을 알게 되었다. 개인구성개념은 바로 이러한 통찰에서 비롯되었다. 제2차 세계대전 동안 켈리는 해군에서 항공심리학자로서 지역 민간 비행사를 위한 훈련 계획을 주도하였다. 그의 비행에 관한 관심은 워싱턴 D.C.의 해군외과 연구소에서 계속되었는데, 1945년까지 그곳 비행국에서 근무했다. 그해 그는 메릴랜드 대학교의 부교수로 임명되어 1년을 보냈다.

종전이 되자 많은 군 요원이 다양한 개인적인 문제들로 고통받으며 귀환했기 때문에 상당수의 임상심리학자가 필요하게 되었다. 실로 제2차 세계대전은 임상심리학이 보건학의 한 부분으로 발달하는 가장 중요한 계기를 마련했고, 켈리는 그 과정에서 중요한 인물이 되었다. 1946년 그는 오하이오 주립대학교에서 임상심리 교수 겸 과장이 되면서 국가자격을 얻게 되었다. 그곳에서 20년간 재직하는 동안 자신의 성격 이론을 체계화하고 연구하면서 심리학에 중요한 이론적 공헌을 했다. 1965년에 켈리는 브랜다이스 대학교로 옮겨 학과장 직무를 수행하였으며, 거기서 매슬로(A. Maslow)를 만났다. 하지만 켈리는 아쉽게도 그곳에서 많은 연구보고서를 묶어 책으로 출간하려던 중에 1967년 3월 세상을 떠났다.

켈리는 미국전문심리학 심사위원회를 형성하는 데 중추적 역할을 했는데, 전문적인 심리학자들의 자질을 향상하는 데 크게 기여한 이 조직의 위원장(1951~1953)으로 봉직했다. 또한 그는 미국심리학회(APA)의 컨설팅분과위원회의 회장(1954~1955), 미국심리학회의 교육 및 연수위원회 위원장(1954~1956), 미국심리학회의 임상상담분과위원회의 회장(1956~1957)으로 일했다. 켈리의 주요 저서로는 성격의 이론적 형성과 임상적 기술훈련을 설명하고 있는 2권으로 된『개인구성개념 심리학(The Psychology of Personal Constructs)』(1955)과 사후에 그의 제자인 브랜던 마허(Brendan A. Maher)가 편집하여 출판한『임상심리학과 성격: 조지 켈리의 논문(Clinical Psychology and Personality: The Selected Papers of George Kelly)』(1969)이 있다.

2. 성격의 정의

켈리는 성격에 대한 명확한 정의를 내리지는 않았다. 그러나 그는 한 논문에서 성격의 개념을 일반적인 용어로 해석했다. 즉, 성격은 "한 개인의 행동에 관한 우리의 추상(abstraction)이며, 이 추상을 알건 모르건 그의 인간관계의 문제나 특별히 가치 있어 보이는 그 외의 어떤 것에 부수적으로 일반화한 것이다."(Kelly, 1961: 220-221)라고 말하고 있다. 따라서 켈리는 성격을 성격심리학자들이 다른 사람에게서 관찰한 심리학적 과정을 기초로 해서 만든 추상이라고 믿었다. 그것은 성격심리학자들이 다른 사람에게서 발견할 수 있는 분리된 실체가 아니다. 더욱이 켈리는 성격이 본질적으로 한 개인의 인간관계에 내재해 있는 것이라고 주장했다.

이러한 두 가지 개념을 맞물리게 하면서 켈리의 개인구성개념 이론 내에서 성격의 정의를 내리자면, 개인의 성격이란 개인의 구성개념체계 그 이상도 이하도 아니다. 우리는 구성개념을 우리의 경험 세계를 해석하고 미래의 사상을 예견하기 위해 사용한다. 실제로 성격은 개인이 미래를 예견하고자 사용하는 구성개념들로 이루어져 있다. 다른 사람을 이해한다는 것은 곧 그가 사용하는 구성개념을 아는 것, 이러한 구성개념 아래 포함되어 있는 사건들, 이 구성개념들이 다른 것과의 관계 속에서 조직되어 한 구성개념체계를 형성하게 되는 방법 등을 아는 것을 의미한다. 요컨대, 다른 사람들의 성격을 안다는 것은 그들의 개인적인 경험을 해석하는 방법을 안다는 것이다(Hjelle & Ziegler, 1992).

이와같이 개인구성개념 이론에서는 성격을 한 인간이 세상을 다루는 데 사용하는 구성개념, 즉 개인구성개념의 체계로 보고 있다. 개인이 형성한 구성개념의 형태와 그것이 어떻게 조직화되어 있는가를 통해 성격을 파악할 수 있다는 것이다. 따라서 성격의 정의에 대한 켈리의 견해를 이해하기 위해서는 구성개념과 개인구성개념 및 구성개념체계에 대한 이해가 필요하다.

켈리는 개인은 패턴화된 형태 혹은 개념을 통해 세상을 바라본다고 제안하였다. 구성개념이란 사건에 대한 정신적 표상 또는 해석으로 사건을 지각하고 처리하도록 해 주는 것이다. 어떠한 구성개념도 꼭 맞아 들어가는 사건이란 없다. 사건은 항상 관점에 따라 다르게 보인다. 사람이 사건을 해석하는 데 사용하는 구성개념을 변화시키면 그의 행동도 변화한다. 켈리는 삶의 모든 사건은 다르게 해석될 수 있다고 믿었기 때문에 구성개념을 중요하다고 보았다. 그는 구성개념들이 양극적이라고 가정했다. 즉, '정의 대 불의' '친절 대 불친절' '안정 대 변화 가능' '융통성 대 독단' '온정 대 냉담'처럼 한 구성개념은 한 쌍의 반대되는 특성들로 이루어진다고 보았다.

구체적인 구성개념은 개인마다 독특한 것이어서 켈리는 개인구성개념이라고 불렀다([그림 7-1] 참조). 그러나 구성개념을 기술하기 위해 우리가 사용하고 있는 명칭은 독특한 것이 아니다. 예를 들어, 실제로 모든 사람은 영리하다거나 둔하다는 말을 사용할 때가 있다. 그러나 그런 말에 대한 의미는 개인마다 다르다. 언어적 명칭은 구성개념이 아니며, 단순히 구성개념을 나타내기 위한 상징일 따름이다. 동일한 말로 표현되는 두 개의 구성개념은 반드시 동일한 의미를

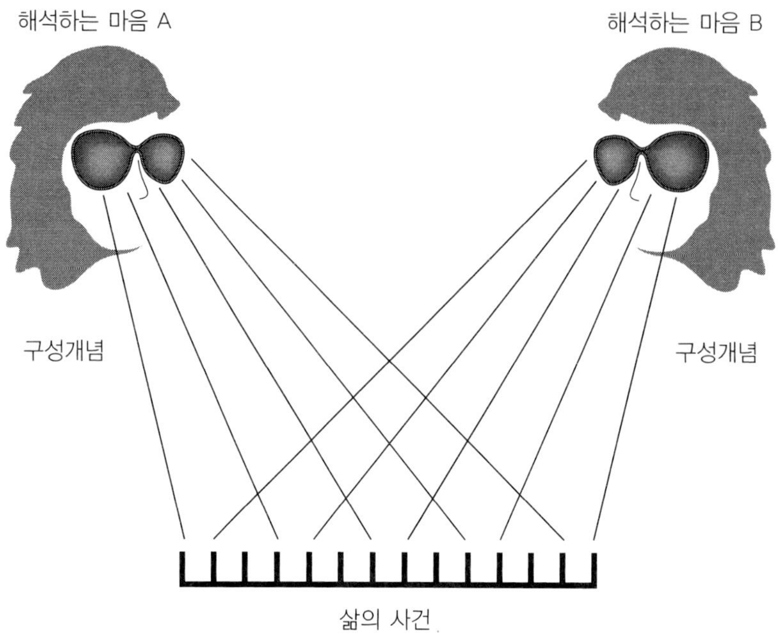

[그림 7-1] 성격의 개인차: 개개인의 독특한 개인구성개념

* 똑같은 일상의 사건도 각각의 사람들에게는 다르게 해석되는데, 그것은 사건을 해석하는 개인구성개념이 사람마다 다르기 때문이다. 이는 마치 다른 색의 안경으로 세상을 보는 것과 같다.

출처: Liebert & Liebert(2002).

가질 필요는 없다. 따라서 각 개인의 구성개념을 이해하기 위해서는 개인이 자신의 경험을 해석하기 위해서 이러한 구성개념을 어떻게 사용하고 있는가를 살펴보아야만 한다. 구성개념은 사건을 이해하거나 해석하기 위해 사용된다. 어떤 사건을 해석하는 데 있어서 개인은 사건에 대해 무언가를 예측하기 위해서 구성개념에 근거한 가설을 설정한 다음 구성개념이 지시하는 것처럼 행동함으로써 그 가설을 검증한다. 구성개념의 타당성은 사건에 대한 예측 성공, 즉 구성개념의 예측효율성으로 측정된다. 사람들은 사건을 잘 예측하는 구성개념은 유지하고, 사건을 정확하게 예측하는 데 실패한 구성개념은 버리거나 바꾼다. 이처럼 켈리는 사건들을 해석하기 위해 사용되는 정신적 표상, 즉 구성개념이 개인마다 독특하며, 각 개인의 구성개념체계가 고유하다는 뜻에서 개인구성개념이라고 불렀다.

구성개념은 성격의 단위인 반면에 구성개념들 간의 관계, 즉 구성개념체계는 성격의 구조로 되어 있다. 각각의 사람들은 서로 다른 구성개념을 사용할 뿐만 아니라 서로 다른 방식으로 구성개념이 조직화되어 있다. 비슷한 개인구성개념을 가지고 있는 두 사람도 그 구성개념이 서로 다른 순서로 이루어져 있으면 매우 다른 성격을 가질 수 있다. 구성개념은 어떤 것에 비해서는 하위 개념이기도 하고 또 다른 구성개념에 비해서는 상위 개념이기도 하다. 예를 들면, '좋은 대 나쁜'은 '관대한 대 인색한' '친절한 대 불친절한' '부러진 대 부러지지 않은'을 포함할 수 있다. 따라서 '좋은 대 나쁜'은 다른 것들의 상위 수준이다(Meyer & Berscheid, 1997). 이러한 조직화로 인해 개인은 정렬된 방식으로 한 구성개념에서 다른 구성개념으로 이동할 수 있으며, 구성개념들 간에 갈등과 불일치가 있을 때는 다른 구성개념으로 넘어가기보다는 구성개념 속의 수준들 간에 상하로 움직임으로써 문제를 해결한다.

한 개인의 구성개념체계는 개인이 끊임없이 사건들 간의 유사점과 차이점을 인식하고 평가함으로써 변화된다. 사건들을 해석하고 재해석하는 과정에서 필연적으로 예측이 실패되는 경우를 경험하게 된다. 즉, 이전의 사건과 새로운 사건 간의 유사성에 대한 우리의 가정은 항상 유지되는 것이 아니다. 그럴 때 지금까지 사용되었던 구성개념은 수정되거나 폐기되어야만 한다. 구성개념이 수정되면 필연적으로 구성개념체계도 변화한다. 개인구성개념체계의 사소한 이동과 수정은 끊임없이 일어난다. 우리의 구성개념체계는 많은 경험을 할수록 발전하게 된다. 켈리는 새로운 사건을 해석하는 것이 경험이며, 경험은 능동적인 과정이라고 말했다. 경험을 얻기 위해서는 사람들이 과거에 사건을 해석한 것과 다르게 해석해야만 한다. 즉, 사건들을 재해석해야만 한다. 켈리(1980)는 사건이 사람을 변화시키는 것이 아니라 사람이 사건을 재해석함으로써, 즉 경험을 통해 자기 자신을 변화시킨다고 믿었다.

3. 주요 개념

1) 구성개념적 대안주의

켈리의 개인구성개념 이론은 구성개념적 대안주의(constructive alternativism)라 불리는 철학적 견해에 뿌리를 두고 발전된 하나의 성격 이론이자 상담 이론이다. 구성개념적 대안주의는 "해석으로부터 자유로운 인간과 자연의 현상이란 아무것도 없다. 인간의 현실적 지각은 언제나 해석에 의해서 변화되는 것이며 객관적 세계라든가 절대적 진리와 같은 것은 존재하지 않는다."(Kelly, 1955: 43)는 주장에서 찾아볼 수 있다. 구성개념적 대안주의는 우주에 대한 현재의 모든 해석이 수정되고 변경되거나 혹은 다른 해석으로 대치되어야 함을 주장하고 있다. 신성한 것은 아무것도 없고, 절대적이고 불변적으로 정당성을 가진 정치, 종교, 경제 원리, 사회적 관습, 대학의 행정정책이란 있을 수가 없으며, 사람들이 그것들을 다르게 볼 수 있게 될 때 그 모든 것은 변화된다는 것이다. 그리하여 켈리는 '해석으로부터 자유로운(해석을 초월한) 세계관'이란 없다고 주장한다. 즉, 개인의 현실에 대한 지각은 항상 해석에 따라 변화되는 것이며, 객관적 실재나 절대적 진리 같은 것은 인간이 만들어 낸 허구에 지나지 않는다는 것이다.

여러 가지 사건이나 현상은 인간의 해석에 따라서 제각기 다르게 인식되기 때문에 그것을 구성개념화할 수 있는 수많은 대안이 있을 수 있다. 예를 들어, 소녀가 어머니의 지갑에서 돈을 꺼내간 일을 생각해 보자(Hjelle & Ziegler, 1992). 그것은 무엇을 의미하는가? 이러한 사실은 다만 돈이 지갑에서 없어졌다고 생각할 수도 있을 것이다. 그러나 아동상담자에게 이 사건을 해석해 달라고 요구하면 그 상담자는 소녀가 어머니로부터 거부당한 느낌에 대해서 자세한 설명을 해 줄 것이다. 이런 거부는 아마도 어머니가 자신의 직업 전문적 목표를 추구하는 것을 포기하고 집에서 딸을 양육할 때 좌절을 느낌으로써 초래되었을 것이다. 그러나 어머니에게 묻는다면 자기 딸이 나쁘다거나 믿을 만한 가치가 없다고 말할지도 모른다. 소녀의 아버지는 가정교육이 부족한 탓이라고 말할지도 모르며, 소녀의 할아버지는 장난을 한 것이라고 말할지도 모른다. 소녀 자신은 부모가 자기에게 충분한 용돈을 주지 않는 데 대한 반발이라고 생각할 수 있다.

이처럼 돈이 없어졌다는 하나의 사건이 분명하여 변경될 수 없는데도 그 의미는 여러 가지 다른 방향으로 해석될 수 있다. 즉, 어떤 사건이든지 다양한 관점에서 조망할 수 있는 것이다. 켈리는 구성개념적 대안주의에 대한 그의 주장을 본질이 무엇이든지 그리고 진리에 대한 탐색이 어떻게 결론이 내려졌든지 현재 우리가 접하는 사건들은 우리의 지혜가 연구를 가능케 해 주는 것처럼 구성개념의 다양성에 따라 달라진다는 말로 요약하였다.

2) 과학자로서의 인간

켈리의 개인구성개념 이론에서 철학적 바탕이 되고 있는 또 하나의 개념은 '과학자로서의 인간(people as scientists)'이다. 켈리는 모든 사람이 글자 그대로 직업적 또는 전문적 과학자라고 말할 수는 없으나 과학자와 같은 측면을 지니고 있다는 점에서 과학자라고 말했다. 즉, 모든 사람이 과학 세계에 참여하고 있는 학자와 마찬가지로 가설을 세우고 그 가설의 타당성 여부를 검증해 나가고 있으며, 이런 점에서 과학자들이 학술적 가설을 수립하고 그것을 실험을 통해 검증하는 것과 같은 심리적 과정을 따르게 된다는 것이다. 요컨대, '과학자로서의 인간'이라는 입장은 과학자가 사실을 기술, 설명, 예측, 통제하는 과정에서 가설을 설정하고 실험을 하는 것과 마찬가지로 인간은 모두 사실에 대한 구성개념을 가지고 있으며, 이 구성개념을 가지고 어떤 사건을 예측하고 통제한다는 것이다.

켈리는 심리학자들이 스스로는 과학자로서 행동하고 예측하며 통제하려고 하지만 그들의 피험자 역시 그렇다는 것을 가정하지 않는 것을 발견하고는 매우 놀라워했다. 그는 이러한 모순 상황에 대해 "이것은 심리학자가 그 자신에게 '나는 심리학자이고 그래서 과학자야. 나는 인간에게 일어나는 현상에 대한 예측력과 통제력을 향상하기 위해서 이러한 실험을 하고 있어. 그러나 나의 피험자는 단지 인간이라는 유기체이고, 명백하게 그 자신의 만족을 위해 어쩔 수 없는 충동대로 움직이는 사람이거나 또는 음식과 안식처를 게걸스럽게 추구하고 있을 뿐이지.'라고 말하는 것과 같다."(Kelly, 1955: 5)고 묘사하였다. 이처럼 켈리는 실험복을 입고 과학자처럼 행동하는 심리학자만이 삶의 사건들을 예측하고 통제하는 과학자라는 우물 안 개구리식의 사고를 거부했다. 그는 피험자(인간)를 의지와 사고력 없이 행동하는 일종의 원형질로 간주하기보다는 이른바 '과학적 심리학자'와 같이 야망을 가진 존재로 높이 평가했다. 이러한 생각, 즉 과학자가 자신이 연구하는 대상과 다를 바가 없다는 생각은 켈리가 제안한 성격의 개인구성개념 이론을 요약한 것이나 다름없다. 그것은 어떤 사람도 다른 사람보다 지적 혹은 합리적 능력이 더 강하다고 주장할 수 없다는 그의 신념을 나타낸다.

모든 사람을 과학자처럼 취급하는 과학자로서의 인간관은 켈리와 그의 이론에 상당한 중요성을 갖는다(Cervone & Pervin, 2008; Hjelle & Ziegler, 1992). 우선 우리가 본질적으로 미래 지향적이라는 관점을 갖도록 만든다. "인간을 동기화하는 것은 과거가 아닌 미래다. 언제나 인간은 현재의 창을 통해 미래를 보려고 한다."(Kelly, 1955: 49) 둘째, 우리는 환경에 단순히 반응하기보다는 환경을 능동적으로 표현해 가는 능력을 가지고 있다는 것이다. 마치 과학자들이 대안적 이론의 공식을 전개할 수 있는 것처럼, 개인은 그들의 환경을 해석하고 재해석하며 추론하고 또 추론할 수 있다. 켈리에 의하면, 인생이란 구체적인 경험의 세계를 이해하려는 끊임없는 투쟁이라고 볼 수 있다. 삶은 현실의 표상 또는 구성이며, 이것이 우리 자신을 만들고 다시 변화시킨다. 이런 점에서 개인은 현재 당면한 사건(스키너의 입장)이나 과거의 사건(프로이트의 입장)에 의해서 통제되지 않을뿐더러 오히려 제기된 문제와 발견된 해답에 의하여 사건을 구성하는 것이다.

3) 기본 가정 및 추론

켈리(1963)는 자신의 성격 이론인 개인구성개념 이론을 설명하기 위해 기본 가정과 열한 가지 추론을 제안하였다. 이러한 기본 가정과 추론은 사람들이 사건을 어떻게 예측할 것인지를 결정하는데, 이것은 개인구성개념의 궁극적인 역할이다. 먼저 그 기본 가정이란 다음과 같다.

> 기본 가정: 개인의 과정은 그가 사건을 예견하는 방식에 의해 심리적으로 통로화된다(A person's processes are psychologically channelized by the ways in which he anticipates events).

이 기본 가정에 사용된 용어에 대해 켈리가 해설한 주요한 내용은 다음과 같다(노안영, 강영신, 2003).

- 개인(person): 우리가 일차적으로 관심을 두는 실체를 지적하는 데 사용된다. 우리의 일차적 고려는 개인의 부분, 어떤 집단, 개인의 행동에서 나타난 어떤 특별한 과정보다 개인이다.
- 과정(process): 심리학의 주제인 일종의 정신 에너지의 존재가 일차적으로 어떤 과정이라는 것을 가정한다. 이것은 유기체가 기본적으로 행동하는 유기체라는 것을 말한다. 즉, 인간은 일시적으로 활동하는 상태에 있는 대상이 아니라 그 자체가 활동의 형태다.
- 심리적으로(psychologically): 우리가 다루려고 의도하는 영역의 유형을 지적하는 말이다. 이것은 과정이 그 밖의 어떤 것보다 심리적이라는 것이 아니라 우리가 과정을 심리적으로 개념화한다는 것을 의미한다. 심리학은 행동을 설명하기 위한 일군의 체계다.
- 통로화된(channelized): 우리가 개인의 과정을 광대한 빈 공간에서 허우적거리는 것으로보다는 통로의 네트워크를 통해 조작하는 것으로 생각한다는 것이다. 네트워크는 유동적이며 자주 수정되지만 구조화되어 있으며 개인의 행동 범주를 촉진하고 제한한다.

- 방식(ways): 통로가 목적에 대한 수단으로서 확립되었다는 것을 의미한다. 즉, 통로는 개인이 목적을 성취하기 위해서 창조한 책략에 의해 설정된 것이다.
- 그가(he): 방식의 주체를 강조하는 말이다. 즉, 조작이 이상적으로 수행될 수 있는 방식보다는 차라리 개인이 조작을 선택하는 방식을 강조한다. 각 개인은 다른 방식을 만들고 이용하며, 그가 선택한 방식이 그의 과정을 통로화한다.
- 예견하는(anticipates): 우리가 이론 내에서 예언적 및 동기적 특징을 형성한다는 것이다. 과학자의 원형처럼 인간은 예언을 추구한다. 그의 구조화된 통로의 네트워크는 그가 미래를 예견할 수 있도록 미래를 지향하여 이끄는 기능을 한다. 예견은 개인구성개념 심리학을 밀어 주고 이끄는 것이다.
- 사건(events): 인간은 궁극적으로 실제적 사건을 예견하는 것을 추구한다. 우리가 심리적 과정을 현실과 관련하여 이해한다는 것을 뜻한다. 예견은 단순히 그 자체를 위해 수행되지 않고, 미래 현실이 보다 훌륭하게 설명될 수 있도록 수행된다. 인간을 조바심으로 감질나게 하는 것은 과거가 아닌 미래다. 인간은 항상 현재의 창을 통해 미래로 나아간다.

켈리는 이러한 성격에 대한 개인구성개념 이론의 기본 가정을 바탕으로 인간의 행동을 설명하는 열한 가지 추론을 제안하였는데, 이는 구성개념체계가 사회적 상호관계에서 어떻게 기능하고 변화하며 영향을 주게 되는가를 설명한 것이다. 그가 제안했던 추론과 그에 대한 주요한 의미를 살펴보면 다음과 같다(박성수, 1988; 정종진, 1984).

(1) 구성추론(construction corollary)

사람은 사건들의 반복을 구성개념화함으로써 그 사건을 예견한다. 구성추론은 우리가 어제 먹은 저녁은 오늘 먹은 저녁과 같은 것은 아니지만 우리가 사용하는 '저녁'이라는 구성개념은 어떤 동일성 또는 반복성을 나타내고 있으며, 이러한 현상들의 반복적 특징 속에서 우리는 반복적 주장을 탐지해 내고 그것을 범주화하여 삶의 현상과 경험의 세계를 이해하고 예측하려고 한다는 것이다. 이러한 반복적 특징 때문에 우리는 사람의 현상을 예측할 수 있는 것이며, 만약 이러한 반복성이 상실된다면 이 세계는 질서와 법칙을 찾을 수 없는 혼돈의 세상이 될 것이다. 이렇게 반복되는 세계라 하더라도 그 속에서의 인간 행동은 그 세계를 해석하고 의미를 부여하는 방식과 내용에 따라서 제각기 달라지는 것이다.

(2) 개성추론(individuality corollary)

사건에 관한 구성개념은 사람마다 차이가 있다. 사람이 타인이나 어떤 사건에 대한 구성개념을 가짐에 있어서 저마다 차이가 있는데, 이는 그들이 지각한 대상에 차이가 있기 때문이기도 하지만 동일한 사건에 대해 예견하는 방식도 제각기 다르기 때문이다. 두 사람이 동일한 사건에 대해 정확하게 동일한 행동을 할 수는 없다. 비록 양자 간에 유사한 점이 많다고 하더라도 내적으로는 서로 다른 경험을 하고 있는 것이다. 물론 동일한 사람이나 일에 대해 같은 역할을 두 사람이 할 수 없다고 해서 경험을 서로 공유할 수 없다는 것은 아니다. 각 사람이 서로 간에 지니고 있는 구성개념의 유사점과 차이점을 생각할 수 있다. 따라서 켈리는 사건에 대한 예견에 커다란 개인차가 있다고 하더라도 타인의 경험을 스스로 구성개념화함으로써 어떤 공통점을 찾을 수 있다고 주장한다.

(3) 조직추론(organization corollary)

사람들은 제각기 사건을 편리하게 예견하기 위하여 구성개념들 간의 서열관계를 포괄할 수 있는 구성개념체계를 독특하게 발전시킨다. 구성개념들은 서로 대등관계를 유지하거나 통합되기도 하고 때로는 대립되기도 하는데, 대립되는 경우 양자는 상호 모순되는 예견에 도달하게 되므로 내적인 갈등을 야기하기도 한다. 이때는 상호 모순되거나 대립되는 것을 초월할 수 있는 사건의 예기 방식을 발전시킬 필요가 있다. 이런 갈등을 극복할 수 있는 구성개념체계를 가진 사람들은 제각기 독특한 방식으로 체계화하고 있는데, 이런 과정을 통해서 한 구성개념은 다른 구성개념의 상위 구성개념이 되어 한 사람의 심리 구조는 상위, 하위 등의 위계적 질서를 가진 조직을 구성하게 된다. 여기서 상위, 하위 구성개념은 상대적인 의미로 사용되어 그 서열도 수시로 바뀔 수 있는 것이기 때문에 항상 고정되어 있는 구성개념체계란 생각할 수 없다.

(4) 이분추론(dichotomy corollary)

한 사람의 구성개념체계는 유한한 수의 이분적 구성개념으로 구성되어 있다. 만약에 어떤 사람이 A와 B가 유사하고 C가 대조적이라고 할 수 있는 측면을 선택하면 A, B, C 모두가 구성개념의 기초가 된다. A와 B와 C가 제각기 독특한 측면을 지니고 있다 하더라도 모두가 Y라고 할 수 있는 어떤 공통의 측면을 지니고 있는 것이다. 다시 말하면, A와 B는 Y라는 점에서 비슷하고 C는 A나 B와 Y라는 점에서 대조적으로 되는 것이다. 이러한 구성개념의 이분적 성격 때문에 하나의 구성개념이 형성되기 위해서는 적어도 두 개의 요소가 비슷하고 다른 하나의 요소가 그에 대조되어야 하는 등 세 개의 요소가 필요하다. 구성개념의 이 같은 이분적 성격은 개인구성개념체계를 과학적으로 제시할 수 있으므로 유용한 기술적 절차를 제공한다.

(5) 선택추론(choice corollary)

사람은 자신의 구성개념체계의 확장과 정의를 위해서 더 큰 가능성을 예견하게 할 수 있는 이분화된 구성개념 가운데서 대안적 구성개념을 스스로 선택한다. 사람이 구성개념을 선택해야 할 기회를 맞게 되면 그 이후에 있을 사건을 예견하기 위해서 가장 적합한 것으로 보이는 대안을 호의적으로 선택하며, 자신의 예견을 향상할 수 있는 방향의 구성개념을 선택한다는 것이다. 다시 말하면, 사람은 예측 가능성을 증가시키고 확실성을 증가시키거나 이해의 폭을 증가시키는 쪽으로 구성개념을 선택한다는 것이다. 이럼 점에서 사람들이 하는 모든 구성개념의 선택은 정련된 선택이라고 할 수 있다.

(6) 범위추론(range corollary)

하나의 구성개념은 유한(有限)한 사건만을 예견함에 편리하다. 어떤 이론이든 그것이 적용될 수 있는 초점과 범위가 있듯이 개인적 구성개념도 그것이 유용하게 적용될 수 있는 편의성 초점과 범위를 지니고 있다. 초점이란 구성개념이 가장 적합하게 활용되는 사건들을 의미하고, 편의성이란 구성개념이 적용될 수 있는 범위를 의미한다. 모든 것에 적절하게 관련될 수 있는 개인적 구성개념이 있다고 하더라도 그것은 소수에 불과한 것이다. 예를 들어, 선(善) 대 악(惡)이라는 구성개념도 한 사람의 모든 지각의 장(場)에서 사용될 수 있는 것은 아니다. 물론 어떤 사람은 선 대 악이라는 개인적 구성개념을 다른 사람보다 더욱 포괄적으로 사용하나, 이 경우에도 편의성 범위, 즉 적용 범위를 설정하고 있어 그 범위를 넘어서려면 그런 요소들은 선한 것도 악한 것도 아닌 것이 된다. 따라서 개인구성개념은 그것이 편리하게 적용될 수 있는 범위가 있고 또 가장 편리하게 적용될 수 있는 초점이 있다.

(7) 경험추론(experience corollary)

사람의 구성개념체계는 그가 사건들의 반복을 연속적으로 구성개념화함에 따라 변화된다. 어떤 일이나 사물을 반복하여 구성개념화하는 과정에서 전혀 예측하지 못하였던 일들이 일어난다. 그렇게 될 때 사람은 새로운 구성개념을 그 일에 맞추어 보게 된다. 여러 사건이 계속해서 나타남으로써 개인이 지니고 있는 구성개념은 타당화의 과정을 거치는 것이라고 하겠다. 개인이 지니고 있는 가설 또는 예측이 계속적으로 전개되는 사건에 비추어 개정됨에 따라 개인의 구성개념체계는 점진적으로 개선되고 발전되어 가게 된다. 이렇게 재구성개념화하는 과정이 바로 경험하고 있는 과정이며, 이런 경험을 통해서 인생은 재구성된다.

(8) 변화추론(modulation corollary)

한 사람의 구성개념체계의 다양성은 그 다양한 구성개념이 놓여 있는 편의성 범위 안에서 그 구성개념의 삼투성(permeability, 혹은 투과성)에 의해서 한계 지어진다. 현실에 대한 인간의 구성개념은 자신이 독특하게 다른 관점을 창안할 수 있는 자유를 한정하면서 동시에 구성개념의 위계적 체계에 구속되게 한다. 이 위계체계로 인해 인간은 어떤 의미에서 스스로 구성개념화한 상위 구성개념들의 노예가 된다고 할 수 있다. 인간이 어떤 경험으로부터 습득하게 되는 새로운 안목은 결코 경험의 대상이 되었던 사실 자체 때문에 이루어지는 것이 아니다. 새로운 경험이나 사건이 어떤 구성개념체계에 추가되려면 그것을 포괄할 수 있는 상위 구성개념이 있어야 한다. 이 상위 구성개념이 삼투적일수록 하위 구성개념체계 안에서 더욱 많은 변화가 일어날 수 있는 것이다. 따라서 여기서의 삼투성이란 새로운 요소를 포괄할 수 있는 능력을 말하며 어떤 구성개념의 가능성을 가리키는 것이다. 변화추론의 개념은 인간이 자신 안에서 시도하는 변화라고 하더라도 그에 대해 스스로 구성개념을 가질 때에만 가능하며 그렇기에 학습은 자극을 볼 수 있는 구성개념을 가지고 있을 때에만 일어날 수 있는 것이라는 점을 시사하고 있다.

(9) 분화추론(fragmentation corollary)

사람은 추론상으로 상호 간에 양립할 수 없는 다양한 하위 구성개념체계를 연속하여 활용할 수 있다. 개인의 구성개념체계는 독립적으로 조직된 하위 구성개념체계로 분화될 수 있다. 이 경우 분화의 정도는 상위 구성개념체계가 지니고 있는 삼투성에 의해 그 한계가 그어지게 될 것이다. 그런데 개인구성개념이 상위체계 내에서 변화된다고 하더라도 후속하는 개인구성개념이 선행 구성개념이나 상위 구성개념에서 도출되는 것은 아니다. 옛 구성개념이 새 구성개념의 선도자 역할을 한 경우라고 하더라도 새 구성개념과 옛 구성개념 사이에 우열이나 주종의 관계가 있는 것은 아니다. 새 구성개념과 옛 구성개념 사이의 관계는 오히려 횡적인 것이며 서로 모순되고 대립되는 것이기도 하다. 따라서 새로운 구성개념은 누가적으로 이루어지는 것이 아니며 새로운 구성개념체계는 모순되거나 대립되는 하위 구성개념체계를 계속하여 사용하면서 변화되고 분화될 수 있는 것이다.

(10) 공통성 추론(commonality corollary)

어떤 사람의 심리적 과정은 그 사람이 다른 사람에 의해 사용되고 있는 것과 유사한 구성개념을 사용하는 정도만큼 그 사람과 유사하다. 두 사람이 같은 일에 참여한다고 하더라도 그 둘이 제각각 다르게 구성개념을 갖게 되어 결국은 같은 일을 다르게 경험한다는 개성추론과는 달리, 두 사람이 같이 구성개념화할 수도 있고 전혀 다른 사실을 구성개념화할 수도 있다는 것이다. 다시 말하면, 인간의 심리적 과정이 사건을 예견하는 방식에 의해서 결정되기 때문에 두 사람이 어떤 경험에 관해 같은 구성개념을 적용하고 있다면 두 사람은 심리적 과정이 같을 것이라고 말할 수 있다는 것이다. 이런 점에서 두 사람이 비슷한 행동을 취하게 되는 것은 비슷한 환경이나 사상에 접하였기 때문이 아니라 환경이나 현상에 대해 지니고 있는 구성개념체계가 같기 때문이라고 할 수 있다.

(11) 사회성 추론(sociality corollary)

어떤 사람이 다른 사람의 구성개념 과정을 구성개념화할 수 있는 정도까지 그 사람은 다른 사람이 관여하고 있는 사회적 과정 속의 역할을 수행할 수 있다. 타인의 역할을 시연할 수 있다는 것은 그 사람의 구성개념체계가 지니고 있는 심리적 과정을 이해할 수 있다는 것을 가리킨다. 사회적 관계에서 타인을 이해하고 그 사람의 역할을 수행하는 것은 어떤 문화적 배경에서도 중요한 의미를 지니고 있다. 인간관계나 사회적 활동은 다른 사람의 구성개념체계에 관하여 바르게 파악할 때 원활하게 이루어질 수 있다. 다른 사람의 욕구, 기대, 가치, 상상 등을 제대로 이해할 때, 인간은 다른 사람과의 관계에서 필요로 하는 다양한 역할을 제대로 수행할 수 있다. 이러한 켈리의 관점에 의하면, 인간의 상호 이해는 상호 간에 상대방의 구성개념체계를 이해하는 것을 가리킨다. 상담 단계란 단순히 말을 주고받는 것이 아니다. 상담자가 내담자의 구성개념체계를 이해하여 내담자에게 적절한 사회적 역할을 수행함으로써 내담자가 또한 적절한 역할을 상담자와의 관계에서 수행할 수 있도록 도와주는 것이 상담이다. 즉, 내담자의 구성개념체계를 변화시키는 과정이 다름 아닌 상담이라는 것이다.

4. 성격 형성과정

성격, 즉 개인의 구성개념은 반복적으로 나타나는 개인의 경험에서 재발하는 속성을 반영한다. 즉, 구성개념은 시간에 걸쳐 경험이 반복됨에 따라 발전한다. 그러나 반복도 중요하지만 대부분의 구성개념이 개인의 모든 경험에 유용하지 않을 것이라는 점을 인식하는 것도 중요하다. '좋은 대 나쁜'처럼 몇 가지 구성개념은 널리 사용될 수 있지만, 대부분의 구성개념은 영역이 훨씬 제한적이며 어떤 것은 좁은 영역에만 적용된다. 예를 들어, '친절한 대 친절하지 않은' 구성개념은 '좋은 대 나쁜' 구성개념보다 더 적은 사건에 적용될 수 있고, '지지적인 대 비지지적인' 구성개념은 훨씬 더 적은 사건에 적용될 수 있으며, '기꺼이 노트 빌려 주기 대 마지못해 노트 빌려 주기' 구성개념은 이보다 훨씬 더 적은 사건에 적용될 수 있다.

한 구성개념이 유용하게 사용되는 일련의 사건은 그것의 '편의성 범위(range of convenience)'라 부른다. 편의성 범위는 어떤 구성개념들에게는 넓고 다른 구성개념들에게는 좁다. 사람들이 하나의 구성개념을 편의성 범위 밖의 사건들에 적용하려고 할 때는 대개 예측효율성의 손실이 있다. 예를 들면, '행복한 대 슬픈'이란 구성개념의 편의성 범위는 사람들, 몇몇 동물, 노래, 많은 사회적 사건, 하늘 혹은 꽃과 같은 것들을 포함한다. 같은 구성개념을 돌이나 스파게티 같은 사건에 적용하기는 더 어려울 것이다. 그렇게 적용하려는 시도의 결과는 예측효율성의 손실인 것이다.

일반적으로 사람들이 구성개념을 편의성 범위 밖에 있는 사건에 적용하려고 하는 것은 그리 흔한 일은 아니다. 그러나 한 구성개념의 편의성 범위는 영구적으로 고정되어 있지 않다. 왜냐하면 때때로 사람은 그것을 편의성 범위 밖에 적용하는데, 그것이 효과가 있기 때문이다. 한 구성개념의 삼투성은 그것의 편의성 범위가 새로운 사건을 포함하기 위해 펼쳐질 수 있는 정도다. 삼투성 있는 구성개념은 새로운 유형의 사건들이 매우 쉽게 그 편의성 범위 안으로 들어오는 것을 허용한다. 비삼투적인 구성개념은 더 완고하며 새로운 사건이 그것의 편의성 범위 안에 첨가되기 어렵다.

하나의 구성개념 적용 가능성의 또 다른 측면은 '편의성 초점(focus of convenience)'이다. 이는 구성개념이 가장 잘 예측할 수 있는 사건들이다. 편의성 초점과 편의성 범위는 관련성은 있지만 동일하지는 않다. 한 구성개념의 편의성 초점은 그 편의성 범위의 한 부분이다. 예를 들어, '사교적인 대 비사교적인' '공손한 대 공손하지 않은'이란 구성개념들을 어떤 사람이 적용하려는 상황에 대해 생각해 보자. 만일 그 사람이 누군가가 파티에서 얼마나 많은 사람과 이야기할 것인가를 추측하고 싶다면, 그는 아마도 공손함보다는 사교성에 대한 구성개념을 사용하는 편이 더 나을 것이다. 이 사건은 두 가지 구성개념의 편의성 범위에 속하지만 사회적 사건에서 사람들에게 이야기하는 것은 거의 사교성의 핵심이다. 그것은 편의성 초점 안에 있다. 만약 누군가가 퉁명스러운 가게 점원에게 어떻게 대답할지를 예측하려고 한다면 사교성 구성개념이 효과적일 것이다. 그러나 그는 어쩌면 공손함으로 예측하는 편이 더 나을지도 모른다. 그것의 편의성 초점은 역할에 기초한 행동과 구체적인 사회적 관례를 포함하는 사건이다. 파티와 가게 점원과의 상호작용 모두 각 구성개념의 편의성 범위 안에 있다. 그러나 편의성 초점에서의 차이가 각 유형의 사건에 대해 하나의 구성개념을 다른 것보다 더 유용하게 만든다.

앞에서 언급한 바와 같이 켈리는 성격, 즉 개인의 구성개념은 시간에 걸쳐 경험이 반복됨에 따라 발전한다고 보았다. 변화는 몇 가지 방식으로 올 수 있다. 만일 한 구성개념이 계속해서 사건을 잘 예측한다면, 그 구성개념은 좀 더 섬세해진다. 만일 그것이 새롭고 흥미로운 방식으로 예측한다면, 그 구성개념은 성장한다. 어떤 사건을 해석할 때 개인은 사건에 대해 무엇인가를 예측하기 위해서 구성개념에 근거한 가설을 형성한 다음 구성개념이 지시하는 것처럼 행동함으로써 그 가설을 검증한다. 이때 구성개념의 타당성은 사건에 대한 예측 성공, 즉 예측효율성으로 측정된다. 사람들은 사건을 잘 예측하는 구성개념은 유지하는 반면, 사건을 정확하게 예측하는 데 실패한 구성개념은 버리거나 수정한다. 인간은 사건을 반복되는 주제(recurrent themes)란 관점에서 관찰하고 예측한다. 즉, 인간은 환경이 달라지거나 시간이 흘러도 비교적 안정적인 사건의 특성을 찾는다. 이는 완전히 동일한 사건이란 없기 때문에 필요한 것이다. 예를 들어, 각각의 강의에 출석하는 학생들은 서로 다르지만 학생, 선생, 수업, 시험이란 것의 역할(반복되는 주제)이 있으므로 학생은 새로운 강의실이어도 그곳에서 무슨 일이 일어날지를 충분히 예측할 수 있고, 따라서 적절한 행동이 무엇인지 예측할 수 있다.

사건을 효율적으로 해석하기 위해서는 유사하거나 상이한 주제를 모두 확인해야만 한다. 주제의 차이는 어떤 개념을 이해하는 데 필수적인 대조의 여지를 제공해 주는데, 대조 혹은 반대되는 것에 대한 지식이 없다면 사건은 아무런 의미가 없다. '맛있는 음식' '쓴 포도주' '좋은 친구'는 각기 대조되는 '맛없는 음식' '달콤한 포도주' '나쁜 친구'를 말할 수 있을 때만이 우리에게 어떤 의미를 부여한다. 매일 우리는 예측해야만 하는 수많은 사건에 직면하며, 그럴 때마다 개인적 구성개념들 중 하나를 선택하고, 사건을 해석하기 위해 두 개의 극단 중 하나를 선택한다. 이러한 선택을 할 때 기준이 되는 것이 예측효율성이다.

우리는 편의성을 확장함으로써 구성개념의 '예측효율성(predictive efficiency)'을 증진시킨다. 이러한 편의성 범위는 한 구성개념이 유용하게 사용되는 일련의 사건을 의미한다. 예측효율성은 정의(definition)나 확장(extension)을 통해 개선될 수 있다. 정의는 과거에 적용하였던 방식으로 구성개념을 유사하게 적용하는 것을 말한다. 현재의 예측이 정확하다면 그 구성개념은 또 다른 새로운 사건을 성공적으로 예측할 수 있으므로 보다 정확하고 정밀해진다. 확장은 구성개념의 편의성 범위를 증가시켜 구성개념의 유용성을 확대시키는 선택을 말한다. 구성개념을 확장시키는 한 가지 방법은 친숙한 사건을 예측하기 위해 새로운 방식으로 구성개념을 사용하는 것이다. 정의는 적당한 이득이 있는 비교적 안전한 도박으로 생각할 수 있다. 예측이 정확하다면 구성개념은 보다 더 정확해질 것이다. 반면에 확장은 보다 큰 이득을 노린 위험한 내기다. 예측이 정확하다면 구성개념은 매우 포괄적이게 된다. 안전과 모험 간의 차이처럼 정의와 확장 간의 차이에 대해서 켈리는 "사람은 보다 적은 것에 대해 확실하게 되려고 노력하거나(정의) 또는 희미한 영역에 대해서 더 많은 것을 알려고 노력함으로써(확장) 사건을 예측할 수 있다."(Kelly, 1955: 67)고 하였다. 이러한 정의와 확장을 통한 구성개념체계의 진보는 성장을 의미한다.

5. 건강한 성격과 병리적 성격

켈리의 관점에서는 자신의 경험을 통해 형성한 인식을 바탕으로 현실에 대한 해석과 예측을 정확히 하면서 자신을 변화시키는 사람이 건강한 성격의 소유자인 반면, 자신의 경험에 근거하지 않고 체계화되지 않은 혼란스러운 인지적 구조를 가지고 막무가내로 현실에 대한 해석과 예측을 부정확하게 하면서 자신을 변화시키지 못하는 사람은 병리적 성격의 소유자다. 켈리는 정상적인 사람의 기능은 구성개념체계를 통해 사건들을 성공적으로 해석하고 예측하는 것이라고 했다. 이러한 견해를 확장하여 행동상의 문제는 사건들을 해석하거나 예측하는 데 있어서의 문제라고 본다.

사건에 대한 잘못된 해석과 예측은 이전에 경험한 것과 전혀 다른 사건에 직면하여 경험 부족으로 관련된 구성개념을 갖고 있지 않거나 예측효율성이 떨어지는 구성개념을 가지고 있을 때 발생할 수 있다. 켈리는 사람들이 적절한 구성개념을 갖고 있지 않을 때 불확실감과 무력감을 느끼며, 이런 경험이 불안(anxiety)이라고 명명했다. 만약 그 사건이 이용 가능한 구성개념체계 밖에 있을 때, 사람들은 때로 왜 그들이 불안을 경험하고 있는지 이해하지 못한다. 대학에 들어가거나, 질병으로 입원하거나, 첫아이를 갖거나, 지진 · 태풍 · 화재와 같은 재난에 직면하거나, 이혼 중에 있거나, 범죄의 희생자가 되었을 때, 이전 경험과는 너무나 다르고 준비되지 않은 경험을 하는 사람들은 그것이 처음이고 예상되는 것을 알지 못하기 때문에 불안정해질 수 있다. 이러한 사건을 경험할 때의 어려움 중의 일부는 그 결과와 시사점을 예측하는 데 이용 가능한 구성개념들이 부족하다는 것이다.

자신이 갖고 있는 구성개념이 사건을 다루기에 부적절하다는 것을 발견하는 것은 불쾌하다. 그러나 더 나쁜 것은 자신의 구성개념체계의 중요한 측면들이 완전히 틀릴지도 모르고 중요한 변화가 필요할 것이라고 제안하는 사건들이다. 도전받은 구성개념이 중요한 것일수록 더욱 광범위한 변화가 필요하며 문제는 더욱 크다. 켈리는 한 사람의 기본적인 구성개념체계에서 급박하고 광범위한 변화에 대한 자각을 위협(threat)이라고 명명했다. 위협의 경험은 불안과 매우 비슷하지만 좀 더 극단적이다. 둘 다 구성개념체계의 형편없는 예측에서부터 나타나지만, 위협의 경우는 실패가 불안의 경우보다 더 크고 근본적이다. 때로는 사람들이 적용할 구성개념을 갖고 있지 않은 것이 아니라 유용성이 떨어지는 구성개념을 계속 사용하고, 자신의 구성개념이 실제보다 더 넓은 편의성 범위를 가지고 있는 것처럼 취급하여 새로운 사건에 대한 예측의 실패를 가져오기도 한다(Carver & Scheier, 2005). 부적절한 구성개념에서 생기는 불안이나 위협, 형편없는 예측을 줄이는 방법은 새로운 구성개념을 만들거나, 현존하는 구성개념을 수정하거나, 구성개념체계를 재조직하는 것이다. 이러한 방법을 통해 예측효율성을 가지고 새로운 사건이나 경험을 해석할 수 있게 되면 불안이나 위협, 불쾌한 스트레스, 불만족은 사라지거나 줄어들 것이다.

한편 켈리에 따르면, 정신병리는 불안에 대한 병리적 반응이다. 불안, 공포, 위협의 개념들은 프로이트(S. Freud)와 로저스(C. Rogers)의 이론들에서처럼 켈리의 정신병리 이론에서도 주요한 역할을 한다. 그러나 켈리에게 있어서 이런 개념들은 개인구성개념 이론과 관련된 용어로 재정의되었을 따름이다. 켈리는 정신병리를 구성개념체계 기능이 와해된 것이라고 정의했다. 실력 없는 과학자는 반복되는 연구 실패에도 불구하고 같은 예측을 하고 원래의 이론을 고수한다. 이와 비슷하게 병리적 행동은 반복되는 부정확한 예측과 타당성 결여에도 불구하고 구성개념체계의 내용과 구조를 유지하려 노력하는 것이다. 구성개념체계를 경직되게 유지하고자 하는 밑바탕에는 불안, 공포, 위협이 자리 잡고 있다. 켈리는 사람들의 행동은 궁극적인 불안으로부터 떨어지고자 하는 노력으로 이해할 수 있다고 말했다. 심리적 장애는 이러한 불안과 관련된 장애이며 사건을 예측할 수 있는 감각을 찾고자 헛된 노력을 하고 있는 상태다(Cervone & Pervin, 2008). "모든 의사소통장애는 불안과 관련된 장애로 해석할 수 있다. 신경증 환자는 자기 세계의 사건들을 해석하는 새로운 방식을 광적으로 탐색한다. 때로는 사소한 사건에 반응하고 때로는 큰 사건에 반응하지만 늘 불안을 물리치려고 애쓴다. 정신병 환자는 불안에 대해 몇 가지 일시적인 해결책을 발견한 것으로 보이지만 기껏해야 불확실한 해결책일 뿐이며, 그것이 타당하지 않다는 증거에도 불구하고 그것을 유지하는 데 매달린다."(Kelly, 1995: 895-896)

이처럼 켈리는 정신병리가 자신의 구성개념체계를 사건에 적용하지 못할 것 같다는 불안과 구성개념체계가 곧 전반적으로 변화할 것이라고 자각되는 위협을 피하기 위한 노력이라고 본다. 불안과 위협으로부터 자신을 보호하기 위한 사람들은 보호적인 장치를 사용하는데, 이는 불안과 방어에 대한 프로이트의 관점과 그리 다르지 않다. 실제로 켈리는 사람들이 불안에 직면할 때 자신의 구성개념이 언어화되지 못하도록 행동한다고 하였다. 예를 들어, 사람들은 불안에 직면하면 적절하지 않은 구성개념의 한 부분을 드러나지 않게 감추거나 구성개념에 맞지 않는 요소들이 활성화되지 못하도록 한다. 이러한 불안에 대한 반응들은 억압의 개념과 매우 유사하다.

불안을 막고 구성개념체계 변화의 위협을 피하려는 이런 잘못된 방법은 개인구성개념 이론의 틀 내에서 병리적인 태도를 해석하려는 켈리의 입장을 잘 보여 준다. 다른 예는 자살에 관한 것이다. 정신분석의 관점에서 자살은 불안이나 죄책감 때문에 적대감이 타인에게 향하는 대신에 자기에게 향하는 것으로, 잠재적으로 살인 행위다. 그러나 개인구성개념 심리학은 다른 주장을 한다. 켈리(1961)는 자살을 자신의 삶을 확인하고자 하는 행위 혹은 포기 행위로 보며, 이는 운명론 혹은 총체적 불안 때문에 발생한다. 운명론은 사건의 경과가 너무 명백해서 결과를 기다릴 필요가 없다는 것이고, 총체적 불안은 모든 것이 너무나 예측 불가능하기 때문에 포기하는 것이 가장 확실하다는 것이다. 우리는 종종 즉각적인 확실성과 폭넓은 이해 중 어느 하나를 선택해야 한다. 자살을 선택하는 것은 전자로서 궁극적으로 압축(constriction)이라고 할 수 있다. 압축은 불일치를 최소화하기 위해 구성개념체계를 좁히는 것으로, 이때 구성개념체계의 편의성 초점과 범위가 아주 작아지게 된다. "압축된 구성개념을 가진 사람에게 세계는 무질서한 것으로 지각되고, 따라서 죽음만이 그가 기댈 수 있는 즉각적인 확실성을 제공한다."(Kelly, 1955: 64)

요컨대, 성격에 대한 켈리의 개인구성개념 관점에서는 사건에 대한 해석과 예측을 정확히 하고 새로운 경험에 직면했을 때 현존하는 구성개념체계를 변화시켜 나가는 사람이 정상적인 기능을 하는 건강한 사람이고, 사건에 대한 해석과 예측을 부정확하게 하고 새로운 경험에 직면했을 때 현존하는 구성개념체계를 변화시키지 않고 계속 유용성이 떨어지는 구성개념을 사용하는 사람은 병리적인 기능을 하는 부적응적인 사람이다.

6. 상담에의 적용

1) 상담과 심리치료: 구성개념체계의 재구성 과정

성격에 대한 개인구성개념 관점에서 보면 사건에 대한 형편없는 예측에 따른 불만족이 문제의 주요 증상이다. 이러한 불만족은 사람들이 도움을 찾도록 만든다. 이 관점에서는 앞에서 살펴본 바와 같이 구성개념체계가 성격의 본질이다. 상담 및 심리치료의 과정은 구성개념체계의 예측효율성을 증진시키기 위하여 내담자들이 구성개념체계를 정교화하거나 바꾸도록 돕는 것이다(Epting, 1980). 즉, 상담과 심리치료에서는 내담자의 예측을 개선하도록 돕는 과정으로 내담자를 더 나은 과학자로 만든다. 상담과 심리치료는 내담자의 구성개념체계를 재구성하는 재해석의 과정이다. 재구성의 유형으로는 대비적 재구성(contrast reconstruction)과 통제된 정교(controlled elaboration)가 있다.

대비적 재구성이란 상담과 심리치료 과정에서 내담자가 자신에 대해 호의적-적의적 과정을 계속 되풀이하는 형태의 재구성을 말한다(Sahakian, 1984). 켈리의 개인구성개념 관점에서는 내담자를 그의 구성개념 위치에서 앞뒤로 미끄러지게 함으로써 표면적인 이동이 일어날 수 있게 할 수 있다. 예를 들어, 사람들을 '호의적'과 '적의적'으로 상호 구분하는 내담자는 그 자신을 '호의성'에서 '적의성' 혹은 그 반대로 이동시키도록 격려될 수 있다. 이러한 형태의 치료적 이동은 구성개념적 맥락 속의 요소들 중의 하나(이 경우에서는 그 자신)를 그 구성개념 차원의 한편에서 다른 편으로 이동시키는 것에 지나지 않는다. 이러한 유형의 표면적 이동도 추구할 가치가 있을 때가 있다. 그러나 그것은 시소게임과도 같은 행동으로 끝나기가 쉽다. 내담자는 만사가 잘되어 가는 한은 '호의적'이었다가 다음에는 '적의적'으로 변하고, 다시 되돌아오고 등의 과정이 무한히 되풀이된다. 이런 형태의 재구성을 대비적 재구성이라고 한다.

통제된 정교는 대비적 재구성과 더불어 재구성의 한 유형으로서, 명료화를 통해 재구성을 가져오는 방식으로 구성개념들의 서열체계를 재조직하는 것을 말한다(Sahakian, 1984). 이는 결국 구성개념들의 서열체계의 재조직이지만 구성개념들 자체의 본질적인 수정은 가져오지 못한다. 내담자는 언어 및 기타 행동 동작들에 의해 실험적으로 그의 구성개념체계를 극복하도록 도움을 받는다. 내담자는 본질적으로 그의 체계의 상위-하위 양태들을 다룬다. 내담자는 그의 구성개념들을 전체로서의 그의 체계와 조화시킨다. 본질적으로 내담자는 구성개념들의 공공연한 대체를 시도하는 것이 아니라 그의 체계가 내적 일관성을 지니도록 노력한다. 예를 들면, 자신을 '호의-적의' 차원으로 분류된 세계에서 호의적이라고 평가하는 사람들은 바로 어떤 부수적인 구성개념 및 행동들이 '호의적'이며 어떤 것들은 적의적인가를 발견하도록 도움을 받을 수 있다. 그러므로 그의 체계가 한때는 스케치에 그쳤던 것이 이제 뚜렷이 묘사되고 그의 상위 구성개념들은 탄탄해지고, 또한 그는 반드시 더 '나은' 사람은 아니라 할지라도 보다 통정된 사람이 된다.

2) 내담자의 성격 평가: 역할구성개념 목록검사

켈리는 한 개인(내담자)이 세계를 어떻게 해석하는가를 이해하기 위해 역할구성개념 목록검사(Role Construct Repertory Test)를 개발하였다. 이 검사는 한 개인의 인생에서 유의미한 사람들의 유사점과 차이점을 비교함으로써 구성개념을 나타내 줄 수 있다. 또한 이 검사는 한 개인의 구성개념체계의 복잡성과 일생에 걸친 구성개념의 변화를 탐색하기 위하여 사용된다(Engler, 2009). 역할구성개념 목록검사는 피검자가 자신의 용어로 구성개념을 생성해 내게 하는 장점을 갖고 있으며, 보통 줄여서 렙 검사(Rep Test)라 불린다. 긴 검사명이 암시하듯, 이 검사는 종종 사람들과 그들의 역할 측면들을 지각하는 데 사용되는 구성개념들에 초점을 둔다.

이 검사는 개인형과 집단형 및 다양한 형태가 있으며, 그 내용과 실시 절차는 다음과 같다. 우선 피검자에게 개인적으로 중요한 의미를 가지고 있으리라고 상정되는 20~30명의 사람을 규정하는 역할명칭일람(role title list)을 제시한다. 그런 다음 각각의 역할에 설명되어 있는 것과 가장 일치되는 사람의 이름을 인물(figure)이라고 부르기도 하는데, 각 역할에 해당되는 인물이 결정되면 피검자가 기록한 인물 중에서 세 명의 인물을 제시하고 그중 두 명의 인물이 어떤 중요한 점에서 비슷하며 나머지 한 명의 인물과 어떤 점에서 다른가를 말하도록 한다. 다른 점과 같은 점을 말하도록 하는 것이 역할구성개념 목록검사의 핵심이 된다고 할 수 있다. 예를 들어, 누나, 형, 어머니의 이름을 부르고 세 사람을 비교·대조하여 두 명의 같은 사람을 정하고 그 두 사람과 다른 한 사람을 말하게 한다. 그리고 어떤 점이 같고 또 어떻게 다른가를 설명하도록 하는 것이다. 누나와 형은 '차분하다.'는 점에서 비슷한 반면에, 어머니는 '신경질적이다.'고 대비시킬 수 있을 것이다. 그러면 여기서 활용된 구성개념은 '차분하다.' 대 '신경질적이다.'가 될 것이다. 이와 똑같은 절차를 약 20회 내지 30회 반복하여 피검자가 다른 사람을 범주화하고 변별하기 위해서 적용하는 개인적 구성개념체계를 진단할 수 있다. 즉, 상담자는 이 검사의 과정에서 피검자가 표현한 언어의 내용에 근거해서 그 피검자가 다른 사람을 지각하고 그 사람에게 반응하는 양식 내지 방법에 대한 가설을 설정할 수 있는 것이다. 이와 같은 형태를 일람형(list form)이라고 부르며, 주로 개인용으로 활용된다(〈표 7-2〉 참조).

표 7-2 역할구성개념 목록검사: 구성개념의 예

유사 인물	유사 구성개념	구별 인물	대조적 구성개념
자신-아버지	행복을 중요시함	어머니	실용성을 중요시함
교사-행복한 사람	침착함	언니	불안함
남자친구-여자친구	좋은 경청자	과거의 친구	감정을 표현하지 못함
싫어하는 사람-직장 상사	자신의 목표를 위해 사람을 이용함	좋아하는 사람	타인을 배려함
아버지-성공한 사람	지역사회에서 활동적임	상사	지역사회에서 비활동적임
싫어하는 사람-상사	남을 비하함	언니	타인을 존중함
어머니-남자친구	내향적임	과거의 친구	외향적임
자신-교사	자기 충족적임	도움을 받는 사람	의존적임
자신-여자친구	예술적임	남자친구	창조력이 부족함
상사-여자친구	세련됨	오빠	세련되지 못함

출처: Cervone & Pervin(2008).

켈리는 또한 격자형(grid form)이라고 불리는 역할구성개념 목록검사도 고안하였다([그림 7-2] 참조). 격자형은 한 축에는 역할명칭일람을 기록하고 다른 축에는 피검자가 자신의 구성개념을 기록할 수 있게 되어 있다. 먼저 역할명칭일람에 해당하는 사람의 이름을 쓰게 하고 나서 세 사람을 원으로 표시한 첫 번째 칸부터 반응하도록 한다. 세 사람 중에서 비슷하거나 같은 사람 두 명을 결정하

1 자신	2 어머니	3 아버지	4 형제	5 자매	6 배우자	7 옛 애인	8 친구	9 옛 친구	10 배척적인 사람	11 가엾은 사람	12 위협적인 사람	13 매력 있는 사람	14 수용받는 교사	15 배척받는 교사	16 우두머리	17 성공적인 사람	18 행복한 사람	19 윤리적인 사람	분류번호	구성개념 구성개념극	구성개념 대조극
						∨			∨		∨					⊗	⊗	○	1	신을 믿지 않는다	아주 종교적이다
			∨	∨			∨						⊗	⊗	○	∨			2	같은 교육	교육이 다르다
∨		∨	∨	∨	∨			∨	⊗	○	∨	⊗	∨			∨			3	운동인이 아님	운동인
	∨				⊗	⊗	○					∨							4	둘다 소녀	소년
∨	⊗	⊗	○	∨	∨		∨						∨	∨	∨	∨	∨	∨	5	부모	생각이 다르다
			∨	○			∨						⊗	∨			⊗		6	나를 잘 이해한다	전혀 이해 못한다
	⊗	∨	∨					○					⊗	∨	∨			∨	7	바른 것을 가르친다	나쁜 것을 가르친다
	∨	○	∨										∨		⊗	⊗	∨	∨	8	대단히 성공했다	많이 성공하지 못했다
			⊗	∨			∨		○				∨	⊗	∨	∨			9	교육을 많이 받음	교육이 없음
				⊗		∨			⊗					○					10	다른 사람을 좋아하지 않는다	다른 사람을 좋아한다
∨	∨	∨		⊗		∨		∨			∨		∨	∨		∨	∨	⊗	11	더 종교적이다	종교적이지 않다
∨	∨	∨	⊗			∨	∨	○	∨	∨	⊗	∨	∨	∨	∨	∨	∨	∨	12	고등교육을 신뢰한다	너무 많은 교육은 신뢰하지 않는다
	∨		∨		○				∨	∨	⊗		∨		∨		⊗		13	더 사교적이다	사교적이지 않다
	○				⊗	⊗						∨							14	둘 다 소녀	소녀가 아니다
	∨	○			⊗	⊗						∨							15	둘 다 소녀	소녀가 아니다
∨	∨	∨	∨	∨			⊗	○				⊗	∨	∨		∨	∨	∨	16	사기가 높다	사기가 낮다
⊗			⊗	○	∨		∨		∨		∨	∨	∨	∨					17	같이 생각한다	다르게 생각한다
			∨	∨										∨	⊗	⊗	∨	○	18	나이가 같음	나이가 다름
	⊗	⊗		∨						∨	○		∨	∨	∨	∨	∨	∨	19	나를 같이 신뢰한다	나를 다르게 신뢰한다
				∨		∨	⊗	⊗	∨	∨	∨	○							20	둘 다 친구	친구가 아니다
						○	∨						⊗	⊗	∨	∨	∨	∨	21	더 잘 이해함	잘 못 이해함
⊗			∨		○	∨	⊗					∨		∨		∨		∨	22	음악을 좋아함	음악을 싫어함

[그림 7-2] 역할구성개념 목록검사의 격자형

출처: 박성수(1988).

고 이와 다른 제3의 사람이 결정되면, 비슷한 두 사람에게는 원 표시 내에 ∨표를 하게 한다. 그리고 구성개념극란에는 두 사람의 비슷한 점을 간단하게 쓰게 하고, 대조극란에는 제3의 사람이 앞의 두 사람과 대비되는 점을 간단하게 쓰게 한다. 이런 절차가 끝나면 다시 처음으로 돌아가서 두 사람이 같다고 분류한 그 개념이 어느 정도 적용될 수 있는 사람에게 ∨표시를 하도록 한다. 이와 같은 과정을 나머지 열을 다 끝낼 때까지 계속해서 하도록 한다. 이와 같은 절차로 수집된 자료는 개인의 구성개념체계와 그 활용이 어떻게 이루어지고 있는가를 보여주는 일종의 표집이라고 할 수 있다.

일람형의 검사를 통해서 수집된 자료는 검사자가 나타난 구성개념의 수와 다양성, 구성개념의 삼투성, 경직성, 융통성 등과 같은 특징을 고려하여 임상적 분석을 하게 된다. 이 분석은 피검자가 어떻게 구성개념화하고 있는가를 이해하기 위해서 주관적으로 해석하게 된다. 그러나 켈리는 해석상의 오류나 편견을 줄이기 위해 격자형을 개발하였으며, 이를 수학적 방법인 비모수적 요인분석에 의해서 수량적 연구를 할 수 있도록 하였다.

성격의 변화에 대한 연구가 개인구성개념 심리학에서 핵심이 되는 것처럼 역할구성개념 목록검사의 큰 장점이자 특징은 구성개념 변화의 정도를 측정할 수 있다는 점이다. 특히 격자형 검사는 변화를 측정할 수 있는 능력을 갖고 있어 임상적 및 실험적 연구에서 널리 사용되고 있다. 변화에 대한 측정은 크게 내용 면과 구조 면으로 구분될 수 있는데, 일람형 검사에서는 주로 구성개념의 내용적 측면을, 격자형 검사에서는 내용적 측면과 더불어 구조적 측면까지를 측정할 수 있다. 구성개념체계의 내용척도는 도출된 구성개념들의 실제적 의미에 초점을 둔다. 즉, 구성개념 차원을 규정짓고 있는 실제의 언어적 내용을 척도로 삼음으로써 그의 관심을 지배하고 있는 사실, 대인관계에서 그가 사건들에 부여하는 의미 등을 이해할 수 있다. 따라서 도출된 구성개념의 언어적 내용이 어떻게 변화하느냐에 따라 구성개념의 내용적 측면의 변화를 판단할 격자형 검사에서는 구성개념들 간에 연결되어 있는 정도나 종류에 우선적인 관심을 둠으로써 구성개념체계의 다양한 수학적 특성을 나타내 주는 구조척도를 이끌어 낼 수 있다. 체크 기호(∨)의 배합이나 관계 점수를 기본으로 하여 다양한 유형의 점수들이 산출된다. 인지적 복잡성과 단순성, 일관성이나 강도 등이 이러한 유형의 척도들이다. 이러한 구성개념의 내용적 측면과 구조적 측면이 양분될 수 있는 것은 아니며 각기 중요한 의미를 지니고 있다. 실제적 구성개념들은 여러 가지 구조척도의 해석과 사용에 기초를 이루고 있으며, 구성개념의 해석은 격자형 내에 나타난 구성개념들의 관계에 관한 수학적 특징을 참조함으로써 도움을 얻는다.

역할구성개념 목록검사는 유용하고 흥미롭지만 제한점도 가지고 있다. 사람들의 구성개념들은 항상 말로 표현할 수는 없다. 역할구성개념 목록검사는 다른 사람을 능동적으로 해석하고 사람들을 비슷하거나 다르게 만드는 것을 나타내는, 자연스럽게 마음에 떠오르는 구성개념이 무엇이든지 사용하도록 함으로써 이 문제를 극복하려고 한다. 그러나 이러한 전략은 그 문제의 일부분만을 다룰 뿐이다. 왜냐하면 그 사람은 여전히 사용된 구성개념에 대한 이름을 제공해야 하기 때문이다.

3) 상담 및 심리치료 기법: 고정역할치료

켈리는 개인구성개념의 변화를 위해 고정역할치료(fixed-role therapy)라는 상담과 심리치료 기법을 고안하였다. 이는 생활 장면에서 구체적으로 고정된 특정 인물의 역할시연을 통해서 심리적 문제를 해결하려는 접근방법이다. 고정역할치료는 현실에 있을 법 하면서도 내담자의 구성개념과는 대조적인 역할을 설정하여 내담자로 하여금 그 역할을 해보게 하는 것이다. 이것은 내담자가 하나의 가정적인 인물(hypothetical person) 역할을 수주일 동안에 시연해내는 방법으로 구성개념체계의 변화, 즉 성격의 변화를 가져오도록 하는 실험적 과정이라고 할 수 있다(신은혜, 1989; Adams-Webber, 1981). 전통적인 역할시연에서는 역할을 사회적 상황과 타인의 기대에 의해 명백하게 설정된 행동의 양식으로 보지만, 고정역할치료에서는 역할을 개인, 그리고 그가 끊임없이 행하고 있는 것으로 본다(Salmon, 1970).

고정역할치료 속에는 다른 사람의 견지에서 보는 자기 자신에 대한 이해에서 행동을 수행하는 과정으로서의 역할이라는 기본 원리가 포함되어 있다. 여기서 역할이라는 특별한 개념은 켈리의 개인구성개념에 관한 추론 중 하나인 사회성 추론에 의해 설명될 수 있다. 어떤 사람이 다른 사람의 구성개념을 구성개념화하는 정도 내에서 그는 다른 사람이 관여하고 있는 사회적 과정 속의 역할을 수행할 수 있을 것이라는 추론이다. 사회적 과정에서 다른 사람에 대해 이해하고 그 역할을 시연할 수 있다는 것은 그 사람의 구성개념체계를 제대로 파악하고 심리적 과정을 이해할 수 있다는 뜻이다. 다시 말해, 인간의 상호 이해를 통해 서로의 구성개념체계를 이해할 수 있다는 것이다. 결국 고정역할치료는 개인이 어떤 태도를 수용하는 기능이나 목적에 초점을 두는 것이 아니라 시연의 과정을 통해 개인이 자신의 구성개념체계를 명백하게 표현하고 정교화시켜 나가는 과정을 강조한 치료기법이라 할 수 있다.

그러므로 진정한 역할시연이 이루어지기 위해서는 타인의 행동뿐만 아니라 그들이 지닌 사고방식의 관점에서 그 역할을 이해할 수 있을 때에 그 효과가 극대화될 수 있다. 이러한 점에서 고정역할치료는 문제를 지닌 내담자를 치료하는 도구일 뿐 아니라 일반인을 교육하고 성장을 돕기 위한 수단으로 사용될 수 있는 열린 방법이다(박성희, 2000). 고정역할치료는 자기성격묘사(self-characterization sketch), 고정역할묘사(fixed-role sketch), 고정역할시연(fixed-role enterprise)의 세 단계로 이루어진다.

현상학적 입장에서 내담자를 가장 잘 알 수 있는 사람은 내담자 자신이라는 가정에 의해 자기성격묘사는 시작된다. 내담자에게 자기 자신에 관하여 기술하되 3인칭으로 시작하도록 한다. 어떻게 묘사할 것인가에 대하여 구체적인 윤곽을 제시하지는 않지만 내담자가 가능한 한 위협을 느끼지 않고 자기 자신에 관하여 객관적이고 자유스럽게 표현하도록 하는 것이 중요하다. 자기성격묘사는 다음과 같은 지시로 이루어질 수 있다. "나는 당신이 ○○○(이름)의 성격을 묘사하는 글을 써 보길 원합니다. 마치 그가 어떤 연극의 주인공이 된 것처럼 기술하세요. 다른 누구보다도 그 사람을 무척이나 가깝게 알고 있으며 또한 아주 공감적으로 이해하고 있는 친구가 쓰는 것처럼 써야 합니다. 실제로 그 사람을 알고 있는 어떤 사람보다도 더 친밀하고 속속들이 깊이 있게 이해하는 한 가상적 친구가 쓴다고 가정하고 쓰세요. 3인칭으로 써야 하는 점을 분명하게 하세요. 예를 들면 '○○○는……'이라고 말하는 것으로 시작할 수 있습니다."(Kelly, 1955: 323). 자기성격묘사의 목적은 내담자가 인접한 세계를 어떻게 구조화하는지, 그리고 이 구조들과 관련하여 자기 자신을 어떻게 이해하고 있는지를 파악하기 위한 것이다. 내담자가 자기 자신을 기술하는 글을 쓰면 자기성격묘사의 결과를 기초로 내용의 순서, 주제의 변화, 문맥, 조직, 용어의 연결, 강조점의 변화, 재진술, 전체적 맥락 등 구성개념의 여러 측면에서 분석이 이루어진다. 이때 내담자의 특성을 좀 더 잘 이해하기 위해서 문장완성검사가 함께 활용되기도 한다.

자기성격묘사에서 얻어진 것을 분석하여 내담자의 특성을 파악한 뒤에 이를 기초로 상담자는 고정역할묘사를 한다. 내담자의 구성개념체계가 변화되고 새로운 구성개념체계의 형성과 발달을 위해 실험할 만한 가치가 충분히 있는 어떤 구성개념 특성을 지닌 인물의 특성을 묘사하여 그 인물의 고정된 역할을 제시하는 것이 이 단계의 주요 활동이다. 고정역할은 어디까지나 마치 그 사람인 것처럼 '가장(假裝)'해서 해 본다는 점에 유의해야 한다. 실험적 환상으로 또는 일시적 가상으로 어떤 역할을 함으로써 내담자는 위협을 느끼지 않고 일종의 보호의식을 가지고 고정역할에 임할 수 있게 된다.

고정역할치료의 마지막 단계는 상담자가 작성한 고정역할묘사를 내담자에게 제시하고 이를 제대로 이해하고 있으며 고정역할을 수락하는가를 확인한 다음 그것을 실제 생활에서 시연하도록 하는 것이다. 이 고정역할시연은 2주 또는 그보다 긴 기간 동안 실시되는데, 내담자는 고정역할묘사를 매일 세 번 이상 읽어야 하며 그 사람과 같이 생각하고 느끼고 활동하고 말한다. 고정역할시연이 계속되는 동안 상담자와 내담자는 자주 만나서 새롭게 발견되는 구성개념에 관해서 논의한다. 또한 새롭게 습득한 구성개념이 가족관계, 교우관계, 직장관계 및 다른 중요한 삶의 장면에 어떻게 적용될 수 있는지 계속 탐색하고 시연하도록 한다.

고정역할시연은 개인적으로 혹은 3~4명의 소집단으로 실시되는 것이 보통이지만, 켈리는 역할시연을 통한 구성개념의 재구성이 집단 장면을 통해서도 성취될 수 있다고 밝히고 그 발전의 6단계를 제시하고 있다. 첫째 단계는 상호 지지의 분위기를 조성하는 것이다. 즉, 수용의 분위기를 만들어 내담자들이 실험을 해 볼 수 있는 충분한 보장을 느끼도록 하는 것이다. 둘째 단계는 일차적 역할관계를 형성하는 것이다. 집단 내에서 타인의 구성개념을 적용하고 그에 관련된 역할을 시연해 보려는 마음의 준비를 갖추는 단계다. 셋째 단계는 상호 적극적인 일차적 역할시연을 실시하는 것이다. 이 단계에서 집단의 구성원들은 그들 자신의 역할에 관해 함께 실행하고 함께 생각해 보게 된다. 넷째 단계는 개인 문제를 탐색하는 것이다. 집단의 구성원들은 위협이 최소화된 이해와 지지의 분위기 속에서 자신의 문제에 관해 탐색하게 된다. 다섯째 단계는 이차적 역

[그림 7-3] 고정역할치료

* 켈리의 고정역할치료에서는 내담자들로 하여금 새로운 방식으로 행동하고 느껴 보도록 격려한다.

출처: Cervone & Pervin(2008).

할을 탐색하는 것이다. 즉, 집단 내에서 발달시킨 역할관계를 집단 밖의 사건이나 사람들에게 적용해 보도록 권장하는 단계다. 여섯째 단계는 이차적 역할시연을 실시하는 것이다. 집단의 구성원들이 자신의 새로운 역할을 집단 밖에서 적극적으로 실험하여 보고 자신이 얻는 반응이 만족스러울 때 그 역할은 타당화된다.

이와 같이 자기성격묘사, 고정역할묘사, 고정역할시연의 세 단계로 이루어지는 고정역할치료의 목표는 성격의 재구성에 있다. 내담자로 하여금 자기 스스로 새로운 방식으로 표현하도록 하고, 새로운 방식으로 이해하도록 함으로써 전보다 더 만족스러운 삶을 살도록 허용하는 높은 예측효율성을 가진 구성개념체계의 진화를 촉진하는 것이다.

7. 평가와 최근 동향

1) 평가

켈리의 개인구성개념 이론은 성격 이론에서 후기의 인지적 관점의 발달을 예측했고 교량적 역할을 수행했다. 즉, 켈리의 이론은 인지와 구조 체계의 중요성을 성격의 중심으로 가져오는 데 공헌을 했다. 특히 일반 사람들의 성격 기능의 법칙성과 개인구성개념체계의 독특성을 이해하고자 구성개념과 구성개념체계에 중점을 둔 그의 구성개념적 모델은 성격 이론에 상당한 기여를 했다. 그리고 그의 이론에 기반을 둔 성격에 대한 평가 도구인 역할구성개념 목록검사를 발전시켜 많은 연구를 이끄는 데 중대한 공헌을 하였다. 켈리의 개인구성개념 이론은 사물이나 사건을 관찰할 수 있는 참신하고 새로운 방법을 제시했고, 성격 과정의 보편성과 개인차에 대한 설명이 모두 가능하며, 주관적 경험뿐만 아니라 경험을 결정하는 구조를 동시에 강조하는 체계적이고 완성도가 높은 성격 이론이라 평가할 수 있다.

그러나 켈리의 개인구성개념 이론은 성격의 중심적 측면으로 인지과정에 중점을 두다 보니 정서와 동기와 같은 성격의 중요한 분야를 크게 고려하지 않았다는 제한점이 있다. 또한 인지심리학의 좀 더 일반적인 연구나 이론들과 연결하지 못해 인지심리학과 성격을 관련시키는 핵심 분야가 되지 못했고, 그의 이론을 넓힐 만한 두드러지게 새로운 후속 연구를 이끌지 못했다는 한계가 있다. 그리고 성격에 대한 평가 도구인 역할구성개념 목록검사는 양적 분석이 가능한 매우 창의적인 기법이긴 하지만 통제하기 어려울 정도로 유동적이고, 이론상으로는 전언어적(preverbal)이거나 내포된(submerged) 구성개념이 있다는 것을 인식하면서도 내담자들에게는 언어를 사용하도록 요구한다는 비판이 있다. 아울러 실제 장면에서 상담 및 심리치료를 함에 있어 필요한 지침이 없어 불충분한 이론으로 비판받고 있으며, 일상적인 용어를 사용하지 않아 참신하고 새로운 면은 있지만 생소감과 중압감을 주어 흥미를 축소시켰다는 의견도 있다.

2) 최근 동향

오늘날 켈리의 개인구성개념 이론은 일부 추종자를 제외하고는 대체로 무시되고 있다. 켈리의 이론은 영국에서 널리 알려져 있고 영국의 많은 임상가가 그 훈련을 받고 있지만, 미국을 비롯한 다른 나라에서는 성격 및 상담 이론으로서 크게 다루어지지 않고 있다. 또한 심리치료가 개인구성개념 이론의 '편의의 핵심'이긴 하지만 치료에 대한 접근은 크게 다루어지지 않고 실제 임상에서도 잘 적용되지 않고 있다. 다만 경영관리자와 직업상담자들에 의해 켈리의 아이디어와 성격평가 기법(역할구성개념 목록검사)이 성공적으로 활용되고 있다(Ryckman, 2012). 예를 들어, 경영평가 전문가들은 상품에 대한 소비자의 견해를 평가하기 위해 역할구성개념 목록검사를 이용하고 있다. 역할구성개념 목록검사는 소비자들이 구매 결정을 하는 데에 사용하는 준거와 경영관리자들이 소비자의 요구를 만족시켜 주는 상품인가를 알아보는 데에 도움이 되는 준거를 발견하기 위한 체계적인 기초를 제공하고 있다. 또한 직업 및 고용 상담 분야에서 상담자들은 내담자들의 견해와 유사한 직업을 확인하고, 내담자들이 이상적이라고 여기는 직업이 무엇인지 확인하고, 고용과 취업에 대해 내담자들의 사고(구성개념)가 지니고 있는 함축성을 인식하도록 하는 데에 도움을 주기 위해서 역할구성개념 목록검사를 이용하고 있다. 이처럼 켈리의 이론은 사회문제의 해결에 계속 영향을 미치고 있다.

성격에 대한 켈리의 이론은 현상학적 접근의 하나로서 그리고 인지적 이론의 선구자로서의 지위 때문에 성격심리학 책에 포함되어 다루어지고 있긴 하지만, 그 자체의 활동적인 연구문헌이 부족하기 때문에 역사적으로 흥미로운 하나의 아이디어로서 기억될 뿐 점점 사라져 가고 있고 성격의 새로운 인지 모형에 대한 각주가 되어 가고 있는 추세에 있다.

제8장
행동주의 이론

| 유영달 |

행동주의적 성격 이론은 1950~1960년대 절정에 이르렀던 행동주의 심리학에 바탕을 둔 성격 이론이다. 엄격한 과학적 태도와 방법을 강조하는 행동주의에서는 내향성, 무의식, 자아, 초자아, 동기, 욕구, 창의성 등 일반적인 '성격' 개념들을 부정한다. 행동주의의 입장에서 보면 이런 개념들은 너무 추상적이어서 관찰이 불가능하고, 측정이 불가능하기 때문에 비과학적이라는 것이다. 또한 행동주의 성격 이론에서는 인간과 동물의 모든 행동은 주변 환경적 조건과 밀접한 관련성을 맺고 있으며 다른 자연현상과 마찬가지로 일정한 법칙성을 가지고 있다고 가정한다. 따라서 이러한 법칙성을 밝혀낼 수 있다면 인간의 행동은 예측과 통제가 가능하다는 것이다. 행동주의 성격 이론에서는 인간과 동물의 행동들은 주변 환경적 조건과의 관계 속에서 학습된 것이라고 보고 있다. 따라서 흔히 행동주의 성격 이론을 '학습 이론'이라고도 한다.

행동주의 성격 이론가로 분류될 수 있는 주요 이론가에는 이반 파블로프(Ivan Pavlov), 스키너(B. F. Skinner), 달러드(J. Dollard)와 그의 동료 밀러(N. E. Miller), 아이젱크(H. Eysenck), 모러(O. H. Mowrer), 마이켄바움(D. Meichenbaum) 등이

있다. 이들이 인간의 성격을 설명하는 개념과 방식은 다소 다르지만, 행동주의 성격 이론의 몇 가지 일반적인 전제는 다음과 같이 정리된다(Gilliland, 1993). 첫째, 인간의 학습, 태도, 습관, 발달의 모든 측면을 결정하는 것은 내적인 정신 현상(예: 무의식, 자아 개념, 동기 등)이 아닌 바로 행동이다. 둘째, 인간의 성격 발달은 주변 환경에 의해 결정된다. 셋째, 사람들 간 성격의 개인차는 환경에 대한 경험의 차이에서 비롯된다. 넷째, 마음, 정신, 영혼 등과 같은 것이 인간의 몸에 영향을 미쳐 행동으로 표현된다는 식의 관점, 즉 마음-몸, 몸-정신, 몸-영혼 등과 같은 이분법적 접근은 인간 행동의 발달, 예언 및 통제에 있어서 아무런 과학적 타당성도 가지고 있지 않다. 다섯째, 비록 성격 발달은 일정한 유전적 한계 내에서 결정된다고 하지만 인간의 성격 발달에 있어서 주변 환경과 그것이 제공하는 자극의 영향이 지배적인 역할을 담당한다.

행동주의적 성격 이론은 흔히 인간이 환경적 자극 조건에 의해 새로운 행동(반응)을 학습해 간다고 보기 때문에 학습 이론으로 불린다. 학습 이론은 일반적으로 이반 파블로프의 고전적 조건형성(classical conditioning),[1] B. F. 스키너의 조작적 조건형성(operant conditioning), 앨버트 밴듀라(Albert Bandura)의 사회학습 이론(사회인지 이론 혹은 인지사회학습 이론으로도 불린다, 제 9장 참조)으로 분류된다. 그런데 이 책에서는 사회학습 이론을 다음 장에서 별도로 다루므로 이 장에서는 고전적 조건형성과 조작적 조건형성의 이론을 주로 다루기로 한다.

고전적 조건형성 및 조작적 조건형성 이론은 모두 동물의 행동을 실험실에서 연구하여 그 결과를 인간의 행동에 적용하거나 확장하는 과정을 거치고 있다. 이 두 이론은 인간과 동물에게 있어 학습의 기제를 강조한다. 고전적 조건형성은 개에게 먹이를 줄 때 침을 흘리는 반사반응이 종소리에 대해서 침을 흘리는 새로운 형태의 반사반응으로 바뀌는(학습되는) 과정을 말한다. 이처럼 간단해 보이는 원리를 설명함으로써 인간이 개나 거미에 대한 공포증을 형성하게 되는

---

1) 조건형성이란 용어는 conditioning이란 영어를 번역한 것으로 흔히 조건화라고 번역되기도 한다. condition+ing의 형태는 '~하는 것' '~하는 행동'을 의미하는 동명사형으로 조건을 만드는 행동이란 적극적 의미다. 따라서 다소 수동적인 느낌으로 다가오는 조건화란 용어보다 조건형성이란 용어가 적절할 것으로 본다.

과정은 물론 그 공포증을 소멸하는 방법까지도 잘 설명해 준다. 조작적 조건형성은 돌고래가 어떻게 자신의 자연적인 행동이 아닌, 수면 위로 높이 뛰어올라 관중들 앞에서 고개를 흔들고 또 지느러미를 흔들어 마치 인간이 박수치는 듯한 행동을 배울 수 있는지를 설명하며, 나아가 상과 벌을 통한 인간의 역기능적 행동 문제에 대한 행동수정의 원리를 잘 설명해 준다.

1. 파블로프의 고전적 조건형성

1) 파블로프의 생애

이반 파블로프(1849~1936)는 1849년 9월 중앙 러시아 랴잔에서 태어났다. 시골 목사의 맏아들이자 교회지기의 손자였던 그는 열한 살에 신학교에 들어가서 신학, 고전어, 철학을 배웠고 과학에 대한 관심을 키워 갔다. 1870년 파블로프는 신학교를 떠나 상트페테르부르크 대학교에 들어갔다. 그는 그곳에서 전공으로 생리학을, 부전공으로는 화학을 공부했다. 가정교사 일과 조교 수입으로 근근이 대학을 다니던 그는 1883년 상트페테르부르크의 왕립의학아카데미에서 박사학위를 받았다. 파블로프는 1881년 작가 도스토예프스키의 친구인 지적이고 매력적인 여인과 결혼했다. 그러나 결혼 초기에는 가난 때문에 서로 떨어져 살아야 했다. 그는 자신의 업적을 자신이 편안한 연구를 할 수 있도록 평생을 헌신한 부인에게 돌렸다.

파블로프

1890년 4월 24일부터 1924년까지 파블로프는 왕립의학아카데미에서 생리학 교수로 활동하였다. 그곳에 새로 설립된 실험의학 연구소에서 그 이후 45년 동안 그는 소화샘에 관한 연구에 몰두했다. 그는 1904년 소화샘에 관한 연구로 러시아인으로는 처음으로 노벨 생리학상을 받았다. 위와 췌장에서 분비되는 소화액이 신경계통, 특히 미주신경의 영향을 크게 받는다는 것을 발견한 공로였다.

파블로프의 연구 활동은 세 시기로 나누어서 살펴볼 수 있다. 첫 시기는 1874~1888년이다. 이 시기에 그는 그다지 큰 통증을 유발시키지 않고 실험용 동물을 외과 수술하는 기술을 개발해 나갔다. 그는 순환계, 특히 환경 변화에 따른 혈압의 변화를 연구했다. 이 무렵 그는 심장 박동의 리듬과 강약을 조절하는 심장신경얼기(cardiac plexus)에서 나가는 신경들을 관찰할 수 있었다. 두 번째 시기는 1888~1902년이다. 이 시기에는 소화샘에 관해 연구했다. 외과적인 실험을 통해 정상적인 동물의 위액 분비를 연구할 수 있었다. 이 시기의 연구 업적은 저서 『소화샘 연구에 대한 강의(Lectures on the Work of the Digestive Glands)』에서 정점에 달했다. 마지막 시기(1902~1936년)에 파블로프는 조건반사를 통해 뇌 피질의 기능을 해명하는 데 전념했다. 정신 현상과 높은 수준의 신경 활동을 객관적 · 생리적으로 측정하기 위해 그는 동물의 신체적인 활동을 양적으로 측정하는 데 침샘 분비를 이용했고, 조건반사와 척수반사 사이의 유사성을 찾기 위해 노력했다.

파블로프는 자기 자신에게 무척이나 엄격하고 학구적인 사람이었다. 자기 밑에서 공부하는 수많은 학생에게도 자신의 규율과 엄격한 기대치를 부과했다. 특히 시간 관념이 매우 철저한 사람이었다. 그는 연구원들에게 "거리에서 혁명이 일어나더라도 연구소에는 제시간에 도착하라."고 말하곤 했다. 연구원들은 스탈린 정부에 의해 세워진 새로운 실험실을 '침묵의 방'이라고 부르기도 했다. 그것은 방음시설이 매우 잘된 건물 때문이기도 했지만, 그곳 실험실에서 근무하는 연구자들의 태도 때문이기도 했다.

파블로프는 복잡한 상황을 단순한 실험으로 환원시킬 수 있었다. 그는 측정이 불가능한 정신적인 현상은 측정이 가능한 생리학적 양으로 전환해서 연구해야 한다고 믿었다. 이 과정에서 조건반사 개념이 나온 것이다. 그는 심리학을 거의 필요로 하지 않았다. 그러나 역설적이게도 그 때문에 그는 현대 심리학의 중요한 위치를 점유하고 있다. 파블로프의 이론은 미국으로 건너가 행동주의의 창시자로 알려진 존 왓슨(John B. Watson)에 의해 확산되었지만, 왓슨의 저술 가운데 상당 부분이 파블로프의 조건반사 개념에 기대고 있었다는 것도 사실이다. 파블로프는 유능한 생리학자였다. 그러나 그에 앞서 실험주의자였다. 그는 어디엔가 이렇게 적었다. "실험의 힘은 참으로 위대하다." 그는 실험을 과학적 진리를 발견하는 유일한 힘으로 여겼다. 그리고 바로 그 믿음이 그의 학문을 추동한 힘이었다. 파블로프의 학문적 열정은 죽음 앞에서도 멈춰 서지 않았다. 어느 날 그는 신경생리학자 한 사람을 침대 곁으로 불렀다. 그는 자신의 증세를 그 신경생리학자와 함께 검토하였다. 몇 시간 뒤 그는 숨을 거두었다. 1936년 2월 27일이었다.

2) 성격의 정의

생리학자인 파블로프는 조건반사 현상을 발견하여 인간의 학습 현상에 새로운 장을 펼쳤지만, 인간의 심리학이나 성격심리학에까지 그의 관심이 미치지는 않았다. 따라서 그가 인간의 성격을 어떻게 정의할지는 알 수 없다. 그래서 그가 성격을 어떻게 정의할지는 그의 조건형성 이론과 그 후 그 이론이 왓슨에 의해 미국으로 소개되고 더욱 발전되어 체계화되었을 때 사용된 주요 개념들을 토대로 유추할 수밖에 없다. 고전적 조건형성의 관점에서 성격이란 다양한 자극에 대한 조건반사(혹은 조건형성)들의 복잡한 조합이라고 할 것이다. 이렇게 볼 때 한 개인의 '성격'은 상황에 따라 달라지며, 조건형성의 구체적인 경험에 따라 달라지게 된다.

3) 주요 개념

(1) 고전적 조건형성의 과정

파블로프는 개를 대상으로 소화 연구에서 실험을 하는 과정에서 조건형성의 원리를 발견하였다. 개는 음식이 입안에 있을 때 자동적으로 침을 흘린다. 이런 반응은 자연적이며, 학습을 통해 습득할 필요가 없는 반사반응(reflex response),

즉 무조건 반응(unconditioned response: UCR)[2)]이다. 이러한 무조건 반응을 유발하는 자극들을 무조건자극(unconditioned stimulus: UCS)이라고 한다. 이 예에서 무조건자극은 음식이다. 이 무조건자극은 이전의 어떤 학습이 없이도 침 흘리는 반응을 유발한다.

그런데 배고픈 개들을 관찰하다 보면 개의 입안에 어떤 음식을 넣기도 전에 음식을 보자마자 침을 흘리는 경우를 흔히 볼 수 있다. 더구나 음식을 담아서 개집 안에 넣어 주었던 빈 음식 그릇을 보기만 하여도 침을 흘리기 시작할 수 있다. 음식과 연합되었던 빈 그릇을 보고 침을 흘리는 것은 개의 선천적인 자연스러운 반응이라기보다는 학습된 반응이다. 침을 흘리게 만드는 음식을 계속해서 특정한 그릇에 담아서 개에게 주면, 개는 그 그릇을 보기만 하여도 음식을 연상(association, 또는 '연합'이라고도 번역함)하게 된다. 이때 개가 그릇을 보고 침을 흘리는 반응을 조건반응(conditioned response: CR)이라고 한다. 조건반응을 유발해 낸 자극을 조건자극(conditioned response: CS)이라고 한다. 이렇게 볼 때, 행동에 미치는 조건자극의 영향은 자동적이라기보다는 학습에 의존한다(Mischel, Shoda, & Smith, 2006).

파블로프는 불빛, 메트로놈 박자 소리와 같은 자극들을 음식 자극과 반복적으로 연합시켜 제시한 후, 더 이상 음식 자극을 제시하지 않고 불빛, 메트로놈 박자 소리를 제시하기만 하여도 개들이 타액 분비 반응을 보이는 것을 발견하였다. 개들이 불빛이나 메트로놈 박자 소리만 제시받고도 타액 분비 반응을 보이는 것은 개들에게 일종의 학습이 일어났기 때문이다. 이러한 학습을 조건형성이라고 하며, 미국에서 1950년대에 놀라운 영향력을 끼쳤던 또 다른 조건형성인 조작적 조건형성(operant conditioning)과 대비시켜 고전적 조건형성(classical conditioning)이라고 한다.

전형적인 실험의 예를 보자(Pavlov, 1928, p.104). 개를 어두운 방에서 함부로

---

2) 파블로프는 반응(反應, response)이라는 용어보다 반사(反射, reflex)라는 용어를 사용하였다. 반사라는 용어는 보다 자동적이고 기계적이고 단순하게 들리지만, 반응이라는 용어는 한층 의식적이고 의지적이고 복잡하게 느껴진다. 생리학자인 파블로프가 사용한 반사의 개념이 미국으로 전파되어 심리학자인 왓슨을 통해 확산되었을 때부터 반사의 개념이 반응으로 대체된 것으로 보인다.

날뛰지 못하도록 하는 장치에 매어 놓고 나서 전등을 켠다. 30초가 지난 후 음식을 개의 입에 넣어 주어 타액 분비 반사를 유발한다. 이런 절차를 몇 차례 반복하는데, 불빛이 켜질 때마다 음식을 준다. 한참 후에는 처음에 타액 분비와는 아무런 관계가 없었던 불빛만으로도 타액 분비 반응을 일으키게 된다. 즉, 이 개는 불빛에 대해 반응하도록 조건형성이 된 것이다.

이 실험에서 우리가 주목해야 할 점은 CS(조건자극)가 US(무조건자극)보다 먼저 주어진다는 것이다. 즉, 파블로프는 음식을 제시하기 전에 불빛을 먼저 제시하였다. 그가 제기한 의문 중의 하나는 이것이 조건형성을 시키는 데 가장 좋은 순서인가 하는 것이었다. 그와 제자들은 앞서 말한 순서가 맞다는 것을 발견했다. CS가 US 후에 주어지면 조건형성이 되기는 상당히 어렵다. 최근의 연구들은 CS가 US보다 0.5초가량 먼저 주어졌을 때 조건형성이 가장 잘 이루어진다는 사실을 시사해 주고 있다(Schwartz, 1989, p. 83).

파블로프는 조건형성의 다른 원리들도 발견했는데, 그중 몇 가지에 대해 간략히 소개해 보기로 한다.

(2) 변별과 일반화

특정 자극, 예컨대, 불빛에 조건형성이 된 개에게 그전과는 조금 다른 자극, 예컨대, 희미한 형광빛을 보여 주었을 때 개는 어떤 반응을 보일까? 만일 그 개가 원래의 조건자극(여기서는 불빛)에는 반응하지만 이 자극에 비슷한 다른 자극(여기서는 형광빛 등)에는 반응을 보이지 않는다면, 개는 두 자극을 변별할 수 있었기 때문일 것이다. 우리는 이때 변별(discrimination) 혹은 자극 변별(stimulus discrimination)이 일어났다고 한다. 반대로, 개가 특정 자극에만 조건형성이 되었음에도 불구하고 그와 비슷한 새로운 자극에 대해 조건반응을 일으킨다면 일반화(generalization) 혹은 자극 일반화(stimulus generalization)가 일어났다고 한다. 흔히 우리 속담에 "자라 보고 놀란 가슴 솥뚜껑 보고 놀란다."라고 하는데, 이는 파블로프의 조건형성 이론에 의하면 바로 자극 일반화가 일어났기 때문이다. 자극 일반화는 자극 변별에 실패한 상태라 할 수 있다.

(3) 소거

소거(extinction)는 조건형성이 풀어져 조건자극이 다시 중성자극(타액 분비 반응을 유발하지 않는 조건형성 이전의 불빛 자극)으로 돌아가는 것을 말한다. 만약 파블로프의 개 실험에서 조건자극인 불빛만 보여 주고 계속해서 음식을 제공하지 않는다면 개는 조건자극인 불빛을 보고도 침을 흘리지 않게 된다는 것이다. 즉, 조건자극만 제공하고 무조건자극을 계속해서 제공하지 않는다면 조건반응을 하지 않게 되며 이것을 소거라고 한다.

(4) 자발적 회복

소거가 되었다고 해서 조건반응 자체가 소멸되었다는 것은 아니다. 만약 소거가 일어난 파블로프의 개에게 갑자기 불빛(조건자극)을 제시하면 침(조건반응)을 흘리는 반응을 보인다. 이런 과정을 자발적 회복(spontaneous recovery)이라고 한다. 이 자발적 회복은 학습이 영속적이라는 것을 뒷받침하는 근거가 되기도 하는데, 우리가 배운 내용을 잊어버렸다고 해서 두뇌에서 아예 지워지는 것이 아니라 어떤 계기에 의해 문득 떠오르기도 하는 경험과 유사하다.

또한 소거가 일어난 파블로프의 개에게 다시 불빛과 음식을 함께 제공한다면 종소리는 중성자극에서 다시 조건자극으로 회복되며, 불빛(조건자극)과 음식(무조건자극)의 연결은 더욱 단단해지게 된다.

(5) 이차적 조건형성 및 고차적 조건형성

조건자극은 본래 반응을 이끌어 내지 못하는 중성자극이었다. 그러나 조건형성이 이루어지고 나면 무조건자극과 같이 반응을 이끌어 내게 된다. 이렇게 조건형성이 된 자극은 다른 중성자극도 조건형성을 할 수 있는 힘이 생기는데, 위의 파블로프의 개 실험에서 조건형성이 된 불빛과 함께 종소리를 들려주면 종소리만 들어도 침을 흘리게 되는 것이다. 이런 현상을 이차적 조건형성(second-order conditioning)이라고 하며 그 이상의 조건형성은 삼차적 조건형성, 사차적 조건형성 등의 고차적 조건형성(higher-order conditioning)이라고 한다. 그러나 현실적으로 삼차적 조건형성 이상은 일어나기 힘들다. 이런 고차적 조건형성에서는 조건자극들이 연달아 제공되고, 음식이 제공되지 않아 소거의 과정이 일어나기 때문이다.

(6) 가르시아 효과

이렇게 고전적 조건형성은 보통 수차례 반복이 되어야 자극 간의 연합이 이루어진다. 그러나 수차례 반복을 통한 연합이 아닌 단 한 번의 강렬한 경험으로 바로 조건반응을 일으키게 되는 현상이 발견되었다. 이 현상은 발견한 자의 이름을 따서 가르시아 효과(Garcia effect)라고 한다. 이는 고전적 조건형성의 특이 현상이다. 가르시아는 쥐가 쥐약이 들어 있는 음식을 조금 먹고 살아남았을 경우 다시는 같은 종류의 음식을 먹지 않는 것을 발견하였는데, 이렇게 빨리 조건형성이 되는 이유는 단 한 번의 경험이었지만 생명과 관련이 있는 중대한 것이었기 때문이라고 그는 설명한다. 이런 현상은 사람에게도 발생하는데, 특정 음식을 먹고 배앓이를 했던 사람이 다시는 그런 음식을 먹지 않으려 하는 경우가 그 예라고 할 수 있다(Liebert & Liebert, 2002).

4) 건강한 성격과 병리적 성격

앞서 언급한 바와 같이 성격의 정의와 관련하여 파블로프는 어떠한 직접적인 언급을 하지 않았다. 마찬가지로 건강한 성격과 병리적 성격의 구분에 대해서도 파블로프는 어떠한 구분도 하지 않고 있다. 하지만 굳이 이와 관련하여 고전적 조건형성의 원리를 적용하여 보자면 다음과 같이 설명할 수 있을 것이다. 건강한 성격이란 고전적 조건형성이 유기체에 도움이 되는 방식으로, 즉 기능적인 방식으로 이루어졌거나 기능적인 방식으로 작동되는 경우이며, 병리적 성격이란 고전적 조건형성이 유기체에 도움이 되지 않는 방식으로, 즉 역기능적인 방식으로 이루어졌거나 역기능적인 방식으로 작동되는 경우라고 정의할 수 있을 것이다. 이렇게 볼 때, 어린아이가 긍정적인 경험을 통하여 자신의 어머니에 대해 호감을 형성하는 것은 기능적인 조건형성이 될 것이다. 역기능적 고전적 조건형성의 예로는 다음 내용에서 설명하게 될 꼬마 앨버트(Little Albert)의 쥐에 대한 공포 반응 학습과 같이 중립적인 자극에 대한 역기능적인 반응이 조건형성된 경우를 들 수 있다.

그런데 한 개인의 일생을 통해서 조건형성은 수도 없이 많이 일어나고 또 소거되고 할 것이다. 그렇다면 한 개인의 '성격'이라는 것은 지금까지의 기능적 및 역기능적 조건형성의 총합이라고 할 수 있을 것이다. 따라서 건강한 성격은 기능적인 조건형성의 총량 및 그 영향력이 역기능적인 조건형성의 총량 및 그 영향력보다 더 큰 경우일 것이고, 병리적 성격이란 그 반대의 경우일 것이다.

5) 성격 분석 사례

고전적 조건형성의 원리는 개를 대상으로 발견되어 파블로프의 후속 연구자들은 쥐, 고양이 및 기타 동물을 대상으로, 심지어 인간을 대상으로 실험하거나 적용하게 되었다. 특히 미국의 하버드 대학교 교수였던 존 왓슨(John B. Watson)은 파블로프의 고전적 조건형성에 깊은 인상을 받았다. 그는 인간의 행동을 이해하는 데 고전적 조건형성의 원리를 적용하려 하였다. 그의 조교였다가 나중에 아내가 된 로잘리 레이너(Rosalie Rayner)와의 실험은 이제 고전이 될 만큼 유명한 실험이었다(Watson & Rayner, 1920). 이 실험은 흔히 '정서 조건형성'으로 알려져 있는데, 정신분석에서 공포감의 형성은 초기 아동기의 이성 부모에 대한 오이디푸스 콤플렉스(Oedipus complex) 혹은 엘렉트라 콤플렉스(Electra complex)와 연관된 원초아와 초자아 간의 갈등, 자아의 방어기제 등으로 설명하던 전통적 관점에 중대한 도전을 던진 것으로 심리 상담 및 치료 분야에서 높이 평가되고 있다. 정신분석에서 '불안'의 개념을 증명하는 것으로 흔히 인용되는 꼬마 한스(Little Hans)의 사례를 빗대어 꼬마 앨버트(Little Abert)의 사례로 알려진 이 실험의 진행과정은 다음과 같다.

(1) 꼬마 앨버트의 사례

다양한 정서가 조건형성될 수 있는지에 관심이 많았던 왓슨은 그의 조교 레이너와 함께 영아기의 아이가 공포감을 형성하는 것이 선천적인, 즉 무조건적 반응인지 아닌지를 알아보려 하였다(Watson & Rayner, 1920). 실험의 대상은 자신이 일하던 볼티모어에 있는 존스홉킨스 병원의 한 병동에서 일하던 직원의 아들인 앨버트라는 이름의 아이였다. 왓슨과 레이너가 알고자 하였던 것은 당시 생후 약 9개월이던 이 아이에게 흰쥐에 대한 공포를 갖도록 조건형성 시킬 수 있는지 알아보는 것이었다.

실험 전에 다양한 검사를 시행하였는데, 이 검사라는 것은 실험 전의 상태와 실험 후의 상태를 비교하기 위한 소위 기초선(baseline) 검사였다. 곧 이 아이에게 흰쥐, 집토끼, 개, 원숭이, 털이 있는 가면, 털이 없는 가면, 면화 솜, 불을 붙인 신문지 등 다양한 자극을 노출시켰다. 노출 시간은 짧았지만 이 아이에게는 생후 처음으로 경험하는 것이었다. 기초선 검사에서 꼬마 앨버트는 그중 어느 것에도 공포 반응을 보이지 않았다. 실험 단계에서 앨버트는 방의 중간에 놓인 테이블 위에 깔린 매트리스에 배치되었다. 그리고 흰색 실험용 쥐를 앨버트 옆에 놓아두고 이 쥐와 함께 놀도록 하였다.

이 시점에서 아이는 이 쥐에 대해 어떠한 공포 반응도 보이지 않았다. 앨버트는 쥐가 이리저리 주위를 배회하자 손을 내밀어 잡으려고 하였다. 그다음에 앨버트가 쥐를 만지려 할 때 실험자들은 앨버트의 뒤에서 큰 망치 소리를 들려주었다. 이 소리는 공중에 매달린 철 막대를 망치로 쳐서 내는 소리였다. 앨버트는 그 소리를 듣고 울며 공포 반응을 보였다. 앨버트가 진정되었을 때 다시 쥐를 보여 주면서 망치 소리를 들려주는 식으로 이 두 자극을 연속 네 번을 짝지어 제시하였다. 그 후 다섯 번째 시행에서는 쥐만 보여 주고 망치 소리는 제시하지 않았다. 하지만 앨버트는 쥐만 보고도 얼굴을 찡그리고 울면서 움츠렸다. 즉, 그는 쥐를 두려워하도록 조건형성이 된 것이다. 결과를 보다 확실히 하기 위해서 다시 두 번 더 쥐를 보여 주면서 큰 소리를 들려주고 다음 시행에서는 쥐만 보여줬더니 앨버트는 울면서 되도록 빨리 먼 곳으로 기어가려고 애썼다.

며칠이 지난 후 왓슨과 레이너는 자극 일반화에 대해 조사했다. 그들은 앨버트가 여러 물건을 갖고 놀기는 하였지만 털이 있는 것은 모두 무서워하였다는 사실을 발견했다. 즉, 아이는 토끼나 개, 털 코트, 면화 솜, 산타 가면 등을 볼 때마다 괴로워하면서 울었다. 전에는 이런 것들을 무서워해 본 적이 없었다. 따라서 앨버트의 공포는 털이 있는 모든 대상에 일반화된 것이다. 실험 후 17일째 되는 날 왓슨이 아이의 방에 색깔도 다르고 종도 다른, 흰색이 아닌 집토끼를 넣었더니 앨버트는 여전히 무서워하는 반응을 보였다.

(2) 실제적 적용

왓슨의 가장 실용적이며 혁신적인 업적은 공포를 탈조건형성(deconditioning)[3] 하는 방법에 관한 것이었다. 그는 앞서 말한 앨버트의 공포를 탈조건형성시키지는 못했다. 왜냐하면 고아인 앨버트가 입양되어 왓슨이 이런 시도를 하기 전에 이미 마을을 떠났기 때문이다. 그러나 왓슨은 동료인 메리 커버 존스(Mary Cover Jones)에게 피터(Peter)라는 3세 유아의 공포를 제거하는 절차에 대해 많은 조언을 했다.

피터는 공포 반응을 제외하고는 모든 면에서 적극적이고 건강한 아이였다. 그는 흰쥐, 토끼, 털 코트, 깃털, 면화 솜, 개구리, 생선 그리고 기계 장난감까지 무서워했다. 왓슨에 의하면, 이 아이의 공포 반응은 집에서 형성된 것이었다. 존스 여사는 피터에게 다른 아이들이 토끼와 함께 노는 것을 보게 하는 등 여러 가지 방법을 시도했다. 그러나 그녀와 왓슨이 강조한 절차는 다음과 같다. 피터를 높은 의자에 앉혀 놓고 오후 간식을 준 후, 피터가 무서워하지 않을 만큼 멀리서 우리에 들어 있는 흰 토끼를 제시했다. 그다음 날에는 피터가 경미한 두려움을 느낄 정도까지만 토끼를 가까이 접근시켰다. 그날의 치료는 여기에서 끝났다. 이와 똑같은 일을 매일 반복했는데, 이때 실험자는 피터가 결코 너무 두려

---

3) 탈조건형성(deconditioning)이란 고전적 조건형성의 절차에 의해 조건형성이 된(학습된) 반응이 무조건자극-조건자극의 연합을 붕괴시켜 단순히 소거되는 경우를 말하기도 하지만, 대체적으로는 새로운 조건자극을 무조건자극과 제시함으로써 원래의 조건반응(학습된 반응)을 없애는 것을 말한다. 이 후자의 경우를 흔히 역조건형성(counterconditionjng)이라고도 한다.

워하지 않도록 주의하면서 토끼를 점점 가까이 접근시켰다. 마침내 피터는 한 손으로 과자를 먹으면서 다른 한 손으로는 토끼와 놀 수 있게 되었다. 존스 여사는 이와 유사한 방법으로 피터의 다른 공포들도 거의 제거했다.

존스의 기법은 영국의 경험주의 철학자 존 로크(John Locke)가 예견했던 내용이지만 당시에는 매우 혁신적이었다. 오늘날 그 기법은 체계적 둔감화(systematic desensitization)라고 불리는 행동수정의 한 형태로 알려지고 있다(Wolpe, 1969). 즉, 피험자는 긴장을 풀고 서서히 공포 자극에 접하게 된다, 실험자는 항상 피험자가 결코 지나치게 불안해하지 않도록 확인해야 한다. 이런 절차를 거쳐 피험자는 점차로 공포 반응을 보였던 대상이나 상황에 대해 공포보다는 편안한 감정을 연합시키는 것을 학습하게 된다. 이처럼 공포를 유발하도록 학습된 조건자극을 공포와는 반대되는, 즉 이완을 불러일으키는 무조건자극(예: 음식 제공, 포옹 등)과 계속하여 연합함으로써 공포 반응(조건반응)이 이완 반응(또 다른 조건반응)으로 변하게 되는 것을 역조건형성(counterconditioning)이라고 한다.

왓슨은 파블로프의 고전적 조건형성의 원리를 공포 제거를 위한 심리치료에만 국한시키지 않았다. 그는 아동 양육에 대해서도 많은 언급을 했는데, 그는 이를 과학적인 사업으로 바꿔 보고자 했다. 왓슨은 특히 부모가 자녀를 엄격한 계획 하에 양육할 것을 권했으며, 자녀를 껴안아 주거나 키스해 주거나 애무해 주는 것 등을 삼가라고 주장했다. 부모가 그렇게 하면 아이들은 곧 부모의 모습과 관대한 반응을 연합해 부모로부터 떨어져 스스로 세계를 탐색하는 것을 배우지 못할 것이라고 생각했기 때문이다(Watson, 1928, p. 81). Watson의 충고는 1930년대에는 상당한 영향력이 있었으나 그 영향력이 지속되기에는 너무 극단적인 것이었다. 그래서 결국 왓슨의 극단적 행동주의적 조언과는 대립되는 주장을 펼쳤던 스폭(Spock)이나 볼비(Bowlby) 등의 영향으로 당시의 부모들은 그들의 계획을 다소 완화했으며, 자녀들에게 더 다정하게 대하게 되었다. 그럼에도 불구하고 아동교육을 과학적인 학습 원리의 기반 위에 확고하게 구축하려던 왓슨의 원대한 목표는 미국에서 육아법의 중요한 일부로 남아 있다.

이 외에 고전적 조건형성의 원리가 현대의 경영이나 광고에 성공적으로 적용되는 경우도 많다. 이는 긍정적인 정서 반응을 고전적으로 조건형성할 수 있기 때문이다. 왓슨은 후기에 고전적 조건형성을 경영 기법에 적용하였다. 신상품(조건자극, CS)을 긍정적인 무조건자극(UCS, 예: 아주 매력적인 모델)과 반복적으로 연합해서 제시함으로써 그 신상품에 대한 긍정적 감정이 학습될 수 있다. 오늘날 자동차회사에서 자동차 신모델을 광고할 때 몸매가 늘씬한 여성 모델들을 그 신차와 함께 등장시켜 자동차를 광고하는 것을 흔히 볼 수 있다.

6) 고전적 조건형성에서의 주요 변인

고전적 조건형성에 관한 여러 연구에 의하면 고전적 조건형성이 잘 이루어지기 위해서는 다음과 같은 여러 가지 변인이 개입된다.

① 시간의 원리: 조건자극이 무조건자극과 시간적으로 동시에 혹은 그에 조금 앞서서 주어져야 효과적이다.
② 강도의 원리: 무조건자극은 조건자극보다 그 강도가 강하거나 동일하여야 한다. 즉, 나중의 자극이 먼저의 자극보다 강하거나 동일해야 바람직한 반응 유발이 효과적이다.
③ 일관성의 원리: 조건자극과 일관된(질적으로 같은) 자극물을 제시해야 효과적이다.
④ 계속성의 원리: 자극과 반응의 결합관계가 반복되는 횟수가 많을수록 조건형성이 잘 성립된다.

7) 평가 및 최근 동향

어떤 점에서 파블로프의 기본 개념은 새로운 것은 아니었다. 이미 17세기에 로크는 지식이 연합에 기초한다고 말했다. 그러나 파블로프는 로크를 넘어섰으며, 경험적인 실험을 통해 연합의 몇 가지 원리를 밝혀냈다. 즉, 학습이 어떻게 이루어지는지에 대해 순전히 직관적 추측만 있었는데, 파블로프는 실험을 통하여 이론의 구체적인 원리를 밝혀냈다. 파블로프가 조건형성에 관한 모든 사실들을 발견한 것은 아니다. 특히 그가 말한 조건형성은 어느 정도 선천적인 반응의 범위로 제한되어 있는 것 같다. 그럼에도 불구하고 파블로프는 학습 이론을 확고한 기반 위에 올려놓은 최초의 학자였다.

후속 학자들은 고전적 조건형성의 원리가 동물의 반응을 넘어 인간에게도 적용되는지, 행동 반응이 아닌 '정서' 반응(예: 공포, 불안, 행복) 등에까지 적용될 수 있는지, 그리고 왜 맛과 질병은 잘 연합되어 학습되지만 시각(예: 불빛)이나 청각(예: 소리) 단서들은 질병과 연합이 잘 안 되어 학습되지 않는지에 관심을 가졌다. 그리하여 그 후의 학자들은 조건형성에서 발생하는 조건자극과 무조건자극 간의 연합을 좀 더 인지주의적인 정보 처리의 관점에서 해석하기 시작하였고, 조건형성이 잘 되고 안 되는 데에는 유기체의 '준비성(preparedness)'이라는 개념이 개입된다고 보았다.

2. 스키너의 조작적 조건형성

고전적 조건형성에서는 자극-반응(stimulus-response: S-R)이라는 패턴으로 학습을 설명하였으나, 이와는 반대되는 경우의 학습도 있다. 즉, 반응-결과, 곧 반응-자극의 연결 패턴으로 학습을 설명하는 경우가 있다는 것이다. 주인의 명령에 따라 앉는 것을 시도하는 강아지의 행동은 먹이 때문에 일어난 것이다. 여기서는 자극으로 인해 반응이 발생한 것이 아니라 반응 다음에 자극이 따르는 형태인 것이다.

1) 스키너의 생애

스키너

버러스 프레더릭 스키너(Burrhus Frederic Skinner, 1904~1990)는 1904년 3월 20일에 미국 펜실베이니아주의 작은 마을 서스퀴해나에서 태어났다. 아버지 윌리엄 스키너는 법률가였다. 소년 시절에는 학교생활을 좋아했고 썰매나 뗏목, 수레 같은 것들을 즐겨 만들었다. 그는 또 소설과 시도 썼다. 젊었을 때는 작가가 되고 싶어 뉴욕에 있는 해밀턴 대학에 다녔다. 그는 그 대학이 자신에게 맞지 않는다고 느꼈으나 1926년에 영문학 전공의 우등생으로 졸업했다. 그 후 2년 동안 스키너는 작가가 되고자 애썼으나 결국 자신이 "이야기할 만한 중요한 것이 없기 때문에" 작가로서 성공하지 못할 것이라고 판단했다(Skinner, 1967, p. 395). 그는 인간과 동물의 행동에 관심이 있었으므로 하버드 대학교 심리학과 대학원에 등록했으며, 거기서 학습에 대한 연구와 함께 자신의 생각을 명확하게 하기 시작했다. 그동안 조작적 조건형성(operant conditioning)을 실험하는 '스키너 상자'를 만들게 되었으며 이를 바탕으로 급진적 행동주의라고 부르는 과학철학을 만들어 냈다. 행동의 실험적 분석을 목적으로 하는 실험 연구 학과를 창시했으며 또한 그가 주창한 강화 개념에 대한 이론을 만들기 위해 행동의 반응률을 측정하는 누적합산기도 만들었다. 이를 이용한 반응률(rate of response)의 측정은 심리학 연구에 있어 중요한 종속변수가 되었으며 강력한 실험 연구의 방법을 만들어 낼 수 있었다.

1931년 하버드 대학교에서 박사학위를 받았으며 그 후 1936년까지 연구원으로 활동하였다. 그 뒤에는 미네소타 대학교(1936~1945)와 인디애나 대학교(1945~1947)에서 가르쳤다. 1948년 정년보장을 받는 교수직을 하버드에서 시작하게 되었으며, 1974년 은퇴할 때까지 계속 하버드 대학교에서 몸담고 연구하게 된다. 과학자로서의 성공에도 불구하고 스키너는 자신이 옛날에 가졌던 관심을 완전히 포기하지 않았다. 그중 하나로, 무엇을 만드는 데 대한 어린 시절의 열정을 계속 발휘했다. 한 예로, 그의 첫아이가 태어났을 때는 새롭고 개량된 아기침대를 만들기도 했다. 이 침대는 '아기상자'라고도 불리는데, 옷을 두껍게 입힐 필요가 없을 정도로 적당히 따뜻하며 자유롭게 움직일 수 있는 침대다. 이는 때로 일반인들이 생각하듯 아기를 훈련시키는 장치가 아니며, 단지 안락한 침대일 뿐이다. 문학에 대한 스키너의 흥미 역시 다시 살아나 1948년에는 자신의 조건형성 원리에 기초해 이상사회를 묘사한 『월든 투(Walden Two)』라는 소설을 출판했다. 그의 연구는 20세기의 가장 영향력 있는 심리학적 연구로 인정받고 있으며, 21권의 책과 180편의 글을 남겼다.

2) 성격의 정의

스키너는 흔히 급진적 행동주의자로 알려져 있다. 여기서 급진적이라고 하는 것은 그가 미국 행동주의의 선구자격인 존 왓슨과 마찬가지로 인간의 내면적인 심리적 요소들, 예컨대 의식, 무의식, 의지, 동기, 갈등 등을 완전히 배제하였으며, 인간의 외현적 행동만을 강조하였기 때문이다. 그리고 이러한 행동은 앞으로 더욱 자세히 다루겠지만 전적으로 외부 환경 자극, 곧 강화와 처벌에 의해 결정된다고 보았다.

이렇듯 조작적 조건형성의 관점에서는 인간의 '성격'의 존재를 부정한다. 좀 더 엄밀히 말하자면, 종전의 심리학에서 다루었던 바와 같이 인간의 행동을 결정하는 환경적 요소와 대비되는 '성격(personality)'이라는 개념의 필요성을 부정한다. '성격' 대신 '행동'이라는 개념이 존재할 뿐이다. 인간의 행동은 정상 행동이든 비정상 행동이든 간에 모두 조작적 조건형성의 원리에 의해 학습된다. 따라서 인간의 성격을 굳이 조작적 조건형성의 입장에서 정의하라고 한다면, 성격이란 유기체가 환경적 자극(강화와 처벌)을 통하여 조건형성된(학습된) 행동의 체계라고 할 수 있을 것이다. 즉, 어떤 환경 자극에 대해서 어떤 행동적 반응을 보이거나 혹은 보이지 않도록 강화 혹은 처벌된 경험들의 체계라고 할 수 있다. 이러한 정의는 기존의 정신역동적 성격이론이나 생물학적 기질론적 성격이론과는 매우 다르다.

3) 주요 개념

(1) 조작적 조건형성의 과정

스키너도 왓슨처럼 엄격한 행동주의자였다. 그는 심리학이 애매한 정신 상태를 나타내는 용어(목표, 욕구, 목적 등)를 써서는 안 되며, 명백한 외현적 행동 연구에 한정되어야 한다고 믿었다. 또한 이 두 사람은 환경론자였다. 스키너는 유기체가 유전적 자질을 갖고 태어난다는 것은 인정하지만 일차적으로는 환경이 어떻게 행동을 통제하는지에 관해 관심을 가졌다.

그러나 왓슨과는 대조적으로 스키너가 연구한 조건형성의 주요 모델은 파블로프식 조건형성이 아니다. 스키너에 의하면, 파블로프가 연구한 조건형성은 반응적 행동(respondent behavior)에 관한 것이다. 이런 행동은 이미 알려진 자극에 의해 자동적으로 유발되는 반응이다. 예를 들면, 음식 섭취는 자동적으로 침 분비를 유발하며, 큰 소리의 소음은 자동적으로 공포 반응을 유발한다. 대부분의 반응적 행동들은 대개 단순한 반사들이다.

스키너가 관심을 가진 것은 반응적 행동이 아닌 조작적 행동(operant behavior)이라는 것이다. 조작적 행동은 파블로프의 개처럼 동물을 우리 안에 묶어 놓지 않고 자유롭게 움직이게 하여 환경을 '조작하도록(operate)' 한다. 조작적 행동에 대한 실험은 사실 스키너에 앞서 손다이크(Thorndike)가 먼저 연구하여 '효과의 법칙'이라는 원리를 발견하였다. 그는 소위 '문제상자(Problem box)'라고 하는 상자 속에 배고픈 고양이를 넣어 두고 상자 밖에 먹이를 놓아 둔 후 고양이가 탈출하여 먹이를 찾아먹도록 실험을 하였다. 상자 안에 있는 고양이는 냄새를 맡거나 발톱으로 할퀴어 보고 높이 뛰기도 하다가 우연히 걸쇠를 당겨서 상자를 나와 먹이를 얻어먹게 된다. 고양이를 다시 상자 안에 집어넣으면 저번처럼 이런 저런 행동을 하다가 우연히 걸쇠를 당겨서 상자를 탈출하여 먹이를 먹게 된다. 이처럼 실험을 반복할수록 고양이가 걸쇠를 당기는 반응시간은 짧아지며 그 행동의 반복 가능성은 커진다. 이 경우, 그 반응을 자동적으로 유발한 자극을 찾아볼 수 없다. 오히려 동물은 여러 가지 반응을 나타내 보이고, 그중 어떤 반응은 유리한 결과를 가져오기 때문에 미래에도 일어날 가능성이 더 커진다. 스키너의 용어로 말하면, 행동은 그 행동 후에 나타나는 강화자극에 의해 통제된다(Skinner, 1938, p. 20-21; 1953, p. 65-66). 반응적 조건형성과 조작적 조건형성의 두 모델은 [그림 8-1]에 제시되어 있다. 스키너는 외부적 자극에 초점을 맞춘 고전적 조건형성을 S(stimulus)형 조건형성, 조작 행동에 관심을 가진 조작적 조건형성은 R(response)형 조건형성이라고 구분하기도 했다.

반응적(파블로프식) 조건형성에서는 자극이 반응보다 앞서 나타남으로써 자극은 자동적으로 반응을 유발해 낸다. 조작적 조건형성에서는 이처럼 반응을 유발해낸 최초의 자극이 무엇인지 알 수 없다. 즉, 유기체는 단순히 어떤 복잡한 자극 상황에서 여러 가지 반응들을 방출하는데, 이 반응들 중 일부 반응은 그 뒤에 따라오는 강화물에 의해 통제된다.

조작적 조건형성을 연구하기 위해 스키너는 '스키너 상자'라 불리는 장치를 만들었다. 이는 작은 상자로, 동물이 그 안에서 마음껏 돌아다닐 수 있도록 되어 있다. 한쪽 구석에는 지렛대가 있고, 그것을 누르면 자동적으로 먹이나 물이 나온다. 쥐와 같은 동물은 처음에는 이리저리 돌아다니다가 마침내 지렛대를 누르게 되고, 그럼으로써 보상을 받게 된다. 시간이 흐름에 따라 동물은 지렛대를 더 자주 누른다. 스키너에 의하면, 가장 중요한 학습의 척도는 반응률(rate of response)이다. 즉, 반응이 강화되면 반응의 발생률은 증가한다. 스키너의 장치에서 지렛대를 누르는 것은 자동적으로 그래프에 기록되므로 실험자가 장시간

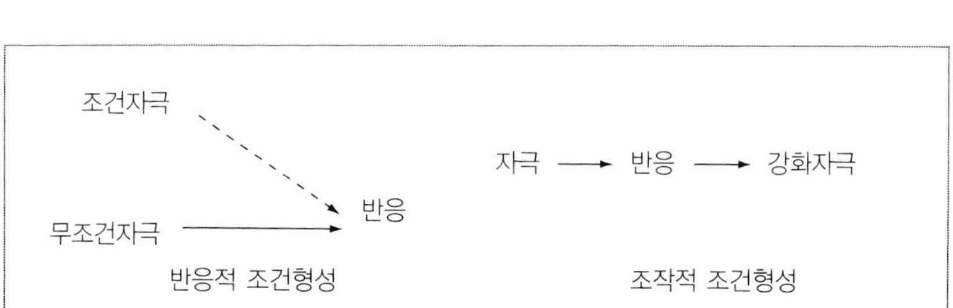

[그림 8-1] 반응적 조건형성과 조작적 조건형성의 비교

동안 그 옆에 있을 필요가 없다. 그 자료는 [그림 8-2]와 같은 학습곡선으로 나타난다.

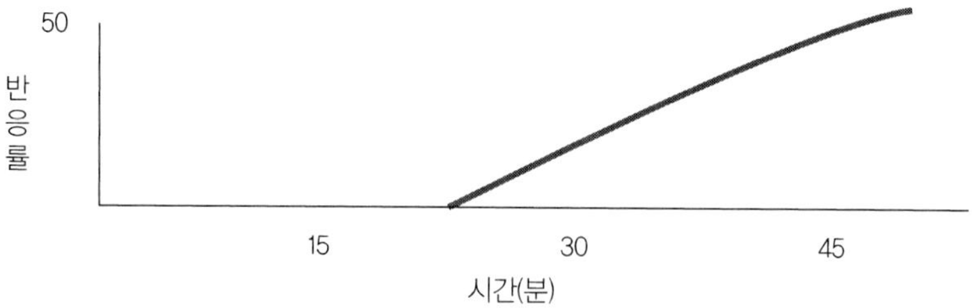

[그림 8-2] 전형적인 학습곡선

출처: Skinner(1938).

스키너는 조작적 행동이 반응적 행동에 비해 인간생활에서 훨씬 더 중요한 역할을 한다고 믿었다. 이를 닦거나 차를 운전하거나 책을 읽을 때의 우리의 행동은 특정 자극에 의해 자동적으로 유발되는 것은 아니다. 우리는 과거에 경험한 독서의 결과에 따라 책을 읽을 수도 있고 그렇지 않을 수도 있다. 만약 책을 읽음으로써 좋은 성적 같은 보상을 받았다면 우리는 그런 행동을 할 가능성이 커진다. 즉, 행동은 그 결과에 의해 결정된다(Munn, Fernald, & Fernald, 1974, p. 208).

(2) 조작적 조건형성의 원리

① 강화, 소거, 자발적 회복

스키너 학파 학자들은 많은 실험을 통해 영아기로부터 시작해 인간의 행동은 강화자극에 의해 통제될 수 있다는 것을 보여 주었다. 예를 들면, 영아들은 빨아서 달콤한 액체를 먹게 되면 달콤하지 않은 액체를 빨 때보다 빠는 행동을 증가시킨다(Lipsitt, 1975). 이와 마찬가지로, 영아의 미소나 발성 행동도 그 행동에 대해 실험자가 미소를 지어주거나, 토닥거려 주거나, 주의를 기울여 주는 등의 보상을 제공함으로써 증가시킬 수 있다(Brackbill, 1958; Rheingold, Gewirtz, & Ross, 1959).

조작적 행동도 반응적 행동과 마찬가지로 소거되기 쉽다. 예를 들면, 아동들은 "단지 주의를 끌기 위해" 어떤 짓들을 하기 때문에, 지나치게 울거나 격렬한 투정을 하는 것과 같은 바람직하지 않은 행동들은 그런 일이 발생할 때마다 주의를 기울여 주지 않고 계속 내버려 둠으로써 소거시킬 수 있다(Etzel & Gewirtz, 1967; Williams, 1959).

한편 분명히 소거된 것처럼 보이는 조작적 행동도 자발적 회복(spontaneous recovery)을 보일 수 있다. 예를 들면, 어떤 유아가 격렬한 투정을 부리는 행동 습관이 있는 경우 대체로 그러한 투정 행동에 대해 부모가 지속적으로 주의를 기울여 주지 않게되면 그 행동은 소거되어 버린다. 그런데 소거되어 버렸던 이러한 투정 행동은 유아가 새로운 상황에 놓이게 되면 다시 나타나기 시작한다(Williams, 1959). 그러므로 이런 행동은 더 소거되어야 한다.

② 변별자극

앞서 언급하였듯이, 조작적 조건형성은 반응을 일으키는 처음 자극을 염두에 두지 않고도 설명될 수 있다. 그러나 그렇다고 해서 그와 같은 자극들이 중요하지 않다는 뜻은 아니다. 반응에 선행하는 자극은 그 반응에 대한 상당한 통제력을 가질 수도 있다.

예를 들면, 스키너(1953, p. 107-108)는 비둘기가 목을 뻗을 때마다 강화를 주었다. 이때 스키너는 비둘기가 목을 뻗도록 한 처음 자극에 대해 전혀 아는 바가 없었다. 그는 단지 비둘기가 그런 반응을 방출하기를 기다려서 강화를 주었을 뿐이다. 그러나 다음에는 불빛 신호가 켜졌을 때만 그 반응에 대해 강화를 주었다. 몇 번 그렇게 하자, 비둘기는 불빛이 꺼졌을 때보다 켜졌을 때 더 자주 목을 뻗었다. 즉, 불빛은 변별자극이 된 것이다. 불빛은 행동에 대한 강화가 주어지는 때를 알려주는 신호의 역할을 하기 때문에 그 행동을 통제하게 된 것이다.

스키너(1953, p. 108-109)는 일상 행동이 어떻게 변별자극과 결합되는지를 보여주는 많은 예를 들고 있다. 과수원에서 빨갛게 익은 사과는 달고 그렇지 않은 다른 것들은 시다고 할 때, 빨간색은 따서 먹으면 바람직한 결과가 나온다는 것을 알려 주는 변별자극이 된다. 이와 마찬가지로 어떤 사람이 미소 지을 때 그에게 접근하면 긍정적인 반응을 얻게 되리라는 사실을 우리는 알게 된다. 반면 찡그렸을 때 접근하면 거절 같은 혐오적인 결과를 얻게 된다. 이것이 사실인 한, 타인의 얼굴 표정은 우리가 그에게 접근할 가능성을 통제하는 변별자극이 된다.

비록 변별자극이 상당한 통제를 하긴 하지만, 그런 통제는 반응적 조건형성에서처럼 자동적인 것은 아니다. 파블로프의 실험에서는 먼저 주어진 자극이 반응을 자동적으로 유발한다. 그러나 조작적 조건형성에서는 그런 자극은 반응이 일어날 가능성을 높게 할 뿐이다.

③ 일반화

반응적 조건형성처럼 조작적 조건형성에서도 자극 일반화(stimulus generalization) 과정이 있다(Skinner, 1953, p. 132). 아버지를 보고 '아빠'라고 말하고 엄마나 형제를 보면 그러지 않도록 강화를 받는 어린 여아가 있다고 하자. 여기서 아버지는 변별자극이다. 그러나 이 여아가 길거리에서 본 낯선 어른에게도 '아빠'라고 말하는 것은 흔히 있을 수 있는 일이다. 즉, 자극이 일반화된 것이다. 이때 부모는 여아가 제대로 구별하도록 가르쳐야 한다. 부모는 여아가 아버지를 보고 "아빠"라고 말하면 "옳지"라고 말해 주지만, 다른 어른을 보고 그럴 때는 그렇게 해 주지 않는다.

마찬가지로 반응 일반화(response generalization)도 볼 수 있다. 예를 들면, 말할 때 어떤 단어의 복수형(예: dogs)을 사용하는 것에 대해 강화를 받는 아동은 강화를 받은 적 없는 이상한 복수형 단어를 말하곤 하는데, 예컨대 data라는 단어는 그 자체가 복수형 단어인데(data의 단수형은 datum이다) dogs 등 복수형 어미 -s를 사용하는 데 대해 강화를 받은 아동은 datas라는 단어를 사용하기도 한다. 즉, 강화는 특정 반응뿐 아니라 동일한 일반적 부류의 다른 반응에도 영향을 미친다(Lovaas, 1977, p. 112-113).

(3) 강화계획(reinforcement schedules)

스키너의 조작적 조건형성에서 강화는 매우 중요한 학습(조건형성)의 요소다. 그런데 이러한 강화를 제공하는 방식에 따라서 강화의 효과는 달라진다. 예컨대, 어떤 아동에게 배변훈련을 한다고 할 때, 아동이 표적 행동(여기서는 배변 행동과 관련된 모든 세부 행동)을 성공적으로 수행할 때마다 초콜릿을 준다든가 하는 식으로 강화를 하면 그 아동의 배변훈련은 빨리 학습될 것이다. 이처럼 강화에는 바람직한 행동이 발생할 때마다 강화물을 제공하는 연속강화(continuous reinforcement), 그리고 바람직한 행동이 일어난 후 매번 강화하지는 않고 간헐적으로나 일부 바람직한 행동에만 강화물을 제공하는 간헐적 강화(intermittent reinforcement) 혹은 부분강화(partial reinforcement)가 있다. 스키너의 연구에 의하면, 연속강화는 조건형성의 초기에 원하는 반응을 하도록 하는 데 도움이 되며, 간헐적 강화는 일단 조건형성이 된 행동이 계속 유지되도록 하는 데 효과적이다.

스키너(1953, p. 99)는 우리의 일상 행동이 매번 연속적으로 강화되는 경우는 드물고, 대신 간헐적으로 강화되는 것을 관찰했다. 우리는 스키를 타러 갈 때마다 항상 스키 타기 좋은 눈을 발견하는 것은 아니며, 파티에 갈 때마다 항상 재미있는 것도 아니다. 따라서 스키너는 여러 가지의 간헐적 강화계획의 효과에 대해 연구했다.

간헐적 강화를 제공하는 방식은 두 가지인데, 하나는 시간간격이나 반응비율을 일정하게 고정하여 제공하는 방식이고, 다른 하나는 이것들을 변동하면서 제공하는 방식이다. 앞의 것을 고정계획이라고 하고 뒤의 것을 변동계획이라고 한다. 고정계획은 다시 고정간격계획과 고정비율계획으로 나누어진다. 고정간격계획이라고 하는 것은 일정한 시간이 지나고 난 후에 유기체가 보이는 첫 반응에 대해 강화를 하는 것을 말한다. 예를 들면, 비둘기가 처음에 원판을 쫀 후에 먹이를 받기는 받지만, 그 다음에 또 원판을 쪼게 되면 바로 먹이를 주는 것이 아니라 3분을 기다렸다가 3분이 지나면 원판 쪼는 행동에 대해 강화를 제공하고, 그다음에 또 원판을 쪼면 다시 3분을 기다렸다가 주는 식이다. 이 계획에서의 반응률은 대체로 낮다. 하지만 고정계획 중 고정비율계획에서는 반응률이 높게 나타난다. 고정비율계획의 예를 들자면, 비둘기가 원판을 쪼게 될 때 5번을 쫄 때마다 먹이를 주는 것이다. 첫 번째 먹이를 받고 나서 원판을 다시 5번 쪼게 되면 먹이를 준다. 이때 이 5번을 얼마나 빨리 쪼는가 하는 것은 문제가 되지 않는다. 즉, 고정비율계획은 유기체가 일정한 반응비율을 보일 때마다 강화를 주는 것이다. 이 두 가지 계획 모두에서의 반응은 강화 후에 잠시 뜸해진다. 이것은 마치 비둘기가 다음 강화까지는 아직 멀었다는 것을 알고 있는 것같이 보인다(Skinner, 1953, p. 103). 학생들은 흔히 학기 말 리포트를 완전히 쓴 직후 이런 효과를 경험하게 되는데, 이때는 또 다른 숙제를 시작하는 일이 힘들게 된다.

고정계획에 의해 반응이 뜸해지는 것은 강화를 예상할 수 없는 방식으로 변화시키면 피할 수 있다. 변화간격계획에서는 평균적으로 볼 때는 일정 시간 후에 강화가 주어지는 것이지만 그 간격이 여러 가지로 되어 있어 일정치 않다. 변화비율계획에서는 보상을 받기에 필요한 반응의 수를 변화시킨다. 이 두 계획을 적용하면 유기체는 계속적으로 높은 반응률을 보이는데, 특히 변화비율계획에서 그렇다. 보상이 언제 주어질지 모르기 때문에 유기체는 계속적으로 반응하게 된다.

스키너의 가장 중요한 발견 중의 하나는 연속적으로 강화된 행동에 비해 간헐적으로 강화된 행동이 더 소거되기 힘들다는 것이다. 이는 많은 아동의 좋지 않은 행동이 왜 제거되기 어려운가에 대한 이유이기도 하다. 예를 들어, 우리는 아동이 칭얼대며 조르는 행동을 항상 묵살할 수 있을는지는 모르나, 만약 가끔 한 번씩 들어주면 그 아이는 계속 그런 행동을 하게 된다(Bijou & Baer, 1961, p. 62).

만약 바람직한 행동을 가르치고자 한다면, 처음에는 연속적인 강화를 주는 것으로 시작하는 것이 가장 효과적이다. 이런 방식이 행동을 처음 시작하게 하는 데 가장 효과적이기 때문이다. 그러나 그 행동을 또한 오래 지속시키고 싶다면 어떤 시점에서부터는 간헐적 강화계획으로 바꾸어야 한다(Bijou & Baer, 1961, p. 62).

(4) 일차적 강화물과 이차적 강화물

스키너(1953)는 유기체가 어떤 행동을 한 결과가 스스로에게 유리하면 그 행동을 더 자주 하게 된다고 보았다. 이때 그 행동의 결과로서 주어진 것으로 행동의 빈도를 높이는 자극을 강화물(reinforcer)[4)]이라고 하는데, 이런 강화물은 일차적 강화물과 이차적 강화물로 나누어 볼 수 있다.

먼저 일차적 강화물(primary reinforcer)은 유기체의 행동을 직접적으로 증가시킬 수 있는 강화물이다. 음식이나 물과 같은 것이 그 예인데, 당장 배고픈 유기체에게 음식으로 만족을 줌으로써 바로 다음 행동을 증가시킬 수 있다. 반면에 이차적 강화물(secondary reinforcer)은 유기체의 행동을 바로 증가시키지 못한다. 하지만 일차적 강화물과 연합하여 행동을 증가시킬 수 있는데, 쿠폰이나 토큰 등이 그 예다. 즉, 쿠폰이나 토큰으로도 유기체를 강화할 수 있지만 그것은 유기체를 직접 강화하는 것이 아니라 일차적 강화물과 교환할 수 있기 때문에 강화의 기능을 갖는다는 것이다. 이차적 강화물의 가장 대표적인 것이 돈이다. 돈은 여러 종류의 일차적 강화물과 교환할 수 있기 때문에 일반화된 강화물(generalized reinforcement)이라고 부르기도 한다.

(5) 정적 강화와 부적 강화, 벌

강화는 어떤 행동을 한 뒤에 유기체가 원하는 자극을 제공하여 행동의 빈도수를 높이는 것을 말한다. 하지만 쾌자극의 제공뿐 아니라 혐오자극의 제거로도 유기체를 강화시킬 수 있다. 쾌자극의 제공으로 행동의 빈도수를 높이는 강화를 정적 강화(positive reinforcement)라고 하고, 기존에 존재하던 혐오자극을 제거하여 줌으로써 행동의 빈도수를 높이는 강화를 부적 강화(negative reinforcement)라고 한다. 교사가 학생들의 발표를 유도하기 위해 발표를 할 때

4) 강화물(强化物)이란 용어는 reinforcer를 번역한 것으로, 흔히 '강화인(强化因)' 혹은 '강화자(强化子)'로 번역되기도 한다. 강화(reinforcement)라는 것은 특정한 행동의 결과로서 그 행동의 후속 빈도를 높이는 자극을 제공하는 것을 말한다. 또 그렇게 제공되는 자극을 강화물(reinforcer)라고 한다. 이것이 반드시 '물건'으로 나타나는 것은 아니지만 이해하기 가장 쉽고 실제로 강화가 부생물의 형태로 제공되는 경우가 많아서 강화물로 번역하기로 하였다.

마다 추가 점수를 제공하거나 사탕을 하나씩 주는 것은 정적 강화의 예가 되는데, 여기서는 발표라는 행동의 빈도수를 높이기 위해 추가 점수나 사탕이라는 쾌자극을 제공함으로써 학생을 강화시킨 것이다. 반면에 부적 강화는 혐오자극의 제거로 유기체를 강화시키는 것을 말한다. 부적 강화도 정적 강화처럼 결과적으로 유기체가 유리하다고 느끼게끔 하는 것이지만 쾌자극을 제공하지 않고 혐오자극을 제거하는 것으로 강화한다는 점에서 차이가 있다. 화장실 청소를 하도록 되어 있는 아이에게 "오늘 수업에 열심히 참여하면 화장실 청소를 하지 않아도 좋다."라고 이야기하여 아이가 수업에 열심히 참여하였다면, 화장실 청소라는 혐오자극을 제거함으로써 수업에 열심히 참여하는 행동을 증가시킨 것이 된다.

한편 벌은 어떤 행동을 강화하려는 것이 아니라 제거하려는 것이다. 스키너에 따르면, 벌은 "현대생활에서 가장 보편적인 통제 기법이다. 이런 유형은 잘 알려져 있다. 만약 어떤 사람이 당신이 원하는 대로 행동하지 않으면 때려 눕혀라. 아이가 못된 것을 하면 두들겨 주어라. 어느 나라의 국민이 못된 짓을 하면 폭격해 버려라".

그러나 벌이 항상 효과적으로 작용하는 것은 아니다. 초기 실험에서 스키너(1938)는 쥐가 지렛대를 누를 때마다 벌을 주었더니(지렛대가 뒤로 넘어갔다가 쥐의 다리를 세게 때리도록 했다) 그 지렛대 누름 반응이 단지 잠시 동안만 억제된다는 것을 발견했다. 결국 벌은 결코 소거보다 반응을 더 빨리 제거하지 못했다. 다른 연구들에서도(Estes, 1944) 이와 비슷한 결과를 얻었는데, 이런 발견은 일상생활에서도 마찬가지다. 부모가 아이를 때리면 한동안은 잘하지만 그 아이의 못된 행동은 후에 다시 나타난다.

스키너는 벌이 원치 않는 부작용을 유발하기 때문에 반대한다. 예를 들면, 학교에서 꾸지람을 들은 아이는 곧 자신을 억제하거나 갈등을 겪는 것처럼 보인다. 아이는 두려운 결과 때문에 공부하는 것과 공부를 피하려는 것 사이에서 갈피를 못 잡는다. 결국 아이는 공부를 시작했다가 그만두거나 마음이 산란해지고 서투른 행동을 하게 될지도 모른다(Skinner, 1953, p. 190-191).

어떤 연구자들은 스키너가 벌의 부정적인 사례를 과장했다고 믿는다. 사실 어떤 경우에는 벌이 잘못된 반응을 완전히 제거한다. 특히 벌이 매우 고통스러울 때 그렇다. 또한 벌이 반응 직후에 내려지고 또 유기체가 다른 반응을 함으로써 보상받을 수 있을 때 벌은 효과적일 수 있다(Liebert et al., 1977, p. 138-141). 그러나 벌의 효과는 잘 알 수 없으며 바람직하지 못한 경우가 많다.

스키너는 아동들을 벌주는 대신 소거시키려고 노력하는 것이 좋다고 권고한다. "만약 어떤 아동의 행동이 단지 부모를 화나게 함으로써 강화되어 왔다면, 이제 부모가 더 이상 화내지 않고 그대로 내버려 두면 그 행동은 사라질 것이다."(Skinner, 1953, p. 192)

흔히 스키너 학파의 학자들은 바람직하지 못한 행동에 대한 소거와 바람직한 행동에 대한 정적 강화를 결합시킬 수 있다고 주장한다. 예를 들어, 한 연구에서는 교사들이 유치원 아동들이 공격적인 행동을 할 때는 전혀 주의를 기울이지 않다가 사이좋게 협동적일 때는 칭찬하고 주의를 기울여 주었다. 그 결과 교실은 더 조용해졌다(Brown & Elliot, 1965).

(6) 수여성 벌과 박탈성 벌

조작적 조건형성에서는 단지 유기체가 하는 행동의 빈도를 증가시키는 것만을 이야기하지는 않는다. 어떤 행동을 수정하기 위해서는 특정 행동의 빈도를 감소시킬 필요가 있는데, 이때 혐오자극을 제공하거나 쾌자극을 제거함으로써 행동의 빈도수를 감소시킨다. 이렇게 행동의 빈도를 증가시키는 강화와 대조되는 것이 벌이다.

벌은 유기체의 행동의 결과로 어떤 쾌자극을 제거하거나 혐오자극을 제공하는 것을 의미한다. 특히 혐오자극을 제공하는 것을 수여성 벌이라고 하는데, 수여성 벌은 벌 I이라고도 한다. 수여성 벌의 대표적인 예로는 체벌을 들 수 있다. 학생이 바람직하지 못한 행동을 했을 때 교사가 체벌을 가함으로써 그 행동을 더 이상 하지 않게 만드는 것이다.

반면에 쾌자극을 제거하는 벌은 박탈성 벌이라고 한다. 박탈성 벌은 벌 II라고도 하는데, 그동안 받아오던 강화물을 제거한다는 말과 같다. 박탈성 벌의 대표적인 예로는 '타임아웃(time out)'이 있다. 타임아웃은 어떤 학생이 교실을 시끄럽게 하는 경우 그 학생을 일시적으로 교실 밖으로 추방하는 것이다. 편하게 교실에서 앉아 공부할 기회와 친구들과 함께 있을 기회를 박탈당하는 것은 직접적인 혐오자극을 부여하는 것이 아니라 쾌자극을 제거하는 박탈성 벌에 해당한다.

(7) 벌을 적용할 때 주의해야 할 점

벌을 적용할 때 주의해야 할 점은 유기체가 스스로 바람직하지 않다고 여기는 행동을 했는데도 벌을 제공하지 않는다면 유기체는 그 행동이 옳은 행동이라고 믿는다는 것이다. 벌에는 이와 같은 부작용이 많은데, 가장 대표적인 부작용은 벌을 받은 유기체는 다른 유기체에게 공격적인 행동을 자주 보인다는 것이다. 혹은 부정적인 정서 반응과 거짓말, 변명 등의 회피 반응을 보이기도 한다. 하지만 불가피하게 벌을 사용해야 하는 상황이라면 다음 사항을 고려해서 적용하여야 한다(Hergenhahn & Olson, 2001).

- 벌은 가능한 한 유기체가 바람직하지 못한 행동을 한 뒤에 즉각적으로 제공해야 한다.
- 문제 행동이 일어날 때마다 벌을 제공해야 한다. 즉, 지금까지 주어지던 벌이 없으면 유기체는 그것을 부적 강화로 여길 가능성이 있다.
- 벌의 강도는 처음부터 가능한 한 강한 것을 사용해야 한다. 그렇지 않으면 벌에 대한 면역 현상이 생길 수 있다.
- 바람직하지 못한 행동은 벌을 제공하되 대안적 행동을 확실히 알려 주고, 대안적 행동을 하는 경우 제대로 강화해야 한다.

(8) 프리맥 원리

프리맥(Premack, 1962)은 물질적 자극이 아닌 스스로의 행동도 강화물 역할을 할 수 있음을 알게 되었다. 프리맥에 의하면, 유기체가 자주 하는 행동은 잘 하지 않는 행동을 증가시키기 위한 강화물로 사용될 수 있다. 쉬운 예를 들자면 컴퓨터 게임을 좋아하는 아이에게 일정한 양의 수학 문제를 풀게 한 뒤에 컴퓨터 게임을 하도록 허락하는 것이다. 그러면 컴퓨터 게임은 수학 문제를 풀게 하기 위한 강화물로서 작용하게 되는 것이다. 그러나 컴퓨터 게임을 먼저 한 뒤 수학 공부를 시키면 효과가 없다. 프리맥 원리의 강화물은 어떤 긍정적 행동을 한 뒤에 제공해야 바른 효과를 얻을 수 있다.

프리맥

4) 성격 형성과정

앞서 살펴본 바와 같이, 조작적 조건형성의 이론은 성격이라는 개념의 필요성을 부정하거나 전혀 새로운 관점을 제공한다. 마찬가지로 조작적 조건형성의 이론에서는 성격의 형성 혹은 발달 과정에 대해서 그리 큰 관심을 갖지 않았다. 고전적 조건형성의 이론과 마찬가지로 조작적 조건형성의 이론도 대체적으로 동물을 대상으로, 그리고 사고나 정서가 아닌 행동 영역의 학습과정에 대한 관심에서 시작하였기 때문이다. 조작적 조건형성의 이론은 고전적 조건형성의 이론보다 상대적으로 인간의 행동에 대한 연구가 많았지만, 앞서 언급한 대로 이 이론의 주요 관심은 특정한 행동의 학습 기제에 관한 것이었지, 한 인간의 심리적 특성의 총체로서의 성격의 발달과 형성에 대해서는 관심을 두지 않았다. 하지만 굳이 조작적 조건형성의 원리에 따라 인간의 성격 형성과정을 설명한다면, 인간의 성격 형성과정은 그가 자라는 과정에서 만났던 환경 자극 및 그 경험(강화와 처벌)에 의해 구체적인 행동들의 학습(조건형성) 및 소거의 과정과 동일한 과정을 거친다고 할 수 있을 것이다.

5) 건강한 성격과 병리적 성격

조작적 조건형성의 관점에서 건강한 성격과 병리적 성격은 앞서 고전적 조건형성의 관점에서 언급한 내용을 그대로 적용할 수 있을 것이다. 앞서 언급한 바와 같이, 스키너는 성격의 개념을 전체적으로 부정하고 있다. 마찬가지로 건강한 성격과 병리적 성격의 구분에 대해서도 스키너는 어떠한 언급도 하지 않고 있다. 하지만 굳이 이와 관련하여 조작적 조건형성의 원리를 적용하여 보자면 다음과 같이 설명할 수 있을 것이다. 건강한 성격이란 조작적 조건형성이 유기체에 도움이 되는 방식으로, 즉 기능적인 방식으로 이루어졌거나 기능적인 방식으로 작동되는 경우이며, 병리적 성격이란 조작적 조건형성이 유기체에 도움이 되지 않는 방식으로, 즉 역기능적인 방식으로 이루어졌거나 역기능적인 방식으로 작동되는 경우라고 정의할 수 있을 것이다.

그런데 한 개인의 일생을 통해서 조건형성은 수도 없이 많이 일어나고 또 소거되고 할 것이다. 그렇다면 한 개인의 '성격'이라는 것은 지금까지의 기능적 및 역기능적 조건형성의 총합이라고 할 수 있을 것이다. 따라서 건강한 성격은 기능적인 조건형성의 총량 및 그 영향력이 역기능적인 조건형성의 총량 및 그 영향력보다 더 큰 경우일 것이고, 병리적 성격이란 그 반대의 경우일 것이다.

6) 성격 분석 사례: 행동수정

앞의 예에서 보았듯이, 스키너의 연구는 쉽게 실제적으로 적용할 수 있다. 문제 행동을 바로잡기 위해 조작적 조건형성의 원리를 사용한 것을 행동수정(behavior modification)이라고 한다. 행동수정의 원리는 다양한 상담 및 교육 장면에서 시행되어 그 효과성을 발휘해 왔다. 상담 현장에서 많이 활용되고 있는 행동수정의 기법들을 열거해 보면 다음과 같다.

(1) 체계적 둔감화

특정 자극이나 상황에 대하여 비정상적으로 강한 불안이나 공포를 나타내는 사람을 치료하기 위해 사용된다. 치료적 절차는 세 단계로 이루어진다. 첫째, 불안 상황(자극)들을 단계적으로 가장 낮은 불안 상황(자극)부터 가장 높은 불안 상황(자극)까지 구분하여 불안상황(자극)들에 대한 불안위계목록을 작성하는 단계이다. 둘째, 이완훈련 단계이다. 이완훈련은 대체로 근육이완훈련이 가장 많이 사용되고, 심상적 이완도 활용할 수 있다. 근육이완훈련은 편안한 소파 같은 곳에 앉아서 전신의 근육들을 손부터 발까지 모두 긴장과 이완을 반복함으로 노곤하고 이완된 상태를 만들어주는 훈련이다. 이완훈련에는 자신이 가장 느긋하고 이완된 경험을 회상하거나 상상하는 것도 포함될 수 있다. 그러나 행동치료에서는 일반적으로 근육이완훈련을 많이 사용한다. 셋째, 눈을 감고 이완상태에 도달한 환자에게 불안위계목록 중 가장 적게 불안을 일으키는 장면부터 상상시킨다. 만약 견딜 수 없을 정도로 심한 불안이 일어나면 치료자는 다시 이완상태로 유도하여 불안을 느끼지 않게 될 때까지 이완시키는 과정을 되풀이한다. 이런 식으로 불안위계목록에서 가장 덜 불안한 상황부터 가장 불안한 상황까지 단계적으로 진행한다.

체계적 둔감화에는 역조건형성의 원리가 개입되어 있다. 역조건형성이란 고전적 조건형성의 절차를 역으로 진행한다는 의미로, Joseph Wolpe가 발견한 상호억제(reciprocal inhibition)의 원리를 이용한 기법이다. 불안반응은 교감신경계의 흥분을 동반하기 때문에 교감신경계가 이완되면 불안도 감소한다. 즉 심리적 불안과 신체적 이완은 병존할 수 없다. 체계적 둔감법은 병존할 수 없는 새로운 반응(신체적 이완 반응)을 통해 부적응적 반응(공포반응)을 억제하게 한다. 즉 이미 조건형성되어 있는 부적응적 반응을 해체시키는 새로운 조건형성이 이루지기 때문에 역조건형성 혹은 탈조건형성이라고 한다. 예를 들어, 토끼에게 공포를 느끼는 아이에게 토끼(공포 반응)와 간식(이완 반응)을 함께 제공하고 점차 아이와 토끼의 공간적 거리를 가까이하면 토끼에 대한 공포 반응을 감소시킬 수 있다.

(2) 혐오치료

- 증상이 나타날 때마다 고통스러운 혐오자극을 가하여 문제 행동을 소거시키는 치료법이다.
- 혐오자극으로 전기 충격이나 구토제가 사용된다(문제 행동을 '처벌'하는 동시에 바람직한 행동을 강화해 줄 때 효과가 더 크다).
- 자폐증 아동의 문제 행동을 없애는 데 유용하며, 알코올중독, 약물중독, 흡연, 강박증, 성도착증, 도박, 동성애 등의 치료에도 사용된다.

> 예) 알코올중독의 경우 구토제가 섞인 술을 마시게 함으로써 술병만 보아도 진저리가 나게 한다.

(3) 정적 강화

- 바람직한 행동을 할 때마다 보상을 주어 그 행동을 강화시키는 방법이다.
- 강화물에는 생리적 욕구를 충족시켜 주는 것(음식, 수면 등)과 사회적 욕구를 충족시켜 주는 것(미소, 인정, 칭찬, 돈, 선물 등)이 있다.
- 치료 절차는 바람직한 행동을 구체적으로 조사하여 내담자가 바람직한 행동을 할 때마다 체계적으로 보상을 준다.

(4) 행동조성

- 현재 하지 못하는 행동을 하게 하기 위하여 사용되는 행동수정 방법이다. 행동조성을 처음 시작할 때는 우리가 바라는 행동과 비슷하거나 그 행동으로 유도할 수 있는 가능성이 있는 행동, 즉 출발점 행동을 찾아 이를 하면 즉각적으로 강화해 주는 방식으로 출발한다.
- 여러 가지 기법 중 가장 널리 사용되고 있는 기법이다.
- 형성하고자 하는 목표 행동을 향하여 강화의 대상이 되는 행동에 점진적으로 접근해 가는 과정이라고 하여 점진적 접근이라고도 한다.
- 목표 행동으로 접근해 가는 과정에서 목표 행동과 비슷한 행동은 강화하고

이미 형성된 행동은 강화를 주지 않음으로써 자연스럽게 새로운 행동을 습득하게 하는 것을 말한다.

> 예) 아이가 말을 배우는 것: '으'(출발점 행동) → '음음' → '음마' → '엄마'(목표 행동)
> 변화된 행동이 계속적으로 강화를 받게 되면 상당히 발전된 하나의 커다란 행동을 하게 된다.

(5) 토큰 보상치료(token economy)

- 바람직한 행동을 언어적으로 인정해 주는 것이 별 효과가 없을 때 언어적 보상 대신 토큰을 주어 나중에 음료수, 사탕, 입장권 등 내담자가 원하는 물건이나 권리와 바꿀 수 있도록 하는 치료 절차다.
- 토큰 보상치료를 실시할 수 있는 집단은 병원에 수용되어 있는 정신장애자, 청소년감화원에 있는 비행청소년, 교도소의 범법자, 학습부진아나 정서장애자, 군인, 각급 학교 학생 등이다.

(6) 도피 조건형성과 회피 조건형성

- 도피 조건형성: 충격과 같은 혐오자극을 사용하는 점에서 벌과 유사하나 벌과 정반대다. 벌이 어떤 행동에 뒤따라 처벌하는 것이 나타남으로써 그 행동이 일어날 확률이 줄어드는 것이라면, 도피 조건형성은 어떤 행동이 일어난 후에 처벌하는 것이 제거되거나 또는 처벌이 종식됨으로써 그 행동이 일어날 확률이 증가하는 것이다.
- 회피 조건형성: 어떤 반응을 함으로써 벌을 예방할 수 있다. 이 원리는 어떤 행동이 벌이 주어지는 것을 막게 되면 그 행동의 빈도가 증가된다는 것이다.
- 도피 조건형성과 회피 조건형성은 벌과 같이 조심스럽게 사용해야 한다. 왜냐하면 이들 원리는 혐오자극이 제시됨으로써 공격적으로 변하거나 불

안해하는 행동 등 부작용이 발생하며 조건형성 과정과 관련된 사람이나 사물까지도 도피하고 기피하는 경향이 나타날 가능성이 있기 때문이다.

- 회피 행동은 도피 행동이 먼저 형성되기만 하면 쉽게 형성되는 것이다.

> 상황: 과자봉지를 든 어른을 본 꼬마가 "과자 줘."라고 소리치기 시작한다.
> 도피 반응: 어른은 소리치는 꼬마에게 과자를 줌으로써 소리치는 행동을 그치게 한다.
> 혐오자극의 제거: 꼬마는 소리치는 행동을 멈춘다.
> 장기 효과: 앞으로는 그 어른은 소리치는 꼬마에게는 얼른 과자를 주게 된다. (그리고 그 꼬마는 소리침으로써 정적 강화물인 과자를 얻을 수 있으므로 과자봉지만 보면 소리치는 행동을 더 하게 된다.)

(7) 용암법(fade-out)

- 변별력을 가르칠 때 자극을 점진적으로 조절하여 궁극적으로 일부 변화된 자극 또는 새로운 자극에 대해 반응할 수 있도록 하는 절차다.
- 행동을 통제하는(좌우하는) 자극을 점점 약하게 하여 달라져 가는 자극(또는 완전히 다른 자극)의 통제를 받게 하는 과정이다. 그런 의미에서 자극 통제의 변화라고도 한다.
- 정신지체나 자폐증 아동들의 많은 학습 프로그램에 효과적으로 사용된다.
- 반응은 동일하지만 자극이 점차 변화하는 것을 말한다.

> 예) 정신지체나 자폐증 아동에게 말 가르치기, 토큰치료 활용
> "네 이름이 뭐니?" / "병수."
> 1회차 - 철수야, '예' 해 보세요. (단서인 '예'를 올려 준다.)
> 2회차 - 철수야, '예' 해 보세요. (용암법을 적절히 사용)
> 3회차 - 철수야……. (이름을 부르면 스스로 대답하도록 한다.)

(8) 자극 통제

- 자극이란 주변 환경에 일어나는 사건이나 물체다. 책, 소리, 펜, 사람, 나무,

구두 등이 모두 자극이다. 특정한 자극에 대해서만 특정 반응을 일으키게 하고 다른 자극에 대해서는 그러한 반응을 일으키지 않도록 하는 절차를 자극 통제라 한다.

- 효율적으로 사용하기 위해서는 뚜렷한 신호를 선택해야 하고 식별력을 개발해야 한다.

> 예) 시끄럽게 떠드는 아이들에게 불이 켜져 있는 동안 일어나면 즉각적으로 "안 돼요. 불이 켜져 있잖아." 하고 잠깐 동안 다른 방으로 보낸다. 반복적으로 몇 주 하면 불이 켜져 있을 때 자동적으로 조용히 하는 것을 학습하게 된다.

7) 조작적 조건형성의 확장: 사고, 정서, 종 특유의 행동

(1) 사고

때로 스키너는 '텅 빈 유기체(empty organism)'론을 제창해 외적인 행동만 연구하고 내적인 상태는 무시했다는 말을 듣는다. 이런 평가는 정확하지만 지나치게 단순화한 감이 있다. 스키너는 내적 세계가 존재한다는 것을 부정하지 않는다. 우리는 치통으로 고통을 느끼는 것과 같이 내적 감각을 갖고 있다. 우리는 또한 사고한다고 말할 수도 있다. 사고(thoughts)는 단지 약하거나 내현적인 형태의 행동인 것이다. 예를 들어, 우리는 자기 자신에게 크게 말하기보다는 침묵 속에서 속삭이며, 장기를 둘 때 말의 움직임을 침묵 속에서 생각하기도 한다. 그러나 이런 사적인 사건은 그것을 공식적으로 만들어 측정할 방법이 없다면 과학적 심리학의 연구 대상이 될 수 없다(Skinner, 1974, p. 16-17).

스키너는 특히 우리가 사고를 행동의 원인이라고 보려는 경향 때문에 고심했다. 우리는 '가게에 가고 싶다는 생각이 들었기' 때문에 가게에 가고, 비둘기는 먹이가 주어질 것을 '예상하기' 때문에 원판을 쫀다고 말한다. 그러나 이런 식으로 말하는 것은 잘못이다. 우리가 가게에 가고 비둘기가 원판을 쪼는 것은 그런 행동이 과거에 강화를 받았기 때문일 뿐이다. 목표나 기대에 관한 어떤 논의도

불필요한 것이다. 뿐만 아니라 그런 논의는 환경의 통제 효과, 즉 행동에 대한 올바른 설명을 불가능하게 한다(Skinner, 1969, pp. 240-241; 1974, pp. 68-71).

(2) 감정

스키너는 인간이 사고를 하는 것과 똑같이 정서도 갖고 있다는 것을 인정한다. 그러나 감정(feelings)은 사고와 마찬가지로 행동의 원인이 되지는 않는다. 우리는 '영화관에 가고 싶어서' 또는 '그러고 싶은 생각이 들어서' 영화관에 간다고 말할지 모르나 이 말은 아무것도 설명해 주지 않는다. 우리가 영화를 보러 가는 것은 그런 행동이 과거에 강화를 받았기 때문이다(Skinner, 1971, p. 10).

정서 반응 자체도 학습 원리에 따라 설명될 수 있다. 왓슨에 대한 논의에서 우리는 정서 반응이 어떻게 고전적 조건형성에 의해 학습될 수 있는가를 보았다. 스키너의 조작적 분석도 정서 반응이 설명 가능하다고 믿는다. 즉, 대부분의 정서는 여러 가지 서로 다른 강화의 부산물이다. 예를 들면, 자신감은 계속적인 정적 강화의 부산물이다. 야구공을 항상 정확하게 칠 수 있게 되면 자신감과 숙달감을 갖게 된다(Skinner, 1974, p. 58). 반대로 강화가 더 이상 주어지지 않으면 낙담하여 무기력하게 된다. 고정비율계획이나 고정간격계획에서는 보상을 받은 후에 계속 반응하기가 어려운데, 이는 보상을 당분간 더 이상 기대할 수 없기 때문이다(Skinner, 1974, p. 59).

조작적 분석 또한 여러 유형의 정서 행동이 지속되는 이유를 설명해 준다. 어린 소녀가 계속적으로 공격 행동을 한다면 그 행동의 결과를 알아보는 것이 중요하다. 그녀의 행동은 주의를 끌거나 다른 아동들의 장난감을 얻는 데 성공하는가? 만약 그렇다면 그녀의 공격성은 계속될 것이다. 이와 마찬가지로 행복이나 양순함, 동정, 공포 그리고 다른 정서적인 반응들을 나타내는 행동이 지속되는 것은 그 행동들이 긍정적인 결과를 가져왔기 때문이다(Bijou & Baer, 1961, pp. 73-74; Skinner, 1969, pp. 129-130).

따라서 스키너는 정서를 환경 통제의 산물이라고 보면 쉽게 이해할 수 있다고 믿었다. 프로이트 학파처럼 정서를 행동의 정신내적인 원인으로 보는 것은 스키너의 관점에서 볼 때 아무런 도움도 되지 않는다. 예를 들면, 프로이트 학파는 성을 두려워하는 어떤 남자에 대해 그가 내적 감독기관인 초자아로부터 벌받을 것을 예상하기 때문에 그렇다고 말할 것이다. 스키너에 따르면, 이런 논의는 아무런 보탬도 되지 않는다. 만약 어떤 사람이 성을 회피하는 이유를 알고 싶다면 과거에 있었던 그 행동에 대한 결과를 보아야 할 것이다(Skinner, 1974).

(3) 종 특유의 행동

스키너는 행동의 원인을 유기체 내부에서 찾을 필요가 없다고 주장했다. 즉, 행동은 외부 환경에 의해 통제된다는 것이다. 그러나 환경적 통제에는 어떤 한계가 있는 것 같다. 특히 각 종들은 특정 행동을 다른 행동보다 쉽게 배우게 하는 유전적 자질을 갖고 있다. 예를 들면, 쥐에게 어떤 사물을 보고서 그냥 지나치도록 학습시키거나 인간이 아닌 종에게 언어를 가르치는 것은 어려운 일이다(Skinner, 1969, p. 201). 이는 학습 이론가들이 말하듯이 종이 학습할 수 있는 생물학적인 '한계'가 있다는 것을 시사한다.

스키너 학파는 종 특유의 행동을 흔히 반응 지형학(topography)이라는 제목하에 다룬다. 즉, 실험자는 그가 다룰 수 있는 행동(예: 인간의 언어 행동)을 지도를 그리듯 상세하게 기술한다.

스키너는 넓은 의미에서 종 특유의 행동도 환경의 산물이라고 주장한다. 그런 행동은 진화과정에서 종이 특정 환경 속에서 생존해 나가는 데 도움이 되었으므로 그 종의 행동 양식이 되어 버렸기 때문이다. 이와 같이 환경은 모든 행동, 즉 한 동물의 생애에 나타나는 행동뿐만 아니라 그 종이 과거의 진화과정에서 했던 행동까지도 선택적으로 강화한다.

8) 평가 및 최근 동향

스키너는 학습 이론의 범위를 매우 넓혔다. 그는 고전적 조건형성의 한계를 주목한 후 조작적 행동의 특성을 강화계획, 행동조성, 자극 변별화 등의 개념들을 동원하여 간단명료하고 과학적인 방법으로 밝혔다. 그의 이론은 또한 교육, 심리치료 및 상담, 사회적 조직 등 다양한 분야에 걸쳐 실용적인 시사점도 던져 주었다.

하지만 이런 과정에서 그의 연구는 많은 논쟁을 불러일으켰다. 그의 이론이 자칫 많은 사람의 행동을 통제하고 조종하기 위한 권력자의 손에 넘어갈 경우 크게 오용될 수 있다는 점이다. 물론 이론의 효용성은 그것의 인도주의적 목적에 맞게 사용하느냐의 여부에 있겠지만, 인간의 성격이 환경에 의해서 결정된다는 환경결정론의 입장은 인간의 본성에 대한 또 다른 논쟁을 불러일으키게 되었다.

스키너의 성격 이론은 다른 많은 성격 이론과 달리 다음과 같은 점에서 극단적인 것으로 평가된다. 첫째, 특질 이론, 정신분석 이론, 현상학적 이론, 인지 이론 등 대부분의 성격 이론이 인간의 성격에서 성격 특질, 무의식적 갈등, 내적 경험, 인지 도식 등 내적인 측면의 중요성을 강조하였지만, 스키너의 성격 이론은 이러한 개념들이 과학적 발전을 저해하는 것이라며 거부하고 있다. 둘째, 스키너의 이론은 성격의 발달 단계에 대한 특별한 언급이 없으며, 각 개인의 성격 형성을 학습과정으로 환원함으로써 극히 개별적 접근을 취한다. 따라서 연령 변인을 환경 변인에 비하여 이차적으로 취급하였다. 셋째, 스키너의 이론은 개인과 환경 간의 관계에서 환경의 영향력을 지나치게 강조함으로써 성격 발달 및 변화에 있어서 개인의 내적 동기나 관심, 의식 등 개인적 변인의 중요성을 간과하였다. 그리하여 스키너는 인간의 자유와 자기실현 등을 주장하는 인본주의 학자들이나 인지적 과정이나 내용에 관심이 있는 인지주의 학자들로부터 호된 비판을 받았다(Pinker, 1997).

스키너의 이론은 오늘날 여전히 대부분의 성격심리학 교과서에서 소개되고 있지만, 행동주의가 유행하던 1950~1960년대의 빛나는 영광을 많이 잃었던 것 같다. 앨버트 밴듀라(Albert Bandura)의 사회학습 이론이 등장하여 학습에 있어서 직접적인 강화나 처벌이 없이도 간접적인 학습인 관찰학습이 가능하며, 여기에 인지적인 과정이 개입된다는 사실을 과학적인 실험을 통하여 밝힘으로써 스키너 이론의 극단적 주장은 많이 퇴색되었다. 나아가 정보처리 이론이 등장하고 인지과학의 발달에 힘입은 1970년대의 소위 '인지 혁명'에 의해 인간의 지각, 기억, 인지, 언어 등에 관한 연구 결과들은 스키너 이론의 빛을 더욱 바래게 만들었다.

제9장
인지사회학습 이론

| 서경현 |

먼저 여기서는 현존하는 인지사회학습 이론을 개괄하려고 한다. 순수 행동주의자들은 인간의 행동을 외부 자극에 대한 단순한 반응이라고 믿지만, 사회학습 이론가들은 인간의 행동이 그와 같이 단순하게 해석할 수 있는 것이 아니라 자극과 반응 관계에서 인지가 중요한 역할을 한다고 주장한다. 인간은 자극에 대한 행동 반응을 조절할 수 있는 존재라고 보는 것이다. 여러 학자가 있지만 사회학습 이론가 중에 대표적인 학자는 앨버트 밴듀라(Albert Bandura)와 줄리언 로터(Julian Rotter)다.

다양한 사회학습 이론은 조금씩 다른 관점을 가지고 있지만 다음과 같은 세 가지 기본 개념을 공유하고 있다. 첫째, 전통적 행동주의와도 맥락을 같이하는 것으로, 보상이나 처벌과 같은 반응의 결과들은 주어진 상황에서 특정 행동을 다시 할 것인지를 결정하는 데 기여한다. 둘째, 인간은 다른 사람을 관찰하며 학습하는데, 그 행동을 실제로 실행해 보면서 배운다. 그런 관찰학습을 대리학습이라고 부른다. 대리학습은 전통적 행동주의에는 없는 개념이다. 셋째, 인간은 자신이 동일시한 사람의 관찰된 행동을 모방할 가능성이 크다. 동일시는 자신과 유사한 자아를 가졌다고 지각하거나 정서적으로 애착이 가는 사람에게 생기는 것이다.

1. 밴듀라의 사회인지 이론

밴듀라는 사회학습 이론에서 인지적 측면을 강조한 학자다. 그의 이론은 인간이 사회적 경험을 어떻게 인지적으로 조작하는지와 인지적인 측면이 개인의 행동은 물론 발달에 어떤 영향을 주는지를 설명한다. 초기에 그는 모델링과 대리학습의 개념에 집중하였으나, 이후 상호적 결정론이나 자기효능감과 같은 개념을 소개하였다. 1986년을 즈음하여 밴듀라는 자신의 이론의 특성상 사회학습 이론보다는 사회인지 이론이 더 적절하다고 밝혔다. 이처럼 명칭을 바꾼 것은 자신의 이론을 다른 행동주의 심리학이나 사회학습 이론과 차별화하기 위함이기도 하다. 밴듀라의 이론은 행동 변화를 위한 기법들을 창출하는 데 큰 공헌을 하였으며, 최근에 그는 자신의 이론을 발달심리학이나 건강심리학 분야에 적용하고 있다.

1) 밴듀라의 생애

밴듀라

앨버트 밴듀라는 1925년 겨울 캐나다 알버타주 북부에 위치한 한 작은 마을에서 1남 5녀 중 막내로 태어났다. 그의 아버지와 어머니는 청소년기에 각각 폴란드와 우크라이나에서 이민 온 후 결혼하였는데, 두 사람은 정규교육을 받지 못하였으나 교육에 대한 열망은 대단하였다. 그의 부모는 근면하여 열심히 일하였으나 경제 형편은 그리 넉넉지 않았다. 하지만 그가 기억하는 그의 부모는 삶을 개척하고 즐길 줄 아는 사람들이었다.

밴듀라는 그가 살던 고장에 하나밖에 없는 학교에서 고등학교까지 마쳐야 했다. 두 명의 교사가 전체 고등학교 교육과정을 모두 책임지고 있었기 때문에 자기 자신이 개발한 효과적인 자습방법에 의지할 수밖에 없었다. 그리고 그는 그런 경험이 자신의 삶에 오히려 도움이 되었다고 회상하였다. 그의 부모는 고등학생 시절 그가 작은 마을을 떠나 견문을 넓히는 의미에서 다른 지방에 가서 일을 하도록 권유하여 다른 지역에 있는 가구공장에서 일을 한 적도 있다. 그리고 그다음 여름방학에는 유콘에 있는 알래스카 고속도로 공사 현장에 가서 일하였다. 그곳에서 여러 종류의 사람을 만나 음주와 도박의 문제를 포함하여 다양한 인간사를 간접 경험할 수 있었다. 밴듀라는 그것이 자신에게는 인생에 대한 견지를 넓힐 수 있는 좋은 경험이었다고 설명하였다.

밴듀라는 고등학교 졸업 후 밴쿠버에 위치한 브리티시 컬럼비아 대학교에 진학하였다. 대학 진학 전에는 심리학에 관심을 가지고 있지 않았으나 우연한 기회에 심리학을 전공하게 되었다. 그는 아침 시간에 수업을 들어야만 하는 의대 예과나 공대 학생들과 카풀을 하고 있었는데, 도서관 책상에서 우연히 발견한 교과과정 목록에 심리학개론이 아침 시간에 배정되어 있어 선택한 것이 계기가 되어 심리학자가 되었다. 그는 오후 시간에는 목공소에서 아르바이트를 하였기 때문에 오전에 몰아서 교과목을 수강하였는데도 상(Bolocan award)까지 수상하며 3년 만에 대학을 졸업하였다.

대학 졸업 후 밴듀라는 아이오와 대학교 대학원에 진학하여 1952년 박사학위를 취득하였고, 그해 버지니아(Virginia)와 결혼하여 슬하에 두 딸을 두었다. 또한 그는 위치타 상담센터(Wichita Guidance Center)에서 박사후 인턴 과정을 이수하며 임상심리 수련을 받았다. 1953년 스탠퍼드 대학교 교수로 임용되어 지금까지 성격심리학 분야를 강의하고 연구해 왔다. 그는 미국심리학회(APA) 회장, 캐나다심리학회(CPA) 명예회장 등 여러 학술단체를 이끌었으며, 심리학 교육에 크게 공헌하였기에 1999년 미국심리학회로부터 손다이크(Thorndike) 상을 받기도 하였고, 전 세계적으로도 현존하는 심리학자들 중에 가장 영향력 있는 인물이라고 할 수 있다.

2) 사회인지 이론의 유래

사회인지 이론(social cognitive theory: SCT)이 19세기 말의 역사적 배경을 가지고 있다고 하지만 밴듀라가 관련 출판물을 내기 시작한 1960년대 초반이 그 시초라고 할 수 있다. 그리고 확실하게 세상에 소개된 것은 1986년 『사고와 행동에 대한 사회적 기초: 사회인지 이론(Social Foundations of Thought and Action: A Social Cognitive Theory)』이라는 책을 출간했을 때다.

초기 사회인지 이론은 행동주의 심리학의 영향을 받아 발전하였다. 행동주의 심리학에서는 인간의 행동을 기계적으로 접근하며 자극-반응의 결과로 이해한다. 행동주의 심리학자들은 자극과 반응의 접점에서 학습이 일어난다고 설명하였다. 그리고 많은 행동주의 이론가가 자극과 반응의 경로를 매개하는 요인들로 보상이나 처벌 혹은 선행 사건이 있다고 보았지만, 제임스(James)는 습관이, 톨먼(Tolman)은 인지가 그 관계를 매개한다고 생각하였다(Woodward, 1982). 특히 관찰될 수 없는 것에 관심을 가지지 않았던 행동주의 심리학자와는 달리 톨먼(1932)이 자극과 반응 사이를 인지, 특히 인지적 기대가 매개한다는 주장은 사회인지 이론의 타당성을 지지하는 것이다.

사회심리학도 사회인지 이론의 발전에 기여하였다. 일찍이 제임스가 '사회적 자아(social self)'라는 개념을 내놓았는데, 이것이 사회인지 이론의 근간이 되는 개인과 환경 간 상호작용의 모태가 되었다. 레빈(Lewin)이 장(場) 이론을 주장하며 개인에 집중되었던 심리학의 시각을 개인들 간의 작용으로 옮긴 것도 사회인지 이론의 발전을 도왔다(Crosbie-Brunett & Lewis, 1993).

아들러(Adler)의 개인심리학이 사회인지 이론에 미친 영향도 무시할 수 없다. 아들러가 인간의 행동을 목적론적으로 설명한 것과 환경에 대한 개인의 주관적인 지각과 태도가 행동을 결정하는 중요한 요인이 될 수 있음을 강조한 것은 사회인지 이론과 일치하는 것이다. 개인의 사고와 정서 및 행동이 그가 가진 신체적 요소 및 처한 사회적 환경과 상호작용하며 서로에게 영향을 준다는 개인심리학의 관점은 상호적 결정론(reciprocal determinism)을 지지하는 것이다(Crosbie-

Brunett & Lewis, 1993).

사회인지 이론은 사회학습 이론(social learning theory: SLT)을 기반으로 한다. 행동과 그 뒤에 있는 추동력으로서의 인지 그리고 환경의 영향을 처음 다각적이고 복합적으로 조망한 것이 사회학습 이론이기 때문이다. 정식적으로 사회학습 이론이 세상에 소개된 것은 밀러(Miller)와 달러드(Dollard)가 1941년 『사회학습과 모방(Social Learning and Imitation)』이라는 책을 출간하면서다. 그들은 이 책에서 동물과 인간은 다른 개체의 행동을 관찰하여 모방하고 환경적 강화를 통하여 학습한다고 주장하였다. 더욱이 그들은 인간의 행동은 내적인 추동에 의해 동기화되기도 하지만 한 유기체의 반응은 다른 유기체의 자극이 되기도 한다고 보았다. 그들의 사회학습 이론은 환경과 행동 간의 상호적 관계로 요약할 수 있다. 밀러와 달러드 이후 많은 행동주의자는 다양한 사회학습 이론을 선보였으나 얼마 지나서는 이론이나 모형 개발보다 실증적 연구에 관심을 가졌다.

3) 성격의 정의

사회인지 이론도 행동주의에 근간을 두기 때문에 인간의 성격을 행동으로 설명한다. 사회인지 이론에서는 개인의 성격이 개인적 요인, 행동 그리고 환경의 상호작용에 의해 결정된다고 본다. 사회인지 이론에서도 행동주의처럼 반응 결과가 행동을 일으키는 데 중요하다고 보지만, 행동의 많은 부분이 인지과정에 의해 조절된다는 것이 강조된다. 예를 들어, 행동 결과에 대한 기대는 행동을 유발한다. 인간은 행동의 결과를 예측할 수 있기 때문이다. 행동의 결과에 대한 예측 능력은 인간이 동물보다 훨씬 강하고 사회적 경험을 통해 발달되기 때문에 사회인지 이론에서는 인간 성격의 대부분이 대리적 학습의 결과라고 본다.

사회인지 이론에서는 인간의 인지적 힘이 자신의 실체를 구성하고, 정보를 선택적으로 부호화하며, 가치관과 기대를 바탕으로 행동을 수행하도록 작용하면서 성격을 형성한다고 설명한다. 개인의 실체는 환경과 개인의 인지 간 상호작용의 산물이다. 인지는 성장과 경험을 통해 변화하는데, 개인의 실체, 즉 성격의 형성과정을 이해하면 인간의 행동을 이해할 수 있고 예측할 수 있으며 수정할 수도 있다.

4) 주요 개념

(1) 상호적 결정론

사회인지 이론에 따르면, 인간과 환경 그리고 인간의 행동 자체는 상호작용하여 인간의 연속된 행동으로 나타난다. 상호적 결정론(reciprocal determinism)이란 사람(P)과 그가 처한 환경(E) 및 그의 행동(B)의 세 가지 요인이 상호작용하여 인간의 행동이 결정된다는 이론이다. 개인과 환경 그리고 행동 간의 인과관계가 아니라 서로 영향을 주고받으며 행동이 결정되는 것이다. 밴듀라(1989)는 상호작용에서 각각의 요인이 행동을 산출함에 있어서 그 영향력이 동일하지는 않으며, 세 가지 요소의 작용이 동시에 일어나지도 않는다고 설명한다. 세 가지 요인의 상호작용은 개인에 따라, 어떤 행동이냐에 따라, 그리고 행동이 발생하는 상황에 따라 다를 수 있다는 것이다([그림 9-1] 참조; Bandura, 1994).

[그림 9-1]에서 볼 수 있는 것처럼 사람과 행동은 양방향적으로 영향을 미치며 상호작용한다. 다시 말해, 한 개인의 특성인 사고, 정서 및 생물학적 특성과

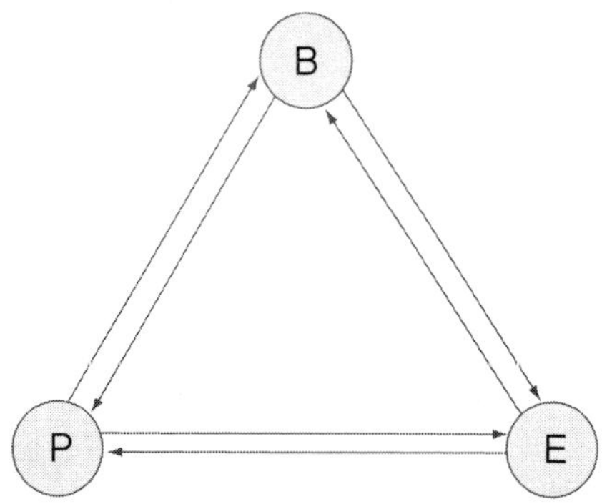

[그림 9-1] 밴듀라의 상호적 결정론 개념

주: B=행동, P=사람(개인적 변인), E=환경

행동 간의 관계는 양방향적이다. 예를 들어, 개인의 신념, 기대, 자기 인식, 목표 등이 행동의 방향과 형태를 결정하지만 이미 행해진 행동은 그의 사고와 정서에 영향을 준다. 개인의 특성과 환경 간의 관계도 양방향적이다. 예를 들어, 개인의 기대와 신념은 사회적 영향에 의해 수정되기도 한다. 사회적 영향은 다양한 방식으로 개인의 정서적 반응을 유도하지만 사회적 환경에 반응하는 방식은 개인의 신체적 특성에 따라 각기 다르게 나타난다. 밴듀라(1989)는 사람이 환경에 의해 만들어지기도 하지만 환경을 만들어 가기도 한다는 점을 인식하였다. 환경과 행동도 서로 영향을 주고받는다. 인간은 행동으로 자신이 있을 환경을 결정하기도 하고, 반대로 행동은 환경에 의해 수정되기도 한다. 예를 들어, 난폭한 사람이 살벌한 환경을 조성하기도 하고, 환경이 그를 더 난폭하게 만들거나 진정시키는 역할을 할 수도 있다.

상호적 결정론은 인간이 자신의 삶을 결정할 수 영향력을 가지고 있지만 자신의 의지만으로 원하는 것을 모두 할 수는 없다는 것을 시사한다. 다시 말해, 인간이 내적인 힘에 의해서만 움직이는 것이 아니며 환경에 의해 결정되는 존재도 아니라는 것이다. 이런 견지에서 밴듀라는 인간의 다섯 가지 역량인 상징화, 모방, 사전사고(예측), 자기 조절 및 자기 성찰을 강조하였다.

(2) 상징화

밴듀라는 인간이 상징화(symbolizing)를 통하여 자신의 경험에 의미를 부여하고 경험의 표상을 형성한다고 보았다. 사람은 기억체계에 정보를 저장하며 표상을 형성함으로써 미래의 행동을 계획할 수 있다. 이런 과정이 관찰된 행동을 모방할 수 있게 한다. 사람은 상징화를 통하여 인지적인 문제를 해결하고 선견지명 있는 행동을 할 수 있다(Bandura, 1989). 밴듀라(1991)는 그런 상징화나 표상이 언어를 통하여 일어난다고 보았고 인지 발달과 언어 능력 간의 관계에 관심을 가졌다.

(3) 관찰학습

밴듀라는 모방(vicarious) 능력이 직접 경험뿐 아니라 타인의 관찰을 통해서 학습하는 데 매우 중요하다고 보았다. 그에 따르면 사람은 관찰학습을 통하여 자신이 실제로 수행하지도 않으면서 어떻게 새로운 행동을 할 것인가에 대한 정보를 얻을 수 있다. 그리고 그런 정보들은 상징으로 부호화되어 미래 행동의 안내자 역할을 한다. 모방학습은 신속하게 행동 표상을 만드는 데 필수적이며 시행착오로 시간을 낭비하는 것을 최소화하기 때문에 경제적이고 치명적인 실수로부터 인간을 보호해 준다. 모방 능력은 실제적으로는 한 개인이 시간이나 능력과 같은 자원들이 부족한 시점에서 새로운 지식을 성취할 수 있는 여지를 열어 준다. 일례로, 사람들은 실제로 경험해 볼 수 없는 것을 TV를 통해 관찰하고 모방학습을 한다(Bandura, 1986). 관찰학습은 주의집중, 기억/파지, 운동재생, 동기화 과정의 네 가지 과정을 통해 이루어진다.

① 주의집중 과정

관찰학습의 첫 단계는 행동의 모델에게 주의집중(attention)을 하는 과정이다. 주의집중은 개인이 처한 환경에서 노출된 모델의 행동들을 선택하여 관찰할 수 있는 능력이다. 주의집중 과정을 통해 노출된 모델에게서 어느 것을 선택적으로 지각하고 어떤 행동을 습득할 것인가를 결정하게 된다. 개인이 모델의 행동에 나타난 두드러진 특성이나 뚜렷한 단서를 주시하지 않는다면 관찰을 통하여 많은 것을 배울 수 없다. 관찰자의 특성이나 모델의 특성에 따라 관찰의 양과 형태는 다르다. 예를 들어, 모델이 관찰자 자신과 유사하여 상호작용하기 쉽다고 지각하면 주의집중을 더 할 가능성이 있다.

② 기억/파지 과정

관찰된 행동이 관찰자의 기억으로 회상되어야만 모방이 이루어진다. 파지(retention)과정은 관찰학습의 두 번째 단계로, 개인이 기억 영역에 저장되었던 관찰된 행동을 상징으로 표상화할 수 있는 능력에 의해 이루어진다. 심상이나 언어로 상징화된 정보들은 적절한 모방을 이루기 위해서 변환되어야 한다. 인지적으로 저장된 정보는 관찰학습이 일어난 후 오랫동안 내면에서 강화된다.

③ 운동재생 과정

관찰학습의 세 번째 단계는 운동재생(motor reproduction) 과정이다. 기억이 실제 행동으로 전환되기 위해서는 운동으로 재생하는 과정이 필요하다. 운동재생 과정은 심상과 언어에 의해 상징으로 부호화된 기억을 적절한 행동으로 전환시키는 것이다. 관찰된 행동의 정보가 기억에 저장되어 있더라도 운동 능력이 완전히 발달되지 않았다면 모방 행동을 할 수 없다. 모델의 행동에 대한 기억과 자신의 행동 사이에 불일치가 지각되면 교정이 시도되는데, 반복과 피드백에 기초하여 운동이 비슷하게 재생된다.

④ 동기화 과정

관찰학습의 마지막 단계는 동기화(motivation) 과정이다. 가치를 둔 결과의 실현에 대한 기대 정도는 모방 행동을 채택할 가능성과 관계가 있다. 관찰한 행동이 실제 행동으로 나타나려면 관찰자에게 동기가 있어야 한다. 모델의 행동에 주의를 기울였고, 그 행동에 대한 정보를 기억 영역에 저장하였으며, 그 행동을 행할 운동재생 능력이 있더라도 동기가 없으면 행동을 수행하지 않을 것이기 때문이다. 직접 강화, 대리 강화, 자기 강화 등과 같은 다양한 형태의 강화가 동기화를 이룬다.

(4) 실행학습

사회인지 이론에서 관찰학습에 대비되는 학습 형태가 실행학습(enactive learning)이다. 밴듀라(1986)는 대부분의 행동이 관찰학습이나 실행학습의 두 가지 형태로 습득된다고 보았다. 실행학습은 자신의 직접 경험에 의해 학습되는 것으로, 자신이 행한 행동에 대한 사고와 그 결과에 대한 평가에 의해 복잡한 형태의 행동을 습득하는 것을 말한다. 행동에 대한 결과는 만족스러울 수도 있고 불만족스러울 수도 있으며 특별한 효과가 없어 관심도 가지 않을 수 있다. 행동의 결과가 만족스러우면 그 행동을 다시 할 가능성이 커지고, 만족스럽지 않으면 그 행동을 하지 않을 가능성이 커진다. 행동의 결과에 대한 인지적 사고와 평가가 미래 행동을 조절하게 된다. 이것은 스키너의 행동주의에서 강화 효과와 유사하지만, 강화가 무의식적이고 자동적으로 이루어지는 경우가 많다면 복잡한 행동의 실행학습은 의식적이고 인지적으로 작동된다.

(5) 사전사고

사회인지 이론에 따르면, 거의 모든 인간의 행동은 목적이 있고 사전사고(forethought)에 의해 조절된다. 사전사고란 자신을 동기화하고 자신의 행동을 예측할 수 있는 인간의 능력이다. 밴듀라(1989)는 자극이 행동 결과를 예측하는 기능을 하며 행동의 가능성을 높이지만, 자극이 자동적으로 행동의 연속화를 이루지는 않는다고 주장하였다. 대신에 과거 경험이 행동을 하기 전에 행동의 결과로 나타나는 산출물에 대한 기대를 가지게 한다.

밴듀라에 따르면, 실제 행동의 산출물보다도 그에 대한 기대가 다시 행동을 수행할 가능성을 높인다. 기대란 예측되는 산출물에 대한 개인의 평가다. 기대가 행동의 결과를 예측할 수 있게 해 주는데, 인간이 자신의 행동을 조절할 수 있는 것은 기대 때문이다. 그런데 인간이 행동에 대한 예지력을 발휘할 수 있는 것은 상징화 능력 때문이다. 그리고 사전사고에 의한 행동은 유인가나 자기 조절을 통한 행동과 관계가 있다.

5) 건강한 성격과 병리적 성격

개인의 행동이 개인적 요인과 환경 그리고 행동 요인의 상호작용에 의해 학습된다는 사회인지 이론의 조망은 이상 행동에 대해서도 예외가 아니다. 다시 말해, 인간의 이상 행동인 역기능적 행동도 인지나 신경생리적 요인과 같은 개인적 특성, 인간관계나 사회경제적 위상과 같은 환경, 그리고 강화를 받은 과거 행동과 같은 경험적 요인들 간의 상호적 관계에 의해 생기는 것이다. 밴듀라(1986)는 인간의 이상성 중에 우울, 공격성 및 공포증을 사회인지적으로 설명하였다.

(1) 우울

우울한 사람의 특징은 너무 높은 목표를 설정한다는 것이다. 달성하기 힘든 너무 높은 수준의 목표를 세우면 결국 실패하게 되어 자신의 가치에 대한 평가가 좋지 못할 수밖에 없다. 이런 일이 반복되면 무가치감, 목표의식 결여, 무망감, 무력감 등을 느끼게 되고 우울증으로 발전된다. 밴듀라(1986)는 우울을 경험하게 되는 경로를 자기 관찰, 판단과정, 자기 반응과 같은 자기 조절 과정으로 설명하였다. 먼저 우울한 사람은 자기관찰 단계에서 자신의 실수는 과장해서 지각하고 과거 자기가 성취한 것들은 축소하여 지각한다. 그리고 자기를 판단하는 과정에서 성공에 대한 기준을 비현실적으로 적용하여 다른 사람들이 볼 때는 성공한 것도 자신이 판단하기에는 실패로 생각한다. 언제나 자신의 수행에 비판적인 태도로 접근한다. 우울한 사람은 자신에 대한 평가가 가혹할 뿐 아니라 자신의 수행 결과와 관련하여 자신을 호되게 꾸짖는 경향이 있다. 이런 사람들은 자신의 실수나 단점과 관련하여 자신을 혹독하게 대한다.

(2) 공격 행동

인간의 공격성은 역기능적으로 나타날 때가 많다. 밴듀라(1986)는 공격 행동이 관찰학습의 결과일 수도 있고, 정적 혹은 부적 강화로 학습된 것일 수도 있으며, 훈련이나 지도에 의해 획득된 것일 수도 있다고 본다. 게다가 그는 공격성이 이상한 신념, 즉 비정상적인 인지 때문에 생겨날 수도 있다고 보았다.

공격 행동이 관찰에 의해 학습된다는 것은 밴듀라가 그의 동료들(Bandura, Ross, & Ross, 1963)과 수행한 오래전 연구에서 검증되었다. 그들은 일명 보보인형 실험이라고 불리는 이 실험에서 4세 남녀 아동들을 세 실험집단과 통제집단으로 나누었다. 그리고 한 실험집단에게는 모델이 커다란 보보인형(바람을 넣어 사람 모양으로 만든 풍선)을 꾸짖으며 때리고 차는 실제 광경을 직접 보게 하였고, 또 다른 실험집단에게는 같은 모델이 똑같은 방식으로 인형을 공격하는 모습이 담긴 영상을 보여 주었으며, 세 번째 실험집단에게는 판타지 만화영화에서 볼 수 있는 검은 고양이 복장을 입은 모델이 등장하여 똑같이 인형을 공격하는 모습을 보게 하였다. 한편 통제집단의 아동들은 초기 공격성 상태만을 측정하고 모델이 공격적인 행동을 하는 모습은 보지 않았다.

아동들을 공격성 수준에 따라 이 네 집단에 동등하게 배정한 것이었다. 그런데 이 네 집단에 속해 있던 모든 아동에게 조금 짜증나는 일을 경험하게 한 후 보보인형과 다른 장난감들이 있는 방에 들여보내 인형에 대한 공격적 행동을 일방경으로 관찰한 결과, 세 실험집단에 속해 있던 아동들은 통제집단 아동들의 두 배 이상 공격적 행동을 보였다. 그리고 그 공격 행동은 모델이 행했던 유사한 방식이었다. 세 실험집단의 아동들이 보인 공격 행동의 수준에 유의한 차이가 없었던 것을 감안할 때 만화영화에서 보이는 폭력이 아동의 공격성을 키울 수 있다는 것을 짐작할 수 있다. 그리고 공격 행동에 대해 강화를 받은 모델을 본 아동들이 강화도 처벌도 받지 않은 모델을 본 아동들보다 보보인형에 대한 공격 행동을 더 많이 한다는 것을 발견하였다. 공격 행동에 대해 처벌을 받은 모델을 본 아동들은 강화도 처벌도 받지 않은 모델을 본 아동들보다 공격 행동을 덜 보였다.

인간이 공격 행동을 학습한 후 그 행동을 계속 하는 이유를 밴듀라는 다음과 같이 설명한다.

① 정적 강화: 피해자에게 상처를 입히는 것을 즐기기 위해
② 부적 강화: 타인의 공격으로부터 해를 입는 것을 피하거나 방지하기 위해
③ 처벌: 공격적으로 행동하지 않았다는 이유로 야단을 맞거나 해고지를 당하기 때문에
④ 자기 강화: 공격 행동을 개인의 수행 표준으로 삼고 살아가기 때문에
⑤ 대리 강화/처벌: 타인이 공격 행동을 하여 보상을 받거나 공격 행동을 하지 않아 처벌을 받는 것을 관찰했기 때문에

(3) 공포증

밴듀라(1986)는 대상에 대한 직접적인 접촉이나 부적절한 일반화에 의해 공포증이 학습되기도 하지만 주로 관찰학습에 의해 습득된다고 보았다. 공포증 증상은 다 같이 무서워하는 대상을 피하는 행동으로 나타나기 때문에 어떻게 학습되었는지를 판단하기 어렵다. 밴듀라는 TV나 미디어 매체가 사람들을 공포에 빠지게 하는 데 큰 역할을 한다고 보았다. 강도나 강간 혹은 살인 등과 같은 중범죄나 끔직한 사고를 매체를 통해 쉽게 접할 수 있는데, 그것이 한 번도 그런 광경을 실제로 목격하지 않은 사람에게 공포증을 가지게 할 수 있다. 밴듀라는 공포증이 한번 자리를 잡으면 공포 대상으로 회피하여 얻게 되는 부적 강화로 인해 그 행동이 유지된다고 보았다.

6) 상담에의 적용

(1) 자기 조절력

밴듀라(1989)는 자기 조절(self-regulation) 체계가 외부 영향을 매개하고 목적 있는 행동의 기반을 마련한다고 보았을뿐더러 개인이 자신의 사고, 감정, 동기 및 행동을 통제할 수 있게 한다고 믿었다. 자기 조절이란 인간이 자신을 동기화하기 위해 목표를 설정하여 자기 행동을 스스로 조절하는 것을 말한다.

자기 조절은 행동에 대한 외적 통제를 서서히 내적 통제로 대체하게 해 주기 때문에 중요한 것이다. 동기 표준이나 사회적 혹은 도덕적 표준을 포함해 자기 조절은 내부 영향과 외부 영향이 상호작용하며 이루어진다. 행동 지침으로서의 동기 표준은 차이 유발(discrepancy production)과정과 차이 경감(discrepancy production)과정을 통해 작동한다. 차이 유발은 목표를 세우는 과정이고 차이 경감은 목표를 달성하기 위해 노력하는 과정이다(Bandura, 1989). 사람들은 목표를 세우고 나서 계속적으로 목표와 자신의 성취를 비교한다. 그럼으로써 목표의 표준이 개인으로 하여금 목표를 달성하기 위해 일을 더 열심히 하거나 행동을 수정하게 한다. 동기는 경제적 보상과 같은 외적 영향에 의해 생기기도 하지만, 목표 표준을 달성했을 때 가질 수 있는 자부심과 같은 내적 영향에 의해 생기기도 한다.

밴듀라(1989)는 다음과 같은 세 가지 요인이 자기 동기화 수준을 결정한다고 보았다. 첫째, 특정 행동에 대한 자기효능감(self-efficacy)이 그 행동을 수행하고자 하는 자기 동기화를 크게 증가시킨다. 만약 한 사람이 스스로 세운 목표를 달성할 수 있다고 생각하면 그것을 위해 열심히 일하고 쉽게 포기하지 않을 것이다. 자기 동기화를 위해 두 번째로 중요한 요인은 피드백(feedback)이다. 피드백을 통하여 사람은 자신의 노력 수준을 조절할 수 있어 목표를 현실화할 가능성을 증가시킬 수 있다. 또한 어떤 행동을 수행하여 성취하였을 때 받는 피드백은 그 행동에 대한 자기효능감 수준을 증가시킨다. 자기 동기화에 영향을 주는 세 번째 요인은 목표 달성을 위해 걸리는 예상 시간이다. 멀어 보이는 목표보다는 오래 걸리지 않아 성취할 수 있을 것 같은 목표에 동기화될 가능성이 더 크다.

행동은 도덕 표준이나 사회적 표준에 의해서도 조절된다. 밴듀라(1989)는 생각하는 것을 실제 수행하느냐 마느냐는 도덕적 표준에 의해 결정된다고 보았다. 자기 인정 기준이나 내재화된 도덕적 표준에 의한 평가가 실제 수행을 조절한다. 예를 들어, 한 유부남이 간통을 도덕적으로 나쁜 짓이라고 생각하면 그것이 도덕적 표준으로 내재화된다. 그런 가운데 어떤 젊은 여자가 그 남자를 노골적으로 유혹할 경우, 그 남자는 내재화된 도덕적 표준에 걸맞는 방식으로 자신의 행동을 조절할 가능성이 크다. 왜냐하면 내재화된 표준을 어겨 자기비난을 하게 될 행동의 결과를 예견할 수 있는 사전사고를 하게 될 것이기 때문이다. 인간의 도덕 표준은 다양한 방식으로 발달한다. 직접적인 지도를 통해 도덕의식이 생기기도 하고, 행동에 대한 다른 사람의 피드백을 통하여 도덕 표준이 형성될 수도 있으며, 다른 사람의 도덕 표준을 모방하기도 한다(Bandura, 1991).

자기 조절은 다음과 같은 세 가지 과정을 통해 이루어진다.

① 자기 관찰(self-observation): 먼저 문제가 되는 자신의 행동을 관찰하는 과정이다. 자신의 문제 행동과 관련된 생각, 감정, 행동, 환경과의 관계 등을

관찰하여 문제 행동에 대한 기본적인 정보를 수집한다.

② 판단과정(judgmental process): 개인이 자신의 행동을 특정 기준을 가지고 비교하는 과정이다. 그런 기준은 사회적 기준이거나 자신의 개인적 기준이 될 수 있다.

③ 자기 반응(self-reaction): 기준에 의해 스스로를 판단한 후 수행을 잘하였다고 생각하면 스스로에게 보상하고, 기준에 모자란다고 생각하면 처벌한다.

(2) 자기 성찰

밴듀라(1989)는 인간이 자기 성찰(self-reflection)을 통해 자기가 경험한 것들을 분석하고 자신의 사고과정을 생각하며 그에 근거하여 생각을 바꾼다고 믿었다. 그리고 그가 가장 중요하다고 생각한 자기 성찰은 자기효능감이다. 자기효능감은 행동의 효과에 대한 자기 성찰 사고 유형이다. 일찍이 밴듀라(1977)는 인간이 자신의 특성이나 능력을 지각하는 소질을 발달시켜 어떤 것을 성취하려고 할지와 그것을 위해 얼마나 노력해야 할지를 결정하며 자신의 행동을 유도한다고 보았다.

자기효능감은 다음과 같은 방식을 통해 발달한다.

① 특정 영역에서 성취한 경험
② 타인의 성공과 실패에 대한 관찰
③ 타인의 설득
④ 행동을 수행할 당시의 정서적 각성, 신경과민, 불안 등과 같은 생리적 상태

자신의 수행과 타인의 수행 비교, 특히 형제나 친구와의 사회 비교는 자기효능감을 결정하는 주요 요인이다. 그런 의미에서 학교는 자기효능감 형성에 있어서 중요한 역할을 한다. 학교에서는 다른 학생들의 수행과 자신의 수행을 비교할 수 있는 평가가 이루어지기 때문이다. 학업 수행에 어려움을 겪은 학생은

자기효능감에 심각한 손상을 입을 수 있기 때문에 학업 수행 결과가 과장되어 공개되지 않도록 주의할 필요가 있다.

2. 로터의 사회학습 이론

로터의 사회학습 이론은 이 장 후반에서 더 자세히 다룰 것이지만, 다른 사회학습 이론의 특징이나 사회인지 이론을 주창한 밴듀라의 사회학습 이론과의 비교를 위해 먼저 간단히 설명하고자 한다. 로터는 사회학습 이론을 임상심리학에 적용하고자 노력했던 학자다. 그는 학습이 강화에 대한 기대에 의해 이루어진다고 보았으며, 내외 통제의 소재가 학습의 중요한 요인이라고 믿었다(Rotter, 1992). 로터는 자신의 삶에 대한 통제감이 건강한 삶으로 이끈다고 설명한다.

1) 로터의 생애

로터

줄리언 로터(Julian Rotter)는 1916년 가을 뉴욕의 브루클린에서 유태인 이민자 가정의 세 번째 아들로 태어났다. 대공황이 발생하기 전까지는 아버지의 사업이 번창하여 문제가 없었지만 대공황이 닥치자 그의 집안 사정은 나빠졌다. 대공황은 로터로 하여금 세상 사회가 불공정하다는 것을 느끼게 해 주었고, 사람들이 상황이나 외부 환경에 많은 영향을 받는다는 것을 깨닫게 해 주었다. 고등학교 재학 당시 심리학에 관심을 가지게 된 그는 프로이트와 아들러의 책을 많이 읽었다.

로터는 브루클린 대학에 입학하면서 아들러가 주최하는 세미나에 출석하기 시작하였고, 아들러의 개인심리학 연구회에도 참석하였다. 화학 전공으로 대학을 졸업한 후 아이오와 대학교 석사과정에 입학하여 장 이론의 주창자인 레빈(Lewin)의 수업을 들었고, 부전공으로 언어병리학을 공부하며 어의론 학자인 웬델 존슨(Wendell Johnson)의 영향을 받아 추후 심리과학에서 언어의 사용과 오용을 개념화하였다. 임상수련을 받을 기회가 많지 않았던 시절이지만 석사학위를 받자마자 매사추세츠주 우스터(Worcester) 주립병원에서 임상심리학 인턴 과정에 들어갔다. 1939년 당시 임상심리학으로 박사학위를 수여하는 몇 안 되는 대학 중 하나인 인디애나 대학교 박사과정에 입학하여 성공리에 박사논문을 완성한 후 마침내 1941년 박사학위를 취득하였다. 박사학위 취득 전 인턴 과정을 마쳤고 현재 정통적인 형식으로 여겨지는 방식으로 초기 몇 안 되는 임상심리학자가 되었다. 박사학위를 받던 해 우스터 주립병원에서 만난 클라라 반즈(Clara Barnes)와 결혼해 슬하에 두 자녀를 두었다.

제2차 세계대전 동안 육군에서 인사담당 전문가로, 공군에서 항공심리학자로 복무하고 제대한 뒤인 1946년 로터는 오하이오 주립대학교에서 교편을 잡았고, 몇 년 뒤에 임상심리학 수련책임자가 되었다. 그곳에서 성격 이론에 학습 이론을 통합한 사회학습 이론을 발전시켰고, 1954년『사회학습과 임상심리학(Social Learning and Clinical Psychology)』이라는 저서를 출간하였다.

그는 임상심리학자의 수련과정을 표준화하는 데 중요한 역할을 하였고, 그 유명한 볼더(Boulder) 회의에서 박사급 임상심리학자를 위한 수련 요건을 통과시키는 데 기여하였다. 그는 정신과 의사와는 차별화된 임상심리학자, 즉 과학자-실무자 모델에 입각하여 수련과정 동안 심리학을 과학적으로 공부해야 하는 전문가상을 피력하였다. 그의 아이디어는 지금도 효력을 발휘하고 있다.

1963년 로터는 오하이오주를 떠나 코네티컷 대학교의 임상심리학 수련책임자가 되었고, 1987년 은퇴하고 현재 석좌교수로 있다. 그는 미국심리학회 임상심리학 분과와 사회 및 성격심리학 분과의 회장을 지냈다(Rotter, 1993). 해그블룸 등(Haggbloom et al., 2002)은 20세기에 탁월한 업적을 낸 심리학자 100명 중에 로터를 포함시키며, 학술지에 18번째로 많이 인용되는 학자로 소개하였다.

2) 성격의 정의

로터가 사회학습 이론을 주창한 당시에는 인간의 행동이 심연에 있는 본능적 동기에 의해 결정된다고 보는 프로이트의 정신분석학이 임상심리학분야에서 대세였다. 정신분석학에서는 무의식적인 동기나 충동을 강조하였다. 당시에는 심지어 학습 이론에도 생리적 충동을 충족시키기 위해 행동이 동기화된다는 추동 이론이 포함되어 있었다. 사회학습 이론을 개발하면서 로터는 본능에 기반을 둔 정신분석학이나 추동에 기초한 행동주의 이론을 멀리하였다. 그는 심리학 이론은 심리적 동기에 기반을 두어야 한다고 생각하고, 동기 요인으로 '경험적 효과의 법칙(empirical law of effect)'을 선택하였다. 효과의 법칙은 사람들이 긍정적 자극과 강화물을 찾고 불쾌한 자극은 회피하도록 동기화되어 있다는 데 근간을 두고 있다. 로터는 생리적 본능이나 추동에 의존하지 않으면서 행동주의 이론과 성격 이론을 결합시켰다.

로터의 사회학습 이론의 핵심은 개인과 환경의 상호작용으로 성격을 설명하는 것이다. 그는 환경을 배제하고 개인 내적인 것으로만 성격을 설명할 수 없다고 보았다. 사람들이 동일한 환경적 자극에 일률적으로 반응하지 않는다는 점을 간과해서는 안 된다. 그는 행동은 환경에 대한 자동적인 반응이 아니라는 점을 강조하였다. 인간의 행동이 이해하기 위해서는 과거 학습과 경험으로 구성된 개인 자체와 그가 자각하고 반응하는 자극들, 즉 환경을 모두 알아야 한다. 로터는 성격을 상황에 특정하게 반응하게 하는 잠재성의 비교적 안정된 구성체로 보았다.

로터는 성격의 행동적 측면을 강조하였으며, 그것이 언제나 변화 가능하다고 주장했다. 개인의 사고방식이 변화하거나 반응해야 할 환경이 변화하면 행동도 변화하기 때문이다. 그는 성격이 자리를 잡는 결정적 시기가 있다고 생각하지 않았다. 어떤 생활 경험이 특정 신념체계를 구성하면 할수록 그것에 변화를 주기 위해서는 더 많은 노력이 필요하다.

로터는 인간을 긍정적인 시각으로 바라보았다. 그는 목표를 향해 나아가고 처벌을 피하는 방식보다 효력이 있는 다양한 강화물을 찾기 위해 애쓰는 것이 인간의 특성이라고 생각했다.

3) 주요 개념

(1) 행동 잠재성

행동 잠재성(behavior potential: BP)은 특정 상황에서 독특한 행동을 할 가능성을 의미한다. 다시 말해, 한 상황에서 개인이 특정한 행동을 보일 확률을 말한다. 주어진 상황에서 한 개인이 하게 될 행동에는 여러 가지가 있다. 각각의 가능한 행동들에는 하나의 행동 잠재성이 있다. 그리고 개인은 가장 잠재성이 강한 행동을 보일 것이다.

(2) 기대

기대(expectancy: E)는 주어진 행동이 특정한 성과 혹은 강화물을 산출하게 하는 주관적 가능성을 말한다. 그 행동은 성과를 양산할 가능성이 얼마나 되는가? 높은 기대 혹은 강한 기대란 그 행동이 성과를 낼 수 있다는 자신감을 개인이 가지고 있다는 것을 의미한다. 반대로 낮은 기대란 그의 행동이 보상을 주는 결과를 낼 가능성이 없다고 믿는 것을 의미한다. 결과물이 누가 봐도 좋은 것이라면 우리는 큰 기대를 가지고 전력을 다해 그 행동을 할 것이다. 그런 기대는 과거 경험에 근거하여 형성된다. 한 행동이 과거에 보상을 더 많이 주었을수록 사람은 그 행동이 지금도 큰 성과를 낼 것이라는 기대를 가지게 된다(Rotter, 1966).

중요한 것은 그러한 기대가 다분히 주관적이라는 것이다. 그래서 비합리적이고 비이성적인 기대가 정신병리의 원인이 되는 경우가 많다. 기대와 관련하여 성과가 있을 것이라는 주관적 평가는 그런 보상이 실제로 일어날 객관적 확률과는 별 상관이 없다. 사람들은 성과의 가능성을 과대 추정하거나 과소 추정하기도 하는데, 이런 왜곡이 잠재적으로 문제를 가져오게 된다.

(3) 강화가

강화물은 행동에 대한 성과와 동의어다. 강화가(强化價) 혹은 강화 가치(reinforcement value: RV)란 성과를 바라는 정도를 의미한다. 우리가 좋은 것이라고 생각하여 생겨났으면 하고 바라는 일들은 강화가가 높은 것이다. 역으로 피하고 싶어서 일어나지 않기를 바라는 일은 낮은 강화가를 가진 것이다. 성과를 보일 가능성이 같다면 우리는 강화가가 높은 행동을 하게 될 것이다.

기대와 마찬가지로 강화가도 주관적이다. 같은 사건이나 경험도 바람의 정도에 있어서 사람마다 아주 다를 수 있는데, 그것은 개인의 삶 속에서 학습한 경험에 의해 결정되기 때문이다. 예를 들어, 교사의 체벌은 피해야 하는 것으로서 대부분의 학생에게 부적 강화로 작용하지만, 부모로부터 방임된 아동들은 무시받는 것보다는 높은 강화가가 있기 때문에 교사로부터의 체벌을 유도하는 행동을 할 수 있다.

어떤 강화물의 가치는 경우에 따라서 미래에 있을 강화물에 의해 결정되기도 한다. 예를 들어, 어떤 악기를 잘 연주하여 콩쿠르에서 입상할 경우 좋은 대학에 입학할 수 있다면 그 악기를 잘 연주하는 것의 강화가가 높아질 수 있다. 그렇기에 특별해 보이지 않는 것도 개인이 볼 때 그것이 다른 매우 가치 있는 강화물과 연결되어 있다고 생각되면 상당히 높은 수준의 강화가를 가질 수 있다.

여전히 긍정적인 가치가 있는 매우 적은 강화물을 최소 목표(minimal goal)라고 한다. 최소 목표 이상의 성과를 얻었다면 사람들은 성공했다는 느낌을 갖는다. 반대로 최소 목표보다 못한 정도의 강화물 수준이면 사람들은 실패라고 생각한다. 최소 목표는 사람마다 각기 다르다. 그러므로 같은 성과를 내고도 어떤 사람은 성공이라고 생각하고 어떤 사람은 실패라고 생각한다(Rotter, 1960).

로터는 앞서 설명한 행농 잠재성(BP), 기대(E) 그리고 강화가(RV)를 가지고 행동에 대한 예측 공식(predictive formula)을 구성하였다. 그 공식은 다음과 같다.

$$BP = f(E \& RV)$$

이 공식은 행동 잠재성은 기대와 강화가의 작용으로 알 수 있음을 보여 준다. 다시 말해, 개인이 특정 행동을 보일 가능성은 그 행동이 성과를 낼 수 있는 확률과 그 성과에 대한 바람의 정도에 의해 결정된다. 만약 기대 수준과 강화가가 둘 다 높으면 행동 잠재성이 강한 것이고, 기대 수준이나 강화가가 낮으면 행동 잠재성은 약한 것이다.

(4) 심리적 상황

심리적 상황(psychological situation: PS)은 로터의 행동 예측 공식에는 직접적으로 나타나 있지 않다. 로터는 각 개인들이 같은 상황을 각기 다르게 해석한다는 것을 항상 중요하게 생각해 왔다. 사람들은 환경을 객관적인 일련의 자극의 조합으로 보지 않고 환경을 주관적으로 해석하고, 그런 해석은 그들에게 의미가 있는 것으로 어떻게 행동할 것인가를 결정한다(Rotter, 1981).

(5) 일반성 대 특수성

성격심리 이론에서 그 구성 요소의 일반성과 특수성은 매우 중요한 주제다. 일반적 구성 요소는 포괄적이고 추상적인 반면, 특수한 구성 요소는 지엽적이고 구체적이다. 두 가지 구성 요소 모두 장점이 있다. 일반적 구성 요소로 된 이론은 적은 양의 정보를 가지고도 여러 상황에서 많은 예측을 할 수 있다는 장점이 있지만, 측정이 어렵고 예측의 정확도가 떨어진다는 단점이 있다. 반면에 특수한 구성 요소는 측정하기 쉽고 예측의 정확도는 있지만, 그 예측이 특정한 상황에서만 가능하다는 한계가 있다(Rotter, 1971).

이와 관련하여 한 가지 예를 들어 보자. 일반적으로 화를 잘 내는 사람을 알고 있다고 가정하자. 우리는 그가 여러 부류의 사람에게 화를 낼 것이라고 예상할 수 있다. 화를 잘 안 내는 사람보다 그는 여러 상황에서 분노 표현을 더 많이 할 것이다. 그렇다고 특정한 때에 그가 영희에게 화를 낼 것인지 그렇지 않을 것인지를 자신 있게 예측하기는 힘들다. 일례로 그가 영희를 좋아하는 마음을 가졌다면 분노 표현을 억제할 것이기 때문이다. 반대로 그가 화를 잘 내는 사람인지는 알지 못하고 영희를 싫어한다는 정보만을 가지고 있다면, 영희에게 그가 화를 낼 것에 대한 예측의 정확도는 높다. 그러나 그가 다른 사람들에게 분노 표현을 할지를 예측할 수는 없다.

로터의 사회학습 이론의 강점은 일반적인 구성 요소와 특수한 구성 요소의 혼합체이기 때문에 두 가지 장점을 모두 가지고 있다는 것이다. 사회학습 이론에는 모든 일반적인 구성 요소에 상응하는 특수한 구성 요소가 있다. 각각의 상황에 특수한 기대가 있는 반면, 상황을 초월한 일반화된 기대도 존재한다. 사회학습 이론에 일반적인 면과 특수한 면이 복합되어 있기 때문에, 심리학자는 여러 변인을 측정하여 많은 것을 정확하게 예측할 수 있다.

(6) 통제의 소재

통제의 소재(locus of control)로 알려져 있는 강화 조절을 위한 일반화된 기대의 개념은 로터의 대표적 이론이다. 통제의 소재란 사람들이 삶 속에서 강화를 받았는지 그렇지 않았는지를 알려 주는 매우 일반적이고 포괄적인 개인의 신념이다. 매우 강한 내적 통제부터 매우 강한 외적 통제까지의 연속선상에서 사람들이 범주화된다(Rotter, 1982).

내부 통제가 강한 사람은 자신이 삶 속에서 강화를 받아 왔는지의 여부, 즉 좋은 일을 경험했는지 그렇지 않은지의 책임이 자신에게 있다고 믿는 경향이 있다. 이런 사람들은 성공과 실패가 자신의 노력 여부에 달려 있다고 생각한다. 반대로 외부 통제가 강한 사람은 인생의 결과가 운이나 기회, 혹은 영향력 있는 타인에 의해 달라진다고 생각한다. 그래서 그런 사람들은 자신의 삶 속에서 노력을 했는지 안 했는지가 큰 영향을 주지 않는다고 생각한다.

로터의 통제의 소재에 대한 개념을 잘못 해석해서는 안 된다(Rotter, 1975). 먼저 통제의 소재 개념을 유형론으로 이해해서는 안 된다. 다시 말해, 통제 소재가 내부에 있는 사람과 외부에 있는 사람으로 단순하게 구분되는 것이 아니며, 두 가지 유형으로 나누어 설명되는 것도 아니다. 그리고 통제의 소재가 일반화된 기대이기 때문에 상황을 초월하여 사람의 행동을 예측하지만 상황에 따라 달라질 수 있다는 것을 유념해야 한다. 예를 들어, 일반적으로 외부에 통제 소재가 있는 사람도 특정한 상황에서는 통제 소재가 내부에 있는 것처럼 행동할 수 있다. 자신의 학습력에 근거하여 대부분의 상황에서 발생하는 것들을 조절할 수 없다고 느끼는 사람도 특정 상황에서는 자신이 결과를 조절할 수 있다고 생각하기도 한다. 그래서 로터의 사회학습 이론에서는 사람과 환경의 상호작용을 강조하는 것이다.

4) 건강한 성격과 병리적 성격

로터는 질환이나 질병으로 보는 정신장애의 개념에 대한 의학 모형에 반대하였다. 대신 그는 잘못되었거나 적절하지 못한 학습 경험들에 의해 생긴 부적응 행동을 심리적 문제로 보았다. 로터는 모든 행동처럼 병리적 증상도 학습된 것으로 간주한다. 따라서 그는 적응적 행동과 사고에 대한 학습 경험을 제공하는 것을 그에 대한 치료라고 생각하였고, 치료자-내담자 관계를 교사-학생 관계로 보았다. 내담자와 치료자 간의 좋은 관계가 치료자의 내담자에 대한 강화가를 증가시킨다. 그런 관계에서 치료자는 칭찬과 격려로 내담자의 행동에 더 큰 영향을 미칠 수 있다. 잘 인식되고 있지 않지만 현재 행해지고 있는 인지행동치료의 많은 부분이 로터의 사회학습 이론에 기초하고 있다(Rotter, 1970).

사람은 적응적인 행동을 학습하지 못했기 때문에 부적응적인 행동을 할 수 있다. 이런 경우 치료자는 효과적인 대처 기술을 발달시키기 위해 역할놀이와 같은 기법들을 동원하여 내담자가 새로운 행동들을 학습하도록 해야 한다.

로터는 기대가 정신병리와 밀접하게 관계되어 있다고 믿는다. 기대 수준이 너무 비합리적으로 낮은 경우 정신병리로 발전할 수 있다. 기대 수준이 낮은 사람은 자신의 행동이 좋은 결과를 낼 것이라는 것을 믿지 못한다. 그 결과, 그들은 노력하지 않고 성의 없이 행동한다. 성공을 위해 애쓰지 않으면 실패할 가능성이 많아진다. 그리고 실패하게 되면 인생에 대해 덜 기대하게 된다. 이런 식으로 기대 수준이 낮아지는 과정은 정신병리에서 자주 발생하는 악순환이다.

로터는 낮은 기대 수준의 내담자에게는 자신의 기대가 비합리적이라는 것에 관해 통찰력을 가지게 하고, 실패에 대한 공포에서 벗어날 수 있게 해야 한다고 조언하였다. 일반적으로 사회학습 이론에 근거한 치료자는 인생에 대한 내담자의 기대 수준을 높이는 데 초점을 맞춘다.

로터는 강화 가치의 문제도 정신병리와 관계가 있다고 설명한다. 강화물은 인생에서 우리가 추구하는 목표다. 만약 사람들이 너무 현실적으로 성취하기 힘든 목표를 추구한다면 실패할 가능성이 크다. 그런 실패는 기대 수준을 낮추는 악순환을 부추긴다. 이런 상황에서 치료자는 목표의 수준을 조정하여 그런 내담자가 목표를 성취할 수 있는 수준이 되도록 도와야 한다. 목표를 융통성 있게 조정할 수 있느냐가 정신건강의 하나의 지표가 되기도 한다. 순차적으로 일련의 작은 목표를 성취하는 식이 되어야 하며, 지나치게 높은 수준의 거대한 목표 한 가지를 세우는 것은 정신적인 문제를 가져올 수 있다고 로터는 경고하고 있다. 또한 그는 상담자가 인생에서 행동의 단기적인 결과보다 장기적인 결과를 내담자가 생각할 수 있게 만들어야 한다고 충고하였다.

3. 평가와 최근 동향

1) 평가

무엇보다 밴듀라의 사회인지 이론의 가장 큰 장점은 단순하고 직설적이며 모호하지 않다는 것에 있다. 이론의 이런 명료함에 더해 실용성에 대해서도 큰 점수를 줄 수 있다. 예를 들어, 행동의 획득에 있어서 자기효능감의 역할은 상담자나 교사 혹은 부모에게 시사하는 바가 크다. 또한 관찰학습이나 모델링 효과는 교육 장면이나 치료 장면에서 활용할 수 있는 개념이다. 사회인지 이론은 혁신적이고 흥미로운 개념을 제시하면서도 실증적 자료를 근거로 제기된 것이다. 게다가 이 이론은 인간의 행동을 포괄적으로 설명하고 있다. 예를 들어, 상호적 결정론은 관찰 가능한 인간의 행동이 어떻게 획득되는지를 설명하는 종합적 개념이라고 할 수 있다(Feist & Feist, 2013). 이 이론에는 여러 개념이 포함되어 있는데, 그런 개념들 간에 일관성이 강하다는 것도 장점이다. 이 이론을 바탕으로 수많은 연구가 수행되었으며, 새로운 지식을 창출할 수 있는 잠재력이 포함되어 있다.

로터의 사회학습 이론은 학습 이론을 실험실 동물이 아닌 인간에게 적용할 수 있도록 발전시켰다는 데에서 높이 평가할 수 있다. 로터의 사회학습 이론을 바탕으로 한 후속 연구들이 있었으나 그 연구들은 통제의 소재에 국한되었다. 성격 이론으로서 그의 중심 개념인 행동에 대한 예측 공식은 실증 연구로 검증되지 않은 채 남아 있다. 그러나 행동에 대한 그의 일반적 예측 공식과 그 하위 개념인 행동 잠재성, 기대 및 강화가는 인간의 행동을 이해할 수 있는 유용한 틀을 제공한다는 장점이 있다. 정신병리나 심리치료에 대한 로터의 견해가 상담자에게 시사하는 바가 있지만, 그의 사회학습 이론이 갖는 성격 이론으로서의 유용성을 의심하는 학자들이 많다(Feist & Feist, 2013). 그 이유 중의 하나는 그의 이론으로 인간의 모든 행동을 설명하기 쉽지 않다는 것이다.

2) 최근 동향

밴듀라의 사회인지 이론에서 가장 많이 연구되어 온 개념은 자기효능감이다. 예를 들어, 자기효능감이 건강 행동을 실천하는 데 기여한다는 것을 검증한 연구들이 많다(Chuang, Wu, Wang, Liu, & Pan, 2016). 자기효능감이 스트레스 상황에서 적절히 대처하는 데 도움을 준다는 것도 여러 연구에서 밝혀졌다(Mausbach, et al., 2011). 이런 연구들은 상담을 통해 자기효능감을 증진시키는 것이 신체건강이나 정신건강을 유지하게 할 수 있다는 것을 시사한다.

최근에는 메타인지와 함께 사회인지를 기초로 하여 정신장애를 가진 사람들의 특성도 연구되고 있다. 예를 들어, 한 연구(Mavrogiorgou et al., 2016)에서는 강박장애 증상과 메타인지를 포함한 사회인지 능력 간에 상관이 있음을 발견하였다. 또한 척추손상 환자들의 신체활동을 사회인지 이론으로 설명할 수 있는지도 검증되었다(Martin et al., 2011). 이 연구에서는 자기 조절과 자기효능감을 포함한 사회인지 이론 모형이 척추손상 환자의 신체활동 변량을 39%나 설명하는 것으로 나타났다.

교육 장면에서 사회인지 이론의 효과도 많이 연구되었다. 자기 조절이 학업 효과를 증진시킨다는 것을 검증한 연구도 있다(Ariani, 2016). 어떤 연구자들(Boelens, Hofman, Tamaddoni, & Eenink, 2007)은 모델링이 아동의 언어학습에 큰 영향을 미친다는 것도 발견하였다. 또한 사회인지 이론을 근거로 복잡한 컴퓨터 교육을 할 때 효과가 어떻게 나타나는지도 연구되었다(Bolt, Killough, & Koh, 2001). 사회인지 이론이 학습 이론에 근거하고 있기 때문에 교육 현장에서 사회학습 이론을 어떻게 적용할 것인지와 그 적용이 효과가 있는지에 대한 연구들이 많이 수행되었으며 앞으로도 많이 연구되리라 본다.

한국에서도 오래 전부터 사회인지 이론에 근거한 연구들이 많이 수행되었고, 그런 연구들을 개괄한 연구도 이미 있었다(한덕웅, 1997). 최근에는 사회인지 이론을 기초한 연구가 교육학이나 심리학 및 상담 분야에서만 수행되는 것이 아니라 간호학(최혜영, 양숙자, 2013)이나 식품영양학(김지혜, 우태정, 이경애, 이승민, 이경혜, 2016), 보건학(한은옥, 문인옥, 2005), 체육학(김현욱, 2014) 분야 등에서도 활발한 연구가 이루어지고 있다.

밴듀라의 사회인지 이론에 비해 상대적으로 로터의 사회학습 이론에 대한 연구는 적었다. 사회학습 이론이라는 용어를 주제로 출간된 논문들 중에도 밴듀라의 모델링을 변인으로 한 연구들이 많다. 하지만 통제의 소재를 주제로 한 연구는 비교적 많이 수행된 편이다. 예를 들어, 통제의 소재에 따라 스트레스 상황에서의 대처가 다르게 나타나는지와 통제의 소재를 활용하여 대처 능력을 향상할 수 있는지가 검증되기도 하였다(Smith, 1989). 한 연구(Berglund, Lytsy, & Westerling, 2014)에서는 통제의 소재가 만성질환자들의 건강유지에 영향을 미칠 수 있다는 것이 검증되었다.

한국에서도 통제의 소재를 주제로 수행된 한 연구들이 매우 다양한 장면에서 많이 수행되었다. 교통행동(최병희, 오주석, 박선진, 이순철, 2015), 웰빙(이윤경, 김윤경, 이현규, 유나영, 김비아, 2014), 대인불안(채정민, 김종남, 2014), 학습(김금숙, 이종한, 이종구, 2013) 등과 관련하여 연구되었고, 심지어 상담추구 행동(이미숙, 2013)과 통제의 소재 간의 관계도 연구되었다. 이런 통제의 소재에 관한 연구들은 상담자들에게 유용한 정보를 제공한다.

제10장
특질이론

| 권해수 |

우리는 자신과 타인의 성격을 묘사할 때 시간의 변화나 상황의 다양성과는 상관없이 안정적인 특성을 이야기하게 된다. 달리 말하면, 사람들은 성격을 기술할 때 개인의 보다 영속적인 자질이나 특성을 확인하려고 한다. 이처럼 성격이라는 말을 할 때 전형적으로 떠오르는 것이 '특질(trait)'라고 할 수 있다.

성격 연구자들은 특질을 성격의 주요 단위로 여겨왔다. 특질이란 개인이 행동하고 느끼고 사고하는 방식에서 나타나는 일관된 양식이라고 포괄적으로 정의할 수 있다.(Costa & McCrae, 2006; Pervin, 2002; Wiggins, 1997). 특질은 사람의 행위를 요약하고 설명하는 데 유용하며, 미래의 행동을 예측하게 해준다. 또한 특질은 사람의 행동을 상황보다 그 개인에게서 찾을 수 있게 해준다.

특질이론은 특질개념을 중심으로 구성한 성격이론으로, 정신역동과 더불어 가장 오랜 전통을 가진 성격이론이다. 특질이론가들은 성격의 개인차를 반영할 수 있는 보편적이며 중요한 특질 차원들을 발견하고, 발견된 특질차원들을 측정하는 검사를 만들고, 이들 특질 차원들의 생리적 · 발달적 기반을 연구하며, 특질과 상황이 어떻게 상호작용하여 행동을 산출하는지에 관심을 가졌다(민경환,

2003). 이 장에서는 성격심리학자의 창시자인 올포트의 특질개념으로부터 출발하여 커텔, 그리고 아이젱크의 특질 이론을 차례로 소개한다.

1. 올포트의 특질 이론

고든 올포트(Gorden Willard Allport)는 인간의 성격을 개인마다 가지고 있는 고유한 특질로 설명하고자 한 대표적인 특질심리학자이다. 올포트는 특질(trait)이란 인간의 성격을 구성하는 기본 요소이며, 인간의 내부에 실제로 존재한다고 믿었다. 올포트는 개인의 고유한 특질은 다른 사람과 구별되는 독특성을 가지고 있으며, 개인의 행동과 사고에 영향을 미친다고 하였다.

올포트는 당시에 심리학을 지배하던 정신분석이론과 행동주의이론을 전면으로 거부하였다. 알 수 없는 무의식이나 겉으로 드러나는 행동만으로 인간을 알 수 없다는 것이 그의 입장이었다. 또한 그는 인간 행동을 타고난 본능, 아동기의 경험 혹은 억압된 콤플렉스의 탓으로 돌리는 환원주의적 이론을 거부하였다. 대신에 그는 한 개인 내에 존재하는 개성을 중요시하였으며, 인간을 동기와 기능적 자율성을 가지고 미래지향적으로 움직이는 존재로 이해하였다.

올포트는 정상인을 대상으로 개별적인 사례 접근 방법을 이용하여 성격 연구를 하였다. 그의 이론은 임상적인 치료 접근보다 순수한 성격 연구에 두었기 때문에 인간 본연의 특성을 밝히는 데 크게 기여하였다. 또한 올포트의 특질이론은 당시 행동주의적 경험주의를 지향하는 다수의 미국심리학자에게 낯설었지만, 그의 관점은 존중되었다.

1) 올포트의 생애

올포트

올포트(1897~1967)는 미국 인디애나주에서 태어나서 심리학을 전공한 형(Floyd Allport)를 따라서 하버드 대학교에 진학하였다. 학부에서는 경제학과 철학을 공부했으나 대학원에서는 심리학을 전공해서 1922년에 성격특성에 관한 연구로 심리학박사 학위를 받았다. 그 후 Sheldon 연구비로 유럽에서 2년간 공부한 후 미국으로 돌아와 다트머스 대학교에서 교수로 있다가 1942년 하버드 대학교로 옮겨 죽을 때까지 근무하였으며, 미국심리학회(APA)의 회장을 역임했다. 올포트는 1937년 성격심리학의 고전인 『Personality: A Psychological Interpretation』을 출간함으로써 성격심리학의 창시자로 존경을 받았고, 그 후 많은 저서들을 저술하였다.

올포트는 특질개념을 처음 제안한 학자이기는 하지만 이론가나 과학자라기보다는 인문학적 소양을 갖춘 지식인의 면모가 두드러진 사람이다. 미국 심리학계의 지도자로서 생애동안 인간다움, 건강함, 통합성 등을 강조하였다. 이러한 입장은 당대의 심리학계의 주도적 흐름이었던 행동주의 학자들이 인간을 동물로 보고 신경증적 행동에 초점을 맞추고 인간 행동을 기계적으로 접근하던 태도와 대조되었다.

2) 성격의 정의

올포트는 "성격은 개인의 특유한 행동과 사고를 결정하는 정신 · 신체적 체계인 개인 내의 역동적 조직이다."라고 정의하고 있다(Allport, 1961, p.28). 이 말의 의미를 다음과 같이 4가지로 나누어서 살펴보면 그가 지닌 인간의 성격에 대한 관점을 더 잘 이해할 수 있다.

① '개인의 특유한 행동과 사고(characteristic behavior and thought)'란 다른 사

람과 구별되는 각 개인의 행동과 생각을 말한다. 즉, 성격이란 그 사람만이 가지고 있는 독특성을 의미한다.

② '결정하는(determine)'의 의미는 성격은 실제로 존재하는 것이며, 무엇인가를 하고 있다는 것을 의미한다. 즉 성격은 인간이 어떻게 행동하고 생각해야 하는지에 대한 방향을 결정하는 특성이 있다는 것이다.

③ '정신 · 신체적 체계(psycho-physical system)'가 뜻하는 바는 인간의 성격은 정신과 신체가 상호작용을 하여 이루어진다는 것이다. 즉, 인간의 성격은 정신과 신체의 상호작용으로 이뤄지기 때문에 성격을 이해할 때 정신과 신체를 함께 고려해야 한다는 것이다.

④ '역동적 조직(dynamic organization)'이란 말은 성격이 어느 특정한 시기에 완성되는 것이 아니라 끊임없이 변화하고 성장한다는 것을 의미한다. 즉, 상황이 바뀌거나 시간이 지나도 성격은 일관성 있게 나타나지만, 조직화되고 통합된 성격은 계속적으로 성장하고 변화한다는 것이다.

종합하면, 올포트는 성격이 서로 독립적으로 작용하는 구성 요소들의 집합체가 아니라 역동적인 조직이며, 심신을 포함하는 그 개인만의 독특한 특성으로서 끊임없이 변화하고 발달하고, 인간의 모든 영역에 영향을 미치는 전체적인 경향성이라고 보았다.

3) 주요 개념

(1) 특질의 정의

올포트는 특질(trait)을 성격의 기본 요소로 보았다. 그는 특질을 '다양한 종류의 자극에 같거나 유사한 방식으로 반응하는 경향'이라고 정의하였다. 특질은 많은 자극을 기능적으로 동일하게 만든다는 점에서 반응의 일관성을 초래하며 자신을 표현하는 여러 형태의 적응 행동을 특정 방향으로 모은다. 올포트는 성격 특질의 특성을 다음과 같이 요약하였으며, 그의 주장은 지금까지 특질심리학을 위한 길잡이가 되어 왔다(Funder, 1991).

① 특질은 실재적이다. 특질은 인간의 행동을 설명하기 위해 만들어진 이론적인 구성개념 혹은 명칭이 아니다. 특질은 개인 안에서 실제로 존재한다.
② 특질은 습관보다 더 넓은 의미를 가진다. 습관은 단편적인 행동이 특정 상황에서 반복적으로 나타나는 것을 의미하는 반면에 특질은 일관성 있는 행동이 대부분의 상황에서 반복적으로 나타난다.
③ 특질은 역동적이며 행동을 결정한다. 특질은 행동을 결정하거나 혹은 행동의 원인이 된다. 특질은 어떤 자극에 대한 반응으로 생기는 것이 아니다. 특질은 적절한 자극을 찾도록 개인을 동기화하고, 행동을 생성하기 위해 환경과 상호작용한다.
④ 특질은 경험적으로 증명될 수 있다. 반복적으로 개인의 행동을 관찰함으로써 특질의 존재에 대한 증거를 추론할 수 있다. 특질은 실제적이기 때문에 눈으로 보이지 않을지라도 그 존재와 본질을 입증하는 것이 가능하다.
⑤ 특질은 서로 관련되고 중복될 수 있다. 특질은 서로 다른 특성을 나타내지만 서로 밀접한 관계가 있다. 예를 들면, 공격성과 적의성은 분리된 특질이지만 서로 밀접하게 관련된다.
⑥ 특질은 상황에 따라 변한다. 개인은 어떤 상황에서는 청결의 특질이 나타날 수 있고 다른 상황에서는 그렇지 않을 수 있다.

(2) 특질의 유형

올포트는 두 가지 유형의 특질, 즉 개인 특질(individual traits)와 공통 특질(common traits)을 제안하였다. 개인 특질은 개인에게 독특한 것이며 그의 성격적 특성을 반영하는 것이며, 공통 특질은 동일한 문화에 속해 있는 사람들이 공통적으로 지니고 있으며, 사회적 규범과 가치에 따라 변하는 것이다. 올포트는 나중에 용어에 따른 혼란을 피하기 위하여 공통 특질은 그냥 특질로, 개인 특질은 개인 성향(personal dispositions)으로 다시 명명하였다. 개인성향에는 주 특질(cardinal traits), 중심 특질(central traits), 이차적 성향(secondary disposition)의 세 가지 유형이 있다(Allport, 1961).

① 주 특질

주 특질(cardinal traits)은 기본 특질이라고도 불리며, 개인의 생활 전반에 아주 광범위하게 퍼져 있어 개인의 생활 전반에 걸친 행동과 사고에 강력하게 영향을 미치는 성향을 가리킨다. 눈만 뜨면 재산을 모으려고 한다든지, 권력을 잡으려고 애를 쓰는 성향 등을 말한다.

② 중심 특질

중심 특질(central traits)는 주 특질보다 행동에 미치는 영향력은 적지만 모든 행동에 일관성 있게 나타나는 성향을 말한다. 예를 들어, 어떤 사람이 사람의 특성을 시간을 잘 지키고, 사리가 분명하며 믿을 수 있다고 기술하였다면 이는 중심 특질에 해당된다. 중심 특질은 우리가 누군가의 자세한 추천서를 쓸 때 언급하는 개인 특성으로, 올포트는 각자 대략 5~10개의 중심 특질을 보유하고 있다고 한다.

③ 이차적 성향

이차적 성향(secondary dispositions)은 중심 특질보다는 덜 현저하고, 덜 일반적이며, 덜 일관된 성향을 가리킨다. 특정 대상에 대한 태도(예: 일본인에 대한 태도), 음식에 대한 기호, 특정 상황에서의 행동경향성 등이 여기에 속하는 예들이다.

올포트는 특질이 상황의 특성과 관계없이 모든 상황에서 발현되는 것은 아니라고 하였다. 즉, 특질은 개인이 일반적으로 많은 상황에 걸쳐 보여 주는 모습을 나타내는 것이지 모든 상황에 필연적으로 나타나는 모습을 뜻하지 않는다. 올포트에 따르면 인간의 행동을 이해하기 위해서는 특질 개념과 상황 개념이 모두 필요하다.

(3) 기능적 자율성

올포트는 안정적인 특질을 연구했을 뿐만 아니라 동기적 과정 또한 분석했다. 올포트는 인간 동기의 기능적 자율성(functional autonomy)을 강조하였다. 기능적 자율성이란 성숙하고 정신적으로 건강한 성인의 동기는 본래 그러한 동기가 나타났던 과거 경험과 기능적으로 관련이 없다는 것을 의미한다. 즉 현재의 동기는 애초에 가졌던 동기와는 무관하게 자율적인 기능을 가지고 있다는 것이다. 다시 말하면 과거는 과거일 뿐 인간은 과거와는 관련이 없는 새로운 현재의 동기를 만들어 낸다는 것이다. 그리고 그는 어떤 행동이 처음에는 어떤 이유가 있어서 일어났다 하더라도 나중에는 행동 그 자체가 목적이 될 수 있으며, 행동을 일으켰던 최초의 이유가 사라져도 그 행동은 계속될 수 있다고 하였다. 예를 들어 우월성을 추구하는 행동이 부모 또는 다른 어린들에게 인정받고 싶은 욕구에서 동기화되는 것이라 하더라도 이러한 행동은 그 자체로 가치 있는 목적으로 변화될 수 있으며, 타인이 이를 강조하는지 여부와 관계없이 추구될 수 있다.

(4) 고유자아(proprium)

올포트는 성격의 구조를 다양한 특질로 구성된 '고유자아(proprium)'로 설명하고 있다. 고유자아란 한 개인이 자신을 지칭하는 용어로서, '주관적 경험을 통하여 인식되는 나(the me as felt and know)'를 의미한다. 그는 고유자아란 특질에 통일성, 일관성 및 통합성을 포함하여 일정한 형태의 질서나 법칙을 부여한 것이며, 고유자아에는 한 개인의 성격을 통합하는 기능이 있다고 하였다. 즉, 고유자아는 각 개인에게 있는 특질을 통합하여 하나의 성격을 이루게 하는 주체적인 역할을 한다는 것이다. 고유자아는 태도, 목표 및 가치를 특징짓는 일관성의 토대가 되며, 생득적인 것이 아니고 출생 후 부모와의 상호작용을 통해 생겨나고 연령이 증가함에 따라 발달한다고 보았다.

4) 성격 형성 과정

올포트는 성격이 연속적인 발달선상에 있는 것이 아니라 비연속적이라고 주장하였다. 즉, 출생 후 청소년기까지의 성격과 성인의 성격은 전혀 다르다는 것이다. 올포트는 프로이트와는 달리 초기 유아기의 경험이 성격 발달에 그리 큰 영향을 주지 않으며, 고유자아(proprium)의 성장에 따라 성격 발달이 이루어진다고 주장하였다. 그는 고유자아가 8단계로 발달한다고 설명하였다(Allport, 1961). 올포트는 고유자아의 여러 측면들이 발달 단계에 따라 다르게 나타날 수도 있지만, 각기 독립적으로 기능하지 않고 특정 상황에서 전체로 통합되어 동시에 기능할 수 있다고 보았다. 8단계의 고유자아의 발달을 살펴보면 다음과 같다.

① 1단계: 신체적 자기(bodily self), 출생~15개월

이 단계는 아이가 자신의 존재를 인식하고 자신의 신체와 환경에 있는 대상을 구별하는 시기이다. 이 시기에 고유자아가 형성되기 시작하며, 아이는 신체적인 느낌을 통하여 자신의 존재를 인식하기 시작하며, 자신과 환경을 구분하기 시작한다.

② 2단계: 자기정체성(self-identity), 15~24개월

이 단계는 아이가 정체감의 연속성을 느끼는 시기이다. 아이는 많은 변화에도 불구하고 자신이 같은 사람이라는 것을 깨달음으로써 자기정체성을 갖게 된다. 이러한 자기정체성은 아이가 자신의 이름을 알게 되고 자신은 다른 사람들과 구별되는 존재라는 것을 인식하게 만든다. 올포트는 자신에 대한 정체감이 한 번에 확고해지지는 않는다고 보았다.

③ 3단계: 자기존중감(self-esteem), 24개월~4세

이 단계는 아이가 자기의 성취에 대해 자랑스러워하며 자존감을 느끼는 시기이다. 이 시기는 호기심을 탐구하는 중요한 시기이므로 아이가 대상을 탐구하

고, 조작할 수 있는 환경을 만들어 줘야 한다. 이 시기에 부모가 아이의 탐구 욕구를 좌절시키면 자기존중감의 형성이 위협받는다.

④ 4단계: 자기확장(self-extension), 4~5세

이 단계는 아이가 주변에 있는 대상과 사람들이 자신이 속한 세계의 일부라는 것을 깨닫는 시기다. 자신의 것이라는 인식이 강해지면 자신이 소유하는 물건까지 자신이라고 확장하게 된다. 예를 들면, 아이는 '나의 집' '나의 부모' '나의 학교' 등을 말하기 시작한다.

⑤ 5단계: 자기상(self-image), 5~6세

이 단계는 아이가 자신에 대해 실제적이며 이상화된 이미지를 발달시키며 자신의 행동이 부모의 기대를 만족시키는지 여부를 인식할 수 있는 시기다. 이 시기에는 부모와의 상호작용을 통해 실제적이고 이상적인 자아상이 발달된다.

⑥ 6단계: 합리적 적응체로서의 자기(self as a rational-coper), 6~12세

이 단계는 초등학교에 다니는 시기로서, 일상적인 문제를 해결하는 데에 이성과 논리를 적용하는 시기다. 이 시기동안 아이는 자신의 합리적이고 논리적인 능력을 문제 해결에 적용할 수 있다는 것을 깨닫는다.

⑦ 7단계: 고유자기 추구(propriate striving), 12세 이상~성인기

이 단계는 청소년기에 해당되는 시기로서, 인생의 장기 목표 및 계획을 형성하는 시기다. 청소년기에 있는 아이들은 미래 목표와 그것을 실현하기 위한 계획을 구체적으로 세우기 시작한다.

⑧ 8단계: 인식하는 자기(self as a knower), 성인기 이상

이 단계는 성인기에 해당되는 시기로서, 고유자아의 모든 측면을 전체로 통합할 수 있게 된다.

5) 건강한 성격과 병리적 성격

올포트는 정상적인 사람들과 신경증 혹은 정신증 환자들은 서로 매우 다르다고 보았다 그는 인본주의 영향을 받아 병적인 것과 결함보다는 능력과 성장에 초점을 맞추었다. 올포트에게 있어 심리적 건강이란 자기존중과 능력에서 나오는 것이지 단지 신경증적인 문제들이 없는 상대를 일컫는 것이 아니었다.

옐리와 지글러(Hjelle & Ziegler, 1981)는 심리적 성숙에 대한 올포트의 여섯 가지 준거를 다음과 같이 요약하였다.

① 자기감의 확장

성숙한 인간은 넓게 확장된 자기의식을 지닌다. 자기감이 확장된 사람은 다양한 활동이나 사람 또는 이념에 관심을 갖게 되고, 적극적으로 참여하면서 심리적으로 건강해진다.

② 타인과의 따뜻한 관계

성숙한 사람은 친밀감, 애정, 인내를 보이면서 타인과 관계한다. 이는 친밀 능력과 동정으로 살펴볼 수 있는데, 친밀 능력은 무조건적이며 구속하지 않는 것이다. 동정은 다른 사람의 행동에 아량을 베풀며 비난하지도 저주하지도 않는다.

③ 정서적 안정감

정서적 안전 혹은 자기수용은 성숙한 인격의 또 다른 특징이다. 균형 잡힌 인간은 근본적으로 긍정적인 자아상을 가지고 있으므로, 자신의 결점뿐 아니라 좌절스럽거나 화가 나는 사건들도 내적으로 비참해지거나 적개심을 느끼지 않고도 용인할 수 있다.

④ 현실적 지각, 개인적 기술 개발과 과업

성숙한 사람은 사물을 자기가 소원하는 대로가 아니라 있는 그대로 본다. 일의 중요성과 일에 몰두할 필요성을 알고 자기의 기술을 일에 발휘한다.

⑤ 유머 감각과 자기객관화

성숙한 사람은 통찰과 유머가 있다. 성숙한 사람은 현실적인 자아상을 가지고 있으므로 자신의 약점이나 다른 사람의 결점에 집착하지 않는다. 또한 유머 감각을 가지고 있기에 스스로 즐길 줄 안다. 통찰과 유머 감각은 자신을 객관적으로 볼 수 있도록 해준다.

⑥ 통합된 삶의 철학

성숙한 사람은 조화의 생활철학을 가지고 있다. 성숙한 사람들은 자신의 삶에서 의미를 찾는 분명하고 일관적이고 체계적인 방식을 가지고 있다.

6) 평가

(1) 공헌

① 성격에서 전인적인 개인 강조

올포트는 개성과 독특성을 강조한 최초의 성격심리학자였다. 올포트는 사람들을 서로 비교하는 것보다 개인에게 독특한 특질과 특질의 개인 패턴을 아는 것이 더 중요하다고 보았다. 그리하여 올포트는 법칙정립적 접근(nomothetic approach)보다 개별사례적(idiographic approach) 접근을 더 강조하였다. 올포트에게 있어 성격에 합당한 이론이란 개인의 고유성을 포착할 수 있는 것이어야 했다. 그가 사용한 개별사례적 접근법은 법칙정립적 접근법을 강조하는 심리학과 사례 연구를 강조하는 임상심리학을 연결하는 다리 역할을 하였다.

② 인본주의 관점에서 특질 연구

올포트는 인간을 인본주의적인 입장에서 긍정적으로 바라보았다. 그는 각 개인이 가지고 있는 개성과 독특성을 인정하였으며, 인간이란 잠재력을 가지고 끊임없이 성장과 변화를 추구하는 존재로 이해하였다. 그리하여 올포트는 고유자아와 기능적 자율성을 강조하였다. 올포트는 인간이 무의식적인 과정에 의해 움직이는 존재가 아니고 합리적인 존재라는 것을 입증하기 위해 병리적인 사람보다 건강한 사람을 대상으로 연구하였다.

(2) 비판

① 특질의 비가시성

올포트는 특질이 성격에서 핵심적인 역할을 할 뿐만 아니라 실재한다고 믿었다. 그러나 특질이 뇌 혹은 신체의 어느 부분에 어떻게 존재하는지 분명한 증거를 제시하지 못하였다. 또한 올포트는 개인이 가지고 있는 특질이 행동으로 표현된다고 보았지만 내면적인 특질이 외현적인 행동으로 나타나는 과정에 대한 설명이 명확하지 않다.

② 개념의 모호성

올포트가 제시한 주요 개념들은 정의가 명확하지 않다. 그는 고유자아나 기능적 자율성의 정의와 내용을 명확하게 제시하지 못하였다. 또한 동기가 어떻게 기능적 자율성을 획득하는지를 설명하지 못하였다. 또한 올포트는 개인이 독특한 특질 관련 행동 양상을 보이며 특질은 상황의 영향과 상호작용을 한다고 하였지만 이러한 내용을 설명할 수 있는 자세한 과정은 보여주지 못하였다.

③ 일반화의 한계

올포트는 개인의 독특성을 지나치게 강조하였기 때문에 그의 연구에서 나타난 결과를 일반화하기에는 한계가 있다. 그의 연구는 개인의 개성과 독특성을 강좌는 데 초점을 두어 사례개별적인 접근을 주로 하였다. 개인은 모두 다 다른 특질을 가지고 있고, 사례마다 다른 결과를 보여 주어서 다양한 사람에게 보편적으로 적용하기에는 한계가 있기 때문이다.

2. 커텔의 특질이론

성격 특질에 관한 실증적 연구를 본격적으로 시작한 심리학자는 레이먼드 커텔(Raymond B. Cattell)이다. 커텔은 요인분석(factor analysis)이라는 통계적 기법을 사용하여 특질을 찾아내고 이를 측정할 수 있는 성격검사를 제작하였으며 특질의 형성에 유전과 환경이 미치는 영향을 밝히고자 하였다.

커텔에 따르면, 특질은 성격의 정신적 구성 요소이며, 행동의 규칙성 또는 일관성을 설명하는 근본적인 구성개념이다. 커텔은 다른 사람의 특질을 알게 된다면 그 사람이 특정 상황에서 어떻게 행동하게 될지를 예언할 수 있다고 보았다. 따라서 커텔은 한 개인을 온전히 이해하기 위해서는 그 사람을 독특한 한 개인으로서 정의할 수 있는 특질의 전반적인 패턴을 정확한 용어를 사용하여 기술할 수 있어야 한다고 보았다.

커텔은 '정상인'을 대상으로 성격을 연구하였다. 그는 성격이 무엇인지를 구체적으로 이해하지 못한 채 성격을 변화시킨다는 것은 불가능할 뿐더러 어리석은 생각이라고 보았다. 그리하여 커텔의 성격 연구는 각 피험자에 대한 광범위한 행동의 관찰과 여러 종류의 자료들에 바탕을 둔 엄밀하게 과학적인 방식에 근거하였다(Horn, 2001).

커텔의 접근 방식에서 보다 두드러진 점은 수집된 자료들을 처리하는 방식이었다. 그는 요인분석이라는 통계적 절차를 통해 일군의 사람들로부터 얻어진 자료들 간에 공통된 요인이 포함되어 있는지를 평가하였고 이러한 요인들을 특질이라고 불렀다. 올포트가 개인의 독특성에 초점을 두고 사례연구를 통해 개별사례적 접근(idiographic approach)을 선호한 반면에 커텔은 보편성에 초점을 두고 요인분석을 통하여 특질을 범주화하는 법칙정립적 접근(nomothetic approach)을 했다.

1) 커텔의 생애

커텔

커텔(1905~1998)은 영국 스태퍼드셔(Staffordshire)에서 출생하여 행복한 아동기를 보냈다. 커텔이 9세였을 때 제1차 세계대전이 일어났으며 그것은 그에게 큰 영향을 주었다. 그는 전쟁으로 인해 죽거나 부상당한 군인들을 목격하고 인생의 덧없음을 자각하였다. 16세였을 때 물리학과 화학을 공부하기 위해 런던 대학교에 입학하여 3년 후에 졸업하였다. 런던에 있는 동안 사회문제에 대한 그의 관심은 증폭되어 1924년에는 물리학보다 인간의 정신을 연구하는 심리학을 공부하기로 결심하였다. 커텔은 런던 대학교에서 대학원 과정을 시작하였으며, 거기서 요인분석 기법을 개발하였으며 지능의 이요인설로 유명한 스피어먼(Charles E. Spearman)의 영향을 받았다.

커텔은 1929년에 박사학위를 취득한 이후 스피어먼이 정신 능력을 측정하기 위해 사용했던 요인분석을 성격 구조에 적용하기로 결심하였다. 커텔은 미국의 저명한 심리학자로서 도구적 학습 이론가인 손다이크(Edward L. Thorndike)의 컬럼비아 대학교 실험실에서 일하였다. 커텔은 1939년에 클라크 대학교의 교수가 되었으며, 1941년에는 하버드 대학교로 옮겼고, 40세가 되던 1945년에는 일리노이 대학교에 정착하였다. 커텔은 200편 이상의 논문을 출판하고, 15권의 책을 썼다. 커텔은 20세기 가장 영향력 있는 심리과학자 중의 1명으로 우뚝 서 있다.

2) 성격 정의

커텔의 성격 이론은 '구성에 근거한 체계 이론(structure-based systems theory)'이다. 이 이론은 성격을 환경과 관계하는 체계로 보고, 인간의 변화와 성장을 생성하는 체계와 환경 간의 복잡한 교류를 설명하고자 한다. 커텔은 성격을 "개인이 어떤 환경에 주어졌을 때 그가 무엇을 할 것인가를 말해 주는 것"(Cattell, 1965, pp.117-118)이라고 정의하였다. 그는 성격에 대한 견해를 수학적 공식으로 다음과 같이 표현하였다.

$$R = f(P, S)$$

위 공식에서 R은 개인의 행동 혹은 반응(response or reaction)을, P는 성격(personality)을, 그리고 S는 주어진 상황 혹은 자극(situation or stimulus)을 나타낸다. 다시 말하자면, 위의 공식은 '반응=f(성격, 상황)'으로, 개인의 행동 반응이 그의 성격과 주어진 상황에 의해 결정되는 함수관계에 있음을 보여 준다. 대부분의 특질 이론가들은 행동에 영향을 주는 상황의 역할을 강조하지 않았지만, 커텔은 상황이 성격 특질과 결합하여 행동에 영향을 주는 방식을 설명하려고 하였다. 커텔은 상황의 영향을 설명하기 위해 상황을 분류하고 개인에게 미치는 상황의 영향을 평가하기 위한 모델을 구성하였다.

3) 주요 개념

(1) 특질 정의

특질은 개인이 갖는 상당히 지속적인 반응 경향성이며, 커텔의 성격 구조의 기본 단위를 형성한다. 따라서 개인의 성격은 특질의 패턴으로 설명될 수 있다. 올포트는 특질을 개인 내에 실재하는 것으로 본 반면, 커텔은 특질을 행동의 객관적 관찰에서 추론되는 가설적 혹은 상상적 구성개념으로 보았다. 즉 특질은 행동으로부터 추론된 정신구조이며, 행동의 규칙성 또는 일관성을 설명하는 근본적인 구성개념으로 보았다(Mischel, Shoda, & Smith, 2004).

(2) 특질 종류

커텔은 특질을 다양한 유형으로 구분하여 제시하였다. 먼저, 보편성을 기준으로 공통 특질과 개별 특질로 나누었다. 다음으로 안정성과 영속성을 기준으로 원천 특질과 표면 특질로 나누었다. 마지막으로 지 · 정 · 의 삼분법에 근거하여 능력 특질, 기질 특질, 역동적 특질로 나누었다(김완일, 김옥란, 2015). 각 특질의 유형을 구체적으로 살펴보면 다음과 같다.

① 공통 특질과 개별 특질

공통 특질(common traits)은 모든 사람에게서 나타날 수 있는 보편적인 특질을 의미한다. 공통 특질은 인간은 사회 환경의 영향을 받기 때문에 특정 사회 환경에서 살아가는 사람에게서 나타나는 공통된 특질을 의미한다. 개별 특질(unique traits)은 대다수의 사람과 공유하지 않고 한 개인이나 소수에게만 나타나는 특질로서, 개인의 차이가 반영되기 때문에 다른 사람과의 구별을 가능하게 특질이다.

② 표면 특질과 근원 특질

표면 특질(surface traits)은 제3자에 의해서 관찰될 수 있는 외현적 또는 행동적 반응들의 군집을 의미하며, 조급함, 부지런함, 변덕스러움 등이 이에 속한다. 표면 특질은 몇 가지의 원천 특질 혹은 행동 요소로 구성된 성격 특성으로 안정적이거나 지속적이지 못하다. 커텔은 다양한 행동적 반응에 대한 요인분석을 통해서 46개의 표면 특질을 발견하였다.

근원 특질(source traits)은 외현적인 행동을 유발하는 내면적인 성격 특성을 뜻한다. 외현적인 행동의 공통성을 반영하는 표면 특질과는 달리, 근원 특질은 성격의 핵심을 구성하는 내면적인 구조를 의미한다. 여러 개의 표면 특질로부터 하나의 근원 특질이 도출될 수 있다. 근원 특질은 표면 특질에 비해 훨씬 안정적이며 영속적이다. 커텔은 요인분석 기법을 통해 16개의 근원 특질을 규명하였다. 요인분석 과정에서 드러난 근원 특질은 커텔 성격이론의 핵심적인 성격 구조이다.

③ 능력 특질, 기질 특질, 역동적 특질

커텔은 16개의 근원 특질을 능력 특질, 기질 특질, 역동적 특질의 세 가지 범주로 묶었다. 능력 특질(ability traits)은 개인이 효과적으로 기능하게 해 주는 기술과 능력이다. 능력 특질의 대표적인 예로 지능을 들 수 있다. 기질 특질(temperament traits)는 한 개인의 정서의 수준과 행동 스타일을 결정하는 것으로, 개인이 환경적인 자극에 얼마나 빠르게 적극적으로 그리고 정서적으로 반응하는지를 알 수 있게 해준다. 역동적 특질(dynamic traits)은 개인의 행동을 유발하는 근원적인 추진력을 의미하는 것으로서 동기, 흥미, 야망 등을 포함한다. 동기화 수준의 차이를 보이는 개인들은 바로 역동적 특질에서 차이를 보이는 것이다. 능력 특질, 기질 특질, 역동적 특질은 성격의 주요하고 안정적인 요소를 잘 포착하는 것으로 보이다.

(2) 성격 평가 기법

커텔은 성격을 객관적으로 측정하기 위하여 세 가지 주요한 평가 기법을 사용하였다. 그것은 생활기록법(life records), 질문지법(questionnaires), 검사법(tests)으로서, 영어의 첫 글자를 따서 세 가지 평가 기법을 L-data, Q-data, T-data라고 부른다(Cattell, 1957; Winter & Barenbaum, 1999).

① L-자료

L-자료(L-data) 기법은 생활기록법으로, 교실이나 사무실과 같은 현실 생활 상황에서 피험자가 보이는 구체적인 행동에 대해 관찰자가 평가하는 것을 말한다. 예를 들어, 관찰자는 결석 빈도, 학업 성적, 교실에서의 사교성 등을 기록할 수 있다. L-data는 심리학 실험실보다는 오히려 자연적 상황에서 일어나는 행동을 관찰자가 관찰할 수 있다는 점에서 중요하다.

② Q-자료

Q-자료(Q-data) 기법은 질문지법으로, 질문지를 통한 자기평정을 말한다. L-data 기법이 피험자를 평가하기 위해 관찰자가 필요한 반면에 Q-data는 피험자로 하여금 자신을 스스로 평가하게 된다. 피험자로부터 Q-data를 얻기 위해 태도, 흥미, 의견을 측정하는 척도와 같은 표준화된 자기보고식 성격검사 질

문지가 사용된다. 피험자의 어떤 행동이 조사되느냐에 따라 면담이 사용될 수도 있다.

③ T-자료

T-자료(T-data) 기법은 검사법을 피험자가 행동의 어떤 측면이 평가되고 있는지 알지 못하면서 반응하는 검사법이다. 일명 투사검사라고도 불리며, 로르샤흐검사, 주제통각검사, 단어연상검사 등이 이에 해당된다. 피험자가 자신이 받는 검사가 무엇을 알아내려고 하는지를 추측할 수 없다면, 방어가 어려워 반응을 왜곡할 수 없다는 장점이 있다.

비록 세 가지 방법을 각각 언급하기는 하였지만, 올포트는 한 개인을 정확하게 파악할 수 있는 방법은 세 가지 방법을 병행하는 것이라고 하였다. 예를 들어, 항공사에서 예비 조종사를 선발할 때에는 대학성적증명서(L-data), 지능검사・성격검사(Q-data), 비행 시뮬레이션(T-data) 등의 방법을 결합한다.

(3) 16가지 성격 요인

커텔은 많은 사람들의 생애기록(L-data), 자기평정(Q-data), 투사 심리검사(T-data)를 통해 수집된 자료를 요인분석하여 16개의 근원 특질을 추출했다. 이렇게 도출된 근원 특질을 성격요인(personality factors)이라고 지칭하고 이를 측정할 수 있는 16 Personality Factor Questionnaire를 개발했다. 이 특질들은 한 개인의 행동을 조절하는 것으로 간주되며, 요인 A로 시작하여 요인 Q —온정성(warmth, 요인 A), 사고능력(reasoning ability, 요인 B), 정서적 안정성(emotinal stability, 요인 C), 지배성(dominance, 요인 E), 정열성(liveliness, 요인 F), 도덕성(rule consciousness, 요인 G), 사회적 대담성(social boldness, 요인 H), 민감성(sensitivity, 요인 I), 경계성(vigilance, 요인 L), 추상성(abstractedness, 요인 M), 은폐성(privateness, 요인 N), 불안(apprehension, 요인 O), 변화에 대한 개방성(openness to change, 요인 Q1), 자기 신뢰(self-reliance, 요인 Q2), 완벽주의

(perfectionism, Q3), 긴장(tension, Q4)—로 끝난다.

표 10-1 커텔의 16가지 성격 요인

낮은 점수	요인	높은 점수
내성적인(reserved)	A	외향적인(outgoing)
덜 지적인(less intelligent)	B	더 지적인(more intelligent)
안정적인(stable)	C	안정된(emotionality)
겸손한(humble)	E	주장이 강한(assertive)
근실한(sober)	F	태평스러운(happy-go-lucky)
편의주의적인(expedient)	G	진지한(conscientious)
수줍은(shy)	H	대담한(venturesome)
마음이 강한(tough-minded)	I	마음이 약한(tender-minded)
잘 믿는(trusting)	L	의심이 많은(suspicious)
실제적인(practical)	M	상상력이 풍부한(imaginative)
솔직한(forthright)	N	약삭빠른(shrewd)
차분한(placid)	O	걱정이 많은(apprhensive)
보수적인(conservative)	Q1	실험적인(experimenting)
집단 의존적인(group-dependent)	Q2	자기 충족적인(self-sufficient)
제멋대로인(undisciplined)	Q3	통제된(controlled)
이완된(relaxed)	Q4	긴장된(tense)

4) 성격 형성과정

커텔은 인생 전반에 걸친 성격 발달을 여섯 단계로 구분하였다. 커텔은 시간에 따른 특질 발달과정을 탐색한 결과, 동일한 특질요인들이 아동기, 청소년기 그리고 성인기에 걸쳐 발견되며, 나이가 들수록 특질이 상당한 정도로 안정된다는 증거를 발견하였다. 각 단계의 중요한 성격 발달의 내용은 다음과 같다(노안영, 강영신, 2003).

(1) 유아기

유아기(infancy)는 출생부터 6세까지로 주요한 성격 형성이 이루어지는 기간이다. 이 단계의 주요 발달 내용은 이유, 대변훈련, 자아, 초자아, 그리고 사회적 태도의 형성이다. 아이는 주로 부모와 형제에 의해 영향을 받는다.

(2) 아동기

아동기(childhood)는 6~14세로 이 시기에는 심리적 문제가 거의 없다. 주요 성격 발달 내용은 부모로부터 독립하려는 경향과 또래와의 동일시다.

(3) 청소년기

청소년기(adolescence)는 14~23세로 아동기보다 훨씬 많은 문제와 스트레스를 겪는다. 이 시기에는 독립성, 성(sex), 자기표현 등에 대한 갈등을 겪거나, 정서적 장애와 일탈 행동이 발생하기도 한다.

(4) 성인기

성인기는 23~50세이며 일반적으로 직업, 결혼, 가족 등과 관련된 일이 수행되는 만족스럽고 생산적인 시기다. 성격은 이전 단계와 비교해 볼 때 더 안정적이고 정서적 안정성이 증가한다. 이 시기에 흥미와 태도의 변화는 거의 일어나지 않는다.

(5) 성인후기

성인후기는 50~65세로 신체적 · 심리적 · 사회적 변화에 대한 반응으로 성격의 변화가 일어난다. 건강과 열정은 50세 이후에 신체적 매력에 대한 관심의 감소와 더불어 줄어들 수 있다. 이 시기에 사람들은 자신의 가치를 재검토하고 새로운 자기를 찾는다.

(6) 노년기

노년기는 65세 이후의 시기로 주요 발달 내용은 여러 종류의 상실에 대한 적응이다. 이 시기에는 배우자, 친척, 친구의 죽음, 은퇴로 인한 직업 상실, 젊음을 숭상하는 문화에서 지위의 상실, 그리고 엄습하는 고독과 불안을 경험하면서 인생을 정리한다.

5) 건강한 성격과 병리적 성격

커텔은 정신병리가 발생하는 이유를 다음 두 가지로 설명하였다. 먼저, 정상적인 성격 특질이 비정상적인 불균형을 이룬 결과 정신병리가 발생한다고 보았다. 예를 들어, 16가지 성격 요인 중에서 요인 A(온정성)에서 높은 점수를 받은 경우 조울증 장애로 진단받을 가능성이 높다.

다음으로 정상적인 사람들이 가지고 있지 않은 비정상적인 성격 특질을 소유하였기 때문에 정신병리가 발생한다고 보았다. 커텔은 다양한 신경증과 정신병을 설명하는 데 필요한 열두 가지 비정상적인 요인들을 밝혔다. 이 과정에서 커텔은 비정상적인 특질을 소유하고 있는지 파악할 수 있는 임상분석질문지(Clinical Analysis Questionnaire)를 개발하였다. 커텔이 발견한 12가지 비정상적인 성격 특질은 건강염려증, 자살혐오, 욕구불만, 불안, 우울, 죄책감, 절망감, 편집증, 정신분열병, 신경쇠약, 일반적인 정신병, 신경증 등이다. 이 중 8가지는 우울 특질이며, 나머지 4가지는 심각한 정신병적 특질이다. 예를 들어, 건강염려증에서 높은 점수를 받은 사람들은 건강을 위협하는 질환에 걸릴 가능성에 대해 과도하게 걱정한다.

반면 이 척도에서 점수가 낮은 이들은 질병에 대한 예기 불안이 높지 않은 것으로 나타났다. 자살혐오 점수가 높은 사람들은 삶과 자살에 대해 심한 혐오감을 가진다. 죽음을 수용하며 주어진 삶에 만족하며 사는 이들과 대조된다. 우울, 불안에서 점수가 높은 사람들은 수면장애를 가지고 있으며, 쉽게 화를 내는 반면에, 점수가 낮은 사람들은 평온, 침착, 자신감을 보인다. 죄책감 점수가 높은 사람은 잘못되는 모든 것에 대해 자신을 탓하는 것으로 특징지어지는 반면, 낮은 사람은 그런 감정들에 의해 괴로워하지 않는다. 커텔은 개인마다 낮은 점수에서부터 중간, 높은 점수까지 획득 가능하다고 보았다.

6) 평가

(1) 공헌

① 과학자로서의 커텔

커텔의 주요 강점 중의 하나는 성격의 본질을 객관적으로 연구하려 했다는 점이다. 커텔은 성격의 구조적 본질을 결정하거나, 행동을 예언하는 가장 최고의 방법은 주관적이고 관념적인 이론이 아니라 요인분석과 같은 양적인 방법을 사용하는 경험적인 연구에 바탕을 두어야 한다고 생각하였다. 특히 커텔은 내부 갈등과 특성 강도와 같은 난해한 문제들을 정량화함으로써 심리학을 더 과학적인 학문으로 만들었다.

② 특질의 결정인자로서 유전과 환경 강조

커텔은 특질의 결정 인자를 연구하기 위해 상이한 특질 발달에 유전과 환경이 어느 정도 영향을 미치는지 확인하는 방법을 개발하였다. 유전과 환경의 상대적 영향은 매우 다르지만 전체 성격의 2/3는 환경에 의해, 1/3은 유전에 의해 결정되는 것으로 추정하였다(Hundleby, Pawlik, & Cattell, 1965). 요즘 행동유전학으로 알려져 있는 이 영역의 연구는 커텔의 연구 이후에 상당히 발전되었다.

③ 성격의 안정성과 역동성 강조

커텔은 개인을 모든 상황에서 동일하게 행동하는 정적인 실체로 보지 않았다. 그는 한 개인이 어느 한 시점에서 어떻게 행동하느냐는 여러 가지 동기적 요인과 상황적 요인에 달려 있다고 인식하였다.

(2) 비판

① 너무 기계적이라는 한계

커텔이 자신의 특성 이론을 발전시키기 위하여 사용한 요인분석은 다소 복잡하며 기계적이기 때문에 일반 대중으로부터는 관심을 끌지 못하였다. 즉, 그를 '과학자'로 만든 그 방법이 동시에 그를 지나치게 '기계적인 사람'이라는 비판을 받게 만들었다.

② 지나친 일반화로 인간의 개성과 독특성 간과

커텔은 인간이 지닌 보편적인 성격 특성을 발견하는 데 초점을 두다 보니 한 인간의 개성과 독특성을 잃어버릴 개연성을 만들었다. 커텔은 행동을 예견할 수 있는 과학적인 접근방법의 토대를 만들고자 하였다. 이를 위해 커텔은 대규모 집단 연구를 종종 실시하였다. 이러한 접근방법은 '평균값을 가진 인간'을 만들기에 이르렀고, 결국 개인의 개성과 독특성을 등한시하게 만들었다는 비판을 받고 있다.

③ 성격 작동 기제를 밝히지 못함

커텔은 성격이 작동하는 기제를 밝히지 못했다는 비판을 받고 있다. 성격이 어떻게 작용하는지, 성격이 행동에 어떻게 영향을 주는지, 그리고 사람들이 어떻게 해서 특질에서 행동으로 옮겨가는지 등에 대해 설명하지 못했다는 비판을 받고 있다.

3. 아이젱크의 3요인 이론

영국의 심리학자인 한스 위르겐 아이젱크(Hans Jurgen Eysenck)도 커텔과 마찬가지로 성격의 기본 차원들을 발견하기 위하여 요인분석을 사용하였다. 그러나 아이젱크는 다음과 같은 점에서 커텔과 차이를 보였다(민경환, 2002). 첫째,

커텔이 성격요인을 발견하기 위하여 요인분석에 전적으로 의존한 것과 달리, 아이젱크는 가설로부터 출발하고 가설을 확인하는 수단으로 요인분석을 활용하였다. 둘째, 아이젱크는 커텔의 특질보다 하나 위의 수준인 유형(type)을 성격의 기본 차원으로 간주하였다. 커텔의 특질이 16개로 이루어진 반면에 아이젱크의 유형은 2~3개로 구성된다. 아이젱크의 유형은 배타적인 범주가 아니라 연속적인 차원의 성격을 갖고 있어서 좀 더 범위가 넓고 수가 적은 특질로 간주된다. 셋째, 아이젱크는 특질에서의 개인차를 생물학적 기능에서의 차이와 연결지으려는 시도를 하였다. 이는 특질을 신경정신적 기반을 가진 실체로 파악한 올포트의 입장을 경험적으로 뒷받침하는 것이다.

1) 아이젱크의 생애

아이젱크

아이젱크(1916~1997)는 독일 베를린에서 태어나 히틀러가 집권한 이후인 1934년에 영국으로 이주하였다. 아이젱크는 당대의 발전된 요인분석 기법을 연구에 활용하였으며, 동시에 융(Jung)의 유형론적 사고, 버트(Burt)의 유전에 관한 연구, 파블로프(Pavlov)의 고전적 조건형성에 관한 연구, 헐(Hull)의 학습 이론 등의 영향을 광범위하게 수용해서 연구에 반영하였다. 그의 연구는 정상집단과 병리집단을 모두 포함하고 있지만 연구의 대부분은 영국 Maudsley Hospital의 정신의학연구소에서 이루어졌다.

아이젱크는 영국의 밀힐 응급병원에서 연구직으로 일하면서 히스테리의 피암시성에 대해 연구하였고, 정동정신장애(affective mental disorders)에서의 귀밑샘 분비, 신경증, 기억력 검사, 지능에서의 동기의 영향에 관한 주제를 연구하였다. 또한 환자의 증상 자료를 요인분석하면서 신경증 성향(neuroticism)과 외향성(extraversion)-내향성(introversion) 두 가지의 성격 요인이 있다는 이론을 도출을 하였다.

아이젱크는 에너지가 넘치는 생산적인 삶을 살았고, 가장 영향력 있는 20

세기 심리학자로 인용되고 있다. 아이젱크는 다작 집필가로서 80여권의 책과 1,000편의 연구논문을 발표하였다. 그는 성격특성, 기질, 성격의 생물학적 토대에 관한 연구를 다루는 국제학술저널지 『Personality and Individual Differences』를 창시하기도 하였다. 아이젱크는 죽기 직전까지 자신의 저서들을 개정하는 열정을 보였으며, 자신의 마지막 책인 『Intelligence: A New Look』(Eysenck, 1998)를 완성한 직후에 사망하였다.

2) 성격의 정의

아이젱크는 성격이란 환경에 대한 개인의 독특한 적응에 영향을 끼치는 인격(character), 기질(temperament), 지성(intelligence), 그리고 신체(physique) 요소들이 다소 안정되고 영속적으로 조직화된 것으로 정의하였다. 여기서 인격은 개인의 안정적이고 지속적인 의도적 행동 체계(의지, will)를, 기질은 안정적이고 지속적인 정서적 행동 체계(감정, emotion)를, 지성은 지능을, 신체는 안정적이고 지속적인 신체 형태와 타고난 신경내분비 구조를 의미한다(Eysenck, 1970).

3) 주요 개념

(1) 성격의 위계 모형

커텔의 성격모델은 너무 많은 수의 특질을 포함하고 있을 뿐만 아니라 위계적인 구조가 결여되어 있다는 비판을 받았다. 이에 반해 아이젱크는 좀 더 적은 수의 기본적인 성격 특질들에 초점을 맞추었으며, [그림 10-1]와 같이 네 수준의 위계구조를 지닌 성격모델을 제시하였다.

아이젱크의 유형론(typology)은 위계적으로 조직되고, 유형(type), 특질(trait), 습관(habit)으로 구성된다. 유형이 가장 추상적 수준이며, 그 다음으로 특성, 그리고 습관이 따른다. 세부적으로, 유형은 다양한 특질들 사이에서 관찰되는 상호작용들로부터 추론되며, 각 특질들은 상호 연관된 습관적 반응들로 추론된다. 습관적 반응은 구체적이고 관찰 가능한 반응들에 근거하여 도출되며, 이 습관들은 실제 상황에서 구체적인 반응을 관찰한 것에서 추론된다.

- 기저수준: 구체적인 반응(specific response) 수준. 실제로 관찰 가능한 행동들로 이루어진다.
- 제2수준: 습관적 반응(habitual responses) 수준. 습관적인 행동들로 이루어진다.
- 제3수준: 보편적인 특질(generalized traits) 수준. 상이한 습관적 행동들 간의 유의미한 상관으로 구성된다. 예를 들면 사교성이란 특질은 다른 사람과 수다를 즐기며 혼자 있으면 심심하고, 읽는 것보다 듣는 것을 선호하는 것으로 구성된다.
- 제4수준: 보편적 차원(general dimensions) 혹은 기본적인 유형(basic types) 수준. 특질들 간에 관찰된 상관으로 정의한다. 예를 들면 외향성이란 유형은 사교성, 활동성, 충동성, 활달함, 흥분성으로 구성된다.

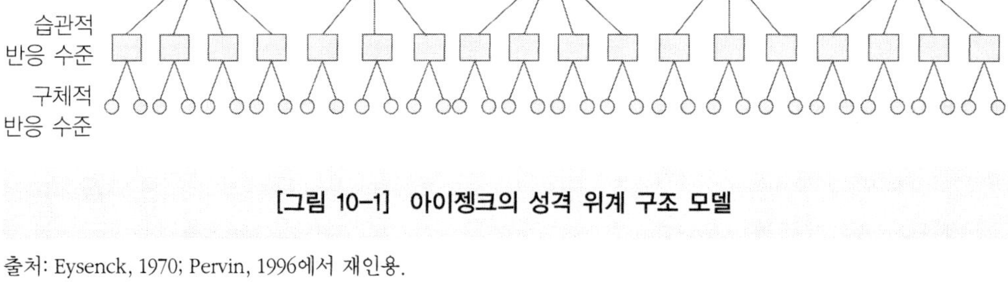

[그림 10-1] 아이젱크의 성격 위계 구조 모델

출처: Eysenck, 1970; Pervin, 1996에서 재인용.

(2) 성격의 세 차원

아이젱크는 전 세계의 각기 다른 피험자 집단으로부터 수집한 자료를 요인분석한 결과 성격이 세 개의 기본적인 성격 요인으로 구성되어 있다는 결론을 내렸다. 세 가지 성격 차원은 요인분석에서 나온 고차 요인들이므로 초요인(super factor) 또는 Big Three라 불리기도 한다. 내향성-외향성 차원(introversion-extraversion: E)이 제일 먼저 나왔고, 신경증적 성향(neuroticism: N), 정신병적 성향(psychoticism: P) 순으로 도입되었다. P, E, N은 세 가지 성격 유형을 지칭하는 약자이며, 이 세 약자를 모든 P-E-N은 성격의 세 가지 차원 모델을 일컫는다. 아이젱크는 이러한 세 가지 성격요인을 측정하기 위한 도구로서 EPQ(Eysenck Personality Questionnaire, Eysenck & Eysenck, 1975)을 개발했다.

표 10-2 아이젱크 성격검사에 있는 외향성, 신경증 성향, 정신병 성향 문항의 예

		예	아니요
1	당신은 항상 새로운 친구를 사귀는 데 주도적입니까?		
2	당신은 기분이 자주 변합니까?		
3	당신은 규칙에 따라 행동하기보다는 자기 방식으로 행동하기를 더 좋아합니까?		
4	당신은 다른 사람과 함께 있을 때 조용한 편입니까?		
5	당신은 쉽게 상처를 받습니까?		
6	당신은 사람들이 무슨 생각을 하는지 관심이 많습니까?		
7	당신은 지루한 파티에 쉽게 활력을 줄 수 있습니까?		
8	당신은 걱정과 근심이 많습니까?		
9	사람들이 당신을 무서워합니까?		

주: 이 문항들은 다음과 같이 채점된다. 외향성: 1번-예, 4번-아니요, 7번-예 / 신경증 성향: 2번-예, 5번-예, 8번-예 / 정신병 성향: 3번-예, 6번-아니요, 9번-예

출처: Eysenck & Eysenck(1975).

① 외향성

외향성(Extraversion: E)은 외향성-내향성 차원으로 불리며, 사회적 환경과 물리적 환경의 외적인 자극에 관심이 많은 사람들의 특징으로서 반대의 극단에는 내면적인 문제에 관심을 지니는 내향성이 존재한다. 외향적인 사람들은 사교적이며 파티를 좋아하며 친구가 많고 흥미진진한 것을 추구하며 순간의 기분에 따라 행동하는 경향이 있다. 외향성은 사교성, 활동성, 충동성, 생동감, 흥분성 등의 하위 특질들로 구성된다. 반대로 내향적인 사람들은 냉정하고, 수줍어하며, 수동적이고, 생각이 많으며, 절제되어 있다. 내향적인 사람들은 덜 사회적이고 더 조용하며, 큰 파티나 모임에서 구석을 선호하고, 조용하며, 눈에 잘 띄지 않는다. 혼자서 하는 직업을 더 선호하고, 다른 사람의 영향을 덜 받고, 외향적인 사람보다 덜 적극적이다.

② 신경증적 성향

신경증적 성향(Neuroticism: N)은 정서적 안정성 대 정서적 불안정성의 차원으로 불리며, 정서적으로 불안정한 성향을 의미한다. 신경증적 성향이 높은 사람들은 정서적으로 과민하여 불안, 우울, 분노와 같은 부정 정서를 자주 경험하며 정서적으로 변덕스럽고, 신체적 통증의 호소가 빈번하다. 신경증적 성향은 불안, 우울, 수줍음, 죄책감, 낮은 자존감 등의 하위 특질들로 구성된다. 반면에 정서적으로 안정된 사람들은 침착하고 마음이 안정되어 있으며 신뢰감을 주고 정서적 조절능력이 우수하다.

③ 정신병적 성향

정신병적 성향(Psychoticism: P)은 충동조절-정신병 차원으로 불리며, 빈약한 현실감과 무기력을 특징으로 나타내는 정신병의 취약성과, 타인의 권리를 존중하지 않는 반사회적 성향을 포함한다. 정신병질성이 높은 사람들은 공격적이며 차가우며 자기중심적이고 비정하며 반사회적이고 비관습적인 성향을 가진다. 정신병적 성향은 공격성, 공감의 결여, 대인관계에서의 냉담함, 반사회적 행동 경향성 등의 하위 특질로 구성된다.

4) 성격 특질의 생물학적 기반

아이젱크는 성격 차원들에 생물학적 기초가 존재한다고 생각하고 이를 밝히려는 연구를 수행하였다. 먼저, 아이젱크는 외향성-내향성에서의 차이가 신경생리적 기능에서의 차이를 반영한다고 주장하였다. 아이젱크에 의하면, 내향적인 사람은 외부 자극들에 의해서 보다 쉽게 각성되기 때문에 최적의 각성 수준을 유지하기 위해 사회적 자극들을 회피하는 경향이 있다. 반대로 외향적인 사람들은 외부 자극들에 쉽게 각성되지 않기 때문에 더 강한 사회적 자극들을 추구하는 경향이 있다. 또한 아이젱크는 내향적인 사람은 학습 시 처벌에 더 큰 영향을 받는 반면에 외향적인 사람은 보상에 더 큰 영향을 받는다는 등 외향성-내향성 차원의 생물학에 대한 증거를 직접 증명하였다.

신경증 성향에서도 자율신경계(내지는 자율신경계를 조절하는 시상하부 및 변연계) 기능에서의 유전적인 생물학적 차이가 이 차원의 개인차를 가져오는 원인으로 제시되고 있다. 핵심 내용은 신경증이 높은 사람은 자율신경계가 더 잘 흥분하며, 한 번 흥분하면 여파도 길기 때문에 스트레스에 빠르게 반응하고, 위험 상황이 지나간 다음에도 스트레스 반응이 더 오래 간다는 것이다.

정신병적 성향에 대한 생물학적 기반에 관해서는 알려진 바가 많지 않으나, 유전적 연관성, 특히 남성성과 관련된 유전적 연관성이 제안된 바 있다. 정신병적 성향의 요소인 공격성은 남성에게서 높게 나타나며 테스토스테론 수준의 영향을 받을 수 있다(Eysenck, 1990). 최근의 연구에 따르면 정신병적 성향이 높은 사람은 도파민 기반의 신경 활동 수준이 높다(Colzato, Slagter, van den Wildenberg, & Hommel, 2009). 이 결과는 매우 흥미로운데 도파민이 조현병과 밀접한 관련을 갖기 때문이다.

5) 상담에의 적용

아이젱크는 이상심리학과 행동변화 이론을 개발하였다. 아이젱크는 개인이 경험하는 증상 또는 심리적 장애는 성격 특질 및 그 특질과 관련되는 신경체계 기능과 관련된다는 것이었다. 사람은 공포를 불러일으키는 자극에 대해 강한 정서 반응을 학습하도록 하는 생물학적 토대와 환경적 경험의 연합으로 신경증적 증상을 가지게 된다고 보았다.

그러나 아이젱크는 신경증적 장애와 반사회적 행동들이 유발되고 지속되는 데 있어 생물학적, 유전적 요인들이 큰 역할을 하기는 하지만 치료의 가능성에 대해 비관적일 필요는 없다고 주장하였다. 그에 의하면 유전적으로 정해진 것은 특정한 상황에 직면했을 때 그 사람이 특정한 방식으로 행동하는 경향들이다. 따라서 잠재적으로 외상을 줄만한 사건을 피하거나, 학습된 공포 반응을 다시 탈학습하거나, 사회적 규준을 습득하는 것으로 치료가 가능하다고 보았다.(Pervin & John, 2001). 아이젱크는 유전적 요인들의 중요성을 강조했지만 학습이론의 원리에 따라서 이상행동을 체계적으로 치료하는 행동치료의 주요 제안자이기도 하였다.

6) 평가

(1) 공헌

① 성격과 실험심리학의 연계

전통적으로 성격과 개인차 분야는 주로 상관연구를 쓰고, 학습, 인지 등 실험심리학 분야는 실험법에 의거한다. 아이젱크는 성격변인들을 측정하기 위하여 신경계 기능 이론과 학습 이론, 정신병리, 행동수정이론을 연결시켰는데, 실험심리학의 개념과 방법을 통하여 상관심리학(성격, 사회, 발달)과 실험심리학(지각, 학습)의 두 분야를 연결시킬 수 있는 이론적 토대를 마련하였다.

② 성격의 생물학적 토대를 탐구함

아이젱크는 성격차원들에 생물학적 토대가 있다고 가정하고, 성격 특성이 어떠한 뇌 구조 및 기능과 연관이 있는지 연구하였다. 아이젱크는 성격 형성에 영향을 미치는 유전적 요인에도 관심이 컸는데, 그의 노력은 영상유전학(imaging genetics)으로 발전되어 성격 형성과정에서 유전자들이 어떻게 상호작용하는지를 관찰할 수 있게 되었다(홍숙기, 2011).

(2) 비판

① 성격의 3요인을 지나치게 강조함

아이젱크는 자신이 발견한 성격 3요인에만 치중하였다는 비판을 받고 있다. 특질 연구의 핵심은 성격을 기술하는 데 적절한 차원과 요인의 수를 결정하는 것이다. 그렇게 때문에 아이젱크가 주장한 3요인만으로 성격 구조를 깊이 이해하는 것은 한계가 많다. 일부 사람들은 내향성-외향성 차원이 단일 차원으로 존재하는가에 대한 타당성에 의문을 가지고 있다. 내향성-외향성은 사회성 혹은 충동성과 같은 서로 다른 별개의 차원으로 분리되어야 한다는 의견이 제기되기도 하였다.

② 상황의 영향력을 충분히 고려하지 않음

아이젱크는 성격의 생물학적인 면에 초점을 맞추면서 다양한 상황이 사람들에게 미치는 차별적인 영향력을 충분히 고려하지 않았다. 아이젱크는 특정 성격을 가진 사람들이 그들 자신이 처한 상황을 선택하는 것이라고 주장하였다. 아이젱크의 이러한 주장이 어느 정도 타당성을 가지고 있지만, 그는 특정 사람들에게 독립적이고 차별적인 영향을 미치는 비자발적인 상황은 고려하지 않았다는 비판을 받고 있다. 예를 들어, 커다란 방을 좋아하는 외향적인 성향의 학생이 독방에 배정되기도 하는데, 이처럼 구체적이고 다양한 상황들이 외향적인 사람들에게 동일하게 영향을 미칠 것이라고 기대하기 어렵기 때문이다.

제11장
성격 5요인 이론

| 권해수 |

1960년대에 이르기까지 올포트, 커텔, 아이젱크 등 특질 이론가들은 특질이 성격의 기본단위라는 점에는 동의하였으나 특질의 수와 내용에 대해서는 서로 다른 의견을 지니고 있었다. 특질 이론가들의 의견 불일치로 인해 특질 개념 자체에 대한 비판과 회의가 확산되고 있다. 그러나 1960년대부터 다양한 표본과 측정도구를 사용한 여러 연구들에서 성격이 5개 요인(Big Five)으로 구성되어 있다는 결과로 수렴되어 가고 있다(McCrae & Costa, 1999). 성격의 5요인 이론(Five Factor Theory: FFT)은 현재 가장 대표적인 특질 이론으로 인정되고 있다.

1. 맥크레이와 코스타의 생애

로버트 로저 맥크레이(Robert Roger McCrae)는 1949년 4월 28일 미주리 주의 메리빌에서 태어났다. 맥크레이는 세 아이 중 막내로 태어나 과학과 수학에 큰 관심을 가지며 자랐다. 그는 미시간 주립대학교에서 철학을 전공하였고 졸업

맥크레이

코스타

이후에는 보스턴 대학교에서 심리학을 전공했다. 거기에서 그는 커텔의 연구에 관심을 가지게 되었다. 보스턴 대학교의 전공 교수인 웨인버그(Henry Weinberg)의 영향을 받아 맥크레이의 성격 특성에 대한 관심은 더욱 커져갔다.

1960년대와 1970년대에는 환경적 요인이 성격 특성보다 중요하다는 미셸(Walter Mischel)의 주장이 지배적이었다. 그러나 맥크레이는 성격 특성이 눈에 보이지는 않지만 실제로 존재하며, 일관성과 안전성을 유지한다고 확신하였다. 이를 증명하기 위해 맥크레이는 꾸준히 연구를 진행해 나갔다.

1975년, 맥크레이가 포저드(James Fozard)의 연구 보조로 일하면서 그의 운명은 바뀌기 시작했다. 포저드는 보스턴 외래환자 전문병원의 성인발달심리학자였는데, 그는 맥크레이를 매사추세츠 대학의 코스타(Paul T. Costa Jr.) 교수에게 소개하였다.

맥크레이와 코스타는 Gerontology Research Center의 국립 연구기관에서 함께 일하였다. Gerontology Research Center에는 이미 성인 데이터가 방대하게 갖춰져 있었기 때문에 코스타와 맥크레이가 성격을 연구하기에 더할 나위 없는 좋은 직장이었다. 1970년대에는 여전히 미셸이 성격 연구에 강한 영향력을 발휘하고 있었지만, 코스타와 맥크레이는 성격 특성에 대한 연구를 꾸준히 수행했다.

코스타는 1942년 9월 16일 프랭클린에서 태어났다. 그는 1964년 클라크 대학교에서 심리학 학사와 석사 학위를 받고 시카고 대학교에서 박사학위를 받았다. 개인의 특성과 성격의 본질에 대한 그의 오랜 관심은 시카고 대학교에서 크게 증가했다. 코스타는 시카고 대학교에서 살바토레 마디(Salvatore R. Maddi)와 함께 일했다. 코스타는 그와 함께 Humanistic Personality Theory를 발간했다. 박사과정 후에는 하버드 대학교에서 2년간 가르치고 1973년부터 1978년까지 매사추세츠 대학교에서 강의를 하였다. 1978년 그는 Gerontology Research Center에서 스트레스와 모방 영역의 최고 권위자로 임명되고 1985년에는 성격 · 인지 실험실에서 최고 권위자로 일했다. 1985년 그는 미국심리학회 Division 20의 회장이 되었다.

코스타와 맥크레이의 협력은 대단히 생산적이라고 평가할 수 있다. 그들이 200개의 공동 논문과 저서를 만들어 냈다는 결과물이 이들의 협력관계를 충분히 설명해 주고 있다.

2. 성격의 정의

성격 5요인은 많은 연구자들에 의해 발전한 집단지성의 결과물이다. 5요인은 애초에 어의적인(lexical) 접근법으로 발견되었고, 나중에 질문지 접근법이 들어왔다. 골드버그(Goldberg)는 어의적인 접근으로 빅 파이브(Big Five)를 완성하였고, 코스타와 맥크레이가 5요인을 측정하는 질문지(NEO-PI)를 만들었다. 일반적으로 '5요인 모델'이라고 할 때는 둘 다를 포함하기도 하지만 후자만을 의미하기도 한다.

1) 성격 5요인 이론의 발달 과정

성격의 5요인 이론은 많은 연구자들의 노력에 의해서 발전되었다. 커텔이 제시한 16개의 성격요인이론은 너무 복잡하고 요인의 수가 많았기 때문에 특질연구자들은 성격 구조를 명료하고 경제적으로 설명할 수 있는 좀 더 적은 수의 성격요인과 더불어 다양한 문화에서 보편적으로 적용될 수 있는 성격 특질을 찾는 노력을 기울였다.

성격의 기본 단위를 발견하기 위한 한 가지 방법은 성격을 기술하기 위하여 사람들이 사용하는 어휘들을 분석하는 것이었다. 연구자들은 통상 국어사전으로부터 체계적으로 표집한 특질단어를 근거로 자신 혹은 타인들을 평정하도록 요구한 후 요인분석을 통하여 어떤 특질들이 서로 공변하는가를 확인하고, 공변하는 특질들을 묶어 요인을 찾아낸다.

노먼(Norman, 1963)은 동료 평정의 요인분석 연구에서 5개의 기본적인 성격 요인들을 발견하였으며, 1981년에는 골드버그(Goldberg, 1981)가 성격의 5요인을 재발견하면서 비로소 많은 심리학자의 관심을 끌기 시작했다. 1980년대와 190년대는 다양한 집단을 대상으로 다양한 측정도구(예: 성격기술 형용사 척도, 문장형 성격검사, 자기성격 평정척도, 타인성격 평정척도)를 사용하여 5요인 모델을 탐색하는 연구가 폭발적으로 이루어졌다. 이처럼 다양한 측정도구와 집단을 사용한 많은 연구에서 성격의 5요인(Big Five) 구조가 반복적으로 입증되었다. Big Five란 이름은 1981년에 골드버그(Goldberg)가 그때까지의 연구를 종합한 뒤 붙인 애칭이다.

성격 5요인 이론의 발전에 가장 큰 기여를 한 연구자는 코스타(Paul Costa)와 맥크레이(Robert McCrae)이었다. 1970년대에 이들은 성격이 나이에 따라 어떻게 변화하는지를 연구하면서 신경증적 성향(Neuroticism), 외향성(Extraversion), 경험개방성(Openness to experience)의 세 요인을 발견하였으며, 지속적인 연구를 통해서 우호성(Agreeableness)와 성실성(Conscientiousness)의 요인을 추가로 발견하였다. 또한 코스타와 맥크레이(1992)는 5요인을 설명하는 6개의 하위특성을 발견하였고, 이를 바탕으로 240개 항목의 질문지법 성격검사인 NEO-PI-R(The Revised NEO Personality Inventory)를 개발하였다. 그들은 NEO-PI-R의 신뢰도와 타당도를 입증하기 위해 피험자 층을 학생, 성인, 인종, 지역에 따라 확대하여 연구를 실시하였다. 그 결과 NEO-PI-R의 자기보고와 타인평정뿐만 아니라 횡단적 자료와 종단적 자료에서도 성격 5요인이 성인기까지 안정적으로 유지되는 성격 특질이라는 것을 밝혔다.

2) 성격의 5요인

성격 5요인 이론은 많은 연구자에 의해 발전한 것이므로 성격 5요인 구조를 주장하는 학자마다 각 요인의 명칭을 달리 사용하고 있다. 여기에서는 가장 대표적인 연구자인 맥크레이와 코스타를 따라서 성격 5요인을 신경과민성, 외향성, 개방성, 우호성, 성실성으로 지칭하고자 한다. 성격 5요인은 'Big Five'라고 불릴 뿐만 아니라, 개방성(opennessness), 성실성(conscientiousness), 외향성(extraversion), 우호성(agreeableness), 신경과민성(neuroticism)의 첫 글자를 따서 기억하기 쉬운 OCEAN이라고 불리기도 한다(John, 1999).

(1) 신경증적 성향

신경증적 성향(Neuroticism: N)은 불안, 우울, 분노와 같은 부정 정서를 잘 느끼는 성격 특질을 뜻하며 부정 정서성(negative affectivity) 또는 정서적 불안정성(emotional instability)이라고 불리기도 한다. 신경증적 성향이 높은 사람들은 정서적으로 예민하고 불안정하며 사소한 일에도 상처를 잘 받는 경향이 있다. 반면에 신경증적 성향이 낮은 사람들은 침착하고 편안하며 기분의 변화가 적고 스트레스에 대한 정서적 반응의 강도가 낮다. NEO-PI-R에서는 신경증적 성향의 6개 측면, 즉 불안(anxiety), 적대감(angry hostility), 우울(depression), 자의식(self-consciousness), 충동성(impulsivity), 스트레스 취약성(vulnerability to stress)을 측정하고 있다.

신경증적 성향이 높은 사람들은 부정 정서를 잘 느끼고 그러한 정서를 조절하는 데 어려움을 겪기 때문에 주관적으로 괴로움과 불행감을 더 많이 느낀다(Costa & McCrae, 1992). 이들은 일상생활에서 경험하는 스트레스 사건을 더 많이 보고할 뿐만 아니라 이에 대해서 더 강한 부정적 정서를 느낀다. 또한 이들은 부정적 사건과 문제들을 자초하는 경향이 있으며 특히 가족관계를 비롯한 인간관계에서 갈등과 불화를 겪는다(권석만, 2015).

(2) 외향성

외향성(Extraversion: E)은 다른 사람들과 함께 교류하는 인간관계적 자극을 추구하는 성향을 뜻한다. 외향성이 강한 사람들은 심리적 에너지의 방향이 외부로 향해 있으며 활동수준이 높아서 사교적이고 자기주장을 잘 하며 긍정적인 정서를 잘 느끼는 경향이 있다. NEO-PI-R에서는 외향성의 6개 측면, 즉 따뜻함(warmth), 군집성(gregariousness), 주장성(activity), 흥분추구(excitement seeking), 긍정정서(positive emotions)를 측정하고 있다.

외향성이 높은 사람들은 사회성이 높기 때문에 직업영역에서도 정치, 영업, 판매, 인사관리, 교사와 같이 많은 사람을 만나 교류하는 활동에 매력을 느끼고, 그러한 일에서 더 많이 성공하는 경향이 있다. 반면에, 내향적인 사람들은 연구, 창작, 회계와 같이 혼자서 하는 일을 더 좋아하는 경향이 있다(권석만, 2015).

(3) 개방성

경험에 대한 개방성(Openness to experience: O)은 호기심이 많고 새로운 체험을 좋아하며 다양한 경험과 가치에 대해서 열린 자세를 지닌 개방적인 성향을 뜻한다. 개방성이 높은 사람들은 모험적이고 미적 감수성이 뛰어날 뿐만 아니라 상상력이 풍부하며 지적인 탐구심이 강하다. NEO-PI-R에서는 개방성의 6개 측면, 즉 상상력(fantasy), 심미안(esthetics), 감정 자각(feeling), 다양한 행위(actions), 지적 호기심(ideas), 가치 개방성(values)을 측정하고 있다.

개방성이 높은 사람들은 독창적이고 독립적이며 예술적일 뿐만 아니라 전통적인 권위를 인정하지 않으며 도전, 변화, 진보, 개혁의 입장을 지니고 견해 차이에 대해서도 관용적인 경향이 있다. 반면에 개방성이 낮은 사람들은 인습적이고 현실적이며 권위와 전통에 대해서 수용적인 태도를 지닌다(권석만, 2015).

(4) 우호성

우호성(Agreeableness: A)은 다른 사람에 대해서 우호적이고 협동적인 성향을 뜻하며 '친화성'이라고 불리기도 한다. 우호성이 높은 사람들은 따뜻하고 부드러우며 공감적이고 이타적인 행동을 나타낸다. NEO-PI-R에서는 우호성의 6개 측면, 즉 신뢰성(trust), 솔직성(straightforwardness), 이타성(altruism), 순응성(compliance), 겸손함(modesty), 온유함(tender-mindedness)을 측정하고 있다.

우호성이 높은 사람들은 친절하고 호의적인 착한 사람으로서 원만하고 긍정적인 인간관계를 형성하지만 창의성과 자율성은 낮은 편이다. 반면에 우호성이 낮은 사람들은 적대적이고 호전적일 뿐만 아니라 다른 사람의 감정을 이해하는 공감 능력이 떨어지지만 자기주장을 잘하기 때문에 이해관계가 대립되는 상황에서 자신의 이익을 잘 확보하는 경향이 있다(권석만, 2015).

(5) 성실성

성실성(Conscientiousness: C)은 자기 조절을 잘 하고 책임감이 강한 성취지향적인 성향을 말한다. 성실성이 높은 사람들은 주어진 일을 유능하게 잘 처리하며 계획적이고 신중하며 질서정연한 것을 좋아한다.NEO-PI-R에서는 성실성의 6개 측면, 즉 유능성(competence), 질서정연(order), 책임의식(dutifulness), 성취추구(achievement), 자기절제(self-discipline), 신중성(deliberation)을 측정하고 있다.

성실성이 높은 사람들은 자신의 원칙과 목표에 따라 삶을 계획적으로 영위하고, 규칙적으로 생활하고 열심히 일하기 때문에 직업적 성공을 거두는 경향이 있다. 반면에 성실성이 낮은 사람들은 산만하고 일관성이 없으며 분명한 목표와 계획 없이 나태한 삶을 영위하는 경향이 있다. 때로는 매사에 여유롭고 사소한 것에 개의치 않는 시원스러운 점이 매력적일 수 있으나 책임감이 부족하여 신뢰적인 인간관계를 유지하기 어렵다(권석만, 2015).

성격의 5요인 이론에 따르면, 개인의 성격은 이상에서 살펴본 5개 성격 특질의 조합으로 설명될 수 있다. 또한 개인의 성격은 각각의 성격 특질에 있어서 양극점을 연결하는 연속선상의 특정한 지점에 위치하기 때문에 무수하게 다양한 조합으로 나타날 수 있다.

○○○ **표 11-1 5요인과 해당 척도**

특질요인	상세 설명	높은 점수	낮은 점수
신경증(N)	적응 대 정서적 불안정을 측정. 심리적 스트레스에 취약하고, 비현실적으로 사고하고, 지나치게 갈망하거나 요구하고, 비적응적인 대처 반응을 하는지를 측정	염려가 많은 예민한 감정적인 불안정한 부적절한 우울한	침착한 이완된 감정적이 아닌 강인한 안성된 자족적인
외향성(E)	대인관계에서의 상호작용 정도와 강도를 측정. 즉, 활동 수준, 자극에 대한 욕구, 기뻐할 수 있는 역량 등을 측정	사교적 적극적 말하기를 좋아하는 낙천적인 사람 중심적인 다정다감한 재미있는	위축된 냉정한 말수가 적은 담담한 과제 지향적인 은둔하는 조용한
개방성(O)	자신의 경험을 주도적으로 추구하고 평가하는지의 여부를 측정. 즉, 낯선 것에 대한 인내와 탐색 정도를 측정	호기심 많은 창의적인 흥미가 다양한 상상력이 풍부한 관습에 얽매이지 않는	관습적인 현실적인 흥미가 좁은 예술적 감각이 없는 분석적이지 않은
우호성(A)	사고, 감정, 행동에서 동정심부터 적대감까지의 연속선상을 따라 개인의 대인관계 지향성이 어느 위치에 있는지를 측정	온유한 성격이 좋은 믿음직한 잘 돕는 아량이 넓은 솔직한	냉소적인 무례한 의심 많은 비협조적인 복수심에 불타는 성마른 무정한
성실성(C)	목표 지향적 행동을 조직하고, 지속적으로 유지하며, 목표 지향적 행동에 동기를 부여하는 정도를 측정	조직화된 믿을 만한 열심인 절제된 어김없는 깔끔한 양심적인 야망 있는	목표 없는 믿지 못할 게으른 부주의한 느슨한 의지가 약한 쾌락 추구적인

출처: Costa & McCrae(1992).

3) 5요인 이론 성격 체계(Five-Factor Theory Personality System)

성격의 5요인은 개인의 성격을 구성하는 뼈대라고 할 수 있다. 이러한 성격의 기본적 골격은 유전과 같은 생물학적 기반에 의해서 결정된다. 그러나 성격의 5요인만으로 개인의 성격을 충분히 이해할 수 있는 것은 아니다. 개인의 세부적인 성격 특성은 후천적인 성장 경험에 의해서 결정되며 그가 성장해 온 문화의 영향을 받게 된다. 성격의 뼈대는 5요인으로 이해할 수 있지만, 성격의 근육과 핏줄은 성장경험과 문화적 영향에 의해서 결정되는 자기개념, 개인적 신념, 가치관, 삶의 목표 등에 의해서 이루어진다고 볼 수 있다.

5요인 이론은 성격의 기본적인 구조를 설명하는 특질이론이지만 코스타와 맥크레이는 성격 특질을 다른 관련 요인들 간의 관계를 폭넓게 설명하는 이론적인 모델을 제시하고 있다. 코스타와 맥크레이(1994; McCrae & Costa, 1996)는 5요인의 성격 특질이 개인과 환경의 관계 속에서 어떤 과정을 통해 삶에 영향을 미치는지를 설명하기 위해 5요인 이론 성격 체계(FFT personality system)을 제시했다. 코스타와 맥크레이는 개인의 성격체계를 구성하는 핵심 요소로서 기본 경향, 특징적 적응, 그리고 자기개념을 제안하였다(McCrae & Costa, 1996, 1999, 2003). [그림 11-1]에서 보는 바와 같이, 핵심 요소는 사각형으로 그려져 있고, 주변 요소는 타원형으로 그려져 있다. 성격체계의 각 요소는 역동적 과정(dynamic process)을 통해 상호 영향을 주고받는다. 5요인 이론 성격 체계는 생물학적 요인에 근거한 성격 특질이 사회문화적 환경과 상호작용하면서 개인의 독특한 인생사에 영향을 미치는 과정을 통합적으로 이해할 수 있는 이론적 틀을 제시하고 있다.

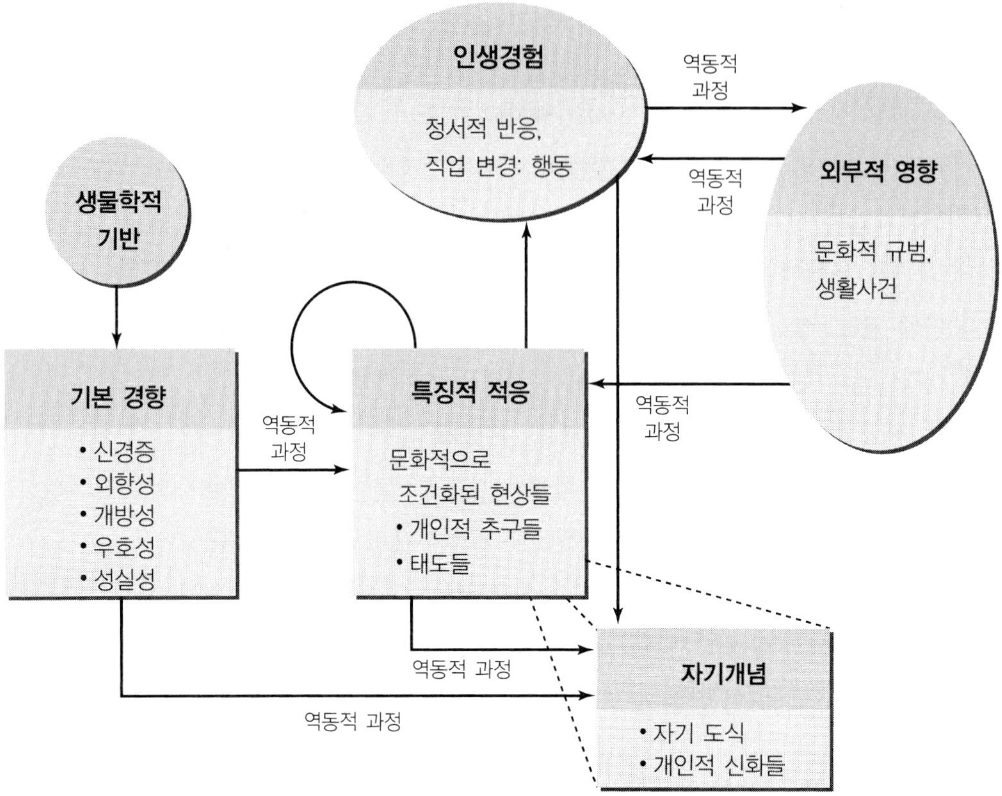

[그림 11-1] 5요인 이론 성격 체계의 도식

출처: MaCrae & Costa(1999).

(1) 기본 경향

기본 경향(basic tendencies)은 개인의 사고, 감정, 행동 패턴에 영향을 미치는 일련의 성격 특질을 뜻한다. 기본 경향은 외부로 관찰되기보다는 내재된 것이다. 기본 경향은 생물학적 요인에 기반을 둔 것으로서 생애 초기의 영향을 받으며, 전 생애를 통해 지속되지만 질병이나 외부적 사건에 의해서 변형되기도 한다. 하지만 기본 경향은 한 개인의 삶 어느 시점에서든지 개인의 잠재 능력과 성장 방향에 대한 지침을 제공한다. 성격 5요인으로 구성된 기본 경향은 생활사에서 가장 기초가 되며 시간과 상황이 달라져도 변하지 않고 안정성을 유지한다.

(2) 특징적 적응(characteristic adaptation)

특징적 적응은 개인의 기본 경향이 특정한 사회문화적 환경에서 구체적으로 나타난 적응 상태를 의미한다. 개인은 자신의 성격 특질뿐만 아니라 일관성을 지닌 사고, 감정, 행동 패턴을 발달시키면서 생활환경에 적응한다. 이러한 개인의 특징적 적응은 시간이 흐름에 따라 생물학적 성숙, 사회적 역할이나 기대, 그리고 환경의 변화나 의도된 개입에 의해서 변화된다. 다시 말하자면 사람들은 환경에 적응하기 위하여 기본적인 성격 특질을 발달시킨다.

기본 경향과 특징적 적응의 중요한 차이는 융통성이다. 언어 능력이나 통계처리 능력과 같이 획득된 능력은 특징적 적응이다. 그러나 어떤 사람은 이러한 능력을 빨리 습득하는 반면에 어떤 사람은 느린 이유는 기본 경향에서 그 답을 찾을 수 있다. 우리가 무언가를 배운다는 것은 특징적 적응이다. 그리고 기본 경향은 특징적 적응에 직접적인 영향을 미친다. 특징적 적응은 기본 경향에 따라 변형되기도 하고 수정되기도 한다. 다시 말하자면 기본 경향은 안정적인 반면에 특징적 적응은 외부 환경의 영향을 받는다. 기술, 습관, 태도, 관계 능력과 같은 특징적 적응은 개인이 외부 환경과 상호작용하며 터득한 것이다.

(3) 자기개념

자기개념(self-concept)은 적응과정에서 형성된 자기도식으로서 개인이 의식할 수 있는 자기에 관한 인지적-정서적 인식 체계를 의미한다. 자기개념은 자신에 대한 평가, 신념 및 태도로서 삶의 목적과 일치감을 주는 정체성을 말한다. 이러한 자기개념은 한 개인이 주어진 상황에서 어떻게 행동해야 하는지에 영향을 미친다. 예를 들면, 자신을 똑똑하다고 믿는 사람은 지적으로 도전받는 상황에 자신을 기꺼이 내던질 것이다. 맥크레이와 코스타는 사람들이 자신을 바라보는 관점은 일부 왜곡이 있을 수 있지만 대체로 정확하다고 보았다.

(4) 주변 요소

성격의 주변적 요소로서 [그림 11-1]에서 타원형으로 제시된 생물학적 기반,

인생경험, 외부적 영향은 개인의 성격과 서로 영향을 주고받는 요인들을 뜻한다. 생물학적 기반(biological bases)은 성격 특질을 결정하는 유전적 요인과 생물 신체적인 요인들을 의미한다. 인생경험(objective biography)은 특징적 적응이 전 생애를 통해서 나타난 역사적 사건들을 의미한다. 특정한 시기의 행위와 경험은 그 당시 상황에 의해서 촉발된 특징적 적응의 다양한 측면이 복합적으로 작용한 것이다. 외부적 영향(external influences)은 개인의 삶에 영향을 미치는 문화적 규범과 생활 사건들을 의미한다. 사회적 · 물리적 환경은 성격 특질과 상호작용하여 특징적 적응에 영향을 미치고, 또한 특징적 적응과 상호작용하여 행동을 조절한다.

3. 건강한 성격과 병리적 성격

5요인 이론(FFT)에서는 2가지 방법으로 성격장애를 분류하고 진단한다. 먼저 성격장애를 정상적인 성격 특질의 연속선상에서 극단으로 간주하는 것이다. 예를 들어, 강박성 성격장애는 성실성(C)과 신경증(N) 요인이 모두 극단적으로 높은 사람이고, 반사회성 성격장애는 우호성(A)과 성실성(C)이 극단적으로 낮은 사람으로 볼 수 있다.

다음은 성격장애를 특질들의 조합 양상의 결과로 본다. 반사회성 성격장애는 개방성(O)과 성실성(C)의 점수가 매우 낮은 사람으로 보며, 자기애성 성격장애는 우호성(A)이 매우 낮고 외향성(E)과 개방성(O)이 매우 높은 사람으로 본다. 이러한 결과는 5요인 이론이 개인 성격의 차이를 분류하는 것뿐만 아니라 임상적 진단 도구로서 가치가 있다는 것을 시사해 주고 있다.

4. 상담에의 적용

1) 5요인과 직업

5요인 모델(FFM)의 강점 중 하나는 문제들을 해결하는 데 사용될 수 있는 도구를 심리학자들에게 제공한다는 점이다. 5요인 모델은 고용자, 교육자, 임상심리학자에게 개인 간 차이점을 안정적으로 평가할 수 있는 신뢰적인 수단을 제공해준다(Widiger & Smith, 2008). 예를들어, 5요인 모델에서는 성격 특성과 직업의 종류 및 직업 수행 능력 간의 상관을 보여 주고 있다. 외향성(E)이 높은 사람들은 외향성이 낮은 사람들과 비교하여 사회적이고 진취적인 직업을 선호하며 그 방면에서 업무 수행 능력이 뛰어난 것으로 보고되고 있다. 개방성(O)이 높은 사람들은 호기심, 창의성, 독립적 사고를 요하는 예술과 연구조사 직업군(예: 기자, 프리랜서 작가)을 선호하며, 이런 직업에서 수행 업무 능력이 뛰어난 것으로 보고되고 있다. 또한 성실성(C)이 높은 사람들은 다양한 형태의 직무에서 높은 직무성과를 보여 준다. 대부분의 연구들에서 5요인 모델이 실제로 직업 수행을 예측하는 데 유용하다는 것을 알려 준다.

2) 5요인과 주관적 행복감

5요인 모델은 주관적인 만족감 혹은 행복을 설명하는 데 도움을 준다. 결혼 만족도가 높은 부부는 신경증(N)의 점수가 낮고, 성실성(C)의 점수가 높으며, 무엇보다 우호성(A)의 점수가 높은 것으로 나타났다(McCrae, Stone, Fagan, & Costa, 1998). 이것은 차분하고, 신경질적이지 않으며, 배려 깊고, 타인 요구에 즉각적으로 반응할 줄 알며, 공감적인 사람들이 행복한 결혼생활을 한다는 것을 말해주고 있다. 반면에 이혼을 하였거나 이혼 위기에 있는 사람들은 신경증(N)의 점수가 높고, 성실성(C)의 점수가 낮은 사람들이었다. 이러한 결과는 외도, 알코올중독, 가정 폭력과 같은 문제뿐 아니라 정서를 조절하거나 통제하는 데 실패하며 자신의 행동에 대해 무책임한 경우 이혼 위기를 경험할 가능성이 높다는 것을 말해 준다.

3) 5요인과 건강

5요인 모델의 또 다른 적용 분야는 건강이다. 한 종단 연구에 따르면 성실성이 높은 사람은 보다 오래 산다(Friedman et al., 1995). 연구진들은 70년간 추적연구를 통해 성격과 사망 여부 및 원인을 추적하였다. 11살일 때 부모평정과 교사평정에 의해 성실성(C)이 높았던 참여자들은 성실성이 낮은 참여자들에 비해 생존 기간이 유의하게 더 길었다. 성실성(C)이 높았던 사람들은 인생 전반에 걸쳐 폭력에 의해 죽음을 맞이할 가능성이 낮았고, 사고와 싸움으로 이어지는 위험을 감수하려는 경향이 높았다. 또한 성실성이 높은 사람은 흡연을 하거나 술을 과하게 마실 가능성이 낮았다. 성실성이 높았던 사람들은 꾸준히 운동하고, 균형 잡힌 식단을 먹으며, 규칙적인 신체 활동을 하였는데, 평소의 성실한 태도들이 건강 유지의 비결이었던 것이다.

4) 5요인과 심리치료

5요인 모델은 치료방법을 선택하고 계획하는 데 도움을 줄 수 있다. 개인의 성격을 이해한다면 상담자는 문제를 예상하고 치료방법을 선택하는 데 도움을 받을 수 있다. 5요인 모델에서는 개인의 성격 특질에 따라 선호하는 혹은 도움이 되는 치료방법이 다를 수 있다고 본다. 예를 들어, 개방성(O)이 높은 사람들은 개방성이 낮은 사람들보다 자율적인 탐색과 환상을 촉진하는 치료에서 더 많은 도움을 받을 수 있다. 개방성(O)이 낮은 사람은 지시적인 치료를 선호하고 이를 통해 더 많은 혜택을 얻을 수 있다. 또한 개방성(O)이 높은 사람은 정신분석의 꿈 탐색이나 인본주의-실존주의 접근에서 강조하는 자기실현 개념 등을 선호할 수 있다.

5. 평가와 최근 동향

1) 평가

(1) 성격 5요인의 이론적 기반 취약

5요인은 생물학적 또는 심리학적 이론의 기반 위에서 도출된 것이 아니라 성격을 기술하는 단어나 문장에 대한 요인분석을 통해 도출된 것이다. 이에 대해 블락(Block, 1995)과 같은 비판가들은 5요인 이론가들이 요인분석에 의해 추출된 요인에 이름을 붙이고 그 이름 뒤에 실재가 있다고 믿어 버리는 오류를 범했다고 경고한다. 비판가들은 성격 5요인은 실제로 존재하는 것이 아니라 요인분석에 의해 구성된 것이라고 주장한다(홍숙기, 2011).

(2) 성격의 내면적인 구조나 역동 과정을 설명하지 못함

여러 연구를 통해 5요인이 일관되게 발견된다 하더라도 그것이 어떻게 실현되는지에 대한 자세한 설명은 없다(Hogan, 1996). 5요인 이론 성격 체계(FFT personality system) 모델이 성격 구조를 기술하고 있지만 성격 발달과 연관된 역동적 과정을 설명하지는 못한다. 예를 들어, 5요인 이론 성격 체계(FFT personality system) 모델은 성격발달에 영향을 미치는 외부적 영향, 인생경험, 생물학적 기반 등의 작동을 설명할 수 있지만, 성격의 내면적 구조와의 역동 과정을 구체적으로 설명하지 못하고 있다는 점이 비판을 받고 있다.

2) 최근 동향: 6요인 모델 제안

성격 5요인 모델이 과학적 연구에 기여한 업적은 부정할 수는 없지만, 최근의 연구에서는 5요인이 다양한 인간성격을 이해하는 데 가장 포괄적이고 간명한 모델인지에 대해 끊임없이 의문이 제기되고 있다(유태용, 이기범, Ashton, 2003).

Ashton과 Lee(2007)는 영어권뿐만 아니라 유럽과 아시아를 포함한 여러 영어권에서 성격을 기술하는 형용사들을 사용한 측정 자료를 요인분석하여 6개의 요인들을 반복적으로 추출하였다. 즉 객관적이고 연구자의 편견이 배제된 요인분석에 의해 도출된 연구 결과에서 5요인 외의 6번째 요인이 존재한다는 것이다. 게다가 6번째 요인의 의미는 거의 유사한 결과를 보여 주고 있는데, 정직, 겸손 혹은 반대로 착취, 거만과 같은 의미를 지니고 있다. 이에 Lee와 Ashton(2004)는 6요인 모델을 제안하였으며, 이를 'HEXACO 성격 6요인 모델'이라고 명명하였다. HEXACO 모델의 6요인은 정직-겸손(Honesty-Humility), 정서성(Emotionality), 외향성(eXtraversion), 우호성(Agreeableness), 성실성(Conscientiousness), 개방성(Openness to experience)으로 구성되어 있다. HEXACO 모델의 가장 큰 특징은 정직-겸손 요인이 추가된 점이다. 이 밖의 5개 요인은 대체로 5요인 모델과 일치한다. 6요인 모델은 성격심리학의 새로운 지평을 넓혀 주고 있다. 하지만 아직 완전하게 기존 이론이나 적용 연구에 통합되지는 않았다.

제12장
생물학적 관점

김현아

상담학에 있어서 내담자의 심리적 문제를 보다 심층적으로 이해하려면 성격적 특성을 이해할 필요가 있다. 즉, 상담자는 내담자의 발달사나 가계도 등을 통해 내담자의 현 문제가 어떻게 발생되었고 유지되고 있는지를 파악하는데, 이때 성격적 특성이 문제를 지속시키는 요인이 된다. 어떤 내담자가 "저희 집 식구들은 모두 성급하고 화를 잘 내는 편이에요. 저만 그러는 게 아니라 할아버지도 그렇고 아버지도 그러시고요."라고 표현할 때, 상담자는 그 내담자의 기질이 유전의 영향을 얼마나 받았다고 가정할 수 있을까? 만약에 내담자 문제의 특성이 유전적이라면 얼마간의 상담을 통해 변화가 가능하겠는가? 또는 상담만으로 변화가 가능하겠는가? 성격심리학에서 생물학적 관점은 이러한 상담자의 가설에 대한 해답의 방향을 제시해줄 것이다. 생물학적 관점에서 성격은 크게 두 가지의 입장을 취하고 있다. 첫째, 개인의 성격은 기질이나 특성의 유전적 차이에 의한다고 보는 결정론적 관점이다. 우리 인간은 생물적 존재이기 때문에 생존을 위해서 어떠한 성격적 특성이 진화된다고 보는 과학적 입장이다. 둘째, 성격을 생물학적 과정으로 이해하는 입장이다. 최근의 진보된 시각에서는 인간의 행동이 호르몬과 같은 복합적인 신경계 시스템에 의해 발생하고 또 그러한 호르몬 체계가 행동에 영향을 미친다고 가정한다.

인간 행동의 유전적 요인에 대한 연구는 19세기 중반 이후 골턴(Galton)의 연구를 효시로 힐가드(Hilgard, 1953)에 의해 우수 가문의 가계도 검사 결과 지적 유전인자가 검증됨으로써 보다 더 박차를 가하게 된다. 멘델(Mendel)의 유전 법칙 발견 이후 1930년대 이전까지는 유전론이 우세하였으나, 1960년대 이후 유전공학의 발전으로 최근의 신경과학에 이르기까지 점차 경험적 지지를 더해 가고 있다. 한편 최근 성격에 관련된 연구들은 인간의 병리적 성격에 뇌의 어떤 부분과 뇌 화학물질이 관여하는지, 그래서 어떠한 증상별 개입방법이 가능할 것인지에 대한 새로운 아이디어들을 내놓고 있다. 이러한 성격에 대한 생물학적 관점의 동향은 최근 상담의 과학화와 새로운 패러다임의 상담모형을 제시해 줄 수 있을 것으로 기대된다. 이 장에서는 인간의 성격에 대한 생물학적 관점을 상담에서 보다 체계적으로 활용하기 위해 ① 유전, ② 호르몬과 신경전달물질, ③ 최근의 신경과학적 접근, ④ 병리적 성격의 생물학적 특성, ⑤ 상담에의 적용, ⑥ 평가 및 최근 동향을 중심으로 살펴보고자 한다.

1. 유전

성격에서 유전은 어떠한 역할을 하는 것일까? 유전(heredity, 遺傳)이란 한 세대에서 다음 세대로 이어지는 유전형질의 전달이나 이로써 나타나는 표현형태의 재현을 뜻한다. 비슷한 행동을 보이는 특성이 유전 때문이라고 보는 생물학적 입장은 어떠한 신체적, 생리적 경향성을 가지고 태어났는가가 행동에 영향을 끼친다는 뜻이다. 생물학적 요인 중 유전 요인은 신체, 즉 유전인자가 성격을 결정한다는 생각에서 출발하는데, 여기에는 1장에서 살펴본 셸던(Sheldon)의 '체형에 따른 성격 분류', 크레치머(Kretschmer)의 성격기질 유형론, 히포크라테스(Hippocrates) 4기질설 등이 있다. 성격이 유전되는 것인지, 아니면 환경에 의해 결정되는지에 대한 관심은 지금까지도 꾸준히 지속되고 있다. 1950년대 이후에는 이러한 신체 유형과 성격 간의 관련성에 대한 경험적 지지가 약화됨에 따라 점차 관심이 줄어들게 되었고, 손가락 길이와 관련된 성격 연구들이 꾸준히 지속되고 있다. 그 이후 클로닝거(Cloninger)의 성격기질 모델을 필두로 하여 기질과 특성, 성적 지향성, 문제 행동 등도 유전된다는 증거들이 다양하게 보고되고 있다. 최근에는 엄격히 유전적 입장만을 고수하기보다는 문화, 사회, 가정과 같은 환경적 요인과의 상호작용을 통해 성격 발달에 영향을 끼친다고 보기도 한다.

1) 기질과 유전

유전이 인간의 성격에 미치는 영향에 대한 입증은 주로 일란성 쌍생아와 이란성 쌍생아를 비교하거나 입양아의 비교 연구, 가족 연구 등을 통해 그들의 유사성이 환경의 영향을 받는지 검증함으로써 가능하다. 기질(temperaments)은 한 사람의 전반적인 '정서적 성질'로 다양한 인간 행동에 영향을 끼친다. 버스와 플로민(Buss & Plomin, 1984: 84)은 기질을 "생애 초기에 나타나는 유전적 특성"이라고 정의하며 기질이 특성보다 더 많이 유전된다고 한다.

그렇다면 성격의 어떤 기질이 유전되는 것일까? 신경생리적 조건이 성격에 영향을 미친다는 입장의 대표적 학자로 기원전 4세기 무렵의 그리스 의학자 히포크라테스를 들 수 있다. 그는 엠펙트크라스의 우주4원론에 대응하여 4체액론을 제시하였다. 히포크라테스의 4체액론에 따르면, 인간의 체액은 혈액, 흑담즙, 황담즙 및 점액으로 구성되어 있고, 이에 대응되는 네 가지 기질은 ① 다혈질(sanguine, 정서적으로 안정되고 외향적), ② 흑담즙질 또는 우울질(melancholic, 정서적으로 불안정하고 내향적), ③ 황담즙질(choleric, 정서적으로 불안정하고 외향적), ④ 점액질(phlegmatic, 정서적으로 안정되고 내향적)이다. 이러한 히포크라테스의 기질론을 검증하기 위해 최근 총 40문항의 자기보고식 기질검사(Temperament Test)가 개발되었다. 이 성격기질검사는 단어연상검사로서 질문지는 없고 각 문항별 4개의 단어 중에서 자신에게 가장 잘 맞는 단어순으로 4점부터 1점까지 평정하도록 되어 있다. 최근 신경과학적 접근이 발전됨에 따라 인간의 유전적인 특성과 뇌 구조, 상담 종결 후 신경생리적 구조를 분석하여 치료적 효과를 평가하는 도구로 이러한 성격기질검사가 활용되고 있다.

생물학적 근거에 기초하는 유전적인 기질론에는 성격의 5요인 이론과 클로닝거의 성격기질 모델이 대표적이다. 특히 신경증, 외향성, 호감도, 성실성, 경험에 대한 개방성과 관련된 성격 5요인은 문화 간 유사성, 성차, 연령에 따라 다를 수 있으나 인간에게 보편적으로 나타나는 유전적인 특성(McCrae, 2005)이며, 비디오 평정법에 따른 쌍생아 연구에서도 성격 5요인은 유전적인 것으로 나타났다(Borkenau, Riemann, Angleitner, & Spinath, 2001).

클로닝거의 심리생물학적 성격기질 모델에서는 인성(personality)을 이루는 두 개의 큰 구조로서 기질(temperament)과 성격(character)을 구분하고 있다. 기질은 외부 자극에 대해 자동적으로 일어나는 정서적 반응으로서 유전적으로 타고난 것이며 일생 동안 비교적 안정적인 속성을 보인다. 반면 성격은 기질에 의한 자동적인 정서 반응을 조절하며 환경과의 상호작용 속에서 형성되고, 사회문화적 학습의 영향을 받으며 일생 동안 지속적으로 발달한다. 유전적 특성의 4개 기질요인은 ① 새로움 추구(novelty seeking), ② 위험회피(harm avoidance), ③ 보상의존(reward dependence), ④ 지속성(persistence)이다. 환경적 결정에 의한 3개의 성격 요인은 ① 협응(cooperativeness), ② 자기지향(self-digestedness), ③ 초월의식(self-transcendence)이다. 유전적 특성의 4개 기질요인은 각각의 신경전달물질 체계와 관련이 있다. 새로움 추구는 흥분, 충동, 탐구 및 다혈 성향 등을 반영하며 도파민과 관련이 있다. 위험회피는 조심성, 포용성, 과도한 염세 성향 등을 반영하며 세로토닌과 관련이 있다. 보상의존은 현상을 지속하는 데 필요한 보상에 대한 능동적 반응, 타인의 허용에 대한 의존성 등을 반영하며 노르에피네프린과 관련을 가진다. 지속성은 보상의존에서 분화된 개념으로 참을성이나 우유부단함을 반영한다(Cloninger, 1987).

손가락 비율에 관한 상관 연구들 또한 유전, 체질 등의 선천적인 기질과 더

관계가 있을 것이라는 입장이다. 손가락 비율과 5요인(Big Five) 성격 특성 관련 연구(Lippa, 2006)에서는 두 번째와 네 번째 손가락(2D:4D) 비율이 외향성(extraversion)과 정적 상관을, 개방성(openness)과는 부적 상관을 보였다. 손가락 비율과 생물학적 성 호르몬에 의한 심리적 특성 관련 연구들(Bailey & Hurd, 2005; Benderlioglu & Nelson, 2004)에서는 태아기에 남성 호르몬인 테스토스테론에 노출되는 정도가 높아 낮은 2D:4D 비율을 보일수록 공격성이 크고, 자극 추구, 위험한 모험을 감행할 가능성이 높다고 알려져 있다. 특히 박현수 등(2007)의 연구에서도 높은 2D:4D 비율을 보일수록 위험회피 척도와 관련하여 '낯선 사람에 대한 수줍음' '불확실성에 대한 두려움'의 하위척도 점수가 높았다. 특히 남성 집단에서는 2D:4D 비율이 낮을수록 기질검사 항목의 다혈질의 점수가 높아, 지금까지 알려진 태아기의 테스토스테론으로 인한 공격성, 자극 추구 경향과 관련성이 있음이 입증되었다.

2) 유전 진화 및 특성

인간의 성격 특성에 대한 유전 진화론적 입장은 어떠할까? 1960년대 다윈(Darwin)의 진화 이론의 발달과 더불어 생식과 생존의 원칙에 근거한 진화심리학에서는 생존에 필요한 성격이 유전된다고 본다. 더 나아가서 생식과 생존을 위한 이성관계에서의 짝짓기 특성에 대한 성차의 다양한 가설도 가능하다. 또한 인간 신체 구조와 일부 유전자 기능에 대한 게놈 지도를 알면 유전자의 위치를 파악하기가 쉽다. 물론 이러한 부분에 있어서 윤리적, 사회적, 법적 문제점(Hubbard, 1995)이 있지만, 장애유전자를 지닌 경우 예견이 가능하며 유전치료법을 통해 교정이 가능하여 게놈 지도를 통해 예방의학적 차원으로 변화시킬 수 있을 것이다(Lewin, 1990). 최근 성격 특성에 대한 국내의 연구 경향(Kim & Kim, 2011)에서도 세로토닌, 도파민 등과 같은 신경전달물질의 연구, 게놈 지도와 관련된 학회(Genome-wide Association: GWAS) 설립과 같이 성격 특성의 유전 연구가 활성화되고 있고 미래의 성격에 대한 연구로 성격장애를 확인할 수 있는 유전적 요인을 찾고자 한다.

유전적인 요인 중 스트레스에 취약한 인간 행동의 특성은 미국의 심장의학자 메이어 프리드먼(Meyer Friedman)과 로이 로젠먼(Roy H. Rosenman)에 의해 명명된 A유형 행동 특성(type A behavior pattern)이다. A유형 행동 특성은 성급하고 경쟁심이 많으며 항상 긴장하고 있는 인간의 행동 유형으로서 적대감, 조급성, 경쟁심을 특징으로 한다. 이 유형의 사람들이 지니는 적대감은 건강에 해롭고, 그들은 사회적으로 우위를 차지하려는 태도가 강하며 상대에게 비호의적이다. 구체적인 특징은 다음과 같다.

- 경쟁적인 성취 노력: 사회단체에 관여하거나 많은 활동에 참여하기를 원하며, 경쟁적인 운동경기를 좋아하고, 노력하면 여러 가지 장애 또는 좌절을 극복할 수 있다는 믿음을 가지고 지속적으로 행동한다.
- 과장된 시간 압박감: 교통 혼잡이나 줄을 서서 기다리는 것과 같은 지연에 대해 상당한 성급함과 짜증을 보인다.
- 공격성과 적대감: 일반적인 상황에서는 특별히 공격적이지 않지만, 과제 달성을 위협하는 비난이나 상당한 시간 압박을 받는 환경에서는 매우 공격적이다.
- 증후에 대한 무감각 혹은 무시: 신체 증후와 피로를 쉽게 보고하지 않고 지나친다.
- 기타: 참을성이 부족하여 다른 사람의 말을 자주 가로막고, 빠르고 강한 억양으로 말하며, 쉽게 화를 내고, 약속 시간에 일찍 나오며, 짧은 시간 동안 보다 큰 성취를 얻으려고 끊임없이 노력한다.

프리드먼과 로젠먼(1974)의 연구에서는 관상동맥(심장병) 문제로 치료받고 있는 환자들이 일반인과 달리 경쟁심, 성취욕이 강해 사회생활에는 유리하나 스트레스 호르몬 분비로 인해 혈압 상승, 심장병 위험이 높고 스트레스에 취약함을 관찰하였다. A유형 행동 특성은 자신이 처한 환경에 대해 통제력을 발휘하고 유지하려는 강한 욕구가 내재되어 있다. 그리하여 통제력 획득과 유지에 과도하게 집착함으로써 스트레스를 많이 받게 되고, 이 과정에서 교감신경의 활동이 증가하고, 카테콜아민이라는 신경전달물질이 방출되며, 이것이 혈압을 상승시키고 동맥의 손상률을 증가시키며, 심장병을 초래한다는 것이다. 특히 A유형 행동 특성은 심혈관질환의 발병과 관련이 있는 요인으로 인정되고 있다(Matthew, Glass, Rosenman, & Bortner, 1977). 특히 정하룡 등(2011)의 연구에서는 심전도검사인 EKG 결과를 통해 A유형 행동 특성이 화병에 영향을 줄 수 있는 성격 유형임을 검증하였다.

[그림 12-1]에서 볼 수 있는 바와 같이 A유형 행동 특성은, 스트레스에 가장 강하며 일 처리를 서두르지 않고 즐거움을 찾으며 여유를 즐기는 B유형 행동 특성에 비해, 과제의 난이도가 높을수록 심장 수축 혈압이 높은 것을 알 수 있다.

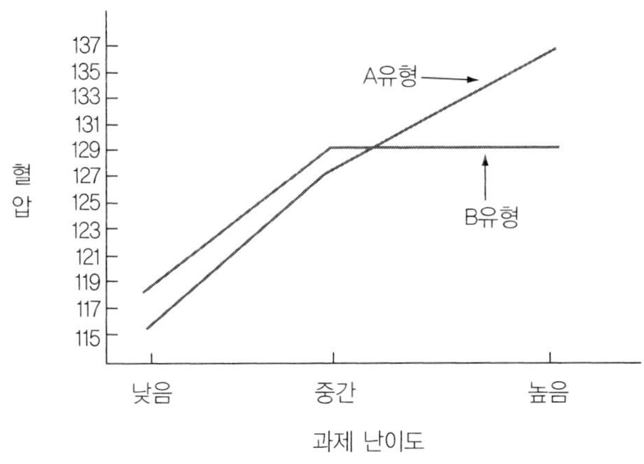

[그림 12-1] A유형 행동 특성과 B유형 행동 특성의 과제 난이도에 따른 혈압 상승 수준

출처: Holmes, McGilley, & Houston(1984).

2. 호르몬과 신경전달물질

호르몬이란 다세포 생물의 일부 기관에서 합성되어 다른 기관에 영향을 미치는 물질을 뜻하며, 성장, 생식, 생체 내 환경을 일정하게 유지하는 항상성(homeostasis) 등 여러 가지 생리적 활성을 조절한다. 인간 행동에 영향을 미치는 특성으로서 호르몬이란 신체 요인 중 내분비선에서 분비되는 호르몬의 영향을 뜻한다. 세포는 호르몬에 반응하며, 호르몬은 성장의 자극 또는 금지, 면역, 물질의 통제, 새로운 활동을 위한 준비에 효력을 미친다. 이때 신경전달물질(neurotransmitter)은 기분, 기억 또는 정신 능력에 영향을 미친다. 지금까지 100여 개의 신경전달물질이 발견되었으며 가장 많은 연구로는 테스토스테론, 도파민, 세로토닌, 노르에피네프린, 아세틸콜린 등을 들 수 있겠다. 여기에서는 상담에서 주로 다루어지는 내용인 공격성, 신뢰, 의욕, 안정감과 관련된 호르몬인 테스토스테론, 옥시토신, 도파민, 세로토닌을 중심으로 살펴보고자 한다.

1) 테스토스테론

테스토스테론(testosterone)은 포유류, 파충류, 조류 같은 척추동물에서 발견되는 성 호르몬이다. 성 호르몬은 태아에서부터 신체적 성 특성의 발달을 결정한다. 예를 들어, 남성은 여성에 비해 생후 다섯 달과 사춘기 이후에 높은 테스토스테론을 지니고 있다고 보는데, 남성 호르몬은 갈등에 대한 공격적 반응을 증가시킬 수 있다는 것이다. 예를 들어, 중년기 이후로 아내가 성격이 변해서 고분고분하지도 않고 과격해져서 은퇴 후 집에서 함께 생활하기 힘들다고 호소하는 내담자의 경우, 상담자는 아내의 테스토스테론 증가로 인한 호르몬의 변화를 생물학적 관점에서 이해시킬 필요가 있다.

테스토스테론은 성인의 공격성, 반사회적 행동, 지배적 행동과 관련이 있다. 테스토스테론과 남성의 기분과 공격성에 대한 효과를 검증하기 위해 53명의 피험자를 대상으로 일기, 우울평정, 공격성 질문지, 증상 체크리스트, 조증 평정척도를 사용한 결과(Pope, Kouri, & Hudson, 2000) 주당 300mg 이상 테스토스테론을 주입받은 피험자 중 12%는 경조증을, 4%는 조증을 보였다. 초기 테스토스테론과 안드로겐의 노출은 생리 및 해부학적인 특성에서 남성화를 일으키는 원인이 되는데, 테스토스테론은 논쟁을 좋아하는 행동과 관련되었다(Benderlioglu & Nelson, 2004).

2) 옥시토신

옥시토신(oxytocin)은 등뼈 동물과 무척추 동물을 포함하는 다양한 동물의 뇌하수체 후엽 가운데에서 분비되는 호르몬이다. 옥시토신은 출산 때뿐만 아니라 보통 호감 가는 이성을 보았을 때에도 분비된다. 옥시토신이 혈류에 분비되면 남녀가 서로 안고 싶은 충동과 성욕을 느끼게 되고, 산모는 아기에 대한 모성 본능을 갖게 된다.

옥시토신은 사회적 행동과 관련되어 있는 호르몬으로서 '보살피고 한편이 되는 반응'으로 애착체계, 사회적 유대와 관련이 있다. 인간 신뢰의 생물학적 기초는 옥시토신인 것이 입증되었다. 옥시토신과 신뢰감 간의 관련 연구를 보면(Kosfeld, Heinrichs, Zak, Fischbacher, & Fehr, 2005), 인간의 신뢰감을 증진시키는 애착관계 형성에서 신경 펩티드인 옥시토신이 중요한 역할을 하고 있다. 구체적으로 옥시토신은 대인 간 상호작용에서 발생하는 사회적 위험을 수용하려는 인간의 의지에 영향을 미치는 것으로 나타났다.

3) 도파민

도파민(dopamine)은 등뼈 동물과 무척추 동물을 포함하는 다양한 동물의 중추신경계에서 발견되는 호르몬이나 신경전달물질이다. 도파민은 뇌의 많은 기능을 포함하는 중요한 행동과 역할에 영향을 주는데 쾌락의 정열적 움직임, 긍정적인 마음, 성욕과 식욕 등을 관장한다.

도파민은 특히 운동 조절이나 호르몬 조절, 감정, 동기 부여, 욕망, 쾌락, 의욕, 수면, 인식, 학습 등에 영향을 미친다. 도파민 분비 조절에 이상이 발생하면 사람에게 다양한 질환이 발생한다. 도파민의 분비가 과다하거나 활발하면 조울증이나 조현병을 일으키며, 도파민의 분비가 줄어들면 우울증을 일으킨다. 흡연으로 인해 흡수되는 니코틴은 도파민을 활성화해서 쾌감을 느끼게 해 준다. 마약을 통해 느끼는 환각이나 쾌락 등도 도파민의 분비를 촉진 및 활성화해서 얻게 되는 것이다. 도파민 결핍은 근육 경직을 초래하는 반면, 도파민을 생성하는 신경세포가 손상되면 운동장애를 일으켜 파킨슨병(Parkinson's disease)을 유발하기도 한다.

4) 세로토닌

뇌 전체에 광범위한 영향을 미치는 세로토닌(serotonin)은 충동적인 편도체를 이성적으로 활성화하는 자기 조절과 관련된 호르몬으로서 뇌 활동에 깊이 관여한다. 자타가 공인하는 '세로토닌 전도사'인 정신과 전문의 이시형 박사에 따르면, 세로토닌은 현대인의 정신건강과 아주 깊은 관련이 있는 신경전달물질이라고 한다. 세로토닌은 정열적인 도파민이나 불안, 부정적 마음, 스트레스 반응 등을 관장하는 노르아드레날린의 신경을 억제하여 평온하게 한다. 세로토닌은 온화하고 긍정적이며 의욕적인 마음 상태를 만들어 주기 때문에 효과적인 항우울제로 사용되고 있으며 강박증, 충동 조절에 널리 활용된다.

세로토닌은 스트레스 자극에는 전혀 반응을 보이지 않고 좌선할 때의 각성 상태와 같은 조용한 각성 상태를 유지하게 하며, 아침에도 쉽게 일어나 상쾌한 심신 상태를 맞이하도록 한다. 세로토닌 신경은 항중력근을 직접 흥분시키는 척수의 운동신경에 자극을 주어 척추 근육이 반듯해져 자세가 좋아지고 얼굴 표정이 팽팽해져 사람이 생기 있어 보이도록 한다(김용식 외, 2004). 세로토닌 수준이 저하되면 우울, 불안, 폭력, 조현병과 같은 여러 가지 정서 및 행동 장애가 생

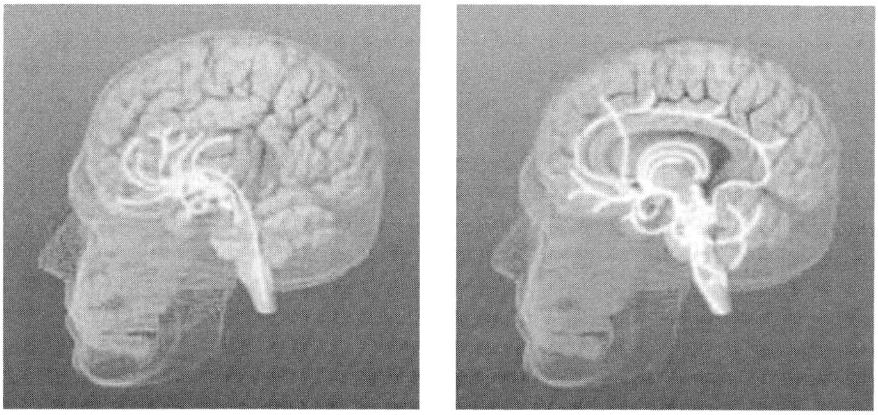

[그림 12-2] 신경전달물질의 통로

출처: Carter(1998).

길 수 있다. 특히 우울장애를 갖고 있는 사람은 뉴런과 뉴런 사이에 신경전달물질의 활성도가 떨어져 세로토닌의 수치가 낮게 나타나며, 경계선 성격장애를 가진 경우도 전두엽에 장애가 오거나 기능 저하로 세로토닌 분비가 현저히 떨어지는 양상을 보인다. 그 밖에도 뇌 전두엽의 이상으로 인해 세로토닌 기능이 저하되어 공황장애가 나타나기도 하며, 뇌 전두엽과 기저핵 부분의 혈류 이상으로 인한 세로토닌 기능의 저하 혹은 세로토닌 수용체의 감수성 증가는 강박장애의 원인으로 알려져 있다. 따라서 세로토닌 재흡수 억제제인 SSRI를 복용하는 것이 일차적인 처방이 될 수 있다(김청송, 2007).

3. 최근의 신경과학적 접근

신경과학에서 인간의 두뇌 형성은 생존과 적응을 위한 장기적 진화과정의 산물로 이해한다. 두뇌 구조는 인간들이 살아온 사회환경적 조건에 대한 적응의 결과로 세상을 인식하는 지식과 이러한 정보를 관리하는 프로그래밍이다(Singer, 2006). 즉, 두뇌가 스스로 조직하여 인간 행동에 영향을 끼친다는 인간의 자율성을 포함한 새로운 결정론이라 볼 수 있다. 신경과학은 19세기 말 신경세포가 뇌를 어떻게 구성하는지 확인할 수 있게 되면서 더욱 발전하게 되었다. 20세기 전반기는 심리학과 신경과학이 서로 독립적이었지만, 1980년대부터 인간 사고의 바탕이 되는 신경과정을 이론적 · 실험적으로 연구하는 인지신경과학 분야로 발전하고 있다. 뇌 속 신경전달물질의 많고 적은 경향성이 그 사람의 성격 특성을 좌우한다는 이 이론에서는 두뇌 호르몬에 따라 개인의 성격적 특성을 밝혀내고 그 호르몬의 균형을 통해 건강을 회복하고자 한다(Folensbee, 2010).

다음의 신문기사는 끔찍하고 공포스러운 인간의 트라우마 기억을 두뇌 조절을 통해 어떻게 감소시킬 수 있는가에 대한 효시를 보여 주는 실험 결과다.

뇌 전기신호 조절해 '공포기억' 지운다

어떤 종류의 유전자와 전기신호가 공포 기억을 지우는 데 관여하는지를 국내 연구진이 밝혀내 화제다. 한국과학기술연구원(KIST) 신희섭 박사팀은 짧게 끊어진 신경세포의 전기신호가 공포 기억 소멸을 촉진하며, 이 신호 발생에는 'PLCβ4' 유전자가 중요한 역할을 한다는 사실을 확인했다. 쥐 실험에서 반복적으로 특정 소리와 함께 전기충격을 주면 쥐는 결국 실제 전기충격 없이 소리만 들려도 동작을 멈추고 움츠러드는 공포반응을 나타낸다. 이 상태에서 계속 전기충격 없는 소리에 대한 학습이 거듭되면 쥐는 서서히 소리가 공포의 조건이 아니라는 사실을 깨닫고 더 이상 반응을 보이지 않는다.

반면 유전자 조작을 통해 쥐의 몸에서 PLCβ4를 없앤 뒤 실험한 결과, 공포 기억의 소멸 과정이 제대로 이뤄지지 않았다. PLCβ 4가 공포 기억을 지우는 데 결정적이라는 사실을 확인했다. 신희섭 박사는 "그동안 외상후 스트레스 증후군 환자들에 특별한 치료 방법이 없었지만 연구 결과를 응용하면 뇌의 전기신호를 조절해 나쁜 기억을 지우도록 도울 수 있을 것"이라고 설명했다.

이 논문은 2011년 12월 과학학술지 '네이처 뉴로사이언스' 인터넷 판에 실렸다.

1) 뇌의 구조와 신경체계의 기능

자기공명영상(fMRI)나, 뇌파검사를 통해 신경과학적 접근을 통합해본다면, 내담자에 대한 생물학적 관점에서의 과학적 진단과 더불어 치료적 효과에 대한 검증도 용이해질 것으로 기대된다.

(1) 뇌의 구조에서 변연계의 역할

변연계(limbic system)는 뇌의 오래된 부위와 뇌의 피질 반구 가운데 도넛 모양의 뉴런 체계로서, 다른 뇌 영역과의 연결을 통해 인간의 정서를 담당하고 있다. 두려움, 공포와 분노, 공격 같은 정서나 음식과 성과 같은 기본적인 동기와도 관련된다. 변연계에는 편도, 해마, 시상하부가 있는데, 각각의 역할은 다음과 같다.

- 편도(amydala): 변연계의 일부이고 정서와 관련되는 두 개의 편도 모양을 한 뉴런 집합체다. 편도체는 고통이나 불쾌한 결과를 경고해 주거나 생물학적으로 중요한 대상이나 상황에 대한 생리적 반응 및 행동적 반응의 특수한 역할을 담당한다(Calson, 1997). 쉽게 말해서 위험신호를 내보내는 역할을 한다.
- 해마(hippocampus): 변연계의 일부이고 기억과 학습을 담당한다. 해마가 손상되면 새로운 기억을 할 수 없다. 술을 많이 마시고 필름이 끊기는 경우 기억을 처리하는 해마의 신경세포 작동이 알코올로 인해 활성화되지 않았기 때문이다. 치매, 조현병 등의 가능성을 고려해 볼 수 있다.
- 시상하부(hypothalamic): 시상의 아래에 있는 뉴런의 구조로서 몇 개의 생명유지 활동(먹기, 갈증 해소, 체온)을 명령하고, 뇌하수체선을 통해서 내분비계를 통제하도록 하며 정서와 관련된다. 아드레날린, 코르티솔, 도파민, 세로토닌 등과 같은 호르몬을 배출해서 정서조절에 영향을 준다.

(2) 신경체계

신경체계는 신체의 신속하고 전기화학적인 의사전달 체계이며, 말초신경계와 중추신경계의 모든 신경세포로 구성된다. 신경체계는 무의식적 수준에서 인간이 위험을 감지하는 부분으로 위협적인 상황에 처했을 때 어떤 사람들은 꼼짝달싹 하지 못하고, 어떤 사람들은 정확하게 위험요소를 파악하고 적절하게 대처하는가 하면, 또 어떤 사람들은 심장이 두근거리고 숨이 가쁜 불안한 반응이 오래 지속되기도 한다. 이러한 다양한 위험감지의 차이가 같은 사건에 처하고도 전혀 다른 생리적 반응을 유발하는 신경체계의 기능 때문이다.

(3) 대뇌피질의 구조

대뇌피질(cerebral cortex)은 서로 연결된 신경세포들의 복잡한 표면으로 주로 인지 기능과 관련이 있다. 즉, 운동, 감각, 연합 기능의 영역에서 학습과 사고에 필요한 능력을 제공하여 언어 표현, 유창성, 기억을 통해 환경에 더 잘 적응하게 한다. 예를 들어, 지능검사에서 절대음감을 지니고 있는 아동이 있다고 가정할 때, 이 아이는 측두엽이 발달해있을 가능성이 크며, 후두엽이 발달해있을 경우 시각디자인 계통에 적성이 높을 가능성이 있음을 예측해 줄 수 있다면 학업지도 및 진로상담에 도움을 줄 수 있을 것이다. 트라우마(trauma) 문제를 지닌 내담자의 경우, 그때의 주요사건에 대한 기억이 멈추어 버렸기 때문에 대뇌피질이 작동하지 않아서 생각을 해낼 수도, 말을 할 수도 없다. 예를 들어, 아버지가 어머니를 심하게 구타해서 응급실에 실려 가는 장면을 목격한 내담자에게 상담자가 "그때 무슨 일이 있었는지 구체적으로 말해 주세요?"라고 구체화 질문을 할 수 있다. 그런데 이러한 생물학적 특성을 이해하지 못하는 상담자라면 "기억이 잘 나지 않아요"라고 말하는 내담자의 반응을 자신에게 진실을 말해주지 않고 방어하는 내담자라고 평가하고 보다 정확한 정보를 탐색하기 위한 질문에만 집중함으로써 부적절한 개입전략으로 상담에 임하게 된다.

- **전두엽**: 이마 뒤에 있는 대뇌피질의 부위로 말하기와 근육운동 그리고 계획

수립 및 판단과 관련된다. 전두엽에 이상이 생길 경우, 세로토닌의 기능저하로 인한 경계선적 성격장애, 공황장애나 강박장애와 같은 불안장애의 가능성을 고려해 볼 수 있다.

- 두정엽: 머리의 꼭지와 머리 뒤에 있는 대뇌피질의 부위, 감각피질이 여기에 있다.
- 후두엽: 머리의 뒤에 있는 대뇌피질의 부위로 정반대의 시야에서 오는 시각정보를 수용하는 시각 영역이 여기에 있다.
- 측두엽: 두 귀의 위쪽에 있는 대뇌피질의 부위로 반대의 귀에서 오는 청각정보를 주로 수용하는 청각 영역이 여기에 있다.

2) 정서와 인지에 대한 신경과학적 접근

정서가 자율신경계의 변화, 자세와 얼굴 표정과 같은 골격근의 변화, 지각 경험 및 평가의 변화를 수반한다고 볼 때, 뇌의 주요 영역인 후뇌, 중뇌, 전뇌는 모두 정서적 상태에 관여한다(Plutchik, 2004). 정서 표현에 관여하는 뇌의 영역은 주로 해마, 편도체, 중뇌 핵이다. 뇌의 주요 신경전달물질을 포함한 중뇌의 핵은 도파민의 경우 흑질, 노르에피네프린은 청반, 세로토닌은 솔기 핵에서 발견되었다. 세로토닌과 노르에피네프린은 모든 정서에, 도파민은 탐색 또는 기대, 돌봄이나 양육과 관련된 정서체계에 관련된다(Heath, Neale, Kessler, Eaves, & Kendler, 1992).

신경생리학적 접근에서는 정서 표현의 유전성을 강조한다. 놀람, 흥미, 기쁨, 분노, 불안, 혐오, 수치, 고통과 같은 기본적인 정서는 유전적인 뇌 시스템에 의해 통제되는 선천적인 요소라는 것이다(Tomkin, 1962). 뇌의 손상은 정서적 변화를 가져온다. 예를 들어, 편도체가 손상된 경우 공포 조건화가 나타나지 않았으며(Adolphs, Tranel, Damasio, & Damasio, 1995), 전두피질의 손상은 성인의 정서 조절 및 사회적 유능감과 관련이 있다. 전두피질이 손상되면 인지적 손상이 나타나지 않더라도 평생에 걸쳐 사회적 조절 능력과 사회적 인식의 결함이 나타난다(Damasio, 1994). 정서적 자극에 대한 뇌 활성화(정진복, 안창일, 2000)나 뇌과학 입장에서 본 마음의 연구(신희섭, 2005)는 상담학에 있어서 바이오피드백 활용의 가능성을 제시하고 있다.

분노에 대한 생리적인 이론에서도 분노의 원인을 유전인자의 구조와 혈액 화학적 성질 혹은 두뇌 질환에 있다고 강조한다. 이때 테스토스테론이나 코르티코스테론 같은 호르몬은 공격성과 관련이 있다. 메인과 암브로스(Mayne & Ambrose, 1999)는 분노를 경험할 때 교감신경계의 활성화로 인해 혈압 상승이나 심장 박동의 증가와 같은 다양한 생리적 반응과 신체적 변화가 일어난다고 정의한다. 또한 체내에서는 아드레날린과 노르아드레날린이 분비되도록 자극한다. 두 생화학물질은 분노와 각성, 긴장, 흥분 그리고 열기를 느끼게 하는데, 심장 박동과 혈압, 호흡에 변화를 가져다줄 뿐만 아니라 신체적 건강에도 유해한 영향을 끼친다. 특히 습관성 분노와 관련된 기억은 신경조직상의 과민성을 지속시키기 때문에 분노 조절, 인지치료, REBT, 자기교습 훈련, 명상, 마음챙김 등과 같은 다양한 접근을 통해 정서 상태 및 기억을 저장하는 해마로 인한 부정적 영향을 해소시킬 수 있다(류창현, 2012: 93-95 재인용).

노령화가 가속화되고 있는 현대사회의 노인성 질환인 치매는 대표적인 뇌의 인지기능장애에 해당된다. 주로 내과적, 신경과적 원인으로 인한 뇌신경의 손상이 발생함으로써 직업 활동을 포함한 사회생활과 일상생활 유지에 현저한 곤란을 일으키게 된다. 이러한 치매에 관련된 내담자를 만날 때나 교통사고, 고문 및 박해와 관련된 심각한 트라우마를 경험한 내담자의 뇌손상 후 기억력 회복에 대한 사례를 접하게 될 때, 상담자는 뇌의 인지 영역과 관련된 구체적인 영역과 생화학적 속성, 그리고 이들이 어떻게 관련되어 있는지를 파악할 필요가 있다.

조현병 환자의 경우 전전두피질, 측두엽 등에서 구조적 이상이 나타나고 이를 통해 조현병의 뇌 구조적 이상은 유전적임을 알 수 있다(Jung, Jang, Byun, Ahn, & Kwon, 2010). 자동화된 뇌 구조의 형태 분석에 있어서도 조현병의 경우 해마의 행태 이상이 발견되기도 한다(Qiu et al., 2010). 또한 인지에 대한 신경과학적 접근은 심리측정에 있어서도 변화를 가져왔다. 신경세포 활동의 변화나 혈류 변화를 측정하여 뇌 기능을 관찰하는 활성 기법을 사용함으로써 인지 기능을 평가할 수 있게 되었다. 예를 들어 기능적 자기공명영상(fMRI) 촬영 동안 언어, 주의집중, 심상, 학습 및 기억과 같은 상위 인지 기능을 자극으로 사용하면서 인지 기능과 관련된 뇌 영역을 검증할 수 있게 되었다(Bihan et al., 1995). 뿐만 아니라 인지에 대한 신경과학적 접근은 조현병의 약물치료 효과를 검증하는 데도 응용되고 있다. 뇌 구조와 관련 관찰 전후의 뇌영상을 비교한 결과 전두엽, 측두엽, 뇌섬엽 등의 용적이 감소하였다(Takahashi et al., 2009). 이상에서 살펴본 바와 같이, 정서와 사고는 뇌에서 각각 구분된 신경 시스템을 가지고 있지만 긴밀한 상호 협조하에 인간의 적응을 도와주고 있다.

4. 병리적 성격의 생물학적 특성

생물학적 접근에서 건강한 성격과 병리적 성격의 기준은 지금까지 살펴본 특성, 기질과 관련된 유전적 요인과 호르몬과 관련된 생물학적 원인에 의한다. 여기에서는 생물학적 요인과 관련된 대표적 이상 행동인 조현병, 신경증, 우울증, 주의력결핍 과잉행동장애(ADHD), 중독과 관련된 병리적 성격을 생물학적 관점에서 이해해 보고자 한다.

1) 조현병, 신경증, 우울증의 생물학적 특성

인간의 병리적 성격은 유전적인 것일까? 유전적 문제 행동은 주로 신경증, 조현병병, 우울증, 충동성, 반사회적 행동 등이다. 성격에 대한 쌍생아 연구 결과(Cattell, Blewett, & Beloff, 1955) 조울성 기질, 분열성 기질, 모험적 순환기질, 퇴행적 분열성 기질 등의 성격 특성은 유전의 영향이 더 큰 것으로 나타났다. 고티스먼과 쉴즈(Gottesman & Shields, 1972)는 일란성 쌍생아의 경우 조현병 진단의 50%, 이란성 쌍생아의 경우는 9%의 일치율을 보임으로써 유전이 조현병 발달에 중요한 영향을 미친다는 것을 입증하였다. 최근 연구(Straub, Jiang, MacLean, Ma, & Webb, 2002)에서는 더 나아가 조현병과 관계있는 유전자의 위치를 찾아내기도 한다.

아이젱크(Eysenck, 1967) 역시 외향성-내향성이나 신경증의 경향성이 유전적 영향을 받고 있다고 본다. 즉, 정서적으로 불안정한 사람들은 뇌의 정서 상태가 쉽게 각성되기 때문에 신경증적 경향성이 높고, 내향적인 사람들은 불안과 우울의 발달에 취약하다는 것이다. 유인가에 반응하는 접근체계(behavioral approach system: BAS)가 높은 것은 우울증과 관련되고, 위협에 반응하는 억제체계(behavioral inhibition system: BIS)가 높은 것은 반사회적 성격과 관련되었다.

우울증의 생물학적 원인은 뇌를 포함한 중추신경계와 말초신경계 모두에서 신경과 신경 사이의 자극을 전달해 주는 신경전달물질에 있다. 기분장애를 일으키는 것으로 알려진 신경전달물질에는 노르에피네프린, 세로토닌, 도파민 등이 있다. 신경전달물질이 불충분하게 생성되거나 혹은 과잉 방출될 때 우울증에 걸리기 쉽다. 특히 양극성 장애의 경우 유전인자가 중요한 원인이 되고 있다. 즉, 양극성 장애 환자들의 약 50%가 부모 중 적어도 한 사람은 기분장애 환자이며, 부모 중 한 사람이 양극성 장애 환자인 경우 그 자녀들에게 양극성 장애가 나타날 확률은 25%에 이른다. 또한 부모 모두 양극성 장애 환자인 경우 그 자녀들은 약 50~75% 정도가 양극성 장애에 걸릴 위험이 있다. 또한 주요 우울성 장애의 경우 정상군에 비해 해마의 용적이 유의미하게 적었으며, 해마의 용적 감소가 주요 우울성 장애의 위험인자였다(Chen, Hamilton, & Gotlib, 2010).

2) ADHD의 생물학적 특성

아동 및 청소년 상담에서 흔히 다루게 되는 주의력결핍 과잉행동장애(attention deficit hyperactivity disorder: ADHD)의 특성은 유전되는 것일까? 그렇다고 하면 생물학적 접근은 어떻게 할 수 있을 것인가? ADHD 아동의 30~40%는 부모나 형제 중에 주의력결핍 문제가 있는 것으로 보고되고 있다. 하지만 대부분의 학자는 주의력결핍이 선천적이며 신경생물학적 원인에 의해 생긴다고 본다. 특히, ADHD는 도파민과 노르에피네프린 등 신경전달물질의 결핍 또는 이상으로 유발되는 것으로 나타났다.

부주의하고 산만하여 아주 쉬운 과제도 끝내지 못하는 ADHD 아동들은 침착하지 못하고 잠시라도 자리에 가만히 앉아 있지를 못한다. 또한 부산하게 움직이며 수업 시간에는 안절부절못하는 모습을 보인다. 감정의 변화와 그 폭이 심하여 쉽게 과도하게 흥분하는 모습을 보인다. 또래 아이들보다 지능이 떨어지지는 않지만, 종종 과제를 끝까지 완성하지 못하여 학습 진도에서 뒤처지고, 학습 능력이 떨어지는 것처럼 보인다. 충동적인 행동으로 또래 아이들로부터 나쁜 평판을 듣고 친구들 사이에서 따돌림을 당하기도 한다. ADHD는 주로 사회적 기술훈련, 인지행동적 접근 방식 등을 통한 상담과 약물치료를 병행하게 되는 경우가 많다. 약물치료는 주의력을 관장하고 충동 등을 통제하는 뇌 속의 신경전달물질인 노르에피네프린을 선택적으로 재흡수할 수 있도록 한다. 이에 ADHD 치료제는 메칠페니데이트(methylphenidate)와 암페타민(d-amphetamine) 성분의 정신자극제 스트라테라(atomoxetine)가 주를 이루고 있다. 이 제제들은 주의집중을 관장하는 뇌 신경전달물질인 도파민과 노르에피네프린을 활성화하고 대뇌 각성 효과를 나타낸다. ADHD에 대한 신경과학적 접근을 위해 두뇌 촬영을 해 본다면 과잉행동 아동의 기본적인 뇌 구조가 손상되었는지, 뇌 기능에 있어 미세한 기능장애가 있는지 확인할 수 있다. 또한 부모와의 면담을 통해 임신 중 그리고 두뇌가 발달하는 과정에서 신경세포들이 적절히 형성되고 연결되었는지 밝힐 수 있다. 즉, 아동의 뇌 발달이나 ADHD에 영향을 끼치는 어머니의 흡연과 알코올 복용 습관을 확인해 볼 수 있다.

3) 중독의 생물학적 특성

최근 한국 사회에서 급증하고 있는 병리적 성격 중 하나는 알코올중독, 도박과 같은 중독 증상이다. 알코올과 물질 남용도 유전적인 원인과 관련이 있다(Segal, 1999). 일란성 쌍생아가 이란성 쌍생아보다 알코올중독 경향성의 가능성이 컸고(Eysenck, 1964), 유전이 음주에 공헌하는 정도가 16세였을 때는 1/3에서 18세였을 때는 1/2로 나타났다(Dick & Rose, 2002). 또한 알코올중독 경향성은 도파민과 새로움 추구 행동과 관련이 있는 유전자였는데(Hutchison, McGeary, Smolen, Bryan, & Swift, 2002), 새로움 추구의 성격 기질요인이 충동적이고 불안정한 행동 경향을 반영하기 때문이다. 알코올중독에 관련된 쌍생아 연구(Laine, Ahonen, Rasanen, & Tiihonen, 2001)를 살펴보면, 알코올중독자 부모의 자녀는 그렇지 않은 경우에 비해 알코올중독자가 될 확률이 4배이며, 입양된 이후 성장해 알코올중독자가 된 남성의 친아버지들 중 25%는 알코올중독자라는 보고도 있다. 일란성 쌍둥이는 이란성 쌍둥이에 비해 2배의 유병률을 갖는다. 또한 남성 알코올중독자는 가족력과 상관성이 컸지만, 여성은 그렇지 않았으며, 약물남용과 관계 깊은 신경전달물질은 도파민, 감마아미노낙산, 세로토닌 등이었다.

기능적 자기공명영상(fMRI)을 통해 도박 과제를 수행하는 동안의 뇌 기능을 평가한 연구(Matthews, Simmons, Lane, & Paulus, 2004) 결과에서 위험 부담을 감수하는 반응이 클수록 세로토닌과 관련된 위험 회피의 기질요인이 낮았다. 중독을 자기 조절의 입장에서 조망한 김교헌(2006)은 중독을 유전과 심리사회적 취약성, 중독 단계 및 신경생물학적인 바탕에서 이해하고 있다. 즉, 최근 인지신경과학적 접근에 따라 보상에 관한 학습과 기억 기제가 정상적인 조절을 이탈하는 신경생리적 변화로 인해 중독 증상이 발생한다는 것이다. 그는 특히 이러한 연구 결과를 통해 마음챙김과 같은 명상이 기존의 심리치료나 약물치료와 결합하면 중독에 대한 자기 조절에 도움을 줄 수 있다고 주장한다.

5. 상담에의 적용

성격에 대한 생물학적 이해를 통해 상담학에 적용 가능한 부분은 무엇일까? 신경과학을 활용한 상담학의 새로운 패러다임 구축, 약물치료 병행과 신경과학적 기기의 활용, 신경심리검사의 활용, 호르몬 치료, 명상에의 적용 등을 중심으로 살펴보도록 하자.

1) 신경과학을 활용한 상담학의 패러다임 구축

신경과학 기반의 개입 모델(Folensbee, 2010)에서는 유전, 생물학적 사건, 초기 대인관계 패턴과 후기 대인관계 패턴, 가족 구조와 가족사, 현재의 행동적 기능을 탐색한다. 이를 통해 건강한 성격과 병리적 성격이 발달되는 동안의 유전적 배경, 물리적 환경과 대인관계 경험 간의 상호작용이 더 잘 드러나도록 촉진한다. 즉, 신경심리학에 기반한 이해는 내담자가 자신의 경험을 처리하는 방법을 명료화하는 데 도움이 된다. 뇌에 대한 신경심리학 기반의 고려(Lezak, Howieson, & Loring, 2004)는 내담자가 처음 정보를 어떻게 지각하는지, 내담자가 받아들인 정보를 어떻게 결합하고 분석하는지, 그리고 내담자가 서로 다른 산출체계를 사용하여 어떻게 반응하고 어떤 경향성을 보이는지, 상담과정에서 내담자가 어떻게 기능하는지 등을 이해할 수 있게 한다. 상담이 진전되지 않을 때도 이러한 뇌 기능의 요소를 고려하게 되면 상담자와 내담자의 상호작용에 대한 인식이 증가된다.

내담자들이 '왜 그러한 행동을 했을까?'를 이해하고자 할 때, 우리는 내담자들의 관찰 가능한 행동을 산출하도록 하는 신경 전달 입력 부분을 감안하게 된다. 이때 신경망은 전두엽 의사결정 과정, 주의 초점화, 시각과 청각 감각체계, 관련 정서 및 각성 수준과 운동 반응을 포함하기 때문에 다양한 행동을 이해할 수 있게 해 준다. 이러한 신경망 개념은 내담자가 상담 전과 상담과정 동안 경험한 것을 이해하고 상담을 통해 일어난 변화를 살펴볼 수 있는 중요한 맥락을 제공한다(Vaughan, 1997). 이렇듯 뇌에 기초한 상담 모델은 신경과학을 상담학에 접목시킴으로써 상담 과학화를 위한 시도가 될 것이다. 트라우마에 대한 치료 접근에서는 이미 뇌의 안정화를 통해 외상 기억을 처리하고 재통합시키는 과정에서 감정과 생리적 반응의 처리를 중요하게 다루고 있다(김남희, 2011).

최근 한국사회는 세월호와 같은 국가적 트라우마나 지진, 지하철 사고, 화재와 같은 다양한 재난에 처해져 있다. 상담실을 찾아오는 내담자뿐 아니라 일반인 누구나가 심리적 응급상황에 처할 수 있기 때문에 전통적인 심리치료와 더불어 신경과학 기반의 개입 모델을 병행한다면 단기간에 위기나 재난에 대한 문제해결과 예방에 도움을 줄 것이다.

2) 약물치료 병행과 신경과학적 기기의 활용

호르몬과 신경전달물질, 뇌 구조와 손상에 대한 파악은 상담에서 약물치료를 병행하는 치료적 변화를 가져올 수 있는 수단이 될 수 있음을 시사한다. 예를 들어, 뇌손상의 경우 기능적 자기공명영상(fMRI)에서의 감각운동피질 활성화 정도를 통해 운동신경망의 회복 정도를 측정할 수 있을 것이다. 또한 뇌손상 후 인지기능장애에 대한 심리치료적 적용과 약물치료 병행 후 전두엽 활성화 정도를 통해 신경망의 재조직 양상을 파악해 볼 수 있을 것이다.

정신질환에서 뇌영상의 전망에 대한 최근 연구(김재진, 한기완, 이정석, 최수희, 2011)에서 강조하고 있는 바와 같이, 뇌영상-유전자 연계는 정신질환에 대한 생물학적 연구의 한계를 극복할 수 있다. 물론 상담에서 CT, MRI 등의 뇌 구조적 촬영 기법은 부가적인 검사이지만, 상담학의 보다 발전된 형태를 위해서는 뇌 촬영 검사상 뇌의 손상이나 뇌혈관장애의 증거를 발견하는 신경심리학적 평가도 활용할 필요가 있다. 뇌 기능을 밝히는 뇌영상화 검사에는 기능적 자기공명영상(fMRI), 전산화 단층촬영(CT) 또는 자기공명영상(MRI), 단일광자방출전산화단층촬영(SPECT)과 양전자방출단층촬영(PET, 뇌의 혈류변화나 대사 변화 등의 기능적 이상을 탐지할 수 있는 검사) 등이 있다. fMRI는 특히 뇌가 특정한 과제를 수행할 때 국소적으로 작동하는 활성 영역을 측정하는 방법으로 오가와(Ogawa et al., 1992)에 의해 개발되었다. 또한 신경생리적 변화과정을 바이오피드백으로 살펴보기 위해서는 인간의 뇌에서 나타나는 전기적 활동을 기록한 뇌파검사(EEG) 결과 등을 참고할 수 있겠다.

3) 신경심리검사의 활용

뇌의 인지 기능을 평가하기 위해서 상담자는 내담자와 마주 앉아 대화도 해보고 글씨도 쓰고 그림도 그려 보게 하고, 기타 여러 자극을 제시하고 이런 것을 얼마나 잘 기억하는지도 알아보는 신경심리학적 검사를 활용할 필요가 있다. 상담실에서 정신건강 진단검사를 실시한 후 인지장애가 있다고 판단된 경우, 신경심리학적 검사를 실시함으로써 인지장애의 유무를 확정 짓고 더 나아가 인지장애의 특성과 뇌의 장애 부위를 예측하는 데 도움을 얻을 수 있다. 특히 뇌손상이 있거나 인지 기능이 저하된 내담자의 경우에는 신경심리학적 평가가 진단의 필수 요건이다. 신경심리검사의 예에는 K-MAS, Rey-Kim 검사와 같은 것이 있다.

예를 들어, 치매가 의심되는 노인 내담자의 경우, 인지적 손상이 노년화의 과정에서 나타나는 정상적인 인지 기능의 저하인지 혹은 치매 초기 단계에 해당하는 인지적 결함인지를 변별할 수 있다. 그런 다음 일단 치매를 지닌 것으로 판단되면 치매를 일으킬 수 있는 다양한 질환 중에서 어떤 질환에 의한 치매인지 파악하기 위해 신경심리학적 심리검사를 실시할 수 있다. 치매 진단 시 고려해야 할 전반적인 인지 기능 영역은 크게 주의집중 능력(attention & concentration functions), 언어 및 언어 관련 능력(language & related functions), 운동 능력(motor functions), 학습 및 기억 능력(learning & memory functions), 시공간적 지각 및 구성 능력(visuospatial perception & constructive functions), 전두엽/실행 기능(frontal/executive functions)과 성격 및 정서 기능(personality & emotional functions)으로 나눠 볼 수 있다. 특히 DSM-5 진단체계에서는 기억장애가 존재하면서 실어증, 실행증, 실인증, 실행기능장애 중 최소한 1개 이상이 인지기능장애를 동반할 경우 치매로 진단하도록 요구하고 있으므로 최소한 이 영역들에 대한 신경심리학적 평가가 시행되어야 한다. 또한 정확한 신경심리학적 평가 및 진단을 위해서 상담자는 인간의 인지 기능 과정과 신경해부학 및 신경계 질환에 대한 이론적인 지식과 함께 적절한 신경심리학적 평가의 선택 및 시행에 대한 숙지, 그리고 검사 결과에 대한 해석 능력을 갖추어야 한다.

4) 호르몬 치료

최근 아동성도착자에 대하여 호르몬을 이용한 의학적 치료방법을 적용하는 방안이 부각되고 있다. 아동성도착자(pedophile)란 사춘기 이전의 아동을 상대로 성적 흥분을 강하게 일으키는 성적 환상, 성적 충동, 성적 행동이 반복되고 지속되며, 이로 인하여 심각한 고통이나 대인관계의 장애를 겪는 자다. 아동성도착자에 대한 기존의 상담 접근은 성적 기호에 대한 재정립, 범죄 행위에 대한 자기 책임, 피해자에 대한 공감 능력, 사회적 기술 향상, 스트레스 충동 관리 및 재발 방지 등이었다. 하지만 최근에는 그들에 대한 의학적 치료방법이 보완되어야 한다는 주장이 있다. 의학적 치료에는 성적 충동과 관련되어 있는 남성 호르몬인 테스토스테론을 생성하는 고환을 제거하는 외과적 거세와 테스토스테론의 분비를 억제하기 위하여 호르몬제를 주사하는 화학적 거세가 있다. 2010년 제정되어 공포 후 2011년 7월에 시행된 「성폭력범죄자의 성충동 약물치료에 관한 법률」 제1조, 제4조 제1항, 제8조 제1항에 의하면, 16세 미만의 아동을 대상으로 성범죄를 저지른 19세 이상의 성도착증 환자가 재범의 위험성이 인정될 경우 성충동 약물치료 명령을 15년의 범위에서 치료기간을 정하여 판결로 선고한다. 또한 치료명령 청구대상자인 성도착증 환자를 정확히 판별하기 위하여 반드시 정신과 전문의의 진단이나 감정을 받은 후 치료명령의 청구 및 판결의 여부를 결정한다. 약물치료는 출소 2개월 전부터 실시하도록 되어 있는데, 이른 성충동

조절 호르몬 투약 시 최초 약 2주간은 남성 호르몬이 과다 분비될 수 있기 때문이다. 또한 이 규정에 의하면(동법 제1조, 제2조 제3호) 반드시 인지행동치료 등과 같은 심리치료 프로그램을 병행하도록 하고 있다. 이는 성충동 약물의 효과가 일시적이므로 성 호르몬 조절을 통하여 성 기능을 일시적으로 약화시키는 것뿐 아니라 심리치료를 통해 자발적인 성충동 조절 능력을 향상해 재범을 방지하기 위함이다.

그 밖에도 중환자실에서 의료적 위기상황을 겪은 환자가 섬망증상 등을 보이며 깨어나지 못하고 있다면, 스트레스 대처 호르몬에 차이가 있을 수 있다. 사전에 호르몬 검사를 하고 치료를 병행한다면 의료적 효과에도 기여할 것이다.

5) 명상에의 적용

명상은 동양의 전통적인 심신수련 방법이다. 명상에 대한 서양의 과학적 연구는 1960년대 이후 벤슨(Benson) 교수를 중심으로 명상 전후 혈압, 심장 박동수 등 생리 현상의 변화를 측정하는 것을 시작으로 1970년대에는 제이컵(Jacob) 교수의 명상에 대한 뇌파 연구가 수행되었고, 1990년대에는 기능적 자기공명영상(fMRI) 등 뇌영상 관련 장비들의 개발로 명상 시 뇌의 기능적, 구조적 변화에 대한 연구가 시작되었다.

명상에 대한 효과는 2005년 미국신경과학학회(Society for Neuroscience: SFN)에서 달라이 라마가 '명상의 신경과학: 명상이 뇌에 미치는 영향'을 주제로 강연을 한 이후 더욱 활발하게 이루어졌다. 2005년 자기공명영상(MRI)을 통해 명상 효과를 검증한 연구(Lazar et al., 2005)에서는 주의력, 감각 정보 처리 등과 관련된 뇌 부위인 오른쪽 전전두엽과 오른쪽 앞섬이랑의 회색질 두께가 명상 수련군에서 증가하였고, 연령이 높고 명상수련 기간이 길수록 그 효과는 더 큰 것으로 나타났다. 명상과정 동안의 마음 조절 기능을 파악해 보기 위해 fMRI를 사용한 결과 두뇌 작용이 마음을 안정시키도록 뇌의 역동을 작용하는 것으로 나타났다(Baerentsen et al., 2009).

6. 평가와 최근 동향

성격에 대한 생물학적 관점은 유전에 의해 영향을 받는다고 가정할 때는 인간 본성에 대한 성격의 결정론적 입장이라고 볼 수 있으며, 호르몬과 같은 복합적인 신경계 시스템과 관련된 생물학적 기능이 인간 행동에 영향을 받는다고 가정할 때는 성격에 대한 과정적 입장이라고 볼 수 있다. 즉, 성격에 영향을 미치는 신체적, 기질과 특성, 생리적 반응, 호르몬과 신경전달물질의 구조가 어떻게 환경과의 상호작용에서 균형을 이루는가에 대한 내용이다. 이러한 접근방법은 인간의 자율 의지, 합리성을 강조하기보다는 인간을 유전에 의해 결정되는 비합리적 존재로 본다. 또한 인간의 주관성보다는 객관성을 강조하며, 시점에서는 과거가 현재에 영향을 미친다고 본다. 생물학적 원인에 따라 건강한 성격과 병리적 성격의 기준을 달리하였고, 성격에 대한 생물학적 접근을 통해 인간의 행동에 대한 과학적 이해가 가능하며, 상담학에 있어서 사례 개념화, 심리평가, 상담개입 방법과 효과 검증을 더욱 명확히 할 수 있을 것이다.

성격에 대한 생물학적 이해를 통해 상담학에 적용할 수 있는 부분은 무엇일까? 유전에 의한 결정론적 입장을 취한다면 상담에서 할 수 있는 것이 없지 않을까 하는 의구심을 가질 수도 있을 것이다. 하지만 최근 유전학과 뇌 연구의 발전으로 인하여 성격에 대한 생물학적 이해는 과학적이면서도 새로운 패러다임의 상담 모형을 제시해 줄 수 있을 것이다. 병리적 성격을 유발하는 생물학적 원인을 변화시키기 위한 상담방법으로는 유전치료를 통한 예방의학의 적용, 호르몬 치료, 바이오피드백, 명상 등을 응용해 볼 수 있을 것이다. 이장에서는 이를 위한 기초 자료로서 신경과학을 활용한 상담학의 새로운 패러다임 구축, 약물치료 병행과 신경과학적 기기의 활용, 신경심리검사의 활용, 호르몬 치료, 명상에의 적용 등을 중심으로 살펴보았다.

하지만 생물학적 관점에 대해서는 다음과 같은 한계도 있다. 첫째, 유전되는 어떤 특성을 측정할 것인가의 문제다. 일반적으로 부모의 아동 평정이나 자기

평정이 행동 관찰보다 유전의 영향을 더 신뢰할 만하게 하고, 유전학의 발달로 유전자 평가법이 더 나은 방법이라는 가능성도 제기되지만, 유전자의 영향성을 언급할 때는 신중할 필요가 있다. 둘째, 상담을 통해 생물학적 특성에 대한 변화를 어디까지 기대할 수 있을까? 상담을 통해 변화 가능한 내담자도 있고 그렇지 못한 내담자도 있을 것이다. 즉, 자신의 체질이나 뇌, 생물학적 특성이 상담을 할 수 없을 만큼 어렵게 만드는 사람들이 있을 수 있다는 것이다. 성격에 대한 생물학적 접근은 현재 성격심리학에서 가장 활발한 영역이지만 과학적 학문 분야에 기초하고 있다. 하지만 신경계에서 무엇이 진행되고 있는가를 표현하기는 어렵다. 뇌 안에서 무엇과 무엇이 연결되는가를 알기 위해서는 신경 경로를 추적해야 하는데, 인간을 대상으로는 이러한 연구를 할 수 없다는 제한점을 감안하여야 할 것이다.

그럼에도 불구하고 성격의 이해와 상담에 관련된 생물학적 관점의 최근 동향은 유전상담(Leroy, McCarthy, & Bartels, 2010)이라는 새로운 분야, 신경망 재조직과 관련된 외상 개입, 신경과학적 접근이라 볼 수 있다. 특히 신경과학적 접근의 발전은 인간의 건강한 정서와 학습 분야뿐 아니라 상담학에도 영향을 끼친다. 최근의 신경과학적 접근이 상담학에 기여하는 점은 뇌 기능과 구조를 고려한 진단과 상담 개입이라 할 수 있으며, 상담의 접근 방식에 있어서는 긍정적 정서치료, 자기 조절 능력 향상, 호르몬 치료나 약물치료의 병행이 있다. 예를 들어, 뇌 안에 도파민이 우세한 체질로 태어난 내담자는 에너지가 넘치며, 행동이 빠르고, 자신에 가득 차 있으며, 감정이나 감각보다 이성이 앞서서 타인의 판단이나 비판은 받아들이지 않으며, 모든 일에 주도적인 특성을 지니고 있을 것이다. 이러한 내담자의 뇌 기능과 구조를 고려하여 세로토닌을 증진시킬 수 있는 활동이나 약물치료 및 상담 개입을 통해 신경 호르몬의 균형을 이루게 한다면 심신의 안정뿐 아니라 타인과의 갈등 또한 감소될 수 있을 것이다. 뇌를 기반으로 한 인간 행동의 이해는 호르몬 치료나 약물치료 병행으로 충동 조절에도 도움을 줄 수 있을 것이며, 아동 성폭력 가해자나 최근 증가하고 있는 성범죄자들, 갑작스러운 트라우마나 재난을 경험하고 있는 사람들에게 가용한 부분이라 하겠다.

참고문헌

강영계(2001). 정신분석이야기: 프로이트의 혁명적 생애와 사상. 서울: 건국대학교 출판부.

권석만(2005). 현대성격심리학: 이론적 이해와 실천적 활용. 서울: 학지사.

권석만(2017). 인간이해를 위한 성격심리학. 서울: 학지사.

김계현, 김동일, 김봉환, 김창대, 김혜숙, 남상인, 조한익(2004). 학교상담과 생활지도. 서울: 학지사.

김광웅(2007). 현대인과 정신건강. 서울: 시그마프레스.

김교헌(2006). 중독과 자기조절: 인지 신경과학적 접근. 한국심리학회지: 건강, 11(1), 63-105.

김금숙, 이종한, 이종구(2013). 초등학생 내적 통제소재의 영역 특수적 가능성 탐색. 사회과학연구, 24(4), 333-354.

김남희(2011). 그것은 몸에서 일어나는 일이다(psychology of trauma and resilience). 트라우마 치료 심화 과정 워크샵 자료집. 서울 EMDR 연구소.

김병훈(2002). 프로이트와 코핫: 핵심 개념의 비교 연구. 한국현대정신분석 연구회 발표자료.

김성민(1998). 융의 심리학과 종교. 서울: 동명사.

김성민(2001). 분석심리학과 기독교. 서울: 학지사.

김완일, 김옥란(2015). 성격심리학. 서울: 학지사

김용식, 강웅구, 김종훈, 김철응, 신영민, 안용민, 정성훈, 정희연(2004). 비정형 항정신병제의 임상. 서울: 서울대학교 출판부.

김은하, 장윤지(2015). 아들러의 개인 심리학 이론을 적용한 화병 사례 연구: 화병, 우

울, 심리적 안녕감의 변화. 한국심리학회지: 여성, 20(4), 469-495.

김재진, 한기완, 이정석, 최수희(2011). 정신질환에서 뇌 영상의 이해와 전망. *Korean Journal of Biological Psychiatry, 18*(1), 5-14.

김지혜, 우태정, 이경애, 이승민, 이경혜(2016), 일부 여자 중학생 대상 사회인지이론기반 영양교육 프로그램의 적용 및 효과. 대한지역사회영양학회지, 21(6), 497-508.

김청송(2007). 정신장애 사례 연구. 서울: 학지사.

김청자, 정진선(2006). 상담의 이론과 실제. 서울: 동문사.

김충기, 강봉규(2001). 현대상담이론과 실제. 서울: 교육과학사.

김현욱(2014). 성별의 조절효과를 고려한 노인의 신체활동이 사회적지지, 주관적 건강 및 삶의 질의 관계: 사회인지이론을 중심으로. 한국체육과학회지, 23(1), 315-330.

노안영, 강영신(2003). 성격심리학. 서울: 학지사.

노환옥, 유정희, 이의주(2010). 정신과 육체의 유형학-통일성과 다양성을 중심으로: 동양의학의 유형론과 사상의학의 유형원리. 인문학 연구, 17, 249-264.

대한신경정신의학회 편(1997). 신경정신과학. 서울: 하나의학사.

류창현(2012). 피해상담사 교육훈련자료집: 피해정신의학, "피해자의 분노조절과 분노치료". 서울: (사) 한국피해자지원협회.

민경환(2003). 성격심리학. 서울: 법문사.

민성길 외(2000). 제4개정판 최신정신의학. 서울: 일조각.

박성수(1988). 개인구념이론: 성격과 심리치료. 서울: 교육과학사.

박성희(2000). 고정역할치료. 학생생활연구, 8(1), 1-45.

박아청(2008). 성격심리학의 이해. 경기: 교육과학사.

박인호, 유희정(1999). 물질상용 장애자의 성격특성: 정신병적 경향성, 신경증적 경향성 및 외-내향성을 중심으로. 한국심리학회지: 임상, 9(1), 70-76.

박종수(2009). 융심리학과 성서적 상담. 서울: 학지사.

박현수, 조상수, 윤은진, 방성애, 김유경, 김상은(2007). 기질적 성격요인과 국소 뇌포도당대사의 상관관계: 성별에 따른 차이. *Ncul Med Mol Imaging, 41*(4), 280-290.

신은혜(1989). Kelly의 고정역할치료에 관한 연구. 인간이해, 10(1), 39-48.

신희섭(2005). 뇌 과학의 입장에서 본 마음의 연구. 한국정신과학회 학술대회 논문집, 23, 109-109.

오가와 가츠유기 외 편(1999). 융 심리학 국제 심포지움(신민형 역). 서울: 선영사.

유태용, 이기범, Ashton, M. C. (2004). 한국판 HEXACO 성격검사의 구성 타당화 연구. 한국심리학회지: 사회 및 성격, 18(3), 61-75.

윤순임(1993). 정신분석학 연구의 현재의 동향. 대학상담연구, 4(1), 1-15.

이기범, 유태용, Ashton, M. C. (2003). 새로운 6요인 성격구조이론: 산업 및 조직심리학적 시사점. 한국심리학회지: 산업 및 조직, 16(3), 89-105.

이미숙(2013). 상담추구태도와 통제소재가 도움추구행동에 미치는 영향. 청소년학 연구 20(5), 1-24.

이부영(2001). 아니마와 아니무스. 서울: 한길사.

이부영(2002a). (우리 마음속의 어두운 반려자) 그림자. 서울: 한길사.

이부영(2002b). 자기와 자기실현. 서울: 한길사.

이부영(2007). 분석심리학: C. G. Jung의 인간심성론. 서울: 일조각.

이우경 외(2008). 신지식의 최전선 4. 서울: 한길사.

이윤경, 김윤경, 이현규, 유나영, 김비아(2014). 물질주의와 웰빙의 관계에서 통제소재의 매개효과. 2014년 한국심리학회 학술대회자료집, 1, 105.

이장호(2001). 상담 심리학의 기초. 서울: 학문사.

이재창, 정진선, 문미란(2008). 성격심리학. 서울: 태영출판사.

이죽내(2000). 분석심리치료. 윤순임 외 편. 현대상담심리치료의 이론과 실제(pp. 85-124). 서울: 중앙적성출판사.

이현림(2000). 상담 이론과 실제. 서울: 원미사.

이현수(2001). 성격과 행동. 서울: 학지사.

정종진(1984). 인성변화와 심리치료를 위한 Kelly의 인지적 접근. 학생지도연구, 13, 157-181.

정진복, 안창일(2000). 정서적 자극에 의한 뇌 활성화 영역. 한국심리학회지: 임상, 19(3), 613-623.

정하룡, 고상백, 박종구, 유준상, 공경환, 이재혁(2011). 화병과 A형 행동유형 및 심혈관 질환과의 관련성 연구. 동의신경정신과, 22(2), 27-37.

조영현, 정여주(2016). 비만아동을 위한 개인심리학 기반 집단상담 프로그램의 개발과 효과. 아시아교육연구, 17(4), 111-141.

채정민, 김종남(2014). 북한이탈주민의 A 유형 행동패턴과 내외 통제 소재가 대인불안에 미치는 영향. 스트레스연구, 22(4), 211-220.

최병희, 오주석, 박선진, 이순철(2015). 교통행동 통제소재와 위험운전행동의 관계. 한국심리학회지: 산업 및 조직, 28(1), 1-21

최혜영, 양숙자(2013). 사무직 근로자를 위한 사회인지이론 기반 걷기 프로그램의 효과. 성인간호학회지, 25(6), 712-724.

한덕웅(1997). 건강 행동을 설명하는 사회인지이론의 비판적 개관. 한국심리학회지: 건강 2(1), 21-45.

한덕웅(2004). 인간의 동기심리. 서울: 박영사.

한은옥, 문인옥(2005). 사회인지이론을 적용한 신체활동에 관한 문헌고찰. 2005년 한국보건교육 · 건강증진학회 학술대회발표논문집, 1, 278-280.

허정희, 조미아(2017). 여자 가출청소년의 독서심리코칭 프로그램 개발 효과에 관한 연구: 아들러의 개인심리학 적용을 중심으로. 한국도서관 · 정보학회지, 48(2), 405-428.

홍숙기(2009). 성격심리(상). 서울: 박영사.

홍숙기(2011). 성격심리(하)(전면개정판). 서울: 박영사.

Adams-Webber, J. R. (1981). Fixed role therapy. In R. J. Corsini (Ed.), *Handbook of innovative psychotherapies*. New York: John Wiley & Sons.

Adler, A. (1907/1917). *Study of organ inferiority and its physical compensation: A contribution to clinical medicine*. Trans. S. E. Jelliffe. NY: Nervous Mental Disorders Publishing Co., (Orig.: Studie er minderwertigkeit von organen (Study of organ inferiority). Vienna: Urban & Schwarzenberg, 1907).

Adler, A. (1927). *Understanding Human Nature*. NY: Greenburg Pub., Inc., Translation of lectures by Adler in Vienna in 1926.

Adler, A. (1956). The Individual Psychology of Alfred Adler. In H. L. Ansbacher and R. R. Ansbacher (Eds.), *The individual psychology of Alfred Adler*. NY: Harper Torchbooks.

Adler, A. (1964). Superiority and Social Interest: A Collection of Later Writings. In H. L. Ansbacher and R. R. Ansbacher (Eds.), *Superiority and social interest*. Evanston, IL: Northwestern University Press.

Adolphs, R., Tranel, D., Damasio, H., & Damasio, A. R. (1995). Fear and the human amygdala. *Journal of Neuroscience, 15,* 5879-5891.

Allport, G. W. (1937). *Personality: A psychological interpretation*. New York: Holt Press.

Allport, G. W. (1961). *Pattern and growth in personality*. New York: Holt, Rinehart and Winston.

Ansbacher, H. (1964). *The Individual Psychology of Alfred Adler*. NY: Basic Books, 1956; Garden City, NY: Anchor Books.

Ansbacher, H. L. (1990). Alfred Adler's influences on the three leading cofounders of humanistic0psychology. *Journal of Humanistic Psychology, 30,* 45-53.

Ansbacher, H. L. (1991). The concept of social interest. *Individual Psychology, 47,* 29-46.

Ariani, D. W. (2016). Why do I study? The mediating effect of motivation and self-regulation on student performance. *Business, Management and Education; Vilnius, 14*(2), 153-178.

Ashton, M. C., & Lee, K. (2007). Empirical, theoretical, and practical advantage of the HEXACO model of personality structure. *Personality and Social Psychology Review, 11*(2), 150-166.

Aslinia, S. D., Rasheed, M., & Simpson, C. (2011). Individual psychology (Adlerian) applied to international collectivist cultures: Compatibility, effectiveness, and impact. *Journal for International Counselor Education, 3,* 1-12.

Baerentsen, K. B., Stodkilde-Jorgensen, H., Sommerlund, B., Hartmann, T., Damsgaard-Madsen, J., Fosnaes, M., & Green, A. C. (2009). An investigation of brain processes supporting meditation. *Cognitive processing, 11*(1), 57-84.

Bailey, A. A., & Hurd, P. L. (2005). Finger length ratio(2D: 4D) correlates with physical aggression in men but not in women. *Biol Psychol, 68,* 215-222.

Balint, M. (1965). *Primary love and psychoanalytic techniques.* NY: Liveright.

Bandura, A. (1977). Self-efficacy: Toward a unifying theory of behavioral change. *Psychological Review, 84,* 191-215.

Bandura, A. (1986). *Social Foundations of Thought and Action: A Social Cognitive Theory.* Englewood Cliffs, NJ: Prentice Hall.

Bandura, A. (1989). Social Cognitive Theory. In Vasta R. (Ed.), *Annals of Child Development.* Greenwich, CT: Jai Press LTD.

Bandura, A. (1991). Social cognitive theory of moral thought and action. In W. M. Kurtines & J. L. Gerwitz (Eds.), *Handbook of Moral Behavior and Development.* Hillsdale, NJ: Erlbaum.

Bandura, A. (1994). Social cognitive theory and mass communication. In J. Bryant & D. Zillman (Eds.), *Media effects: Advances in theory and research* (pp. 61-90). Hillsdale, NJ: Erlbaum.

Bandura, A. (2006). Autobiography. M. G. Lindzey & W. M. Runyan (Eds.), *A history of psychology in autobiography* (Vol. IX). Washington, DC: American Psychological Association.

Bandura, A., Ross, D., & Ross, S. A. (1963). A comparative test of the status envy, social power, and secondary reinforcement theories of identificatory learning. *Journal of Abnormal and Social Psychology, 67*, 527-534.

Beck, A. T. (1967). *Depression: Clinical, Experimental, and Theoretical Aspects.* NY: Harper & Row.

Benderlioglu, Z., & Nelson, R. J. (2004). Digit length ratios predict reactive aggression in women, but not in men. *Horm Behav, 46*, 558-564.

Berglund, E., Lytsy, P., & Westerling, R. (2014). The influence of locus of control on self-rated health in context of chronic disease: a structural equation modeling approach in a cross sectional study, *BMC Public Health, 14*, 492.

Berne, E. (1976). *Beyond games and scripts?* NY: Grove Press.

Berzonsky, M. D. (1990). Self-construction over the life span: A process perspective on identity formation. In G. J. Neimeyer & R. A. Neimeyer (Eds.), *Advances in personal construct psychology* (Vol. 1). Greenwich, CT: JAI Press.

Bihan, L. D., Jezzard, P., Haxby, J., Sadato, N., Rueckert, L., & Mattay, V. (1995). Funtional magnetic resonance imaging of the brain. *Ann Intern Med, 122*, 296-303.

Bijou, S. W., & Baer, D. M. (1961). *Child development* (Vol. I). Englewood Cliffs, NJ: Prentice Hall.

Block, J. (1995). A contrarian view of the five-factor approach to personality description. *Psychology Bulletin, 117,* 187-215.

Boelens, H., Hofman, B., Tamaddoni, T., & Eenink, K. (2007). Specific effect of modeling on young children's word productions. *The Psychological Record: Heidelberg, 57*(1), 145-166.

Boesky, D. (1983). Representations in self and object theory. *Psychoanalytic Quarterly, 52,* 564-583.

Bolt, M. A., Killough, L. N., & Koh, H. C. (2001). Testing the interaction effects of task complexity in computer training using the social cognitive model. *Decision Sciences, 32,* 1-20.

Bond M (1992). An empirical study of defensive styles: The Defense Style Questionnaire. In GE Vaillant (Ed.), *Ego mechanisms of defense: A guide for clinicians and researchers* (pp. 127-158). Washington, DC: American Psychiatric Press, Inc.

Bond, M., & Vaillant, J. S. (1986). An empirical study of the relationship between diagnosis and defense style. *Archives of General Psychiatry, 43*, 285-288.

Borkenau, P., Riemann, R., Angleitner, A., & Spinath, F. M. (2001). Genetic and environmental influences on observed personality: Evidence from the German observational study of adult twins. *Journal of Personality and Social Psychology, 80,* 655-668.

Bottome, P. (1939). *Alfred Adler-A Biography.* NY: G. P. Putnam's Sons.

Boyd, J. H. (2000). The "soul" of the psalms compared to the "self" of Kohut. *Journal of Psychology and Christianity, 19,* 219-231.

Brackbill, Y. (1958). Extinction of the smiling responses in infants as a function of reinforcement schedule. *Child development, 29,* 115-124.

Brenner, C. (1982). *The mind in conflict.* NY: International Universities Press.

Brown, P., & Elliot, R. (1965). Control of aggression in a nursery school class. *Journal of Experimental Child Psychology. 2*(2). 103-107.

Browning, D. (1987). *Religious thought and the modern psychologies: A critical conversation in the theology of culture.* Philadelphia, PA: Fortress Press.

Bruno, F. J. (1983). *Adjustment and personal growth: Seven pathways.* NY: John Wiley & Sons.

Buss, A. H., & Plomin, R. (1984). *Temperament: Early developing personality traits.* Hillsdale, NJ: Erlbaum.

Cain, D. J. (2002). Defining characteristics, history, and evolution of humanistic psychotherapies. In D. J. Cain & J. Seeman (Eds.), *Humanistic psychotherapies: Handbook of research and practice* (pp. 3-54). Washington, DC: American Psychological Association.

Calni, T. (2008). Toward a "Molecular Psychology" of personality. In O. P. John, R. W. Robins, & L. A. Pervin (Eds.), *Handbook of personality* (pp. 311-327). NY: Guilford.

Calson, N. R. (1997). **생리심리학의 기초 3판**(김현택, 조선영, 박순권 역). 서울: 시그마프레스.

Caprara, G. V., & Cervone, D. (2005). **성격탐구**(이한규, 김기민 역). 서울: 학지사.

Carter, C. S. (1998). Neuroendocrine perspectives on social attachment and love. *Psychoneuroimmunology, 23,* 779-818.

Carver, C. S., & Scheier, M. F. (2005). **성격심리학: 성격에 대한 관점들**(김교헌, 심미영, 원두리 역). 서울: 학지사.

Carver, C. S., & Scheier, M. F. (2014). *Perspectives on personality* (7th ed.). Cambridge: Pearson.

Cattel, R. B., Blewett, D. B., & Beloff, J. R. (1955). The inheritance of personality. *American Journal of Human Genetics, 7,* 122-146.

Cattell, R. B. (1957). *Personality and motivation structure and measurement.* NY: McGraw-Hill.

Cattell, R. B. (1965). *The scientific analysis of personality.* Baltimore: Penguin.

Cervone, D., & Pervin, L. A. (2008). *Personality: Theory and research* (11th ed.). Hoboken, NJ: John Wiley & Sons.

Cervone, D., & Pervin, L. A. (2013). *Personality: Theory and research* (12th ed.). Hoboken, NJ: John Wiley & Sons.

Cervone, D., & Pervin, L. A. (2013). 성격심리학(민경환, 김민희, 황석현, 김명철 공역). 서울: 시그마프레스.

Chen, M. C., Hamilton, J. P., & Gotlib, I. H. (2010). Decreased hippo-campal volume in healthy girls at risk of depression. *Arch Gen Psychiatry, 67,* 270-276.

Chuang, S., Wu, J., Wang, C., Liu, C., & Pan, L. (2016). Self concepts, health locus of control and cognitive functioning associated with health-promoting lifestyles in schizophrenia. *Comprehensive Psychiatry, 70,* 82-89.

Clair, M. (1996). *Object relations and self psychology: An introduction.* Pacific Grove, CA: Brooks/Cole Publishing Co.

Clark, A. J. (2002). *Early Recollections: Theory and Practise in Counseling and Psychotherapy.* NY: Bunner-Routledge.

Cloninger, C. R. (1987). A Systematic method of clinical description and classification of personality variants. A proposal. *Arch Gen Psychiatry, 44,* 573-588.

Colzato, L. S., Slagter, H. A., Van Den Wildenberg, W. P. M., Hommel, B. (2009). Closing one's eye to reality: Evidence for a dopaminergic basis of psychoticism from spontaneous eye blink rates. *Personality and Individual Differences, 46,* 377-380.

Cooper, S. H. (1998). Changing Notions of defense within psychoanalytic theory. *Journal of Personality, 66*(6), 947-964.

Corbett, L. (1989). Kohut and Jung: A comparison of theory and practice. In D. W. Detrick & S. B. Dentrick (Eds.), *Self Psychology: Comparisons and contrasts.*

Hillsdale, NJ: The Analytic Press.

Corey, G. (1996). 심리상담과 치료의 이론과 실제(조현춘, 조현재 공역). 서울: 시그마프레스.

Corey, G. (2009). *Theory and practice of counseling and psychotherapy* (8th ed). NY: Brooks & Cole.

Corsini, R. (1973). *Current Psychotherapies*. Itaska, IL: Peacock Pub.

Corsini, R. J. (2000). 현대심리치료(김정희, 이장호 역). 서울: 중앙적성출판사.

Costa, P. T., Jr., & McCrae, R. R. (1992). *NEO PI-R: Professional mannual*. Odess, FL: Psychological Assessment Resources.

Costa, P. T., Jr., & McCrae, R. R. (1995). Primary traits of Eysenck's P-E-N system: Three and five-factor solutions. *Journal of Personality and Social Psychology, 69*, 308-317.

Costa, P. T., Jr., & McCrae, R. R. (2006). Trait and factor theories. In J. C. Thomas & D. L. Segal (Eds.), *Comprehensive handbook of personality and psychotherapy: Vol 1. Personality and everyday functioning* (pp. 96-114). Hoboken, NJ: Hohn Wiley.

Cote, J. E., & Levine, C. G. (1989). An empirical test of Erikson's theory of ego identity formation. *Youth & Society, 20*, 388-415.

Crandall, J. E. (1975). A scale for social interest. *Individual Psychology, 31*, 187-195.

Crosbie-Brunett, M., & Lewis, E. A. (1993). Theoretical contributions from social and cognitive behavioral psychology. In P. G. Boss, W. J. Dohetry, R. LaRossa, W. R. Schumm & S. K. Streinmetz, (Eds.), *Sourcebook of Family Theories and Methods: A Contextual Approach*. NY: Plenum Press.

Damasio, A. R. (1994). *Descartes'error: Emotion, reason, and the human brain*. NY: Grosset/Putnam.

Dick, D. M., & Rose, R. J. (2002). Behavior genetics: What's new? What's next? *Current Directions in Psychological Science, 11*, 70-74.

Domino, G., & Affonso, D. D. (1990). A personality measure of Erikson's life stages: The Inventory of Social Balance. *Journal of Personality Assessment, 54*, 576-588.

Eckstein, D., & Sarnoff, D. (2007). Four Adlerian Metaphors Applied to Couples Counseling. *Journal of Individual Psychology, 63*, 322-338.

Ellenberger, H. (1970). *The Discovery of the Unconscious*. NY: Basic Books.

Engler, B. (1979). *Personality theories*. NJ: Houghton Mifflin.

Engler, B. (1999). *Personality theories: An introduction*. Boston: Houghton Mifffin.

Engler, B. (2009). *Personality theories* (8th ed.). NY: Houghton Mifflin Company.

Epting, F. R. (1980). *Personal construct theory and psychotherapy*. NY: Wiley.

Erikson, E. H. (1959). *Identity and the life cycle*. NY: W. W. Norton & Company.

Erikson, E. H. (1963). *Children and society* (2nd ed.). NY: W. W. Norton & Company.

Erikson, E. H. (1968). *Identity: Youth and crisis*. NY: W. W. Norton & Company.

Erikson, E. H. (1969). *Gandhi's Truth: On the Origins of Militant Nonviolence*. NY: W. W. Norton & Company.

Estes, W. K. (1944). An experimental study of punishment. *Psychological Monographs, 57,* 94-107.

Etzel, B. C., & Gewirtz, J. L. (1967). Experimental modification of care-giving maintained high-rate operant crying in a 6- and 20-week-old infant (infans tyrannotearus): Extinction of crying with reinforcement of eye contact and smiling. *Journal of Experimental Child Psychology, 5,* 303-317.

Eysenck, H. J. (1953). *Uses and abuses of psychology*. London: Penguin.

Eysenck, H. J. (1964). *Crime and personality*. Bottom: Houghton Mifflin.

Eysenck, H. J. (1967). *The biological basis of personality*. Springfield, IL: Charles C Thomas.

Eysenck, H. J. (1970). *The Structure of human personality* (3rd ed.). London: Methuen.

Eysenck, H. J. (1977). Personality and factor analysis: A reply to Guilford. *Psychological Bulletin, 84,* 405-411.

Eysenck, H. J. (1990). Biological dimensions of personality. In L. A. Pervin (Ed.), *Handbook of personality: Theory and research* (pp. 244-276). NY: Guilford Press.

Eysenck, H. J. (1994). Normality-abnormality and the three-factor model. In S. Strack & M. Lorr (Eds.), *Differentiating normal and abnormal personality* (pp 3-25). NY: Springer.

Eysenck, H. J., & Eysenck, M. W. (1985). *Personality and individual differences: A natural science approach*. NY: Plenum.

Eysenk, H. J., & Eysenk, S. B. G. (1975). *Mannual of the Eysenck Personality Qustionnaire*. San Diego: EdlTS.

Feist, J., & Feist G. J. (2008). *Theories of Personalty* (7th ed.). NY: The McGraw-Hill Companies, Inc.

Feist, J., & Feist G. J. (2013). *Theories of Personalty* (8th ed.). NY: The McGraw-Hill Companies, Inc.

Folensbee, R. W. (2010). 신경과학으로 보는 심리학적 치료(송현주 역). 서울: 시그마프레스.

Freud, A. (1937). *The ego and the mechanisms of defence*. Cecil Baines trans. London: Hogarth.

Freud, A. (1966). *The ego and the mechanisms of defence* (Rev. ed.). NY: International Universities Press.

Freud, S. (1995). S. 프로이트 히스테리 연구(이재원 역). 서울: 사랑의 학교.

Friedman, M., & Roseman, R. (1974). *Type A behavior and your heart*. NY: Knopf.

Friedman, H. S., Tucker, J. S., Schwartz, J. E., Martin, L. R., Tomilison-Keasy, C., Wingard, D, L., & Crioui, M. H. (1995). Childhood and conscientiouness and longevity: Health behaviors and cause of death. *Journal of Personality and Social psychology, 68*, 696-703.

Funder, D. C. (1991). Global traits: A Neo-Allportian approach to personality. *Psychology Science, 2*, 31-39.

Gay, P. (1988). *Freud: A life for our time*. NY: W. W. Norton & Company.

Gilliland, B. E. (1993). 상담과 심리치료의 이론 및 실제(장혁표, 신경일 역). 서울: 교육과학사.

Goethals, G. R., Worchel, S., & Heatherington, L. (1998). *Pathways to personal growth: Adjustment in today's world*. Boston: Allyn and Bacon.

Goldberg, L. R. (1981). Language and individual difference: The search for universals, in personality lexicons. In L. Wheeler (Ed.), *Review of personality and social psychology* (pp. 141-166). Beverly Hills, CA: Sage.

Goldberg, L. R. (1993). The structure of phenotypic personality traits. *American Psychologist, 48*, 26-34.

Gottesman, I. I., & Shields, J. (1972). *Schizophrenia and genetics*. NY: Academic Press.

Greenberg, J., & Mitchell, S. (1983). *Object relations in psychoanalytic theory*. Harvard University Press.

Grunbaum, A. (1993). *Validation in the clinical theory of psychoanalysis: A study in the philosophy of psychoanalysis*. Madison, CT: International Universities Press.

Haggbloom, S. J. et al. (2002). The 100 most eminent psychologists of the 20th century. *Review of General Psychology, 6,* 139-152.

Hall, C. S., & Lindzey, G. (1998). 성격의 이론(이상로, 이관용 역). 서울: 중앙적성출판사.

Hall, C. S., & Nordby, V. J. (1998). 융 심리학 입문(최현 역). 서울: 범우사.

Hall, C. S., Lindzey, G., & Campbell, J. B. (1997). *Theories of Personality* (4th ed.). Wiley.

Hamilton, N. G. (2007). 대상관계 이론과 실제: 자기와 타자(김진숙, 김창대, 이지연 역). 서울: 학지사.

Hamilton, N. G. (2008). 심리치료에서 대상관계와 자아기능(김진숙, 김창대, 이지연, 윤숙경 역). 서울: 학지사.

Hartmann, H. (1958). *Ego psychology and the problem of adaptation*. NY: International Universities Press. (Originally published, 1939).

Heath, A. C., Neale, M. C., Kessler, R. C., Eaves, L. J., & Kendler, K. S. (1992). Evidence for genetic influences on personality from self-reports and informant ratings. *Journal of Personality and Social Psychology, 63,* 85-96.

Hergenhahn, B. R., & Olson, M. H. (2001). 학습심리학(김영채 역). 서울: 박영사.

Hilgard, E. R. (1953). *Introduction to psychology*. NY: Harcourt, Brace & Co.

Hirsh, S., & Kummerow, J. (1999). 성격유형과 삶의 양식(심혜숙, 임승환 역). 서울: 한국심리검사 연구소.

Hjelle, L. A., & Ziegler, D. J. (1981). *Personality theories: Basic assumptions, research, and application* (2nd ed.). NY: McGraw-Hill.

Hjelle, L. A., & Ziegler, D. J. (1992). *Personality theories: Basic assumption, research and applications* (3rd ed.). NY: McGraw-Hill.

Hjelle, L. A., & Ziegler, D. J. (2000). 성격심리학(이훈구 역). 서울: 법문사.

Hoffman, E. (1994). *The drive for self: Alfred Adler and the founding of Individual Psychology*. Reading, MA: Addison-Wesley Publishing.

Hogan, R. (1996). A socioanalytic perspective on the Five-Factor Model. In J. E. Wiggins (Ed.), *The Five-Factor Model of personality: Theoretical perspectives* (pp. 163-179). NY: Guilford Press.

Holmes, D. S., McGilley, B. M., & Houston, B. K. (1984). Task-related arousal of Type A and Type B persons: Level of challenge and response specificity. *Journal of Personality and Social Psychology, 46,* 1322-1327.

Horn, J. (2001). Obituary: Raymond Bernard Cattell, 1905~1998. *American Psychologist, 56,* 71-72.

Horner, A. J. (1984). *Object relations and the developing ego in therapy* (2nd ed.). NY: Jason Aronson.

Hubbard, R. (1995). *Genomania and health. American Scientist, 83,* 8-10.

Hundleby, J. D., Pawlik, K., & Cattell, R. B. (1965). *Personality factors in objective test devices.* San Diego: Knapp.

Hutchison, K. E., McGeary, J., Smolen, A., Bryan, A., & Swift, R. M. (2002). The DRD4 VNTR polymorphism moderates craving after alcohol consumption. *Health Psychology, 21,* 139-146.

Jensma, J. L. (1993). Kohut's tragic man and the imago dei: Human relational needs in the creation, the fall, and redemption. *Journal of Psychology and Theology, 21,* 288-296.

Jung, C. G., Jacobi, J. S., & Hall, C. S. (2007). C. G. 융 심리학 해설(설영환 역). 서울: 선영사.

Jung, W. H., Jang, J. H., Byun, M. S., An, S. K., & Kwon, J. S. (2010). Structural brain alterations individuals at ultra-high risk for psychosis: a review of magnetic resonance imaging studies and future direction. *Journal of Korean Medical Science, 25,* 1700-1709.

Kagan, J. (1994). *Galen's prophecy: Temperament in human nature.* NY: Basic Books.

Kasler, J., & Nevo, O. (2005). Early Recollections as Predictors of Study Area Choice. *Journal of Individual Psychology, 61,* 217-232.

Kelly, G. A. (1955). *The psychology of personal constructs* (Vols. 1 and 2). NY: W. W. Norton & Company.

Kelly, G. A. (1961). Suicide: The personal construct point of view. In N. L. Faberow & E. S. Schneidman (Eds.), *The cry for help* (pp. 255-280). NY: McGraw-Hill.

Kelly, G. A. (1963). *A theory of personality: The psychology of personal constructs.* NY: W. W. Norton & Company.

Kelly, G. A. (1969). *Clinical psychology and personality: The selected papers of*

George Kelly. NY: Wiley.

Kelly, G. A. (1980). A psychology of the optimal man. In A. W. Landfield & L. M. Leitner (Eds.), *Personal construct psychology: Psychotherapy and personality*. NY: Wiley.

Kern, R. M., Stoltz, K. B., Gottlieb, H., & Frost, S. L. (2009). The therapeutic alliance and early recollections. *Journal of Individual Psychology, 65,* 110-122.

Kim, H. N., & Kim H. L. (2011). Trends and directions in personality genetic studies. *Genomics & Informatics, 9*(2), 45-51.

Kosfeld, M., Heinrichs, M., Zak, P. J., Fischbacher, U., & Fehr, E. (2005). Oxytocin increases trust in humans. University of Zurich, Institute for Empirical Research in Economics, Blumlisalpstrasse 10, CH-8006 Zurich, Switzerland.

Laine, T. P., Ahonen, A., Rasanen, P., & Tiihonen, J. (2001). Dopamine transporter benefit and novelty seeking among alcoholics. *Journal of Addiction Disorder, 20,* 91-96.

Laird, T. G., & Shelton, A. J. (2006). Comparison of alcohol use in an ethnically diverse sample of women attending two urban universities. *Journal of Alcohol and Drug, Education, 50,* 14-24.

Lazar, S. W., Kerr, C. E., Wasserman, R. H., Gray, J. R., Greve, D. N., Treadway, M. T., McGarvey, M., Quinn, B. T., Dusek, J. A., Benson, H., Rauch, S. L., Moore, C. I., & Fischl, B. (2005). Meditation experience is associated with increased cortical thickness. *Neuroreport, 16,* 1893-1897.

Lee, K., & Ashton, M. C. (2004). Psychometric properties of the HEXACO personality inventory. *Multivariate Behavioral Research, 39,* 329-358.

Leroy, B. S., McCarthy, V. P., & Bartels, D. M. (2010). *Genetic Counseling Practice*. Wiley-Blackwell.

Lewin, D. I. (1990). Gene therapy nears starting gate. *The Journal of NIH Research, 2,* 36-38.

Lezak, M. D., Howieson, D. B., & Loring, D. W. (2004). *Neuropsychological Assessment* (4th ed.). NY: Oxford University Press.

Liebert, R. M., & Liebert, L. L. (2002). 성격심리학(조현춘, 조현재, 문지혜 역). 서울: 시그마프레스.

Liebert, R. M., Poulos, R. W., & Marmor, G. S. (1977). *Developmental psychology* (2nd ed.). Englewood Cliffs, NJ: Prentice Hall.

Lippa, R. A. (2006). Finger lengths, 2D : 4D ratio, and their relation to gender-related personality traits and the Big Five. *Biol Psychol, 71,* 116-121.

Lipsitt, L. P. (1975). The synchrony of respiration, heart rate, and sucking behavior in the new-born. Biologic and Clinical Aspects of Brain Development, Mead Johnson Symposium on Prenatal and Developmental Medicine, No. 6. Reprinted in Smart, R. C., & Smart, M. S. (Eds.), *Readings in child development and relations* (2nd ed.). NY: Macmillan, 1977.

Lovaas, O. I. (1977). *The autistic child.* NY: Halstead Press.

Mahler, M. S. (1968). *On human symbiosis and the vicissitudes of individuation: Infantile psychosis.* NY: International Universities Press.

Martin, G., Kathleen, A., Latimer, A. E., Arbour-Nicitopoulos, K. P., Bassett, R. L., & Wolfe, D. L. (2011). Determinants of physical activity among people with spinal cord injury: A test of Social Cognitive Theory. *Annals of Behavioral Medicine, 42*(1), 127-133.

Mascolo, M. F., & Mancuso, J. C. (1990). Functioning of epigentically evolved emotions systems: A constructive analysis. *International Journal of Personal Construct Psychology, 3,* 205-222.

Matthews, S. C., Simmons, A. N., Lane, S. D., & Paulus, M. P. (2004). Selective activation of the nucleus accumbens during risk-taking decision making. *NEUROREPORT-OXFORD, 15*(13), 2123-2128.

Mausbach, B. T., von Känel, R., Roepke, S. K., Moore, R., & Patterson, T. L., Mills, P. J,, Dimsdale, G. E., Ziegler, M. G,, Ancoli-Israel, S., Allison, M., & Grant, I. (2011). Self-Efficacy buffers the relationship between dementia caregiving stress and circulating concentrations of the proinflammatory cytokine interleukin-6. *The American Journal of Geriatric Psychiatry, 19*(1), 64-71.

Mavrogiorgou, P., Bethge, M., Luksnat, S., Nalato, F., Juckel, G., & Brune, M. (2016). Social cognition and metacognition in obsessive-compulsive disorder: an explorative pilot study. *European Archives of Psychiatry and Clinical Neuroscience, 266*(3), 209-216.

Mayne, T. J., & Ambrose, T. K. (1999). Anger in Psychotherapy. *Journal of Clinical Psychology, 55*(3), 353-364.

McAdams, D. P., & Pals, J. L. (2006). A new Big Five: Fundamental principles for an integrative science of personality. *American Psychologist, 61,* 204-217.

McCarthy, C. J., & Tortorice, M. J. (2005). Adlerian Counseling as a Way to Develop Preventative Coping Resources. *Journal of Individual Psychology, 61,* 299-313.

McCrae, R. P., Stone, S. V., Fagan, P. J., & Costa, P. T., Jr. (1998). Identifying causes of disagreement between self-report and spouse ratings of personality. *Journal of personality, 66,* 285-313.

McCrae, R. R., & Costa, P. T., Jr. (1990). *Personality in adulthood.* New York: Guilford Press.

McCrae, R. R., & Costa, P. T., Jr. (1999). A five-factor theory of personality. In L. A. Pervin & O. P. John (Eds.), *Handbook of personality: Theory and research* (2nd ed., pp 139-153). NY: Guilford Press.

McCrae, R. R., & Costa, P. T., Jr. (2000). *The Five-Factor Model of personality: Theoretical perspectives.*

McCrae, R. R., & Costa, P. T., Jr. (2003). *Personality in adulthood: A Five-Factor theory perspective* (2nd ed.). NY: Guildford Press.

McCrae, R. R., & Terracciano, A. (2005). Universal features of personality traits from the observer's perspective: data from 50 culture. *Journal of Personality of Social Psychology. 88,* 547-561.

McWilliams, N., (1994). *Psychoanalytic Diagnosis: understanding personality structure in the clinical process.* NY: The Guilford Press.

Meyer, S. A., & Berscheid, E. (1997). The language of love: The difference a preposition makes. *Personality and Social Psychology Bulletin, 23,* 347-362.

Michels, R. (1988). The feature of psychoanalysis. *Psychoanalytic Quarterly, 57,* 167-185.

Miller, N., & Dollard, J. (1941). *Social Learning and Imitation.* New Haven, CT: Yale University Press.

Mischel, W. (1979). On the interface of cognition and personality. *American Psychologist, 34,* 740-754

Mischel, W., Shoda, Y., & Smith, R. (2004). *Introduction to personality: toward an integration* (7th ed.). Hoboken: John Wiley & Sons, Inc.

Mischel, W., Shoda, Y., & Smith, R. E. (2006). 성격심리학: 통합을 향하여(손정락 역). 서울: 시그마프레스.

Morrison-Valfre, M. (2008). *Foundations of mental health care* (4th ed.). Missouri:

Elsevier.

Munn, N. L., Fernald, L. D., & Fernald, P. S. (1974). Introduction to psychology (3rd ed.). Boston: Houghton Mifflin. *Journal of experimental child psycholgy, 2,* 103-107.

Norman, W. T. (1963). Toward and adequate taxonomy of personality attributes. Replicated factor structures in peer nomination personality ratings. *Journal of Abnormal and Social Psychology, 66,* 574-583.

Ogawa, S., Tank, D. W., Melon, R., Ellermann, J. M., Kim, S. G., & Merkle, H. (1992). Intrinsic signal changes accompanying sensory stimulation: functional brain mapping with magetic resonance imaging. *Proc Natl Acad Sci, 89,* 5951-5955.

Pavlov, I. P. (1928). *Lectures on conditioned reflexes* (Vol. I). W. H. Gantt (trans.). NY: International Publishers.

Peluso, P. R., & Stoltz, K. B. (2002). Using the Adlerian lifestyle construct as a strengths assessment tool for improving employee's success. In D. S. Sandhu (Ed.), *Counseling Employees: A multifaceted approach*. Alexandria, VA: American Counseling Association.

Pervin, L. A. (1996). *The science of personality.* NY: Wiley.

Pervin, L. A. (1999). Epilogue: Constancyand change in personality theory and research. In L. A. Pervin & O. P. John (Eds.), *Handbook of personality: Theroy and research* (pp. 609-704). NY: Guilford Press.

Pervin, L. A. (2002). *Current controversies and issues in personality* (3rd. ed.). NY: John Wiley.

Pervin, L. A. Cervone, D., & John, O. P. (2006). Pervin의 성격심리학 이론과 연구(이현수, 강은영, 이주영 역). 서울: 중앙적성출판사.

Pervin, L. A., & John, O. P. (2001). *Handbook of personality: Theory and research* (2nd ed.). NY: Guilford Press.

Phares, E. J. (2008). 성격심리학(홍숙기 역). 서울: 박영사.

Pine, F. (1990). *Drive, ego, object, and self.* NY: Basic Books.

Pinker, S. (1997). *How the mind works.* NY: W. W. Norton & Company.

Plutchik, R. (2004). 정서심리학(박권생 역). 서울: 학지사.

Pope, H. G., Jr., Kouri, E. M., & Hudson, J. I. (2000). Effects of supraphysiologic doses of testosterone on mood and aggression in normal men. *Archives of*

General Psychiatry, 57, 133-140.

Powell, R. A., & Boer, D. P. (1994). Did Freud mislead patients to confabulate memories of abuse?. *Psychological Reports, 74,* 1283-1298.

Prager, K. J. (1986). Intimacy status: Its relationship to locus of control, self-disclosure, and anxiety in adults. *Personality and Social Psychology Bulletin, 12,* 91-109.

Premack, D. (1962). Reversibility of Reinforcement Relation. *Science, 136,* 255-257.

Qiu, A., Tuan, T. A., Woon, P. S., Abdul-Rahman, M. F., Graham, S., & Sim, K. (2010). Hippocampal-cortical structural connectivity disruptions in schizophrenia: an integrated perspective from hippocampal shape, corical thickness, and integrity of white matter bundles. *Neuroimage, 52,* 1181-1189.

Rangell, L. (1985). The object in psychoanalytic theory. *Journal of Psychoanalytic Association, 33*(2), 301-334.

Rangell, L. (1988). The future of psychoanalysis: The scientific crossroads. *Psychoanalytic Quarterly, 57,* 313-340.

Reich, W. (1933). *Caracter analysis.* NY: Farrar, Strauss, and Gioux.

Rheingold, H. L., Gewirtz, J. L., & Ross, H. W. (1959). Social conditioning of vocalizations in the infant. *Journal of Comparative and Physiological Psychology, 52,* 68-73.

Rogers, C. R. (1961). *Becoming a person: A therapist's view of psychotherapy.* Boston: Houghton Mifflin.

Rogers, N. (1993). *The creative connection: Expressive arts as healing.* Palo Alto, CA: Science & Behavior Books.

Rothbart, M. K., Ahadi, S. A., & Evans, D. E. (2000). Temperament and personality: Origins and outcomes. *Journal of personality and social Psychology, 78*(1), 122-135.

Rotter, J. B. (1960). Some implications of a social learning theory for the prediction of goal directed behavior from testing procedures. *Psychological Review, 67,* 301-316.

Rotter, J. B. (1966). Generalized expectancies for internal versus external control of reinforcement. *Psychological Monographs, 80* (Whole No. 609).

Rotter, J. B. (1970). Some implications of a social learning theory for the practice of psychotherapy. In D. Levis (Ed.), *Learning approaches to therapeutic behavior change*. Chicago: Aldine Press.

Rotter, J. B. (1971). On the evaluation of methods of intervening in other people's lives. *Clinical Psychologist, 24,* 1-2.

Rotter, J. B. (1975). Some problems and misconceptions related to the construct of internal versus external control of reinforcement. *Journal of Consulting and Clinical Psychology, 43,* 56-67.

Rotter, J. B. (1978). Generalized expectancies for problem solving and psychotherapy. *Cognitive Therapy & Research, 2,* 1-10.

Rotter, J. B. (1981). The psychological situation in social learning theory. In D. Magnusson (Ed.), *Toward a psychology of situations: An interactional perspective*. Hillsdale, NJ: Lawrence Erlbaum.

Rotter, J. B. (1982). *The development and applications of social learning theory.* NY: Praeger.

Rotter, J. B. (1992). Cognates of personal control: Locus of control, self-efficacy, and explanatory style: Comment. *Applied and Preventive Psychology, 1,* 127-129.

Rotter, J. B. (1993). Expectancies. In C. E. Walker (Ed.), *The history of clinical psychology in autobiography* (vol. II, pp. 273-284). Pacific Grove, CA: Brooks/Cole.

Rotter, J. B., Chance, J. E., & Phares, E. J. (1972). *Applications of a social learning theory of personality.* NY: Holt, Rinehart & Winston.

Ryckman, R. M. (2012). *Theories of personality* (10th ed.). Belmont, CA: Wadsworth.

Sahakian, W. S. (1984). 심리치료와 카운슬링: 기법의 연구(서봉연, 이관용 역). 서울: 중앙적성출판부.

Salmon, P. (1970). A psychology of personal growth. In D. Bannister(Ed.), *Perspective in personal construct theory.* New York: Academic Press.

Samuels, A., Shorter, B., & Plaut, F. (2000). 융 분석비평사전(민혜숙 역). 서울: 동문선.

Sandler, J. (1976). Countertranference and Role-Responsiveness. *International Review of Psycho-Analysis, 3,* 43-47.

Sandler, J., & Rosenblatt, B. (1962). The concept of the representational world. *Psychoanalytic Study of the Child, 17,* 128-145.

Saucier, G., & Goldberg, L. R. (2001). Lexical studies of indigenous personality: Premises, products, and prospects. *Journal of Personality, 69,* 847-880.

Schafer, R. (1968). *Aspects of Internationalization*. Connecticut: Internaional University Press.

Scharff, J. S., & Scharff, D. E. (1992). *Scharff notes: A primer of object relations therapy*. Northvale, NJ: Jason Aronson, Inc.

Schultz, D. (1982). 성장심리학: 건강한 성격의 모형(이혜성 역). 서울: 이화여자대학교 출판부.

Schunk, D. H., Hanson, A. R., & Cox, P. D. (1987). Peer-model attributes and children's achievement behaviors. *Journal of Educational Psychology, 79,* 54-61.

Schwartz, B. (1989). *Psychology of learning and behavior* (3rd ed.). NY: W. W. Norton.

Schwarzer, R., & Fuchs, R. (1996). Self-efficacy and health behaviors. In M. Conner & P. Norman (Eds.), *Predicting health behavior: Research and practice with social cognition models* (pp. 163-196). Buckingham, UK: Open University Press.

Schwarzer, R., Boehmer, S., Luszczynska, A., Mohamed, N. E., & Knoll, N. (2005). Dispositional self-efficacy as a personal resource factor in coping after surgery. *Personality and Individual Differences, 39,* 807-818.

Segal, N. L. (1999). *Entwined lives: Twins and what they tell us about human behavior.* NY: Dutton.

Sheldon, W. H. (with the collaboration of S. S. Stevens) (1942). *The varieties of temperament: A psychology of constitutional differences*. NY: Harper.

Singer, W. (2006). *Der Freie Wille ist nur ein gutes Gefühl*. Süddeutsche Zeitung.

Skinner, B. F. (1938). *The Behavior of Organisms*. Englewood Cliffs, NJ: Prentice Hall.

Skinner, B. F. (1953). *Science and human behavior.* NY: Macmillan.

Skinner, B. F. (1969). *Contingencies of reinforcement*. Englewood Cliffs, NJ: Prentice Hall.

Skinner, B. F. (1971). *Beyond freedom and dignity.* NY: Bantam.

Skinner, B. F. (1974). *About behaviorism*. NY: Knopf.

Skinner, B. F. (1976). *Particulars of my life: Part 1 of an Autobiography.* NY: Knopf.

Skinner, B. F. (1979). *The Shaping of a Behaviorist: Part 2 of an Autobiography.*

NY: Knopf.

Skinner, B. F. (1983). *A Matter of Consequences: Part 3 of an Autobiography.* NY: Knopf.

Smith, R. E. (1989). Effects of coping skills training on generalized self-efficacy and locus of control. *Journal of Personality & Social Psychology, 56,* 228?33.

Stoltz, K. B., & Ashby, J. S. (2007). Perfectionism and lifestyle: Personality differences in adaptive, maladaptive, and non-perfectionists. *Journal of Individual Psychology, 63,* 414-423.

Straub, R. E., Jiang, Y., MacLean, C. J., Ma, Y., Webb, B. T. et al. (2002). Genetic variation in the 6p22.3 gene DTNBP1, the human ortholog of the mouse dysbindin gene, is associated with schizophrenia. *American Journal of Human Genetics, 71,* 337-348.

Takahashi, T., Wood, S. J., Soulsby, B., McGorry, P. D., Tanino, R., & Suzuki, M. (2009). Follow-up MRI study of the insular cortex in first-episode psychosis and chronic schizophrenia. *Schizophr Res, 108,* 49-56.

Tolman, E. C. (1932) *Purposive Behavior in Animal and Men.* NY: Appleton-Century-Crofts.

Tomkin, S. S. (1962). *Affect, imagery, consciousness.* NY: Springer.

Tursi, M. M., & Cochran, J. L. (2006). Cognitive-behavioral tasks accomplished in a person-centered relational framework. *Journal of Counseling and Development, 84*(4), 387-396.

Vaihinger, H. (1925). *The Philosophy of 'As If': a System of the Theoretical, Practical, and Religious Fictions of Mankind.* NY: Harcourt, Brace & Co.

Vaughan, S. C. (1997). *The talking cure: Why traditional talking therapy offers a better chance for long-term relief than any drug.* NY: Henry Holt and Company.

Warren, W. G. (1990). Is personal construct psychology a cognitive psychology? *International Journal of Personal Construct Psychology, 3,* 393-414.

Watson, J. B. (1928). *Psychological Care of Infant and Child.* NY: W. W. Norton Company, Inc.

Watson, J. B., & Rayner, R. (1920). Conditioned emotional reactions. *Journal of Experimental Psychology, 3,* 1-14.

Wehr, G. (1998). 카를 융: 생애와 학문(한미희 역). 서울: 까치글방.

Westen, D. (1991). Social cognition and object relations. *Psychological Bulletin, 109,* 429-455.

Westen, D. (1998). The scientific legacy of Sigmund Freud: toward a psychodynamically informed psychological science. *Psychological Bulletin, 124*(3), 333-371.

Widiger, T. A., & Smith, G. T. (2008). Personality and psychopathology. In O.P. John, R. W. Robins, & L. A. Pervin (Eds.), *Handbook of personality: Theroy and research*. New York: Guilford Press.

Wiggins, G. (1993). Assessment: Authentic, context, and validity. *Phi Delta Kappan,* 200-204.

Wiggins, J. S. (1997). In defense of traits. In R. Hogan, J. Johnson & S. Briggs (Eds.), *Handbook of personality psychology* (pp. 95-115). San Diego, CA; Academic Press.

Wiggins, J. S. (2003). *Paradigms of personality assessment*. NY: Guilford Press.

Williams, C. D. (1959). The elimination of tantrum behavior by extinction procedures. *Journal of Abnormal and Social Psychology, 5,* 269.

Winckel, Erna van de. (2010). 융의 심리학과 기독교영성(김성민 역). 서울: 한국심리치료연구소.

Winnicott, D. W. (1997). 놀이와 현실(이재훈 역). 서울: 한국심리치료 연구소.

Winter, D. G., & Barenbaum, N. B. (1999). History of modern personality theory and research. In L. A. Pervin & O. P. John (Eds.), *Handbook of personality: Theory and research* (2nd ed., pp. 3-27). NY: Guilford Press.

Wolberg, R. (1988). *The Technique of Psychotherapy*. U.S.A.: Gruen & Stratton.

Wolman, B. B. (1960). *Contemporary Theories And Systems In Psychology*. NY: Harper Bros.

Wolpe, J. (1969). *The practice of behavior therapy*. NY: Pergamon Press.

Woodward W. R. (1982). The "discovery" of social behaviorism and social learning theory, 1870-1980. *American Psychologist, 37,* 396-410.

Zimmerman, B. J., & Bandura, A. (1994). Impact of self-regulatory influences on writing course attainment. *American Educational Research Journal, 31,* 845-862.

찾아보기

인명

내용

[저자 소개]

이수연

미국 플로리다 대학교 철학박사(상담자교육 전공)

현 대구한의대학교 청소년교육상담학과 교수

권해수

홍익대학교 교육학박사(상담심리 전공)

현 조선대학교 상담심리학과 교수

김현아

경북대학교 교육학박사(상담심리 전공)

현 서울사이버대학교 상담심리학과 교수

김형수

서울대학교 교육학박사(교육상담 전공)

현 루터대학교 상담심리학과 교수

문은식

충남대학교 교육학박사(교육심리 전공)

현 강원대학교 유아교육과 교수

서경현

필리핀 산토토마스 대학교 철학박사(임상심리 전공)

현 삼육대학교 상담심리학과 교수

유영달

독일 뮌헨 대학교 철학박사(임상심리 전공)

현 신라대학교 사회복지학부 상담복지전공 교수

정종진

건국대학교 교육학박사(교육심리 전공)

현 대구교육대학교 교육학과 교수

한숙자

미국 뉴욕 주립대학교 철학박사(교육심리 전공)

현 베뢰아국제대학원대학교 상담학 교수

KCA 한국상담학회 상담학 총서 09

성격의 이해와 상담(2판)

Understanding of Personality in Counseling (2nd ed.)

2013년 2월 20일 1판 1쇄 발행
2016년 8월 20일 1판 3쇄 발행
2018년 9월 20일 2판 1쇄 발행
2023년 10월 20일 2판 3쇄 발행

지은이 • 이수연 · 권해수 · 김현아 · 김형수 · 문은식
서경현 · 유영달 · 정종진 · 한숙자

펴낸이 • 김진환
펴낸곳 • (주) 학지사
04031 서울특별시 마포구 양화로 15길 20 마인드월드빌딩
대표전화 • 02)330-5114 팩스 • 02)324-2345
등록번호 • 제313-2006-000265호

홈페이지 • http://www.hakjisa.co.kr
인스타그램 • https://www.instagram.com/hakjisabook

ISBN 978-89-997-1617-1 93180

정가 20,000원

저자와의 협약으로 인지는 생략합니다.
파본은 구입처에서 교환해 드립니다.